1ª edição - Novembro de 2025

Coordenação editorial
Ronaldo A. Sperdutti

Capa
Juliana Mollinari

Projeto gráfico e diagramação
Juliana Mollinari

Revisão
Alessandra Miranda de Sá
Enrico Miranda

Impressão
Melting Gráfica

Av. Porto Ferreira, 1031 | Parque Iracema
CEP 15809-020 | Catanduva-SP
17 3531.4444

www.**lumeneditorial**.com.br
www.**boanova**.net

atendimento@lumeneditorial.com.br
boanova@boanova.net

Dados Internacionais de Catalogação na Publicação (CIP)
(Câmara Brasileira do Livro, SP, Brasil)

Eugene (Espírito)
Longe dos teus passos / pelo espírito Eugene ; [psicografado por] Tanya Oliveira. -- Catanduva, SP : Lúmen Editorial, 2025.

ISBN 978-65-5792-121-0

1. Espiritismo 2. Psicografia 3. Romance espírita I. Oliveira, Tanya. III. Título.

25-304073.0 CDD-133.93

Índices para catálogo sistemático:

1. Romance espírita psicografado 133.93

Adriana Lupion - Bibliotecária - CRB-8/6933

Impresso no Brasil – Printed in Brazil
01-11-25-3.000

LONGE DOS TEUS PASSOS

TANYA OLIVEIRA
pelo espírito EUGENE

LÚMEN
EDITORIAL

A tragédia foi sempre o preço doloroso dos prazeres fáceis.[1]

[...] Todos os poderes do teu império são bem fracos e todas as suas riquezas bem miseráveis. As magnificências dos césares são ilusões efêmeras de um dia, porque todos os sábios, como todos os guerreiros, são chamados no momento oportuno aos tribunais da justiça de meu Pai que está no Céu. Um dia, deixarão de existir as suas águias poderosas, sob um punhado de cinzas misérrimas. Suas ciências se transformarão ao sopro dos esforços de outros trabalhadores mais dignos do progresso, suas leis iníquas serão tragadas no abismo tenebroso destes séculos de impiedade, porque só uma lei existe e sobreviverá aos escombros da inquietação do homem — a lei do amor, instituída por meu Pai, desde o princípio da criação...[2]

---

1 EMMANUEL [Espírito]. *Paulo e Estevão*: episódios históricos do Cristianismo primitivo. Psicografia de Francisco Cândido Xavier. Brasília: Federação Espírita Brasileira, 2012.
2 EMMANUEL. *Há dois mil anos*. Psicografia de Francisco Cândido Xavier. Rio de Janeiro: FEB. (Diálogo entre Jesus e o senador Públio Lentulus.)

SUMÁRIO

1 - Dois destinos 11

2 - Novas amizades, antigos afetos..................... 25

3 - Marcus Tulius Severus 34

4 - Maus presságios... 43

5 - O Cristianismo avança 54

6 - Uma viagem providencial 71

7 - Desdobramentos de uma paixão 82

8 - Movimento das sombras 91

9 - A separação 107

10 - No palácio 116

11 - Temor dos cristãos 128

12 - Dores do coração, dores da alma................ 139

13 - Semeando lágrimas...................................... 148

14 - Reunindo-se na Nicomédia 157

15 - Um aliado perigoso 167

16 - Revelações e decepções 180

17 - Entre o amor e o poder 195

18 - O desequilíbrio de Marcellus 215

19 - Um espião no palácio 221

20 - Denunciando os cristãos 231

21 - Intercedendo por Jasmine........................... 247

22 - Reencontrando uma antiga amizade............ 254

23 - Cumplicidade no mal.................................... 265

24 - A porta estreita 279
25 - Resgates e novos débitos.......................... 301
26 - Os boatos se alastram................................ 319
27 - Laços de amor e ódio.................................. 335
28 - No rastro de Jasmine.................................. 358
29 - O perdão de Narin 376
30 - A visita de Malaquias.................................. 394
31 - A despedida de Hashab 401
32 - A descoberta de Lucius 410
33 - O ciúme de Rania.. 422
34 - Um ajuste de contas................................... 433
Epílogo.. 445

Caros irmãos:

Ao prosseguir em nossas tarefas na seara do Senhor, renovamos a esperança de que nosso esforço possa dar frutos; é a pequena colaboração de quem anseia, como o viajor que palmilhou os perigos da estrada, alertar os irmãos da retaguarda sobre os meios de evitá-los... ou enfraquecê-los.

Quando poderíamos pensar que mais de dois mil anos se passariam e ainda nos encontraríamos diante dos erros de outros tempos? Que o Cristianismo, então distante de nossas cogitações — algo incompreensível —, sofreria tão duros golpes e que nossa participação naqueles acontecimentos seria daquela forma?

Com essas recordações dolorosas, porém retificadoras para nossa alma, deixamos-vos este relato, que traz para os dias presentes a história de vidas que passaram pelo planeta repletas de ilusões e que se perderam nas sinuosas veredas das paixões egoístas, sem vislumbrar o sentimento maior que rege o Universo: o amor.

Infelizmente, o homem ainda necessita dessas experiências reparadoras para se corrigir e reorganizar os seus caminhos...

Ao longo dos milênios, cada personagem desta história colheu sua parcela de dor e sofrimento e, ainda que esses instrumentos os tenham reconduzido às labutas do Evangelho por meio do Cristo Consolador, o caminho de luta e aprendizado que se desdobra a nossa frente é infinito!

A colheita corresponde à semeadura, ainda que a Misericórdia Divina abrande a primeira...

Apesar de fatos marcantes se terem desenrolado neste período, deixamos de relatá-los, porque fugiriam do objetivo de nosso trabalho e o tornaríamos inexequível. A nós coube apenas relembrar as quedas pessoais de nossas almas, que antecederam o testemunho de destemidos irmãos, à época seguidores dos passos de nosso Mestre Jesus.

Abstendo-nos de qualquer ambição no terreno literário, reservamo-nos a tarefa de relatar um breve período na vida de alguns irmãos, que se tornou um marco na vida espiritual de cada um deles. Consideremos, assim, um recorte no tempo, visando a nos alertar sobre os nossos enganos nas dimensões do amor.

Possa esta narrativa servir de bálsamo para os que sofrem as provações da solidão e do abandono afetivo — envoltos na distância temporária —, dor silenciosa que restaura e reequilibra os espíritos para novas jornadas. É um prelúdio do porvir, quando, unidos pelos laços sagrados do amor, a dor de hoje se transmudará em imorredoura felicidade.

Eugene

1

DOIS DESTINOS

Aquela era uma das mais encantadoras cidades do Império Romano: Antioquia — uma pérola incrustada à margem do rio Orontes, enfeitada pelo gosto apurado dos conquistadores romanos, fosse no luxo das residências, nos mármores dos edifícios, nas bigas elegantes, que transitavam conduzidas por patrícios orgulhosos, ou nas delicadas liteiras, transportando formosas damas.

O traçado lhe conferia um original planejamento urbano, que ensejava o deslocamento de seus cidadãos de forma tranquila e elegante.

À primeira vista, dir-se-ia se tratar de agradável e ricamente adornada cidade, ostentando uma das mais agradáveis paisagens urbanas do Império Romano. Essa paisagem, contudo, ofuscava a realidade de grande parte da população — próspera, mas ainda uma colônia romana.

Apesar de toda a ostentação e beleza, Antioquia guardava em seu âmago a mágoa e o ressentimento, que conviviam com grande parte do povo, formado principalmente por sírios e judeus.

Naquele final de tarde, quando o calor se fazia presente com toda a sua intensidade, a turba ensandecida gritava, raivosa.

Vozes desordenadas exigiam que um suposto criminoso fosse levado à maior autoridade não romana da localidade.

O movimento incomum era devido a um delito praticado por um jovem, surpreendido quando roubava alguns mantimentos de um conhecido comerciante.

Hashab se aproveitara de um momento de aparente descuido dos proprietários e colocara por entre as dobras de sua surrada túnica uma porção de frutas e legumes; não percebera, porém, que era observado disfarçadamente pelos filhos do comerciante.

Desconfiados das visitas semanais de Hashab, sem que nada comprasse, Anyr ordenara aos filhos que o vigiassem de perto quando o rapaz entrasse no estabelecimento.

Hashab, em mais uma de suas visitas habituais, para sua surpresa, foi pego em flagrante. Um grande tumulto se formou e o rapaz foi levado a respeitado homem da localidade, que fazia as vezes de juiz, o que significava que poderia ter um destino menos doloroso se considerarmos que os romanos costumavam infligir penas cruéis aos acusados, sem usualmente verificar a veracidade dos fatos.

A multidão, acompanhando com aguçada curiosidade o desenrolar dos fatos, fazia apostas sobre o futuro de Hashab:

— Não tenho dúvidas — dizia um homem já idoso —, este vai para as galeras!

Outro retrucava com suposta propriedade:

— Enganas-te, meu velho! Será feito escravo aqui mesmo em Antioquia! Narin não permitirá que os romanos deliberem sobre um caso desses.

As opiniões se multiplicavam, enquanto Hashab era levado pelos filhos de Anyr até a residência de Narin, importante comerciante local.

A multidão invadiu o grande pátio do lugar e, vociferando palavras de ordem, exigia um castigo à altura para o desesperado rapaz.

Um homem alto, moreno, de barba regular, cujos primeiros fios brancos apareciam próximo às têmporas, surgiu contrariado, mas atento aos acontecimentos. Era Narin, que fez um sinal, exigindo silêncio. Imediatamente, as vozes se calaram. Solicitou que Anyr se aproximasse e que falasse o que havia ocorrido; depois de ouvir o relato, voltou-se para Hashab e pediu que ele contasse sua versão.

Cabisbaixo, Hashab ia iniciar sua defesa quando uma jovem abriu caminho por entre a multidão e se ajoelhou diante de Narin. Com o rosto quase tocando o chão, suplicou:

— Senhor, por quem sois, peço-vos misericórdia para meu irmão! Ele sofre da doença sagrada, mas não oferece perigo a ninguém, vos asseguro... Deve haver algum engano, Hashab não é um ladrão!

Narin a fitou com curiosidade e tornou:

— Queres dizer que, além de ladrão, este jovem possui essa doença?

Jasmine, a jovem em questão, respondeu com sinceridade:

— Cuido de Hashab desde a morte de meus pais e não tenho a doença. Suplico-vos, por favor, deixai-me levar Hashab! Trabalharei para o senhor Anyr a fim de pagar os prejuízos, se for necessário!

Narin a observava, enquanto Jasmine chorava compulsivamente. Com a cabeleira solta, quase roçando o chão, ele não conseguia ver seu rosto.

De forma autoritária, ordenou:

— Tuas lágrimas não me impressionam. Levanta-te!

Jasmine se ergueu lentamente e o fitou com seus expressivos olhos negros, ainda turvos pelas lágrimas.

Narin não conseguiu disfarçar sua surpresa ao ver o semblante da moça. Impressionado com sua beleza, típica de sua origem, observou-a detidamente.

Jasmine possuía pele alva, lembrando o alabastro; e os expressivos olhos negros, como mencionado, que deixavam transparecer todo o seu desespero naquele momento. A cabeleira negra, desgrenhada, tocava-lhe a cintura, evidenciando sua extrema magreza.

Narin era um homem abastado e dedicado ao comércio, ofício que herdara de seu pai, que por sua vez o recebera como legado de seu avô.

Vira a mulher partir no parto de sua única filha, que lhe era o ser mais caro que possuía na vida. Passaram-se alguns anos de sua terceira década de vida e era tido em grande consideração pela sociedade local.

Apesar da idade, não eram poucas as propostas de casamento que seus compatriotas lhe faziam, oferecendo suas filhas, para que fosse assegurada a pureza racial.

Sem encontrar ninguém que preenchesse a sua solidão, Narin buscava entretenimento com algumas escravas, porém sem preencher jamais o vazio que trazia no coração sincero e leal.

Por ser um homem bom, ao deparar com Jasmine, sentiu que alguma coisa chamava sua atenção na jovem, algo mais que a atração física. A condição de quase desnutrição da moça, a circunstância de ver o irmão quase linchado por meia dúzia de alimentos, o compadeceu. Além disso, com a presença do imperador na cidade, aquele pequeno incidente poderia assumir proporções desnecessárias. Ao fitá-la novamente, temeu que ela caísse nas mãos dos romanos e, sem titubear, ordenou:

— Levem os dois para as celas dos criados em quarentena. Não quero que contaminem o resto da criadagem com essa doença maldita. — Tratava-se da epilepsia.

Satisfeitos, os grupos foram se diluindo e, certos do castigo que os dois receberiam, aplaudiram a decisão tomada por Narin.

Logo ao serem recolhidos, Hashab e Jasmine foram levados, em realidade, para os aposentos da criadagem. Sob as ordens de Narin, receberam farta porção de alimento e um leito, com a deliberação de que deveriam aguardar até que Narin requisitasse a presença deles.

Hashab, cabisbaixo, falou à irmã:

— Jasmine, não queria ter te envolvido nisso... — Jasmine o fitou com mágoa e respondeu:

— Então era esse o trabalho que tinhas conseguido e que nos permitia o sustento? Nossa mãe se envergonharia de tua atitude, Hashab!

Com lágrimas nos olhos, o rapaz concordou:

— Sim, eu sei, mas ninguém quis me dar trabalho por causa de minha doença, Jasmine. Procurei em todas as casas, em todos os locais possíveis, e apenas ouvi negativas. Só em pensar que poderias adoecer de fome... não hesitei em fazer o que fiz!

Penalizada, Jasmine se aproximou e o abraçou, amenizando o fato:

— Não podemos voltar atrás no que está feito, Hashab. Vamos pedir aos deuses que nos ajudem em face do que nos aguarda! Agora vamos repousar, porque amanhã teremos um dia difícil.

No dia seguinte, um dos homens responsáveis pela guarda pessoal de Narin veio buscar Hashab. Jasmine tentou impedir, mas, rindo, o homem comentou:

— Talvez teu destino seja mais promissor que o do teu irmão. Uma mulher com tua beleza não veio a este mundo para sofrer e chorar por um traste como este! — arrematou, fitando Hashab com desprezo. Aos empurrões, Hashab foi conduzido enquanto Jasmine, assustada, começou a chorar. "O que os deuses reservaram para nós?", perguntava-se. O que poderia esperar de um homem como Narin?

Com o coração precípite, ouviu sons que provinham do interior do palácio. Em seguida, duas servas de Narin se aproximaram com determinação. Jasmine recuou, enquanto a mais velha falava sem rodeios:

— Acalma-te e faze o que eu mandar. Agora vejamos... — e pensativa, observando a figura esbelta de Jasmine, decidiu: — Depois do banho e dos cuidados necessários, vais usar a túnica de seda azul! Ficará muito bem com a pele alva e esses cabelos negros.

Jasmine ouvia sem compreender. Para que a estariam preparando, se era uma prisioneira de Narin, que certamente entregaria, ela e o irmão, aos romanos?

Enquanto as mulheres a conduziam pelos corredores do palácio, Jasmine perguntou:

— Onde estão me levando? E meu irmão? Quando poderei vê-lo novamente?

A mulher mais jovem, Rania, tornou com ironia:

— Deverás aguardar as ordens do senhor Narin. Por certo ele te falará sobre o futuro de vocês... Vem, vamos preparar-te um banho.

Jasmine as acompanhou e em seguida viu-se junto a outras jovens mulheres, que a fitavam com curiosidade. Elas se aproximaram e passaram a observá-la como se fosse diferente, um troféu que tivesse sido ganho em alguma disputa. Os cochichos chegavam aos ouvidos de Jasmine e os risinhos contidos a irritaram sobremaneira. Percebendo a situação que se criava, Rania determinou:

— Deixem-na em paz. Vocês têm afazeres esperando suas mãos desocupadas!

Uma das jovens replicou:

— Por que a trouxeram para cá? Ela não é irmã do ladrãozinho que o senhor prendeu ontem?

Jasmine adiantou-se:

— Não fales assim do meu irmão! Hashab é doente e não pode trabalhar... Estávamos com fome...

Naquele momento, a mulher mais velha, Zaíra, que fora buscá-la interveio:

— Chega! Não vou tolerar brigas entre vocês como se fossem mulheres da rua! Tu — e apontou para a moça que provocara Jasmine — vais terminar de bordar a túnica do senhor Narin, pois logo ele precisará dela; as demais retornem às suas atividades — e, voltando-se para Jasmine, ordenou: — Agora vai para o banho, pois o senhor logo requisitará tua presença.

Contrariada, Jasmine dirigiu-se ao banho, onde várias piscinas, muito semelhantes às termas romanas, a aguardavam.

Despiu-se e entrou na água tépida que, a princípio, a fez retrair-se. Com a ajuda de Zaíra lavou seu cabelo, e, por alguns instantes, Jasmine esqueceu a situação em que vivia.

A sensação agradável que o banho lhe proporcionara a fez sentir-se aliviada da tensão que vivera nas últimas horas.

Zaíra trouxe a túnica e a vestiu de acordo com os trajes locais. O efeito que a peça causou em Jasmine fez com que Zaíra estampasse um sorriso de satisfação no rosto. Por outro lado, Rania não conseguiu disfarçar a inveja que Jasmine lhe despertou. A seguir, Jasmine foi orientada a aguardar nos jardins até que fosse chamada.

Sem alternativa, ela se dirigiu ao jardim. Deveria esperar o quê? Qual a finalidade daquilo tudo? Por que Narin mandara que a vestissem daquela forma?

No íntimo, sabia a resposta, mas seu coração não queria aceitar que o seu destino a conduziria a uma condição tão ultrajante.

O que poderia fazer? Para onde ir? Pois, se ele quisesse, a encontraria, além da possibilidade de entregar Hashab para os romanos, desfecho este que evitaria, custasse o que custasse!

Com tristeza, Jasmine compreendeu que deveria esperar os acontecimentos, fossem eles quais fossem.

Assim tinha sido sua vida desde a morte de seus pais.

Ao deixar as dependências internas do palácio de Narin, Jasmine observou mais cuidadosamente o ambiente.

A típica arquitetura oriental predominante dava à residência um aspecto exótico e aconchegante. As colunas com seus ricos adereços, tais os detalhes e a beleza, sustentavam com inegável encanto a casa de seu anfitrião.

Este pequeno palácio havia sido construído para a primeira esposa de Narin. O pátio interno possuía um precioso jardim, cujo perfume de flores raras lhe chegava suavemente ao olfato, despertando emoções familiares para ela. Lembrava-lhe o lar perdido, onde fora feliz...

De repente, ouviu uma voz grave às suas costas dizer-lhe:

— Vejo que apreciaste o meu refúgio predileto!

Jasmine voltou-se e viu-se diante de Narin. O olhar perscrutador do jovem a perturbou e ela tornou:

— Sim, senhor, é um local muito agradável — e, recuperando o sangue-frio, indagou: — E quanto a Hashab? Como está meu irmão?

Narin deu alguns passos, convidando-a a acompanhá-lo. A seguir, disse:

— Teu irmão está bem, não lhe farei nenhum mal. Desejo apenas conhecer-te! — Sem compreender, Jasmine tornou:

— Não nos vais entregar aos romanos, então?

Narin deu uma gargalhada:

— Pensaste que eu os entregaria aos nossos usurpadores? Como pudeste pensar que eu faria tal coisa com meu próprio povo? Queria apenas certificar-me de algumas coisas, pois não quero fazer algo que lamente mais tarde... Dize-me, o que houve com tua família?

Jasmine baixou os olhos, que se haviam revestido de um brilho diferente pelas lágrimas que os umedeceram. Lentamente, levantou o olhar e, fixando Narin, começou:

— O meu pai foi um comerciante aqui em Antioquia, o que nos propiciava uma vida tranquila, sem preocupações. Durante uma incursão romana, ele e minha mãe foram assassinados. Hashab e eu conseguimos fugir... Há alguns meses, os poucos recursos que tínhamos para nos manter terminaram...

Narin ouvia atentamente a narrativa de Jasmine. Procurando quebrar o silêncio que se instalara, perguntou:

— Não encontraste um casamento que te amparasse e a teu irmão?

Jasmine enrubesceu e disse:

— Não trocaria minha felicidade por um teto ou pão, senhor. Tínhamos uma vida confortável junto a nossos pais e, se não fosse pela doença de Hashab, não estaríamos nesta situação. Por isso, peço-te, permita que partamos... Iremos embora antes do nascer do sol e nunca mais ouvirás nossos nomes!

Narin a observava e, ao ver a exaltação de Jasmine, cuja emoção tornava-a mais atraente, pensou intimamente: "Não partirás jamais, bela jovem! Agradeço aos deuses por te trazerem ao meu palácio!"

Narin aproximou-se de Jasmine e a fitou longamente. A seguir, bateu palmas, e Zaíra se aproximou, pressurosa. Ele ordenou:

— A jovem Jasmine necessita repousar. Leve-a, antes, para ver o irmão, a fim de que se acalme — e, voltando-se para Jasmine, completou: — Mais tarde mandarei te chamar!

Jasmine sentiu o sangue gelar em suas veias. O que estaria tramando aquele homem? Conseguira se esquivar de muitas situações humilhantes fazendo-se passar por doente, como Hashab, na tentativa de afastar qualquer pretensão menos digna a seu respeito. A doença do irmão a auxiliava, visto que a maioria a considerava contagiosa e isso evitava a aproximação de indesejáveis pretendentes.

As lágrimas deslizavam pelo seu rosto quando chegou a agradável recinto, recamado por tapeçarias e almofadas de seda. Ao fundo, encontrou Hashab, que comia, pensativo, um cacho de uvas. Ao ver Jasmine, caminhou ao seu encontro e abraçou-a efusivamente. Assim permaneceram por algum tempo, quando ele, observando-a melhor, perguntou:

— Por que estás usando estas roupas, minha irmã? O que significa isso?

Jasmine respondeu, procurando tranquilizá-lo:

— Precisei trocar aquelas roupas surradas para ficar perto de ti, Hashab. Não te preocupes, está tudo bem.

Desconfiado, o rapaz tornou:

— Jasmine! Soube que este senhor perdeu a mulher há poucos anos... Desde então, mantém esse harém para atender seus caprichos. Por favor, não aceites esta situação humilhante, mesmo que seja por mim... Prefiro morrer a ver-te nessa condição!

Com um sorriso nervoso, Jasmine procurou desvanecer as suas preocupações:

— Não te preocupes, querido. Isso não acontecerá, porque preferiria morrer a envergonhar a memória de nossos pais. Os deuses nos protegerão; confia! Sabes que não podes te aborrecer, Hashab.

Aparentemente mais calmo, o rapaz permaneceu ao seu lado, procurando ocultar seus mais íntimos temores sobre o futuro da irmã.

Sabia que não poderia protegê-la por muito tempo. A beleza de Jasmine chamava atenção e com Narin não deveria ter sido diferente. Acabara roubando para que ambos pudessem se manter e, dessa forma, para que conseguisse deixar Jasmine longe das torpezas do mundo. Após um tempo, que lhe pareceu curto, se despediram e Jasmine foi levada a outro aposento semelhante, decorado com riqueza e excentricidade.

Percebendo o que Narin tinha em mente, começou a chorar desolada. Ela, que fora a alegria de seus pais, que almejavam um casamento compatível com as tradições familiares, via-se em condição deveras humilhante para uma mulher.

Zaíra, a escrava mais velha que a acompanhara, confortou-lhe:

— Minha filha, entendo o que estás sentindo, mas devo dizer-te que o meu senhor é um homem bom. Perdeu a mulher que amava e se sentia só neste palácio. Estas moças que viste hoje não passam de artifícios para lhe minorar a solidão. Deves saber que ele tem uma filha, único alento de sua vida.

Secando os olhos com as mãos, Jasmine comentou:

— Não quero viver nesta condição, senhora. Meus pais se envergonhariam de mim... — e continuou a chorar.

— Acalma-te e aguarda os acontecimentos. Meu senhor não te fará mal, apenas procura um coração que o faça viver novamente. Agora descanse, o senhor virá vê-la...

Jasmine deitou-se nas almofadas que estavam espalhadas no leito baixo e, apesar de lutar contra o sono, em alguns minutos dormia, vencida pelo cansaço das emoções vividas nos últimos dois dias. Algum tempo depois, Narin entrou e a observou detidamente.

Zaíra se aproximou e perguntou:

— Achas que a encontraste, meu senhor? Perdoa-me a insolência, mas não seria melhor aguardares?

Ele a fitou e disse, antes de se retirar:

— A minha decisão está tomada, Zaíra!

Narin era um homem exigente com seus subordinados, os quais lhe obedeciam cegamente, porque, aliado a um grande senso de justiça, agia movido também pelo coração, revelando bondade com todos os que o cercavam.

Depois de observar Jasmine adormecida, Narin voltou ao seu quarto; analisava com cuidado os passos a tomar.

Apesar de sua ascendência nobre, não desejava dar ouvidos aos falatórios que certamente surgiriam. Afinal de contas, justificava-se, Jasmine também era síria, havia sangue comum a correr-lhe nas veias.

Isso deveria silenciar a sociedade local; por outro lado, não ignorava os planos de várias jovens em idade de se casar, que alimentavam esperanças em relação a ele, com inequívocas compensações financeiras.

Contava, na época, com trinta e cinco anos e era um homem atraente, revelando em seus traços morenos força e determinação. A barba, talvez, o fizesse parecer mais velho, mas, indubitavelmente em seu olhar, surpreendia-se uma esperança de felicidade.

Hani havia sido o grande amor de sua vida! Como era graciosa, doce, encantadora! Por que os deuses a haviam levado, deixando a pequena Lair aos seus cuidados? Como conduzir a vida da menina sem a presença de uma mãe? O que ele poderia fazer para educá-la, ensinando os perigos dos caminhos da vida?

E quanto à solidão do seu coração? Construíra um harém, com lindas jovens, mas o que fazer se não conseguia amar nenhuma? Distraíam-no, é verdade, mas, quando o deixavam, sentia-se vazio, infeliz, abandonado, com o coração ainda sequioso de amor... De que valia toda a riqueza, todo o poder, se estava absolutamente só?

Dessa forma, depois de considerar, tomou sua decisão.

Foi até Jasmine e, encontrando-a acordada, mandou que Zaíra e Rania se retirassem.

Trêmula, Jasmine o aguardou paralisada, em pé, no centro do aposento. Narin se aproximou e tocou com suavidade os seus cabelos. Jasmine permaneceu imóvel, temendo pelo que Narin faria a seguir. Ele se aproximou e, fitando-a como a se certificar de que não estava cometendo uma insanidade, tocou-lhe o rosto. Para sua surpresa, Jasmine se atirou aos seus pés, implorando:

— Por favor, senhor! Imploro-te que, se o preço da liberdade de meu irmão é que me torne uma mulher de teu harém, nada o diga a Hashab! Pela memória de meus pais, de minha família, troco minha vida pela dele, mas imploro que ele nunca saiba a verdade!

Narin, sinceramente tocado em seu coração, a fez levantar-se e lhe disse:

— Achas que eu te colocaria no meu harém, Jasmine? Pensas que não percebi tua origem, teus princípios, na conversa que tivemos ontem à tarde?

— O que desejas de mim, senhor? Nada tenho de valor para pagar pela liberdade de Hashab...

O olhar de Narin se modificou e, demonstrando inusitada ternura, ele se aproximou e indagou:

— Se eu libertar teu irmão, casar-te-ias comigo?

Jasmine deu um passo para trás. Jamais pensaria que Narin fizesse tal proposta! Confusa, sem saber o que dizer, retrucou:

— Isso é impossível, minha atual posição social não permite. Sou uma mulher do povo, sem um dote; a sociedade não me admitiria, a não ser como serva em tua casa!

Impressionado com a lucidez desinteressada de Jasmine, Narin perguntou:

— Diga-me, causo-te repulsa? Não desejo uma mulher que apenas me suporte os carinhos, que partilhe o meu leito por obrigação!

O coração de Jasmine batia acelerado. Como dizer que a cada vez que o via sentia-se trêmula, com uma emoção até então desconhecida para ela? Como revelar que a sua presença a deixava confusa, perturbada?

Impaciente diante da demora da resposta, Narin se aproximou e a beijou. Ao perceber que não era repelido, deixou que seus sentimentos o arrebatassem e, sentindo-se correspondido por Jasmine, abraçou-a fortemente, mantendo-a assim por alguns minutos em seus braços.

Narin a fitou e, com a sinceridade que lhe era peculiar, declarou com emoção:

— Casarei contigo, Jasmine. Serás minha mulher, dona de tudo o que possuo e, se quiseres, Hashab poderá morar nesta casa ao teu lado.

Perturbada e confusa, Jasmine respondeu:

— Aceito ser tua mulher independentemente da liberdade de Hashab. Apesar de te conhecer há dois dias, confio em ti e sei que nos protegerá, porque reconheço que possuis qualidades que dificilmente encontrarei em outro homem.

Com um sorriso franco nos lábios, Narin disse:

— A cidade inteira saberá de nosso enlace. Faremos uma grande festa e convidarei a todos, pobres e ricos, para partilharem da minha felicidade... Finalmente encontrei aquela com quem dividirei o resto de meus dias...

Jasmine, ainda preocupada com a repercussão da atitude de Hashab, observou:

— Peço-te que faça uma cerimônia discreta, apenas para os teus amigos e familiares... — Narin ia contradizê-la, mas o olhar súplice de Jasmine o convenceu.

— Se assim o desejas... Gostaria de poder te mostrar a todos, para que apreciem a tua beleza!

Apesar do receio de Jasmine, a notícia se espalhou rapidamente. Todos queriam saber quem era a escolhida por Narin El Shafir, um homem rico, poderoso e um verdadeiro seguidor dos preceitos de sua origem.

Quanto à noiva, Narin afirmava tê-la conhecido na Macedônia, apesar de ser de origem síria. As novas vestimentas de Jasmine, o penteado e as joias não deixavam reconhecer na jovem a mulher do povo que fora presa algum tempo antes.

A cerimônia se realizou duas luas depois de seu anúncio, uma festa com poucos convidados, conforme o desejo de Jasmine.

Feliz, Jasmine não escondia a alegria por estar ao lado do homem que sentia poder amar e, ao mesmo tempo, por poder ficar com Hashab junto a ela.

A pequena Lair, contando então seis anos, assistiu com alegria ao casamento do pai, pois Narin lhe havia dito que Jasmine seria sua nova mãezinha.

A criança logo aproximou-se da moça, que a acolheu com grande carinho. A felicidade parecia finalmente ter batido à porta do bom Narin.

2

NOVAS AMIZADES, ANTIGOS AFETOS

Dois anos se passaram desde o casamento. A bela esposa de Narin lhe havia dado um filho, trazendo ainda mais felicidade à família. A vida transcorria tranquila e livre de preocupações para Jasmine. Hashab se tornara o homem de confiança de seu marido, apesar da pouca idade, e todos se consideravam abençoados pelos deuses.

Certo dia, Narin retornou ao palácio antes do esperado e, após beijar a esposa com extremado carinho, participou-lhe o grande acontecimento que agitava a cidade:

— Trago notícias importantes, minha amada. Creio que irás apreciar...

Curiosidade incontida se apoderou de Jasmine, e ela, sorrindo, implorou-lhe que revelasse logo do que se tratava. Ele, por sua vez, divertindo-se com a ansiedade infantil da esposa, aumentava o mistério, dizendo:

— Serás admirada por todos, minha amada, irás impressionar os patrícios romanos... E eu serei o homem mais feliz do mundo por ser amado por ti, minha bela!

Jasmine insistia em uma explicação e, ao ver que ela se aborrecia, Narin, enfim, revelou:

— Pois bem, querida! Eis o que tenho a revelar-te: nosso imperador Diocleciano designou um novo pretor para Antioquia, que chegou há poucos dias...

— E o que isso tem a ver conosco, meu marido? — perguntou Jasmine, sem compreender.

Ele, pacientemente, prosseguiu:

— Ao que parece, trata-se de um homem de caráter intocável, ainda jovem e que veio acompanhado da esposa. Interessado em se integrar na sociedade local, irá oferecer uma recepção em seu palácio na próxima semana. Para tanto, convidou as pessoas mais destacadas da cidade, o que nos inclui, meu amor...

Surpresa, Jasmine considerou:

— Por que estes romanos desejariam se aproximar dos antioquenos? Não necessitam de nós para nada, são os senhores deste povo...

— Sim, Jasmine, mas considero esse desejo uma tentativa de vivermos em paz, e isso não tem preço! Poderemos prosseguir com os nossos negócios, sem a interferência de ninguém em nossas vidas, tão logo se sintam integrados em nossa sociedade. É inegável o crescimento da região desde que a conquistaram.

Jasmine não pensava da mesma forma. Sabia que os romanos traziam consigo a tirania de seus imperadores e que César só os beneficiava porque tinha interesses na região. Preocupada, revelou suas angústias:

— Acreditas que a nossa presença será importante nessa festividade? — Narin a fitou e falou, com alguma decepção na voz:

— Sabes o que significa uma aproximação com Roma. Contava com tua compreensão neste momento. É evidente que não queres ir, mas seria uma grosseria de tua parte que não posso permitir!

Ao perceber o efeito de suas palavras sobre o esposo, Jasmine aproximou-se e abraçou-o carinhosamente. A seguir afirmou, procurando revelar o que lhe ia no íntimo:

— Meu querido, esquece minhas preocupações tolas. Não tenho a tua experiência nas coisas do mundo e o meu desejo é de apenas servir a ti, em nossa casa, cuidando dos nossos filhos. Se consideras importante a minha presença, estarei ao teu lado, feliz por ser tua esposa!

Narin sorriu, apaixonado. O casal enlaçou as mãos e aguardaram a presença de Lair e Shadi, no colo da ama, que se aproximavam com o alvoroço próprio das vozes infantis.

No íntimo, Jasmine guardava uma inquietude cuja origem era difícil de determinar. Tinha a impressão de que aquela festa alteraria de alguma forma a sua vida.

Durante os dias que se seguiram, Jasmine, instada por Narin, tratou de se preparar para causar uma boa impressão em seus anfitriões, mandando buscar a seda mais rara, delicadas joias, perfumes e tudo o que quisesse, para que se destacasse no festim.

A jovem mulher desejava vestir-se de acordo com a sua origem, síria, mas o marido considerou que seria mais propício que ela se apresentasse com o traje das damas romanas. Isso, considerava, lhe atrairia as boas graças dos seus conquistadores.

Assim, Jasmine fazia todas as vontades de Narin, com o intuito de fazê-lo feliz. Procurou cuidar com mais apuro das suas longas madeixas negras e dedicou-se a tomar pequenos cuidados para que Narin se orgulhasse de sua beleza.

No dia aprazado, no final da tarde, quando o sol caía no horizonte, o encantador casal se dirigiu ao palácio de Marcus Tulius Severus. A liteira elegante que os conduziu fora adornada com ricos e vaporosos tecidos, e almofadas luxuosas, evidenciando a posição social de seus proprietários.

Atravessaram alguns quarteirões e finalmente a liteira estacou diante das colunas que levavam à entrada principal da suntuosa residência. Dois escravos os auxiliaram a descer e os conduziram ao átrio, onde foram recebidos por Júlia Severa, esposa do pretor romano Marcus Tulius.

Logo ao entrar, Jasmine percebeu que os olhares de grande parte dos convidados haviam se voltado para ela e o marido. Satisfeita com o resultado de seus esforços, Jasmine esboçava leve sorriso, demonstrando uma falsa segurança e controle da situação.

Havia se adornado com poucas, mas belíssimas joias, que destacavam seu porte elegante; os cabelos, presos displicentemente no alto da cabeça, caíam em uma profusão sobre as suas espáduas, enfeitados com minúsculas flores brancas; a túnica em seda clara, que se ajustava com uma faixa bordada em fios de ouro na cintura, e um manto azul preso à túnica na altura dos ombros impressionavam pela elegância e simplicidade.

Narin, por sua vez, também havia provocado olhares admirados de algumas mulheres, que viam nele uma beleza exótica, diferente da dos homens romanos. Uma mulher elegantemente vestida veio ao seu encontro e disse:

— São bem-vindos em minha casa! Que os deuses lhes proporcionem bons momentos em nosso lar!

Jasmine sorriu e fez delicada mesura, enquanto Narin cumprimentava sua gentil anfitriã.

Júlia Severa era uma mulher suave e delicada, com traços harmônicos, revelando extrema simpatia e afabilidade. Constrangida, informou:

— Lamento o imprevisto, amigos, mas meu esposo se afastou por alguns minutos para atender a assuntos atinentes ao cargo... Soubemos que o imperador se dignou a aceitar nosso convite, honrando este encontro.

Narin desfez o constrangimento de Júlia, dizendo:

— Nobre senhora, não há necessidade de te desculpares. Certamente encontraremos teu esposo e demonstraremos a nossa gratidão com o generoso convite. Não faltará oportunidade para encontrá-lo...

Júlia sorriu e sentiu viva simpatia por Narin. Voltando-se para Jasmine, falou:

— Agradeço tua compreensão. A propósito, tua esposa é muito bela e chamou a atenção dos meus convidados. Venha, Jasmine, vou satisfazer a curiosidade dessas pessoas — disse Júlia, exultante de satisfação por ver que tudo corria conforme havia planejado. Segurando o braço de Jasmine, passou a circular pelo amplo salão, apresentando a moça a todos como se fosse uma antiga amizade.

Os comentários sobre o casal não se fizeram esperar. Narin evitava a vida social, embora Antioquia fosse conhecida por suas excentricidades no que se referia a suas festas, que eram consideradas no geral imorais, até mesmo por alguns romanos.

A recepção do novo legado romano, no entanto, despertara o interesse de Narin em estabelecer boas relações com os recém-chegados, tendo em vista que seus negócios prosperavam a cada dia.

Sendo um marco na rota entre o Ocidente e o Oriente, Antioquia recebia mercadores de todas as regiões, que buscavam avidamente produtos para serem levados por todo o mundo conhecido. A aproximação com Roma, segundo pensava Narin, só poderia lhe trazer benefícios.

Além disso, evitara a exposição da esposa até aquele momento, pois sabia que Jasmine logo atrairia os olhares de cobiça não apenas de seus compatriotas, mas também dos romanos.

Reconhecia que a beleza de Jasmine era invulgar e, considerando a idade — estava com pouco mais de vinte anos — e a sua pouca experiência de vida, poderia se deixar envolver pelas seduções da vida luxuosa e frívola daquelas pessoas.

Amava-a de todo o seu coração e confiava plenamente em Jasmine, porém não depositava a mesma confiança na raça humana, que conhecia profundamente.

Após algum tempo, Júlia se viu obrigada a atender os convidados e, aproveitando-se da presença de uma de suas amigas, deixou Jasmine em sua companhia. Apesar de a conversa com Agneia Otávia, amiga de infância de Júlia, ser agradável, Jasmine pediu licença e saiu ao encalço de Narin.

Ansiava por encontrá-lo, ver seu rosto em meio àquelas pessoas que, apesar de diverti-la a princípio, agora lhe causavam tédio e uma certa irritação.

Jasmine sentia-se aborrecida com a frivolidade dos assuntos comentados e sentiu necessidade de se afastar daquele ambiente ao qual não estava acostumada. Sua vida de hábitos simples contrastava enormemente com o ambiente onde se encontrava. Começou a caminhar e, como não encontrou o marido, buscou refúgio em uma sala contígua ao grande salão festivo.

Assim que entrou na espaçosa sala, elevou a cabeça e respirou a longos haustos, fechando os olhos na tentativa de se recompor. As emoções por que passara a haviam esgotado e, sentindo a cabeça girar, ia cair, quando vigorosas mãos a ampararam.

A jovem mulher recobrou os sentidos e, voltando-se na direção de seu propício amigo, amparou-se em seus braços fortes. Antes que pudesse falar alguma coisa, ele disse:

— Por Júpiter! Estás muito pálida, senhora! — e, sem que Jasmine pudesse dizer algo, o homem, que era o próprio Marcus Tulius Severus, a ergueu e colocou-a em um leito próximo, muito comum nas salas romanas. — Como te sentes? — perguntou Marcus, com visível preocupação no olhar.

Jasmine abriu os olhos e só então pôde ver com precisão a fisionomia do homem à sua frente. Era alto, esguio e com feições típicas das elites do Tibre. A musculatura definida demonstrava que praticava exercícios físicos, porém, o que mais chamou a atenção da moça foi o olhar, revelador de um coração sereno, pacífico, muito diferente dos romanos que conhecia.

Jasmine se aprumou e preparava-se para se levantar quando Marcus a impediu:

— Não posso deixar-te partir. Vou chamar um médico.

Jasmine tornou, constrangida:

— Agradeço tua preocupação, senhor, mas foi um mal-estar passageiro. Asseguro que estou bem e desejo retornar à festa. Meu marido deve estar à minha procura.

Marcus franziu o cenho e perguntou:

— Como se chama teu marido? Não devo conhecê-lo, porque não tenho dúvidas de que não és romana...

Tomando as últimas palavras como ofensivas, Jasmine considerou com orgulho:

— Certamente não sou romana! Sou uma mulher síria e não tenho nenhum laço que me ligue a Roma!

Percebendo o mal-entendido, Marcus se desculpou:

— Perdoa-me! Não quis ofender-te, ao contrário... Conheço todas as *gens* de Roma e em nenhuma encontrei esses traços...

Naquele exato momento, Júlia entrou na sala. Ao vê-la, Marcus foi ao seu encontro e disse, desconcertado:

— Minha querida! Esta jovem passou mal e não aceita que eu chame um médico para ajudá-la! — Surpresa, Júlia viu Jasmine sobre o leito e, aproximando-se, indagou:

— Jasmine, o que houve? — e, voltando-se para Marcus, perguntou: — Vocês já foram apresentados? — Ambos fizeram um sinal negativo. Com sincera alegria, Júlia fez as apresentações formais.

Jasmine olhou para o casal e desculpou-se pelo seu comportamento arredio em relação a Marcus. Disse que se sentia cansada e desejava encontrar Narin para voltar para casa.

Naquele momento, Jasmine não poderia imaginar o que aquela noite ainda lhe reservava...

Dessa forma, o casal a acompanhou até o salão, onde encontraram Narin com o semblante visivelmente contrariado com o desaparecimento momentâneo da esposa.

Ao vê-la junto dos seus anfitriões, procurou modificar o semblante, demonstrando alívio por revê-la. Nesse momento, um dos convivas mais exaltados, Marcellus Severus, irmão de Marcus, se aproximou e, com o raciocínio prejudicado pelas inúmeras taças de vinho que bebera, fez uma exagerada mesura diante de Jasmine, exclamando:

— Meu irmão, não sabia que irias convidar a própria Vênus para a tua festa!

Revelando indefinido mal-estar, Júlia adiantou-se:

— Por favor, Marcellus, estás sendo grosseiro com nossos convidados. Compõe-te!

O jovem centurião não desviava o olhar de Jasmine. A lembrança inconsciente de um passado distante, quando em outra existência uma paixão desenfreada o ligara a ela, ressurgia nos arcanos de sua consciência. Depois de alguns minutos, voltou-se para Marcus e disse:

— Lembras de ter visto em Roma alguma mulher assim?

Neste momento, Narin se adiantou e falou com firmeza, mas revelando o entendimento necessário para a situação:

— Senhor, estás falando com a minha esposa. Também reverencio a beleza de minha mulher e, por respeito a ela, que é mãe de meus filhos, peço-te que contenha os teus ímpetos!

Percebendo que a conversa poderia levar a uma situação perigosa, Jasmine interveio:

— Por favor, senhores! Esta é uma festa para a aproximação de nossas culturas. Agradeço teus elogios, senhor, mas nossos costumes não aprovam esse tipo de manifestação. Creio ser hora de nos despedirmos.

Marcellus se afastou, contrariado pela repreensão pública, e foi reunir-se a um grupo de centuriões, próximo dos quais se encontrava o imperador Diocleciano. Mesmo assim, voltava-se constantemente para observar Jasmine. Um dos presentes, Maximus, conhecedor da fama do amigo quando o assunto era o sexo oposto, questionou-o em meio a risadas, o que acabou chamando a atenção da outra parte do salão. Marcellus perfilou-se diante de Diocleciano e, fitando Jasmine, levantou a taça que trazia nas mãos, falando:

— Um dia, aquela mulher me pertencerá! — Entre as risadas do grupo, Diocleciano voltou-se e, fitando Jasmine, disse:

— Ela será tua se essa for a vontade dos deuses! — e permaneceu em silêncio por longo tempo, sendo impossível imaginar-se o que ia em seu íntimo, no que foi acompanhado pelos demais, que se surpreenderam com a advertência do imperador, sempre alheio a questões que não tratassem de política e poder.

Antes que Narin e Jasmine se retirassem, nas despedidas, depararam com Diocleciano, para contragosto de ambos. Sem alternativa, curvaram-se diante daquele que representava o império mais poderoso que se conhecera desde todos os tempos, saudando-o como era usual:

— Salve, Augusto imperador! Que os deuses vos felicitem!

Diocleciano, então um homem por volta dos quarenta anos, há pouco aclamado por suas tropas e retornando de um encargo importante, observou-os e, voltando-se para Jasmine, disse:

— Lamento o comportamento de um de meus centuriões, senhora. Não admito essa conduta em nossas fileiras, especialmente com nossos convidados!

A referência causou perplexidade nos presentes, visto ser reconhecida a importância da família do anfitrião e de seu irmão, nobres patrícios da mais alta estirpe romana.

Diocleciano selava assim o que seria o seu reinado, alheio aos favores da classe que sempre dominara Roma, provocando-a e privilegiando os que, como ele próprio, tinham ascendido socialmente, oriundos das classes mais baixas.

Surpresa com a atitude do imperador, Jasmine balbuciou em tom quase imperceptível:

— O fato está esquecido, senhor!

Narin e Jasmine entraram em sua liteira e voltaram para casa em silêncio. Algo ficara no ar, como se naquela noite uma parcela do plano divino se efetivasse, reaproximando espíritos, para que se concretizassem os resgates redentores.

Não podiam, então, compreender que suas vidas jamais seriam as mesmas depois daquela noite.

A festa na residência de Marcus e Júlia representaria uma nova etapa, em que suas aquisições espirituais seriam postas à prova de forma inequívoca.

3

MARCUS TULIUS SEVERUS

Nos dias que se seguiram ao festim de Marcus, o assunto predominante foi a desenvoltura de Narin e Jasmine. Ela, sem dúvida, monopolizou as atenções por sua beleza e conduta diante da inconsequência de Marcellus.

Os traços delicados, mas ao mesmo tempo sugerindo sensualidade, faziam com que Jasmine despertasse sentimentos contraditórios — de atração e precaução — no espírito masculino. À jovialidade, somava-se um olhar que expressava sentimentos profundos e impenetráveis.

Assim, na residência de Marcus, o assunto em evidência ainda era sobre a misteriosa esposa de Narin. Naquela tarde, Agneia Otávia havia ido visitar Júlia, trazendo os últimos comentários sobre Jasmine. Concentrada em seu tear, Júlia ouvia a amiga:

— Lembras de Sextus Gaius, que naquela noite estava acompanhado da esposa? Pois bem! Nosso amigo revelou que Narin tinha perdido a primeira esposa havia pouco tempo. De repente, sem ninguém saber ao certo como se deu, anunciou o seu casamento com Jasmine, com uma festa para poucos... Nunca a apresentou à sociedade e sua primeira aparição foi aqui, na tua casa!

Júlia sorriu complacente e completou, pensativa:

— Concordo que Jasmine possui uma beleza singular. Acredito, porém, que essa dádiva dos deuses não a tornaram uma mulher fútil ou vulgar. Vejo nela bons sentimentos e a dignidade que encontramos nas melhores famílias de Roma.

A amiga balançou a cabeça e tornou:

— És muito bondosa, minha amiga. Apenas vês o que teu coração puro te confidencia. Como tua amiga mais experiente, afirmo que é muito arriscado ter uma mulher assim por perto... — e indicou disfarçadamente a chegada de Marcus. Júlia sorriu e foi ao encontro do marido, sem dar importância ao comentário da amiga. Após beijá-la, ele se aproximou e saudou Otávia.

— Cara Otávia, que os deuses te deem longa vida! Fico feliz por fazeres companhia a Júlia. — Retribuindo a saudação, Otávia falou com premeditada astúcia:

— Vim trazer as novidades da cidade para tua mulher se inteirar dos assuntos nas casas de Antioquia.

Marcus a fixou curioso e inquiriu:

— Posso saber do que se trata ou é um assunto exclusivamente feminino?

Otávia sorriu satisfeita e tornou:

— O assunto do momento é a esposa do comerciante, Jasmine. A começar por teu irmão, Marcellus, que não se cansa de falar na "Vênus" de Antioquia... — Marcus deu uma gargalhada e comentou:

— A julgar pela fama de meu irmão, isso não é de estranhar. Marcellus é demasiado sensível à beleza feminina.

Com a intenção de provocá-lo, Otávia perguntou sem rodeios:

— E tu não és, Marcus? Também não te chamou a atenção a beleza da moça?

Marcus fitou Otávia e Júlia, que a essas alturas tinha desviado o olhar de seu trabalho manual, e respondeu reticente:

— Bem... Sim, claro, não há como negar, ela é de uma beleza diferente das que conhecemos em Roma. Talvez um pouco rústica, sem o trato das mulheres romanas. É evidente que nunca esteve em Roma, tampouco conviveu com mulheres de nossa sociedade.

Naquele momento, Júlia interveio com entusiasmo:

— Enquanto conversavam, eu estava pensando. Acho que fomos indelicados com essa moça naquele dia. Ela acabou ficando só e sujeita aos ataques, infelizmente, grosseiros de nossos amigos. Marcellus é um exemplo disso. Por que não a convidamos para nos visitar e oferecemos uma tarde agradável em uma família romana? Marcus tem razão! Ela não deve conviver com nenhuma matrona de nossas famílias e, talvez, possamos ajudá-la a tornar-se mais refinada e sociável!

Otávia olhou para a amiga, espantada, enquanto Marcus se manifestava prontamente:

— Não vejo mal algum nisso. Por outro lado, não quero que te incumbas de tarefas que se tornem pesadas para ti, minha querida. Não quero que desvies a tua atenção de mim...

Júlia sorriu satisfeita e redarguiu:

— Isso seria impossível, porque tu és a razão da minha vida!

Apesar de sua predileção pelos falatórios, em sua tradicional educação, Otávia anunciou que deveria retornar para casa, pois seu marido já devia estar preocupado com a sua ausência, para que o casal permanecesse a sós, em mais íntimas demonstrações de carinho.

No final do dia, Marcus se havia retirado para seu gabinete, onde organizava os assuntos legais pelos quais era responsável. Começou a ler alguns rolos, mas o pensamento fugia teimosamente e de forma inconsciente; seu olhar pousava no leito onde alguns dias antes Jasmine estivera praticamente desmaiada. Por mais que tentasse manter a atenção no trabalho, quando percebia, pensava na jovem.

Realmente, era muito bela! Mas não era apenas sua beleza que lhe chamara a atenção e, sim, uma sensação indefinida de familiaridade, uma sensação de saudade daquele olhar.

"Estou perdendo a razão!", pensou o rapaz, tentando mais uma vez ler o rolo a sua frente.

Marcus Tulius Severus era o filho mais velho de uma tradicional família romana. Sua *gens*, ou família, era uma das mais antigas de Roma e, embora tivesse valorosos filhos em sua defesa nos campos de batalha, ele optara por trabalhar na magistratura.

Avesso à violência das guerras e conquistas, ao contrário de seu irmão, buscava aperfeiçoar a atividade jurídica exercendo, segundo considerava, tarefas que haviam destacado o seu povo dentre os demais.

Cabe destacar que Roma exerceu o seu poder durante muito tempo e com grande eficiência, não apenas por seu poderio militar, mas também por conseguir organizar o Estado, fosse com o sistema de coleta de impostos, fosse com a criação de leis e com o aparato jurídico, eficiente e muito distanciado dos povos da época.

Marcus acreditava na necessidade de mudanças no sentido de tornar a máquina administrativa mais efetiva e com mais punições aos infratores das leis romanas.

Contando com trinta e dois anos, aparentava mais, devido a seu aspecto sério e compenetrado. Alto, magro, do tipo longilíneo, cabelo curto cortado à romana[1], possuía traços fortes e marcantes, revelando o orgulho característico de um patrício.

Ao casar-se com Júlia, havia deixado várias jovens despeitadas e decepcionadas, e, apesar de ter vivido como os seus pares na juventude, fazendo jus ao seu nome e à sua condição social, após o casamento nunca cogitou trair aquela a quem havia entregado finalmente o seu coração.

Surpreendia-se com o fato de que, após alguns anos de um casamento feliz, a imagem de Jasmine roubasse os seus pensamentos, sempre dedicados a Júlia.

---

1 Houve variações nos cortes masculinos, mas aqui, nos referimos ao cabelo liso, cortado curto e com franja.

Na semana seguinte, Jasmine recebia um criado da casa de Marcus trazendo o convite para uma visita dali a dois dias. Pedia a confirmação por escrito, que deveria retornar com o criado.

Jasmine não sabia o que fazer. Narin não se encontrava e ela deveria enviar uma resposta. Após pensar por alguns minutos, respondeu em breves linhas aceitando o inusitado convite. Quando o marido chegou, relatou o que havia ocorrido. Narin ficou pensativo e indagou:

— Que interesse esses romanos podem ter ao te convidar? Entendo que poderiam desejar uma aproximação comigo, em função dos negócios, mas, quanto a ti, não vejo motivos.

Jasmine olhou para o marido e perguntou com um sorriso encantador:

— Vejo um sinal de ciúmes em meu marido? Será isso possível?

Narin mudou a sua expressão quando disse:

— Não deves zombar dos meus sentimentos, Jasmine. Aconselho-te, não os subestimes... Jamais compreenderás a intensidade deles!

O sorriso desapareceu dos lábios de Jasmine. Incomodada, retrucou:

— Por que me dizes isso, Narin? Por acaso te dei motivos algum dia? Tua advertência me ofende por ser totalmente injusta... — Narin se aproximou e, abraçando-a, explicou:

— Não quero que te exponhas novamente como naquele malfadado festim. Arrependi-me e quero te ver protegida em nossa casa. Desconheces as torpezas, as maldades que existem lá fora...

Jasmine retribuiu o abraço do marido e contrapôs, deitando a cabeça em seu peito:

— Sei que desejas me proteger, mas não vejo motivos para tuas apreensões. O convite veio em nome de Júlia Severa e, para ser sincera, apreciei muito a esposa do magistrado.

Narin segurou entre as mãos o rosto de Jasmine e sorriu.

— Está bem, minha amada. Reconheço que ficas muito isolada da convivência com outras mulheres. Vai e te diverte com as tagarelices próprias das esposas...

Jasmine o beijou e no dia seguinte tratou de preparar-se para a visita que faria à casa de Júlia.

Vestiu-se com simplicidade, com uma túnica de inquestionável bom gosto, prendendo os cabelos em um trançado romano que consistia em uma única trança muito delicada, deixando os cabelos volumosos e soltos, penteado que lhe trazia um efeito muito bonito. Terminou por adornar-se com algumas joias e, sentindo-se ansiosa com o convite, visto que nunca saía sozinha, entrou na liteira.

O movimento da cidade era grande e o número de transeuntes impressionava. Liteiras de todos os tipos se moviam entre cavalos e transeuntes, estes concentrados em seus afazeres.

Grande número de vozes se fazia ouvir, ora um vendedor oferecia a sua mercadoria, ora um soldado da guarda romana ria à custa de um judeu recém-chegado à cidade, que discutia questões religiosas com um grupo local.

Jasmine observava o movimento por uma fresta da cortina de sua liteira. Como a vida pulsava na cidade! Fazia dois anos que se havia casado e se distanciara de tudo para viver unicamente para Narin, os filhos e o irmão.

Reconhecia que a vida que possuía seria o sonho de qualquer mulher da época, pois, além de todo o amor, Narin lhe oferecia segurança e proteção. Ao ver, porém, todo aquele movimento, a vida se desenrolando fora dos muros de seu pequeno palácio, sentiu-se solitária. Narin passava a maior parte do dia fora administrando os seus negócios. A sua maior convivência era com as criadas e os filhos, nunca tendo a oportunidade de falar com outras pessoas.

Sentia-se feliz ao pensar que poderia ter em Júlia alguém com quem talvez viesse a ter uma amizade verdadeira. "A esposa do novo magistrado também deve se sentir só, visto que chegou há pouco tempo na cidade", pensava.

Assim, Jasmine chegou ao solar daquela que julgava ser sua nova e única amiga. Ao ser anunciada, Júlia se aproximou e, estendendo as mãos, segurou as de Jasmine de forma calorosa:

— Minha querida! Que os deuses te protejam! És bem-vinda novamente a minha casa! Como estás linda!

Jasmine sorriu e retribuiu:

— Sinto-me honrada com teu convite, nobre Júlia, embora tenha ficado surpresa.

Convidando a recém-chegada a se sentar em confortável cadeira, Júlia explicou:

— Entendo tua estranheza acerca do meu convite. Ocorre que ficamos, eu e meu marido, incomodados com os acontecimentos daquele dia. Na realidade, não partilhamos dos mesmos gostos e atitudes que nossos conterrâneos no que se refere aos festins. Poucas famílias romanas ainda conservam a pureza de nossos costumes!

Jasmine percebeu o que Júlia estava tentando dizer. Procurando deixar sua anfitriã mais à vontade, contrapôs:

— O que aconteceu naquela noite é um fato passado. O calor excessivo dos últimos dias me deixou indisposta e, deves saber, não estou acostumada a... — Neste momento, ambas ouviram vozes vindas do peristilo. Voltaram-se e viram que Marcus e Otávia vinham na direção delas.

Marcus se aproximou e beijou a esposa, e, quando Jasmine fez menção de se levantar, não permitiu, segurando sua mão:

— Senhora, é um prazer te ter em minha casa! — e, voltando-se para Otávia, perguntou, na tentativa de entabular uma conversação: — Lembras da senhora Jasmine, esposa de Narin, um dos homens mais importantes da cidade?

Otávia sorriu e disse:

— Como não lembraria aquela que é o assunto das conversas de nossos amigos? Conheci-a em tua festa há alguns dias... Vejo que os comentários continuam a te fazer jus, querida!

Jasmine, que não simpatizava com Otávia, respondeu com inequívoca ironia:

— Agradeço o elogio, mas creio que exista um grande exagero nesses comentários e que deve haver assuntos mais interessantes para serem considerados...

Júlia retomou a conversa que fora interrompida com a chegada dos dois:

— Eu estava dizendo a Jasmine que não estamos acostumados, tanto quanto ela, a determinados festins que são oferecidos na cidade. Que lamentamos alguns fatos desagradáveis que ocorreram naquele dia...

Marcus olhou com simpatia para Jasmine, concordando:

— Sim, é verdade, senhora. Especialmente o meu irmão, Marcellus, agiu de forma absolutamente reprovável.

Jasmine falou com desenvoltura:

— Não levei em consideração o comportamento do senhor Marcellus, por reconhecer que o álcool já interferia em seu comportamento... assim como no da maioria dos convidados! — Todos riram da observação judiciosa de Jasmine. Otávia resolveu provocá-la:

— Diga-me, querida, por que nunca foste apresentada à sociedade local, sendo teu marido um homem tão importante?

— Não houve oportunidade, senhora Otávia.

Irritada com o tratamento, Otávia prosseguiu com a sua língua ferina:

— Não é preciso que me chames de senhora, embora reconheça que és muito jovem. Acho estranho, no entanto, que não participes das festas locais... Por acaso, teu marido é um desses homens ciumentos que escondem a bela esposa como um tesouro inacessível aos outros mortais? — e deu uma gargalhada.

Marcus interveio:

— Não precisas responder, senhora Jasmine... Nossa amiga não o faz por mal, mas fala tudo o que pensa, sem se dar conta de sua inconveniência...

Júlia os observou preocupada, enquanto Jasmine, sorrindo, respondia:

— Não vejo problema em satisfazer a curiosidade de Otávia, senhor Marcus. Não, meu marido não me esconde do resto do mundo. É um desejo meu não participar da sociedade de Antioquia por saber que a vida em meu lar me é mais proveitosa...

Não satisfeita, Otávia continuou:

— É verdade que tens dois filhos? Tão jovem?

— Sim, Otávia. Uma filha que é do primeiro casamento de Narin, que considero minha filha, e um menino, que está com pouco mais de um ano, nosso filho.

Inequívoco mal-estar se instalou no ambiente. Sem compreender, Jasmine olhou para Júlia, que respondeu:

— Eu e Marcus esperamos que os deuses nos brindem com esta dádiva... Sacrifico à deusa Juno faz alguns anos, mas ainda não fomos aquinhoados com esta felicidade.

Marcus procurou mudar de assunto:

— Sugiro passarmos para o outro ambiente para fazermos a refeição.

4

MAUS PRESSÁGIOS

Naqueles dias longínquos, Roma passava por uma série de conflitos, tendo em vista que o império assumira proporções que tornavam impraticável a sua administração.

Com a displicência e a devassidão dos últimos imperadores, a grande capital se via em franca derrocada de seu poder e influência, antecipando grandes resgates, principalmente por suas quedas morais.

A dissolução dos costumes e a perda dos valores mais caros em relação à família, do respeito às leis e do culto aos antepassados seriam o prenúncio de que novos e difíceis tempos surgiam no horizonte.

A sucessão de imperadores oriundos das fileiras do exército, sendo a maioria assassinada, muitas vezes pelos próprios soldados, permitiu que durante esse tempo se instalasse um período de turbulência e insegurança.

No seio de Roma haviam reencarnado almas nobres, voltadas ao conhecimento e ao bem, porém, seu espírito belicoso e conquistador desprezou as bênçãos auferidas. Roma escolheu a conquista e a opressão dos povos submetidos ao seu jugo, praticando toda uma série de atos condenáveis, que não se coadunavam com as grandes expectativas criadas em relação ao seu destino desde os seus primórdios.

A queda se tornou uma questão de tempo e, se Diocleciano estendeu por mais alguns anos o que era inevitável, ainda assim foram anos que maculariam definitivamente o futuro espiritual de muitos, pois foi durante esse período que as perseguições aos cristãos recrudesceram, após breve período de tolerância. Roma cairia, sim, mas não sem antes assumir uma dívida para os séculos futuros por meio de seus atos de impiedade.

Cabe-nos, no entanto, a tarefa de prosseguir com a narrativa de modo a trazer aos amigos esses episódios dramáticos que até os nossos dias repercutem na consciência de todos os envolvidos. Prossigamos...

Marcellus era um homem revoltado e inconsequente, que se sentia menosprezado dentro da própria família, pois todos os olhares se voltavam a Marcus, o primogênito. O melhor destino seria o de Marcus, o melhor cargo na administração, o melhor casamento...

Apesar de ter êxito no campo de batalha, Marcellus continuava a ser apenas mais um centurião. O seu sonho de fazer parte da guarda pretoriana, a guarda pessoal do imperador, se desvanecia novamente, porque Diocleciano nomeara apenas homens de sua confiança e nenhum era patrício.

O novo imperador evitava uma maior proximidade com Roma, cujos filhos considerava arrogantes e orgulhosos. Era o imperador dos romanos, mas não governava com os romanos.

Em Roma, Marcellus conduzia sua biga por um bairro da elite romana, quando se aproximou de majestosa vivenda, rodeada por impressionantes árvores centenárias. A colunata típica dos romanos, preferindo os capitéis mais ao estilo coríntio, pela profusão de detalhes, sustentava uma ampla residência, onde o mármore ocupava lugar de destaque.

Assim que se aproximou, dois escravos se encarregaram do veículo e dos cavalos, enquanto o rapaz se dirigia a passos largos para o interior da residência.

Logo na entrada, uma mulher jovem ainda o aguardava. Abraçaram-se com familiaridade e ela o saudou:

— Por onde andaste, meu primo? Terá alguma linda estrangeira conquistado o teu indomável coração? — disse a moça com um sorriso malicioso nos lábios.

Marcellus retribuiu o sorriso e comentou com ironia:

— Pelos deuses! As notícias voam em Roma! Trago-te notícias que podem ser do teu interesse...

Curiosa, Flávia Pompília o conduziu pelo braço até um leito e, sentando-se, apontou-lhe uma almofada próxima, convidando-o a se sentar. Marcellus se acomodou e, inclinando-se em direção à prima, prosseguiu:

— Estive em um festim na nova residência de Marcus...

Com o olhar incendiado por emoções que mal conseguia controlar, Flávia o inquiriu com ansiedade:

— Diga-me, como ele está? Ainda não desistiu da insípida Júlia? Como um homem como Marcus pode aceitar a vida ao lado daquela mulher?!

Marcellus sorriu e tornou, provocando:

— O meu irmão se contenta com pouco, ao contrário de mim. O que quero te falar se relaciona com esse assunto. Por ocasião desse festim, conheci uma das mulheres mais formosas que já vi em minha vida...

A expressão de Flávia demonstrava a atenção que aquelas palavras exigiam. Com as sobrancelhas arqueadas, ela escutava atentamente. Diante da pausa de Marcellus, perguntou:

— O que ela estava fazendo na casa de teu irmão? Como se chama essa mulher?

— Ora, ora, minha prima! Vejo o ciúme a te consumir, sem ao menos saber de quem se trata! A moça em questão é casada com um comerciante rico de Antioquia. Chama-se Jasmine e é natural de Antioquia.

Flávia pensou por alguns instantes e tornou:

— Quais foram as tuas impressões sobre a situação?

Marcellus, com um sorriso debochado, exclamou:

— Queres saber se meu irmão demonstrou algum interesse por ela? Digo-te que Marcus parece alheio a outras mulheres, tendo olhos apenas para a sua Júlia. Quanto a ti, pensei que tivesses algum romance em andamento...

Flávia o fitou de maneira expressiva e respondeu:

— Na realidade não me interesso por ninguém, são apenas distrações para preencher o meu tempo. Amo teu irmão, sabes disso. Mas o que pretendes? Por que vieste me trazer essa notícia, visto que não posso agir a meu favor?

Marcellus se ergueu e alcançou uma pequena mesa, onde havia dispostos alguns cálices de vinho. Serviu dois cálices e, estendendo um em direção à prima, considerou:

— Estás sendo tola, minha querida. Sei do teu amor apaixonado por meu irmão e acho que poderás exercer o teu poder de sedução, lá mesmo em Antioquia.

Flávia se levantou e, aproximando-se, perguntou ansiosa:

— Como isso poderá se dar, Marcellus?

— Proponho-te o seguinte, verás que nos divertiremos muito... Vamos fazer uma aposta, Flávia! — Ante o olhar atento da prima, Marcellus prosseguiu: — Aposto que não conseguirás conquistar Marcus; se eu perder e tu concretizares o teu intento, devo-te algo que tu determinarás...

Flávia se antecipou:

— De minha parte, aposto que não conseguirás o amor dessa tal Jasmine... Se tu o conseguires, também te darei algo que desejes...

Marcellus divertia-se com a ideia insuflada por espíritos de baixa condição espiritual. Antevendo uma vitória fácil, disse com entusiasmo:

— De certa forma, agiremos juntos para afastar Marcus de Júlia e Jasmine do marido. Júlia não toleraria uma infidelidade de meu irmão... E o marido de Jasmine seria capaz de matá-la se descobrisse algo sobre a mulher... Se eu conseguir ter Jasmine para mim, tu me darás uma de tuas residências, talvez esta aqui — disse Marcellus entre risos —; ao contrário, se tu conquistares Marcus, te devo algo que desejes... Ora, minha prima, temos tudo o que precisamos para desfazer esses casamentos que impedem a nossa felicidade!

Flávia sorriu animada e asseverou:

— Enfim poderei ter Marcus em meus braços, depois de havê-lo perdido para Júlia quase às vésperas do meu noivado. Finalmente me vingarei da humilhação pela qual passei deixando de lado todos os sonhos de minha juventude!

Flávia se casara com um senador com idade avançada, a conselho de seu pai, com o fim de aumentar o patrimônio da família, garantindo-lhe uma vida confortável até sua morte.

Com a viuvez havia ficado mais rica e mais infeliz e solitária. A aposta de Marcellus lhe reacendia a esperança de ser feliz ao lado do homem a quem amava.

Os deuses lhe haviam ouvido e ela faria o que fosse preciso para reconquistá-lo, mesmo que tivesse que conviver por uns tempos com Júlia. Com um sorriso indefinível nos lábios, disse resoluta:

— O senador Pompilius me deixou algumas propriedades e uma delas é em Antioquia. Mandarei alguns servos organizá-la de modo apropriado para que me receba em breve, enquanto penso o que me darás se eu reconquistar o amor de Marcus. Creio que uma visita a esta província me trará um grande conforto ao coração!

Os dois cúmplices riram, antevendo a felicidade que vislumbravam no futuro.

Alguns dias mais tarde, em Antioquia, Jasmine havia redobrado os cuidados com a casa para receber Júlia, a qual fora convidada em retribuição aos agradáveis momentos na casa da nobre romana.

Logo ao chegar, Júlia se impressionou com a riqueza e o luxo que a residência evidenciava. De forma um pouco exagerada para o gosto romano, mas ainda assim confortável, com inúmeros tapetes e reposteiros, Júlia sentiu-se à vontade desde a sua chegada.

Jasmine, por sua vez, revelando intensa alegria, convidou-a para acomodar-se no jardim, onde as duas crianças brincavam alegremente com uma serva. Júlia exclamou com sinceridade:

— Pelos deuses! Como são lindas essas crianças! Que Juno as proteja sempre... E ao teu lar também, Jasmine!

A anfitriã comentou com amabilidade:

— Para mim, os dois são meus filhos, apesar de a menina ser filha do primeiro casamento de Narin. O meu pequeno Shadi é a razão da minha vida. Agradeço teus votos e os desejo da mesma forma para o teu lar, que um dia será abençoado com lindos filhinhos...

Percebendo pequena sombra no olhar de Júlia, perguntou com delicadeza:

— É esse o motivo da nuvem de tristeza que vejo em teu olhar?

Júlia sorriu melancólica.

— Não se trata apenas disso. Soube por Marcus que dentro de alguns dias deverá chegar à cidade Flávia Pompília, sua prima.

Ante o olhar indagador de Jasmine, Júlia prosseguiu:

— É que Flávia foi praticamente noiva de Marcus... Na realidade, ele desmanchou o compromisso quase às vésperas do noivado!

Impressionada, Jasmine ponderou:

— Júlia, Marcus te ama verdadeiramente. Não vejo motivos para preocupações...

— É porque não conheces Flávia. É uma mulher perigosa, de muito poucos valores e que adora intrigas... Não creio que tenha se esquecido de Marcus e provavelmente deve estar tentando se reaproximar de meu marido. Além disso, o fato de não lhe ter dado filhos até agora sinto que o afasta um pouco de mim...

— Não deves te preocupar tanto, Júlia. Tua ansiedade pode agir contra a tua natureza e dificultar as coisas. Quando te tranquilizares, certamente conceberás o filho que tanto desejas...

As palavras de Jasmine tiveram um feito benéfico em Júlia, que concluiu:

— Os deuses são realmente bons! Prova disso é terem te colocado em nosso caminho, Jasmine. És a única pessoa em quem realmente confio nesta cidade, onde não tenho o alento de afetos familiares.

Jasmine a abraçou e foram participar dos folguedos que distraíam as crianças.

Jasmine sorriu, mas lembrou-se de que, no dia anterior, Narin parecia inquieto. Ela havia aguardado o marido se manifestar, mas, como isso não tinha ocorrido, resolvera perguntar:

— O que te aflige, meu marido? Estás me deixando preocupada!

Narin falara sem esconder a desconfiança:

— Fomos convidados por uma tal de Flávia Pompília para um jantar em sua casa. Não entendo o porquê deste convite, visto que não conheço essa mulher... Não entendo esses romanos!

A conversa com Júlia vinha ao encontro das expectativas geradas em torno da prima de Marcus que chegaria à cidade. Procuraria acalmar o marido, oportunamente, dizendo que soubera por Júlia que Flávia era prima de Marcus e que provavelmente o casal os havia indicado, visto que Júlia conhecia poucas pessoas na cidade.

As duas amigas se despediram no final da tarde e, dessa forma, ambas começaram os preparativos para a nova festa que ocorreria na cidade.

No dia marcado, Jasmine e Narin se dirigiram para a casa de Flávia. A vaidosa anfitriã estava radiante recebendo a alta sociedade local. Vestindo-se de forma ousada, com amplo decote e usando os artifícios da época, bem rudimentares, para clarear os cabelos, Flávia aparentava uma beleza deveras artificial. De sua personalidade exalava uma sensualidade ostensiva, que provocava os homens em busca de emoções de baixo teor, ao contrário de Jasmine, que possuía, além da beleza, uma sensualidade contida, natural, tornando-a bem mais sedutora e misteriosa.

Ao vê-la, Flávia sentiu um calafrio percorrer-lhe o corpo, apesar de se aproximar sorridente para receber Jasmine e Narin:

— Creio que são os novos amigos de meus primos! Sejam muito bem-vindos em minha casa, que a partir deste momento está a sua disposição!

O casal agradeceu e se aproximou de Marcus e Júlia. Os novos amigos se cumprimentaram afetuosamente, enquanto Flávia se afastava à procura de Marcellus. Ao encontrá-lo, repreendeu-o zangada:

— Por que não me falaste mais acerca dessa Jasmine? Pensei que exageravas. Não é uma mulher do povo, é educada e elegante...

Marcellus sorriu malicioso.

— Por que essa irritação? Não quis te preocupar, prima. Apesar de acreditar que não conseguirás o amor de Marcus...

— Não me provoques, Marcellus. Sabes que amo Marcus e estou disposta a lutar por ele... Mas essa mulher pode ser perigosa. Sabes muito bem quanto Marcus é suscetível à beleza.

— Ora, minha prima! Marcus apenas tem olhos para Júlia, como já te disse. Não há perigo algum de perdê-lo para a bela antioquena... — Flávia o fitou e sugeriu:

— Diga-me, então, o que vês nesta mulher além da beleza. Vejo-te impressionado em demasia, muito diferente de outros amores... — Marcellus voltou-se em direção a Jasmine, que se encontrava no lado oposto do salão, e respondeu:

— A beleza de Jasmine é diferente de tudo o que vi antes, e sabes que sou um homem que conheceu muitas mulheres!

— Se isso é verdade, deves entender o que quero dizer... Pressinto uma mulher intensa, com capacidade de amar, diferente de Júlia. — Marcellus deu uma gargalhada e tornou:

— Sem dúvida, qualquer mulher pode amar mais do que Júlia, porém concordo que a jovem Jasmine deve ter sentimentos ocultos por trás daquele belo e veludoso olhar!

Finalmente, Flávia chegou ao ponto que desejava:

— ... E Marcus também esconde os seus sentimentos verdadeiros. Por trás da imagem tranquila e serena, existe um homem que é capaz de viver uma grande paixão!

Marcellus tornou-se sério e completou:

— Se o que dizes é verdade, teremos um grande trabalho pela frente. Mas, sinceramente, não vejo maiores problemas, pois Marcus está apaixonado pela insossa Júlia.

O grupo havia se dispersado e Flávia levara Narin para apresentá-lo a alguns convidados romanos. Enfadado, Marcus se afastara, como era seu costume, pois sempre tentava evitar o contato mais próximo com a chamada "alta sociedade".

Jasmine, por sua vez, foi à procura de Júlia, pois sabia que ela estava contrariada naquela festa. Ao entrar no peristilo viu Marcus, apoiado em uma coluna, pensativo. Ia se retirar em silêncio, evitando ser vista, mas ele a percebeu e chamou:

— Jasmine!

— Perdoa-me, não queria lhe incomodar...

Ele a fitou e comentou com leve sorriso:

— Isso nunca irá acontecer. A tua presença jamais irá me incomodar. — Jasmine sorriu e comentou:

— Eu estava à procura de Júlia.

— Não a vi. Como detesto estas festas, resolvi me afastar dessas pessoas. Por todos os deuses, tu não sentes o mesmo?

Jasmine concordou:

— É verdade, também não me apraz esses festins. Eu e Narin viemos em consideração a ti e a Júlia. — Surpreso, Marcus completou:

— Não comentamos sobre vocês com Flávia. Possivelmente Marcellus deve ter falado...

— Que seja! O que importa é que não nos sentimos bem nesse tipo de situação...

Marcus voltou-se para um armário com muitos pergaminhos e perguntou, tentando entabular uma conversa:

— Aprecias as leituras?

— Sim, meu pai possuía uma pequena biblioteca em nossa casa. Com a chegada dos romanos...

Marcus perguntou sem rodeios:

— Odeias os romanos?

Jasmine redarguiu de pronto:

— Não vejo motivos para isso, senhor Marcus. Não julgo um povo inteiro por alguns de seus representantes.

Sem ocultar seu desejo de conhecê-la mais profundamente, perguntou:

— Jasmine, não me chames mais de senhor, peço-te. Agora, diga-me, o que desejarias fazer na vida, além de cuidar de teu marido e dos teus filhos?

Surpresa, pois nunca era inquirida sobre o que realmente desejava fazer, ela respondeu:

— Desde a infância tinha o desejo de conhecer Roma, porém isso foi há muito tempo... — Inesperadamente, Marcus observou:

— Deixarias teu marido se surgisse essa oportunidade? — Ele riu e respondeu: — Certamente, ele não te permitiria...

Sem compreender, Jasmine o inquiriu:

— Por que pensas assim? Meu marido confia em mim, Marcus! — Ele a fitou longamente e respondeu:

— Quanto a isso, não tenho dúvidas, mas creio que ele não se permitiria ficar um dia longe de ti.

A expressão de Jasmine revelou quanto havia sido inesperada a situação. Perturbada, procurou se afastar:

— Narin deve estar me procurando... Preciso ir...

Com o coração acelerado, saiu rapidamente. Logo encontrou o marido, e permaneceu ainda algum tempo com ele e

Júlia, embora não conseguisse prestar atenção ao que era falado. Já em casa, deitada em seu leito, revia mentalmente a expressão de Marcus ao lhe falar aquela tolice. “Talvez tenha exagerado na bebida!”, pensava.

Lembrou-se, entretanto, de que inúmeras vezes percebera o olhar insistente de Marcus a observá-la discretamente. Considerava, porém, que isso não passava de coincidência; o acaso é que fazia os olhares de ambos se encontrarem...

Teria o marido de Júlia algum pensamento diferente da mera amizade que julgava sentir por ele? Haveria alguma outra intenção nas palavras de Marcus, ditas de forma tão veemente?

Esses pensamentos inquietantes fizeram com que Jasmine dormisse muito pouco naquela noite.

5

O CRISTIANISMO AVANÇA

Antioquia havia se tornado um importante centro difusor das ideias cristãs por ser um dos locais escolhidos por Paulo de Tarso, cuja divina missão de levar a Boa Nova aos gentios tivera ali um ponto de apoio importante em seu trabalho missionário.

Reunindo povos de diferentes localidades com crenças diversas, embora muitos permanecessem fiéis às suas tradições e credos, havia aqueles que, ao se adaptarem à nova vida, faziam de suas almas um terreno fértil para a semeadura de novas ideias no aspecto religioso.

Assim, a cidade havia se tornado um polo irradiador das revelações cristãs, acolhendo grande contingente de adeptos da "Boa Nova", principalmente porque o expressivo número de judeus que ali habitavam apresentavam concepções mais adiantadas em relação às revelações divinas.

Enquanto o mundo conhecido da época era essencialmente politeísta, praticando muitas vezes até sacrifícios — inclusive humanos —, os judeus cultivavam no íntimo de seus corações a fé no Deus único, tendo-o como absoluto Senhor de suas vidas.

O advento do Cristo, embora rejeitado brutalmente em Jerusalém, cativava os corações sofredores, pois a mensagem de esperança e consolo que o Nazareno trouxera era o supremo bálsamo para os desventurados da Terra.

A promessa de um reino de paz e felicidade, onde não haveria a supremacia do forte sobre o fraco, com as consequentes injustiças, acendia nos corações esperanças até então nunca vislumbradas pelos espíritos que trilhavam os dolorosos caminhos da arena terrestre.

Um novo amanhecer surgia na vida dos oprimidos sedentos de paz, e a mensagem de amor e perdão seria a diretriz traçada pelo excelso Mestre, que descera dos páramos celestiais para trazer a redenção aos espíritos recolhidos nesta ínfima morada do infinito.

Cabe destacar a importância dessa comunidade no alvorecer dos ideais cristãos, mas devo enfatizar aos irmãos que o grupo de valorosos seguidores de Jesus que lá se estabeleceu teve, sem dúvida, grande repercussão pelo seu papel decisivo na difusão do Evangelho.

Estabelecer-se-ia, então, o combate das trevas contra a luz, de "Júpiter" contra Jesus. A irracionalidade chegara ao seu auge e somente a coragem e o denodado amor que o Senhor plantara naqueles corações lhes permitiriam enfrentar com inusitada bravura os tempos que viriam.

Mas vamos aos fatos...

Já não se tratava de uma casa simples de adobe revestida por singela pintura de cal, como fora no início. A comunidade cristã havia crescido, assim como o alcance das ideias cristãs, que passaram a se fazer presentes em todas as classes da sociedade.

Estamos no século III, e as perseguições iniciadas por Nero e que prosseguiram com Décio e outros, com alguns períodos de relativa paz, fizeram com que o primeiro século após a passagem de Jesus pela Terra deixasse um rastro de mortes considerável no seio do Cristianismo; mais tarde, na sequência, elas recrudesceram, e, entre períodos de paz e de acossamento, chegamos ao tempo do último grande perseguidor dos cristãos, Diocleciano.

Embora simples em suas linhas gerais, a estrutura já denunciava a presença de uma hierarquia formal, que abandonava a simplicidade e singeleza da comunidade iniciada por Pedro no século I. Apesar disso, percebia-se que aqueles que lá chegavam ainda buscavam o alento de uma palavra confortadora e algum lenitivo para os seus pesares.

Por quantos caminhos haviam vagado até que uma porta se abrisse e os acolhesse, sem perguntar o que tinham feito ou por onde haviam andado?

Ali chegavam exaustos, mas, ao entrar em contato com a palavra de Jesus, o coração se refazia e o alvorecer de novas esperanças indicava o começo de um novo caminho. O olhar triste e a boca emudecida davam lugar a um tíbio e esperançoso sorriso.

A exemplo de Jerusalém, a comunidade cristã sanava não apenas os males da alma, mas também os dos corpos doentes que lá buscavam a cura e a saúde. Naquele dia, quando o sol já desaparecia no horizonte, um grupo de homens entrou no ambiente e avaliou a assembleia presente. O mais velho considerou:

— Paulo nos deixou todo o roteiro de nossas ações e não podemos nos intimidar com a onipotência de Roma! Urge que nossa confiança esteja acima dos poderosos, para que nada nos amedronte e prossigamos nas pegadas de nosso Mestre Jesus!

— Sem dúvida — concordou Jonas, um dos homens que lá se encontrava. — Devemos, entretanto, nos organizar, pois, como temos sido avisados, passaremos novamente por grandes provações e precisaremos dar nosso testemunho antes que o Cristianismo se estabeleça em definitivo.

Um terceiro, conhecido como Laércio, o ferreiro, interveio:

— Não temos mais a presença de Paulo e Timóteo, Inácio e tantos outros missionários há muito tempo, mas, por meio de seus ensinamentos e exemplos, concordo que já temos o roteiro. Nossos superiores irão traçar a nossa rota e agiremos com a confiança que o Senhor espera de nós neste momento...

Elias, um rapaz de vinte e poucos anos, exclamou com convicção:

— Nossos antepassados nos legaram o nome de *cristãos*, que se espalha por toda a parte... Sem dúvida o Senhor nos delegou uma missão na Terra e devemos honrar esse nome, pois é o próprio nome do Cristo que levaremos conosco para todas as criaturas! Continuemos a divulgar os ensinamentos do Senhor para todos, ricos e pobres, patrícios e plebeus...

Novamente o mais velho, Malaquias, considerou:

— Tens razão, meu filho. A responsabilidade é enorme, porque o número de adeptos das verdades que Jesus nos revelou cresce a cada dia, e agora possuímos um nome que define nossa crença. Devemos, entretanto, evitar confrontar o poder estabelecido, porque Roma só conhece a linguagem da força e da espada, e nossas armas são o amor e o perdão. Não venceremos como os homens da Terra; nosso triunfo se fará no reino de Nosso Senhor. Aqui, seremos meras vítimas das atrocidades romanas... Esta comunidade viu nossos líderes serem mortos no testemunho supremo, selando com o próprio sangue a mensagem da renúncia por amor à causa do Cristo! Antioquia tem sido palco de grandes missionários, e a importância de nosso trabalho ultrapassa fronteiras, mas não nos enganemos, meus filhos, pois a nós foi designada uma grande tarefa de sustentação da mensagem do Cristo entre povos de origens diferentes; teremos que dar o testemunho!

Elias perguntou, preocupado:

— Acreditas que seremos perseguidos novamente? A águia infame ainda nos perseguirá, impedindo-nos de espalharmos a mensagem de Jesus?

Malaquias sorriu com serenidade e respondeu:

— Sem dúvida, cumpriremos o nosso destino, filho. Haja o que houver, deveremos nos manter unidos e confiantes.

Elias permaneceu pensativo, mas Laércio considerou com maturidade:

— Devemos evitar os confrontos, pois ouvi alguns irmãos vindos de Roma relatarem que algo paira no ar, como se alguma coisa estivesse prestes a acontecer... Momentaneamente, o imperador parece nos haver esquecido. Mas quem poderá garantir que não nos atacará quando menos esperarmos?

Malaquias pareceu ouvir algo, visto que, em silêncio, dava a impressão de captar palavras invisíveis aos demais. A seguir, pensativo, disse:

— Atendamos aos nossos deveres como cristãos, abrigando a todos que nos buscarem, seja qual for a necessidade. Esta casa é conhecida como o refúgio dos sofredores e assim deverá permanecer... Continuaremos pregando a palavra do Senhor, divulgando o Evangelho com destemor, mas respeitando a autoridade estabelecida. O resto Jesus fará por nós, cumprindo a sua palavra de jamais nos abandonar!

Os demais sorriram, convictos de que Malaquias era o porta-voz do outro plano da vida, e, satisfeitos, rumaram cada um para os seus afazeres.

Enquanto isso, a regular distância, numa abastada residência, os sentimentos que se constituíam no móvel das ações eram totalmente opostos.

Os encontros em casa de Flávia haviam se tornado habituais, e nossos amigos frequentemente eram vistos juntos, especialmente Júlia, Jasmine, Otávia e Marcellus. Este último aproveitava a amizade com a anfitriã para se aproximar de Jasmine, que se esquivava o quanto podia do centurião.

Incomodado com a situação, em uma tarde, quando o sol já declinava, Marcellus, aproveitando-se do afastamento de Júlia, que ia recepcionar Marcus em sua chegada à propriedade de Flávia, postou-se à frente de Jasmine, obstruindo a sua passagem.

— Por Júpiter, bela Jasmine! Não terei a felicidade de ficar nenhum momento a sós ao teu lado, visto que Júlia se considera tua fiel protetora? — Disfarçando a irritação, Jasmine tornou:

— Solicitei a Júlia que me fizesse companhia. Como sabes, nobre Marcellus, não conheço muitas pessoas e me sinto bem na presença de tua cunhada.

— Posso te apresentar a todas as pessoas presentes, pois as conheço bem. Sei tudo sobre a sociedade local, conheço cada coração e os seus sentimentos...

O olhar de Jasmine pousou sobre o centurião e o fitou com atenção. Onde teria visto aquele rosto que lhe causava tanto mal-estar? Marcellus, ao perceber que Jasmine o observava mais detidamente, apaixonado, não se conteve:

— Nunca vi olhar mais belo, Jasmine! Não ignores meus sentimentos; se me permitires, posso abrir o meu coração ao teu.

A moça se afastou e ia se retirar, quando ele a segurou pelo braço.

— Por favor, não vás. Prometo conter-me. Apenas desejo ficar ao teu lado... — Jasmine olhou ao redor à procura de Júlia, mas quem veio em seu auxílio foi Marcus. O jovem pretor, ao ver o comportamento do irmão, se aproximou.

— Que os deuses te protejam, Jasmine! — e, voltando-se para o irmão: — Espero não ter atrapalhado a conversa... Flávia nos aguarda no outro salão.

Jasmine agradeceu com o olhar e se dirigiram para o local designado. As conversas frívolas de Flávia, naquele momento, irritavam sobremaneira Jasmine. Não entendia como Júlia suportava tais reuniões, em que a futilidade imperava e os comentários se concentravam em julgar maldosamente a vida alheia.

Frequentemente, por serem determinados em função de interesses econômicos ou políticos, os arranjos matrimoniais se transformavam em palco de traições, denunciando a decadência dos costumes e a desvalorização dos sentimentos genuínos.

Não havia o menor pudor em se expor a infidelidade reinante; era de conhecimento de todos as aventuras extraconjugais dos convidados de Flávia. Jasmine se chocara, a princípio, afastando-se, principalmente quando era o alvo de olhares maliciosos que a fitavam com insistência.

Como eram diferentes as reuniões na casa de Marcus! Apreciava as tardes que passava junto a Júlia, mas principalmente quando ele estava presente.

Marcus era um homem culto, que sabia entabular conversas interessantes, comentando sobre assuntos diversos, tornando cada intervenção algo especial. Sem se dar conta, comparava-o a Narin e, apesar de o marido ser um homem de qualidades apreciáveis, encontrava em Marcus a elegância e o trato social que faltavam ao marido.

Marcus também era atraente, sendo visível a sua descendência de patrícios romanos; vestia-se com apuro, possuía desenvoltura em seus gestos, sempre bem estudados, parecendo ser intencional o desejo de bem impressionar.

O sorriso espontâneo, às vezes, o olhar distante, o timbre da voz bem modulada acariciavam os sentidos de Jasmine. Começava — sem perceber — a sentir falta de sua voz e desejava ouvi-lo, pelo tempo que pudesse, sem se permitir maiores devaneios, visto que ambos eram casados. Encontrava-se assim, distraída em seus pensamentos, quando o próprio Marcus a interrompeu:

— Por onde andará esse pensamento que parece tão distante? Devo acreditar que terás mudado de ideia e ainda desejes conhecer Roma? — Jasmine estremeceu ao ouvir a voz de Marcus e comentou com um acento triste na voz:

— Não, Marcus. Estou bem mais próxima de Antioquia!

Marcus fitou a paisagem que divisava além da grande janela a sua frente e afirmou:

— Certamente deverás estar pensando no lar, no esposo e nos filhos, pois deves te sentir feliz no ambiente familiar...

Jasmine sorriu com delicadeza e afirmou:

— Devo admitir que, após estas reuniões, retorno com saudades dos meus afetos... E tu? Não tens o mesmo anseio?

Ele balançou a cabeça e tornou:

— Júlia está sempre presente em meu pensamento, de forma que não sinto sua ausência. Se um dia os deuses me derem a bênção de ter filhos, então poderei sentir o que sentes...

— Perdoa-me, não tive a intenção de tocar nesse assunto!

Naquele momento, Flávia se aproximou e, ouvindo as últimas palavras, perguntou:

— Que os deuses me tornem surda se não ouvi a encantadora Jasmine pedir perdão a meu primo... — Marcus, irritado, se apressou em corrigir:

— Não distorça as palavras de Jasmine, Flávia! Estávamos nos referindo às nossas famílias...

Flávia deu um sorriso malicioso, procurando disfarçar o ciúme que a conversa entre eles lhe havia despertado. Sem pensar nas consequências e procurando atingir Jasmine, alfinetou:

— Não aprovo tuas maldades ao meu primo mais amado! Aliás, amei-o de verdade, sabias? Fomos noivos, quase nos casamos. Tenho o dever de protegê-lo de belas mulheres...

Jasmine não sabia o que dizer dada a insinuação velada de Flávia. Marcus se antecipou e repreendeu veementemente a prima:

— Não vou tolerar tuas insinuações maldosas, oriundas de teus excessos de vinho, Flávia. Vou levar Jasmine para casa. — Jasmine interveio, dizendo:

— Agradeço teu oferecimento, mas não é necessário, irei por mim mesma. — Flávia sorriu a contragosto e desculpou-se:

— Por favor, querida, não me leve a sério. Exagerei no vinho, Marcus tem razão. Não há motivo para te retirares... Além do mais, se o fizeres, Marcellus vai desejar minha morte, isso se não levar a cabo esse desejo.

Jasmine tornou decidida:

— Não te preocupes com minha saída. Estou mesmo cansada, e meus filhos devem estar sentindo minha falta.

Marcus se antecipou:

— Eu e Júlia iremos levá-la. Não deves ir sozinha, pois a cidade está fervilhando de adeptos de uma nova seita da Judeia, o que não é nenhuma novidade; a cada dia surgem novos profetas nesse povo!

Flávia, procurando se redimir, tentou dar prosseguimento ao assunto:

— Em Roma não se fala em outra coisa. Esses miseráveis da Judeia seguem um Messias que morreu há quase duzentos anos. Infelizmente, nós, romanos, precisamos conviver com esses povos rudimentares, que se deixam levar por ideias descabidas!

Júlia, que até então conversava com Agneia Otávia, se aproximou e, como se adivinhasse o desejo de Marcus, interveio:

— Meu querido, gostaria de me retirar... O dia foi cansativo e amanhã terás que ir à Nicomédia.

Marcus concordou e aproveitou o ensejo para deixar a casa de Flávia. Jasmine os acompanhou, ficando em sua residência. Logo ao chegar, Narin esperava a esposa impaciente. Ao vê-la, não se conteve:

— Por todos os deuses da Síria, Jasmine! Esqueceste que tens um lar, filhos e a mim para cuidar? O que tem te ocupado na casa desses romanos, que descuidas de nós?

O sangue subiu às faces da moça e ela respondeu com visível indignação:

— Narin! Sempre cuidei de tudo e de todos, e não entendo o porquê de tuas palavras! Sempre vivi apenas para cuidar de nosso lar e só estou me distraindo um pouco na companhia de amigos que bem conheces!

Narin, que verificava a cada dia Jasmine se tornando mais atraente, vestindo-se com mais apuro e redobrando os cuidados com a aparência, insinuou:

— Não estás preocupada demais em te embelezar para esses romanos? Sabes que eles te cobiçam e pensam que te igualas às mulheres que conhecem, sem valores e sem moral!

Atingida em seus sentimentos, que, dia a dia, percebia se tornarem mais contraditórios, Jasmine começou a chorar.

— Estás me acusando, Narin? Tens alguma dúvida do meu amor?

Arrependido, Narin quis se aproximar, mas ela se esquivou e correu para o quarto. Ele quis segui-la, mas Jasmine o impediu:

— Por favor, deixa-me a sós!

Desconcertado, Narin foi para um dos quartos reservados aos hóspedes. Enquanto isso, Rania, ao ver seu amo se afastando do quarto do casal, sorriu com satisfação. "A falsa Jasmine começa a revelar-se! E eu estarei aqui quando o amo precisar de consolo...", pensou a moça, antevendo o futuro.

No quarto, Jasmine dava vazão à sua amargura, chorando sobre macias almofadas de seda. Alheia a todo o conforto da sua casa, quase tão rica quanto a de Júlia, sentia-se absolutamente infeliz.

O que estaria acontecendo? Por que sentia o coração amarfanhado, opresso com uma tristeza infinita?

Por que o desejo de se afastar do lar, quando tinha motivos de sobra para detestar os romanos? Finalmente, por que a preocupação com a própria beleza, visto que Narin, a quem devia agradar, não lhe exigia tanto? Amava-a apaixonadamente e só tinha olhares para ela, tinha certeza disso.

A resposta veio imediatamente ao seu cérebro conturbado: Marcus!

Sim, ele era o responsável por tudo o que estava sentindo... Procurava se embelezar para que ele a notasse, sentia-se radiante quando observava os olhares furtivos do magistrado romano!

E Júlia? Como podia agir de tal forma com sua única amiga? Se ela suspeitasse do que começava a sentir por Marcus, certamente a odiaria, desprezaria...

Se ele ao menos a amasse! Se sentisse com a mesma intensidade o amor que crescia em seu íntimo, preenchendo o vazio que sempre sentira, apesar de aceitar essa condição como normal da vida... Novamente, as lágrimas caíam em profusão e, sintonizando-se com as faixas da revolta e da autopiedade, como a justificar seus sentimentos, Jasmine se lamentava: "Não tive escolha em meu casamento com Narin! Ele me chantageou e aceitei, para salvar a vida de meu irmão! Ah!, se Hashab estivesse aqui, não me sentiria tão só, tão abandonada!"

Assim, entre lágrimas e impressões dolorosas, que prenunciavam suas desastrosas escolhas, Jasmine adormeceu, pela primeira vez após o casamento, sem a presença de Narin.

A cidade pululava em suas avenidas de mercadores e comerciantes, que, vez por outra, comentavam entre si sobre as últimas notícias.

Era dito que um grupo de judeus, seguidores do Nazareno, estava pregando nas praças da cidade, reunindo grande multidão de curiosos.

Essas aglomerações logo chamavam a atenção da guarda romana, pois sabiam de antemão que, sendo a Judeia um local de eterno conflito, com divergências internas constantes e contestando regularmente o domínio romano, poderiam estar pleiteando uma revolta em Antioquia.

As ideias cristãs, sobretudo, geravam grande preocupação, pois eram, sem dúvida, revolucionárias, visto que o tal Messias havia pregado a existência de um novo reino, cujo senhor seria um Deus único e poderoso. Como poderia haver apenas um Deus?

A concepção materialista do povo romano não lhe facultava a compreensão de um reino além da morte e governado por apenas um Deus. Além disso, Roma, com todo o seu domínio e esplendor, não vislumbrava nada senão ela mesma, com a sua opressão e ânsia de domínio; era-lhe intolerável que aquelas pessoas que se denominavam "cristãos" lhe desdenhassem esse poder.

Em meio a essas questões, naquele dia, Marcus havia ido ao fórum buscar documentos que deveria levar a Roma, quando encontrou Narin, acompanhado de Hashab, irmão de Jasmine.

O aspecto cansado do rapaz demonstrava que a viagem até Antioquia havia sido penosa. Narin, que não simpatizava com Marcus, cumprimentou-o e, ao apresentar Hashab, comentou:

— Este é meu cunhado, Hashab, irmão de minha mulher.

Marcus observou o olhar triste de Hashab e verificou que o rapaz trazia alguma semelhança com Jasmine. Interessado em conhecer melhor o irmão da moça, ele comentou:

— Pelo teu aspecto, Hashab, a viagem foi cansativa. De onde estás vindo?

Hashab sorriu e esclareceu:

— Venho da Nicomédia, senhor. Narin me encarregou de alguns negócios na região. Conheces a Nicomédia?

Marcus confirmou:

— Sim, minha esposa tem alguns parentes ao norte. Costumamos visitá-los em alguns períodos do ano. Vou deixá-los, pois o amigo necessita de descanso e o felicito pelo retorno à família.

Hashab agradeceu e se retirou, acompanhado de Narin. A afabilidade de Marcus, apesar de ser romano, havia causado boa impressão. Percebendo isso, Narin comentou:

— Esses romanos exageram em suas demonstrações de apreço apenas com o intuito de conquistar os povos que dominam. Nenhum povo dominado pode ser considerado amigo!

Hashab, surpreso, considerou:

— Também não aprecio os romanos, mas tive a impressão de ser esse homem bem-intencionado, e suas palavras me soaram verdadeiras. Por acaso não simpatizas com Marcus?

Narin respondeu ligeiramente, desejando encerrar o assunto:

— Não o considero meu amigo, apenas isso. E tu, Hashab, cuida da tua vida e deixa esse assunto, pois temos mais o que fazer!

Quando Jasmine vislumbrou a silhueta de Hashab, que se aproximava, correu ao seu encontro. Apesar de ser mais jovem, desejava encontrar no irmão os conselhos que seu coração necessitava. O equilíbrio e a serenidade que Hashab adquirira, revelando conformação diante dos reveses da vida, infundiam a paz que Jasmine buscava, pois Hashab amadurecera por meio das experiências retificadoras pelas quais passara.

Desde algum tempo, a moça sentia-se inquieta, não desfrutando a felicidade de outrora. A casa, os filhos e Narin eram o seu mundo, e, nesse mundo perfeito, nada faltava. Sentia-se feliz com as bênçãos que os deuses lhe haviam ofertado, e a vida passava sem maiores cuidados. Ultimamente, no entanto, algo a incomodava, um desassossego, uma infelicidade sem razão de ser... Intimamente, entretanto, sabia que o motivo era Marcus. No começo, desejara se afastar dele, evitando-lhe a presença, mas, depois de algum tempo, a vontade de vê-lo e — o que era imperdoável — de tornar-se cada vez mais bela para atraí-lo era sua maior felicidade. Quando Hashab a abraçou, sentiu que algo estava errado e, fitando-a com carinho, perguntou:

— Vejo mais do que saudades no teu abraço, Jasmine. O que está havendo? — A moça sorriu com tristeza e arrematou:

— Não te preocupes, estou bem. Senti tua falta, meu irmão...

Narin, que não disfarçava a sua irritação, ordenou:

— Jasmine, deixa suas saudades para depois. Agora, manda preparar um banho para o teu marido.

A moça baixou a cabeça fazendo um sinal positivo e se retirou. Naquele momento, as crianças entraram e correram para os braços do tio.

O pequeno Shadi, filho de Jasmine e Narin, levantou os bracinhos, tentando balbuciar o nome de Hashab. Enternecido, o jovem se aproximou e o pegou ao colo, beijando a adorável criança. Narin ficou observando-o e comentou:

— Tua irmã está mudada, cunhado. Há muito não participa das brincadeiras com as crianças, passa o dia sozinha, perambulando pela casa. Quando a ama traz nosso filho para ficar um pouco com a mãe, ela quase o evita, preferindo a solidão. Além disso, quase não se alimenta, está emagrecendo a olhos vistos. Parece que apenas o que lhe dá prazer são esses encontros com os romanos.

Hashab franziu o cenho. Uma ruga se formou em sua testa quando perguntou:

— Não reconheço minha irmã nas tuas palavras. Vou falar, oportunamente, com ela para saber o que está acontecendo! — Hashab devolveu o menino à ama, e a filha de Narin, então no colo do pai, deu a mão para a fiel Zaíra.

Os dois homens se dirigiram para o interior da casa, indo cada um para o seu quarto, até a hora do jantar. Quando Narin entrou no aposento, seu banho o aguardava. Olhou para Jasmine e pediu:

— Estou cansado, ajuda-me com minhas roupas!

Jasmine se ergueu maquinalmente e começou a ajudá-lo. Retirou os adereços, a túnica e as joias. Irritado com a indiferença da esposa, Narin exclamou:

— Pelos deuses! Nunca vi mulher tão indiferente ao marido! Não me tens mais amor, Jasmine? — Surpresa, a moça ergueu os grandes olhos negros e redarguiu:

— Narin! Como podes pensar isso, se vivo para ti? — Narin desenrolou uma faixa de linho em torno dos quadris e se dirigia para a banheira, quando questionou:

— Por que não me acompanhas no banho?

Jasmine desculpou-se:

— Narin, meu irmão acaba de chegar... Gostaria de ficar um pouco ao seu lado, para que ele me conte o que aconteceu nesse período, sobre a sua doença...

Narin a fitou de tal forma, que Jasmine sentiu a repreensão em seu olhar. Procurando evitar a presença do marido, ela se retirou. Algumas horas mais tarde, quando se encontrava no jardim, pensativa, Hashab veio lhe falar:

— Jasmine, estou preocupado contigo! O que está acontecendo? Narin me falou da tua desatenção com as crianças, que não te alimentas... Que tens frequentado festas romanas...

Jasmine não resistiu mais e começou a chorar.

— Oh, Hashab! Ajuda-me, por favor! Não sei o que fazer... — Hashab segurou-lhe as mãos e a inquiriu:

— Querida Jasmine, dize-me o que te aflige! Não sei se poderei te ajudar, mas farei o possível para pelo menos te compreender.

Jasmine soluçava enquanto comentava:

— Não me reconheço, Hashab. Estou vivendo um pesadelo; procuro distrair-me para evitar enlouquecer!

Hashab acariciava os cabelos da irmã.

— Fala-me, pois não te julgarei. Todos passamos por momentos difíceis na vida, minha irmã.

Encorajada, Jasmine começou:

— Logo após tua ida para a Nicomédia, fomos convidados, eu e Narin, para participar de um festim em homenagem a um casal de romanos que veio se instalar em Antioquia. Ele, um magistrado, um pretor, chamado Marcus, e a esposa, uma pessoa adorável, cujo nome é Júlia. — Hashab a interrompeu, comentando:

— Conheci Marcus esta tarde, quando me dirigia para cá. Narin nos apresentou e, apesar de claramente meu cunhado não simpatizar com ele, achei-o um homem simpático e agradável, muito diferente dos romanos que conheço.

Os olhos de Jasmine brilharam quando ela falou:

— Tornei-me amiga do casal e tenho frequentado a casa não apenas de Júlia, mas de outros romanos ligados a eles. Todos têm sido muito agradáveis comigo, a não ser Marcellus, o irmão de Marcus, que procuro evitar... Na verdade, o detesto!

A expressão de Hashab se modificou ao perguntar à irmã:

— Jasmine, o que está acontecendo? Não sou tolo a ponto de imaginar que não tenhas despertado algo em um desses homens... Falo-te não apenas como irmão, pois sei reconhecer a beleza em uma mulher. E, em se tratando de romanos, deves ter cuidado, pois sempre visam aos próprios interesses.

Jasmine balançou a cabeça negativamente.

— Pretendo me afastar dessas pessoas, mas lamento perder a amizade de Júlia. Infelizmente, o que dizes é verdade, pois a prima de Marcus, Flávia, me detesta e é perigosa. Ela e o primo foram noivos e ele a trocou por Júlia, fato que fez dela uma pessoa rancorosa e vingativa.

Atento, Hashab completou:

— E o irmão de Marcus é impertinente contigo, não é mesmo?

— Sim, cria situações embaraçosas e, se não fosse pela interferência de Marcus, as coisas já estariam piores!

— Marcus tem intercedido por ti? Como o conheceu?

Jasmine contou detalhadamente tudo o que acontecera desde seu primeiro encontro. Hashab abraçou a irmã e afirmou:

— Jasmine querida, estás em uma situação delicada e, se queres meu conselho, ouve: afasta-te dessas pessoas o quanto antes! O caminho do dever às vezes é penoso e nos traz sofrimento, mas nos proporciona paz de consciência, que é imprescindível para a felicidade. Despertaste os sentimentos de dois homens, que, além de irmãos, são rivais. Agora entendo o comportamento de Narin diante de Marcus...

Jasmine o fitou sem entender. Hashab comentou sobre o que Narin havia falado de Marcus e completou:

— Narin desconfia de algo, Jasmine. Achei-o irritado, diferente. Deves ter cuidado, evitar te aproximar, especialmente de Marcus. Teu marido deve ter notado os sentimentos de Marcus em relação a ti.

Jasmine fez um sinal negativo e disse:

— Não, Marcus não sente nada por mim. Apenas conversamos sobre nossos gostos, sonhos, coisas que gostaríamos de fazer. Nunca falamos sobre nós mesmos, a não ser... Bem, ele me elogia de um modo diferente, mas com respeito, admiração...

Pensativo, Hashab reiterou o pedido para que Jasmine se afastasse de Marcus e das novas amizades:

— Por favor, Jasmine, promete-me que não irás novamente à casa de Marcus. Convida Narin para fazer uma viagem, te afasta de Antioquia por uns tempos...

Jasmine permaneceu em silêncio. Como poderia se afastar de Marcus, se desejava vê-lo a todo momento? Se o seu maior sonho era partilhar-lhe a vida?

Aproveitando que uma escrava havia lhe avisado que a refeição estava servida, Jasmine convidou Hashab para retornar a casa.

Não poderia prometer algo que não teria condições de cumprir.

6

UMA VIAGEM PROVIDENCIAL

A reunião se desenvolvia como de costume entre os risos álacres de Flávia, as piadas inconvenientes de Marcellus e os comentários maldosos de Otávia. Assim identificava Marcus, quando entrou em sua residência, os convidados de sua mulher. Júlia, ao vê-lo, correu ao seu encontro, já saudosa, visto que o marido deveria partir para a Nicomédia no dia seguinte.

Marcus a beijou como de costume, mas o seu olhar passou de relance por todos os convidados da pequena reunião. A seguir, permaneceu por algum tempo junto a Júlia, para lhe fazer companhia e ajudá-la na difícil tarefa de entreter tão heterogêneo grupo; logo que surgiu a oportunidade se afastou, indo em direção ao seu aposento de trabalho.

Dirigiu-se a um leito, comuns nas salas romanas, para poder pensar e tentar colocar os pensamentos em ordem. Tivera na juventude toda a sorte de privilégios e divertimentos típicos da época. Como patrício, tudo lhe era permitido, e soubera viver com intensidade tudo o que a sua posição lhe proporcionava. Uma prova de suas escolhas estava em sua casa naquele momento: Flávia.

Sua prima havia sido uma de suas conquistas, o que na verdade não fora difícil, considerando-se que sempre soubera do amor de Flávia por ele.

Ela era bonita, apesar de estar a um passo da vulgaridade, e a união contava com o apoio da família. Seus pais haviam visto a possibilidade de manter a fortuna dos Severus intacta e acrescida da que Flávia herdaria. Tudo corria dentro do que tinha sido planejado, quando surgiu Júlia em sua vida. A jovem delicada, com uma sólida e tradicional educação, resquício das antigas famílias romanas, lhe havia despertado o interesse. Próxima da mulher do imperador, Prisca, lhe favorecera a posição que ocupava naquele momento.

Como uma joia rara em meio a uma infinidade de peças sem brilho, Júlia lhe descortinara uma vida plena de valores, com a manutenção do culto aos antepassados, tradição que se perdera com o tempo. Por outro lado, o seu temperamento equilibrado e dócil lhe fizera antever um futuro de felicidade e paz interior, ideal que buscara em vão ao lado de Flávia.

Sentia há algum tempo a necessidade de uma vida tranquila e com Flávia isso seria impossível. Ciumenta ao extremo, quando noiva, lhe fizera passar por inúmeros constrangimentos, sendo rude e até grosseira com qualquer mulher que se aproximasse dele. Como poderia viver ao lado de uma mulher assim?

Agora, no entanto, travava uma luta singular em seu íntimo. Algo que jamais havia sentido brotava com uma força desconhecida em seu ser. Não havia um momento sequer em que seu pensamento não estivesse povoado com a presença de Jasmine. A imagem da moça era-lhe constante, e a necessidade de vê-la, uma tortura.

Ansiava por estar com ela, embora falasse apenas coisas triviais, muito distantes do que realmente gostaria de lhe dizer. Como detestava Narin, o marido de Jasmine, por saber que ela lhe pertencia!

Como poderia continuar vivendo assim? Estava sendo injusto com Júlia, reconhecia, mas o que fazer? Por quanto tempo conseguiria esconder esse sentimento dos que o cercavam e, principalmente, de sua mulher?

Absorto nessas reflexões, Marcus não percebeu que alguém havia entrado no recinto. Após observar-lhe detidamente, Flávia se aproximou e lhe disse ao ouvido:

— Acho que sei a causa do teu abatimento, meu primo. Aviso-te, porém, o quão perigoso é viver essa aventura quando sabemos do que são capazes esses povos em relação ao adultério...

Marcus abriu os olhos e a viu muito próxima a ele, sorrindo maliciosamente. Endireitando-se, ele a afastou e falou em tom de censura:

— O que dizes, Flávia? Estás louca? Não sei o que estás insinuando... — Ela o fitou e falou ameaçadora:

— Sei onde anda o teu pensamento, Marcus Severus. Vi a tua decepção ao chegar e não encontrar Jasmine! Uma estrangeira! Não é de estranhar que tenhas outras mulheres, pois a pobre Júlia não poderá trazer a felicidade que almejas, mas ainda tens a mim! O que buscas nessa mulher de origem inferior, quando sabes que tenho o meu amor para te oferecer?

Irritado, Marcus falou em tom de desprezo:

— Esquece o que se passou entre nós, Flávia! Jamais repetirei o mesmo erro, me aproximando de ti. Esse passado está enterrado e nada desejo senão esquecê-lo!

Ofendida e sentindo-se rejeitada, Flávia falou com despeito:

— Vais te arrepender, Marcus! Sabes que tenho dinheiro e poder e posso te prejudicar muito! Não menospreze os meus sentimentos... Além disso, teu irmão Marcellus me pediu ajuda para conquistar a provinciana... Terás como rival o teu irmão, e farei o possível para que ele a tenha... Escuta, Marcus: ela nunca será tua, pois farei o impossível para evitar isso!

Dizendo essas palavras, Flávia se retirou com o rosto afogueado e as lágrimas caindo em profusão — fato incomum em uma mulher acostumada com as convenções sociais, em que cada situação exigia uma máscara diferente. Neste momento, ela se despia de todos os disfarces para dar vazão a sua dor. O ódio que sentia agora, no entanto, era mais forte que qualquer outro sentimento, oprimindo aquilo que na sua concepção ela denominava amor.

Apaixonada pelo primo desde sempre, Flávia não permitiria que outra mulher cruzasse o seu caminho. Júlia não a intimidava, pois o temperamento da mulher de Marcus era fraco e submisso, e isso o desinteressaria com o tempo, mas, quanto a Jasmine, a situação era diferente. Nela, via a rival poderosa, pois além da beleza possuía uma personalidade sedutora e apaixonada; isso, certamente, despertaria a atenção de Marcus. Precisava agir para evitar que o pior — segundo seus temores — acontecesse.

Com o coração em tumulto, Marcus partiu para a Nicomédia, pois, com a nova estrutura do império, já dividido em duas capitais, Ocidente e Oriente, havia a necessidade de levar informações precisas e pessoalmente sobre o funcionamento — altamente burocrático — da região onde se instalara. Ao saber que o marido iria para a Nicomédia, Júlia apressou-se em ir visitar Jasmine, pois contava com a sua ajuda para enviar alguns presentes para a mulher e a filha de Diocleciano.

Jasmine a recebeu com alegria e se prontificou em auxiliá-la. Pediu que um escravo trouxesse os baús com as finas sedas vindas do Oriente para o seu próprio uso e escolheu, pessoalmente, com a anuência de Júlia, os tecidos mais raros, presenteando a amiga. Apesar da negativa de Júlia em aceitar a oferta, Jasmine a ignorou e mandou separar as peças. Notando tênue nuvem de tristeza no olhar da amiga, perguntou:

— O que te entristece, Júlia? Flávia a tem importunado com as suas ironias? — Júlia baixou a cabeça e duas lágrimas rolaram de seus olhos límpidos. A seguir, confessou:

— Não desejo te importunar com os meus temores, Jasmine. Vejo que és feliz no casamento, e uma mulher como tu não deverá ter os temores que trago em meu coração.

Jasmine pressentiu o que Júlia iria falar e a incentivou, ao que Júlia, secando as lágrimas, disse:

— Só os deuses sabem o amor que tenho por meu marido, minha amiga. Amo-o incondicionalmente, mas talvez não seja a mulher ideal para Marcus... — Com o coração acelerado, Jasmine a ouvia com atenção e tornou:

— Por que dizes isso? Vejo em teu matrimônio um exemplo de perfeição e felicidade.

— Antes de chegarmos aqui em Antioquia, eu pensava assim, porém as coisas mudaram. Faz algum tempo que Marcus me parece outra pessoa... O olhar distante, a ausência de carinhos para comigo, chegando quase à desatenção... A falta de intimidade... Acredito que o fato de não ter lhe dado um filho ainda seja um dos motivos...

Jasmine havia empalidecido visivelmente. Procurando evitar que a amiga percebesse, levantou-se e serviu, pessoalmente, duas taças de vinho. Tomou um gole e ofereceu uma taça a Júlia. A seguir, disse:

— Qual seria o outro motivo?

Júlia a fitou confiante e revelou:

— Sabes que Marcus e Flávia foram quase noivos e ele não cumpriu a promessa de matrimônio por minha causa... E que não foi por acaso que Flávia veio se instalar em Antioquia... Ela veio para tirá-lo de mim, Jasmine! Deseja-o da mesma forma que antes, e eu não posso competir com essa mulher!

Desconcertada, Jasmine não conseguia evitar o ciúme que se instalara em seu coração. Nunca cogitara que Marcus sentisse algo pela prima, ainda. Via-o, no entanto, como um homem vaidoso e consciente do seu poder de sedução sobre as mulheres. E se ele estivesse apenas brincando com seus sentimentos, testando-a para ver se ela também se renderia ao seu magnetismo? Sentimentos de raiva e desprezo se misturavam em seu íntimo. Estava penalizada com a situação de Júlia, que confiava cegamente em sua amizade; ao mesmo tempo, odiava Flávia e passava a duvidar do caráter de Marcus. Com grande esforço, conseguiu dizer a Júlia:

— Por que temes tanto Flávia? Não acredito que possa haver qualquer tipo de sentimento da parte de Marcus... Ele tem apenas olhos para ti, Júlia! Flávia é vulgar, provoca escândalos à toa e é totalmente desinteressante! Fico admirada em saber que Marcus pensou um dia em casar-se com ela... — Júlia tornou com humildade:

— É porque não o conheceste na juventude. Marcus teve a vida normal de um jovem patrício, se é que podes me compreender. Muitas conquistas, vida desregrada, festas. Talvez por isso tenha se envolvido com Flávia. A razão por ter me escolhido pode ter sido para se afastar disso e recomeçar uma vida mais tranquila. Confesso que, inicialmente, tive receio de que ele se apaixonasse por ti, Jasmine...

Jasmine enrubesceu e falou, alterada:

— Júlia! Por todos os deuses da Síria e de Roma! Como podes pensar isso?

Júlia sorriu com sinceridade e disse:

— Perdoa-me, querida. Achei que ele se deslumbraria com tua beleza... Mesmo que isso acontecesse, sei que não aceitarias a corte de meu marido, pois és feliz ao lado de Narin.

Jasmine, um tanto hesitante, concordou e a aconselhou:

— Creio que os teus temores são infundados. Marcus te é fiel e jamais te trocaria por Flávia, portanto, esquece isso. — Jasmine ia dizer a Júlia que procurasse reconquistá-lo, mas não conseguiu. O ciúme ao saber que Júlia poderia ter Marcus em seus braços impediu que as palavras saíssem de seus lábios. Mais confortada, Júlia retornou ao lar pensando que, talvez, Jasmine tivesse razão. Na realidade, os seus temores deveriam ser fruto do ciúme e da insegurança que sentia em relação ao marido.

Foi com uma alegria espontânea que abraçou Marcus ao chegar em sua residência. Ao ser inquirida sobre onde estava, contou que Jasmine a auxiliara a escolher os presentes para Prisca e Valéria, mulher e filha do imperador.

Curioso, Marcus foi verificar a escolha de Jasmine. Ao ver os ricos tecidos, convenceu-se definitivamente de que Jasmine, apesar de não ser romana, era uma mulher de bom gosto.

Aceitou sem relutância o encargo de levar os presentes às duas damas imperiais.

Alguns dias após, quando Marcus Tulius Severus foi anunciado, o olhar de Diocleciano se voltou para ele com simpatia.

Diocleciano possuía um corpo desenvolvido nos combates militares e revelava, nos olhos de um azul profundo, a determinação e a argúcia que o haviam levado, de uma posição inferior na escala social, ao ápice do poder vigente outrora na Terra. Sem meias-palavras, estendeu o braço e disse:

— Então, meu caro pretor de Antioquia vem ver-me, finalmente! Aguardava a tua vinda há algum tempo... E a nossa nobre Júlia, como está? Já te deu um herdeiro?

Marcus curvou-se para reverenciar o imperador e disse:

— Devo a vós escusas, Vossa Majestade imperial, mas procurei tornar a situação menos caótica na província que me designastes. Quanto a Júlia, está muito bem, e, embora ainda não tenha me dado a felicidade de ter um filho, me incumbiu de trazer alguns mimos para Prisca e Valéria!

As duas mulheres foram chamadas e, ao ver os presentes escolhidos por Jasmine, ambas se admiraram pela riqueza deles. Prisca agradeceu e quis saber:

— Disseram-me que Antioquia é uma cidade belíssima... Pessoas de vários locais para lá afluem, de vários povos e crenças... Nunca estive lá, mas meu marido conhece bem a cidade e a aprecia muito...

— Sim — disse Marcus. — Podemos identificar muitos judeus, persas, romanos e egípcios. Também vejo que não apenas os deuses romanos ou sírios são adorados por lá...

Valéria se interessou e considerou:

— Gostaria de conhecer esta cidade. Talvez, um dia, vá visitá-los, caro Marcus. Prezo muito Júlia e gostaria de revê-la.

Honrado com a deferência, Marcus convidou-a formalmente:

— Aguardaremos a oportunidade de vos receber em nossa residência com alegria, senhoras. Júlia ficará muito feliz com vossas presenças.

Achando a conversa deveras enfadonha, Diocleciano interrompeu-os:

— Preciso falar com Marcus sobre assuntos de meu interesse. Voltem aos seus "afazeres"... — disse ironicamente.

As duas mulheres se entreolharam e, fazendo leve reverência com a cabeça, se retiraram. Diocleciano se aproximou e, colocando a mão sobre o ombro de Marcus, fixou o olhar nos olhos do jovem como se o estivesse avaliando. A seguir, disse:

— Marcus Tulius Severus, posso contar com a tua lealdade?

Marcus fora pego de surpresa e respondeu prontamente:

— Eu e minha família servimos a Roma há séculos, senhor. Daria a minha vida pela vossa, senhor!

Diocleciano sorriu e tornou:

— Sim, és fiel a mim, sem dúvida. Mas o que desejo de ti não te exigirá tal ato de fidelidade. Já ouviste falar em um grupo que se autodenomina "cristãos"?

Marcus ficou pensativo e respondeu:

— Sim, em Antioquia ouve-se falar destes pobres coitados. São em sua maioria judeus convertidos aos ensinamentos de um tal Messias. Qual seria o interesse do imperador nessa gente?

Diocleciano afastou-se alguns metros e, voltando-se, falou, medindo as suas palavras:

— Esta gente que julgas inofensiva, como disseste, "uns pobres coitados", espalham-se por todo o império. Galério insiste para que eu mande emissários a todas as regiões, no Oriente, na Bretanha, na África, Gália, Hispânia... Segundo ele, em todos os lugares encontraremos cristãos! Entendo que, sendo um homem de leis, esforçando-te para fazê-las cumprir, não ignoras esses movimentos sociais que nos dificultam a administração do império. Galério, em quem confio, se tornará meu genro e insiste para que eu me previna quanto a esse culto do Messias de Nazaré. Não costumo intervir nas questões religiosas, minhas preocupações são de outra ordem, mas prefiro ter cautela e saber com o que estou lidando!

Marcus, admirado com as preocupações do imperador, obtemperou:

— Reconheço em vosso raciocínio a preocupação justa de um imperador que procura defender o seu império, conquanto não veja perigo em um bando de fanáticos, seguidores do filho de um carpinteiro, que acabou morrendo na cruz como um ladrão qualquer. Faço o meu trabalho, que é zelar pelas leis de Roma, e não me afastei da sociedade a ponto de não perceber o que ocorre em Antioquia. Perdoai-me, mas não estará o imperador atribuindo importância imerecida a miseráveis enfeitiçados por mais uma crença fantasiosa da Judeia?

— Teu irmão pensa de modo diferente. Marcellus tem me relatado coisas impressionantes sobre os tais cristãos. Também me assegurou que o número deles é grande e que cresce a cada dia, não apenas entre os mais pobres, mas patrícios romanos já se declararam publicamente como cristãos. A permissividade de meus antecessores fez com que essa crença aumentasse, com o agravante de pregar a existência de um outro reino onde o tal Jesus seria o rei. Além disso, negam-se a sacrificar e prestar culto aos deuses de Roma! Ainda não os considero uma ameaça real, porém quero que os observe...

Marcus compreendeu o aviso que Diocleciano lhe dava. Aceitando as considerações do imperador, disse:

— Não julgava ser essa questão de tanta gravidade. Se meu irmão tem a vossa confiança na tarefa de evitar a proliferação deste mal, considerai a minha total disposição para fazer o mesmo. Serei de agora em diante os vossos olhos e ouvidos em Antioquia e tomarei as devidas providências para que a vossa vontade impere na região.

As palavras de Marcus impressionaram Diocleciano. Sabia que aquele era um homem de confiança, oriundo de família nobre e que manteria a palavra. Mais descontraído, sorriu maliciosamente e falou:

— Soube que tua prima Flávia te seguiu até Antioquia... Estará a minha querida Júlia em apuros?

Marcus respondeu de forma lacônica:

— Flávia tem interesses em Antioquia que não se resumem em minha pessoa. Júlia terá sempre a minha dedicação e cuidado, haja o que houver.

— Será isso uma promessa? — perguntou Diocleciano enquanto alisava a barba.

— Sim, meu senhor. Prometo diante de Júpiter e de vossa augusta autoridade.

Diocleciano sorriu e convidou Marcus para a refeição que seria servida em seguida.

Passados alguns dias, de posse das novas ordens dadas pelo imperador, Marcus partiu, retornando a Antioquia. No trajeto de volta, dando vazão aos seus verdadeiros sentimentos, analisava quanto detestava Diocleciano. Aquele plebeu arrogante e sem estirpe, que havia se tornado imperador pelo desejo de um grupo de militares, apenas por haver defendido os interesses de Roma, não reunia condições para estar à frente do maior império da Terra.

Na verdade, considerava-o um bruto, quase um bárbaro que, não sabendo administrar o império, havia decidido dividi-lo, nomeando outros militares — como ele próprio — e descentralizando o poder. "Certamente, perderá as rédeas do governo, pois não se tomarão decisões em comum acordo, e aí começará a derrocada de Diocleciano!", cogitava aborrecido.

Sentindo-se humilhado com as novas atribuições que Diocleciano lhe dera, pois não considerava uma tarefa de sua condição bisbilhotar a vida dos cristãos, Marcus retornou com uma ruga de preocupação na testa e o desejo de subtrair-se de uma vida que começava a detestar.

Só um pensamento lhe trazia alegria à alma: Jasmine.

Retornar para Antioquia significava voltar a vê-la, e o desejo de tocá-la e sentir-lhe a presença fez com que tomasse uma decisão.

Teria que resolver aquela situação, apesar de sua felicidade representar sofrimento e dor para pessoas que lhe eram muito caras.

7

DESDOBRAMENTOS DE UMA PAIXÃO

Logo ao chegar de retorno, Marcus tomou algumas providências que julgava indispensáveis para levar a efeito o que tencionava fazer. Sentia-se oprimido entre Júlia e Flávia, cercado pelas duas mulheres, onde uma significava o passado inconsequente da juventude e a outra o presente, na tentativa de encontrar paz e equilíbrio em sua vida.

Reconhecia, no entanto, que, apesar dos esforços de Júlia, Jasmine lhe despertara emoções que julgava sepultadas em seu íntimo, as quais acreditava não existirem mais.

A atitude dúbia de Jasmine, às vezes correspondendo ao olhar, revelando uma alma apaixonada; a sua indiferença, em outros momentos, fingindo não perceber o sentimento que lhe despertara, estava enlouquecendo-o. Assim, após pensar com o auxílio de entidades desencarnadas que agiam com o objetivo de o prejudicar, teve uma ideia.

Sabendo da amizade entre Júlia e Jasmine, mandou Zarias, um escravo de sua inteira confiança, à casa da última, dizendo que precisava lhe falar com urgência sobre um assunto grave. Pedia-lhe que acompanhasse o portador da mensagem, pois não se encontrava em casa. Lembrando-se das confissões de Júlia e do seu sofrimento pelo comportamento de Marcus,

Jasmine não titubeou. Colocou um manto sobre os cabelos e acompanhou Zarias.

Seguindo em seu veículo sob a orientação de Zarias, afastou-se da parte central da cidade, o que causou apreensão em Jasmine. Preocupada, perguntou ao rapaz:

— Não te enganaste com o caminho? Júlia não está em sua residência? — O rapaz falou com convicção:

— Estamos na direção certa, senhora. Logo chegaremos.

Jasmine olhou ao redor e viu poucas residências ao longo da estrada. A certa altura, o veículo entrou por uma alameda densamente arborizada e, após rodar por alguns metros, estacou.

Zarias ajudou Jasmine a descer e indicou a construção que se erguia ao lado. Tratava-se de uma vila bem ao gosto romano, presumivelmente construída há umas três décadas, porém em bom estado de conservação.

Uma escadaria levava até a porta principal, que se encontrava entreaberta. Sem compreender o que estava acontecendo, Jasmine entrou e olhou ao redor, procurando por Júlia. Seguiu pela ampla sala que levava ao jardim interno e, ao chamar por Júlia, estremeceu quando ouviu uma voz que reconheceria em qualquer tempo e lugar:

— Jasmine!

A moça voltou-se e viu Marcus apoiado em uma coluna de braços cruzados, sorrindo. Pensamentos confusos lhe atravessaram o cérebro e ela apenas conseguiu sussurrar:

— Marcus!

Ele se adiantou e lhe disse:

— Queria ver-te por alguns momentos a sós!

— Do que se trata? Por que me trouxeste aqui? — perguntou Jasmine, emocionada. Marcus a fitou com enlevo e confessou:

— Porque o que tenho a te dizer não precisa de testemunhas além destas paredes e do silêncio deste lugar...

Jasmine compreendeu do que se tratava. Teve vontade de fugir, pois não poderia ouvir aquilo com que sonhara por tanto tempo ressoar em seus ouvidos sem revelar o que também sentia. Ao fazer menção de se retirar, Marcus segurou seu braço com determinação, puxando-a de encontro a si. Jasmine procurou se afastar, mas, envolvendo-a em amplo abraço, ele disse:

— Amo-te, Jasmine! Diz-me que estou louco e que não sentes nada por mim! — A moça o fitou e ia negar, mas lágrimas brotaram de seus olhos e ela confirmou:

— Não posso mais negar, Marcus! Quisera poder dizer que não te amo!

Tomado de alegria inaudita, ele a beijou apaixonadamente, ao que foi correspondido por ela. Indubitavelmente, laços de um passado distante se refaziam com intensidade para essas duas almas; entretanto, a condição de compromissados com outros corações tornaria o momento de amor uma transgressão aos ditames da consciência de ambos.

Sem medir as consequências de suas atitudes, Marcus e Jasmine esqueceram a palavra dada a Júlia e Narin, quando empenharam seus corações em promessas de amor.

As leis divinas se cumprem para efetivar as conquistas que necessitamos nos caminhos da evolução; a lei de causa e efeito surge no tempo em que o destino determina, para o ajuste de nossas consciências.

Com o coração arrebatado pelo amor que vibrava em sua alma, Jasmine, então nos braços fortes de Marcus, pensou se estaria sonhando ou se o seu desejo mais íntimo havia se tornado realidade.

Ela levantou a cabeça e olhou ao redor. O tempo devia ter passado sem que ela percebesse, pois já surgiam as primeiras estrelas. Assustada, ia se levantar, mas Marcus a impediu, abraçando-a e beijando-a mais uma vez. Sem conseguir impedi-lo, exclamou:

— Preciso retornar, Marcus! Está anoitecendo e Narin deve estar a minha procura!

Marcus pareceu voltar à realidade e uma ruga se formou em sua testa.

— Como viveremos de agora em diante? Como poderás voltar para o teu marido depois do que aconteceu?

— E quanto a Júlia? Como suportarei ver-te ao lado da minha melhor amiga? — respondeu ela com tristeza.

Marcus a abraçou com ternura e afirmou:

— Sei que Júlia te fez confidências... Que mudei meu comportamento... O que ela ignora é que tu és a causa... Tu és a mulher que eu sempre havia procurado por todos os lugares por onde andei; em todos os rostos femininos que conheci buscava sempre a ti, Jasmine!

Visivelmente enciumada, Jasmine o inquiriu:

— Não é o que se comenta em relação a Flávia...

Marcus sorriu e, afagando seus cabelos, tornou:

— Repito o que te disse há pouco: nunca senti por mulher alguma o que sinto por ti! Pelos deuses, acredita-me!

Desvencilhando-se a custo, Jasmine dirigiu-se para a saída. Do lado de fora, Zarias aguardava as ordens de seu patrão. Vendo Jasmine constrangida com a situação, Marcus tocou levemente os cabelos dela e afirmou:

— Não te preocupes, Zarias seria capaz de dar a vida por mim e manterá nosso segredo.

Jasmine o fitou com lágrimas e indagou:

— O que será de nossas vidas agora? Creio que não poderei mais olhar nos olhos de Júlia e Narin!

Marcus a reteve de encontro ao peito, como se desejasse protegê-la.

— Os deuses não nos abandonarão, Jasmine. Nosso único erro é o amor que sentimos um pelo outro. Peçamos aos deuses, para que nos mostrem o caminho!

Jasmine pedia aos deuses romanos esperança para um amor que começava sem futuro. Até quando conseguiria enganar Narin?

Ao pensar em permanecer ao seu lado como esposa, ela começou a chorar. Marcus secou-lhe as lágrimas, adivinhando-lhe os pensamentos, e asseverou:

— Encontraremos uma solução para as nossas vidas, minha amada! Tenho o maior tesouro do mundo, que é o teu amor! Isso me dá forças para enfrentar o que for preciso...

Jasmine forçou um sorriso e despediram-se, beijando-se repetidas vezes, como se aquela fosse a última vez que se encontrariam. A custo ela se desvencilhou e entrou no veículo que a esperava. Cerca de meia hora mais tarde, Jasmine entrou em casa por uma porta lateral.

Não fosse pela felicidade que sentia por ter estado nos braços de Marcus, achar-se-ia uma criminosa, sem nem mesmo poder entrar pela porta da frente.

Precisava se preparar para o jantar. Logo ao entrar no quarto, ordenou a uma serva que lhe preparasse um banho, pois Narin chegaria e deveria encontrá-la, como sempre, pronta para recebê-lo.

Lembrando-se dos momentos que vivera com Marcus, não percebeu que a criada mais antiga da casa, cuja devoção a Narin era incontestável, interrompeu seus pensamentos, sem que ela percebesse sua chegada:

— Senhora, estava preocupada com a vossa ausência. O senhor logo chegará... — Ao percebê-la, Jasmine retrucou, com visível irritação:

— Pelos deuses, Zaíra! Quase me matas de susto! O que disseste?

A serva repetiu o que havia dito e Jasmine respondeu secamente:

— Assim que estiver pronta irei aguardá-lo no jardim, como sempre faço. — Zaíra assentiu com a cabeça e antes de sair indagou:

— Desejais que vos ajude a vos vestir?

Jasmine balançou a cabeça e dispensou-a:

— Desejo ficar a sós!

Quando finalmente ela surgiu no amplo salão da residência, Narin já havia chegado. Ao vê-la, curvou-se diante da esposa:

— Jasmine! Devo acreditar que estavas a te embelezar para o teu marido? — A pergunta inesperada, mas muito oportuna, a deixou à vontade:

— Sim, querido. Necessitei me afastar para atender a um pedido de Júlia e o tempo passou sem que eu percebesse...

Apaixonado, Narin não percebeu o distanciamento de Jasmine. O orgulho por tê-la ao seu lado, pois a amava sinceramente, fez com que acreditasse sem desconfiança na veracidade de suas palavras. Jasmine perguntou a uma das amas sobre as crianças e, ao saber que já repousavam, foi até o quarto para vê-las.

Após o jantar, no qual Jasmine mal provou os alimentos, Narin pediu que ela tocasse cítara para ele. Ela o fez com resignação, visto que não desejava aborrecê-lo. Cerca de uma hora mais tarde, envolvido no amor que sentia pela mulher, Narin convidou-a para se recolherem.

Jasmine o fitou e, olhando por entre as cortinas, através de uma janela do recinto, comentou:

— Por favor, querido, gostaria de ficar algum tempo no jardim. Vê o luar esta noite! — Narin olhou para fora e constatou ser realmente uma das adoráveis noites de Antioquia.

Cedendo ao seu apelo, foram se sentar em um dos bancos do jardim, onde ela mandara colocar preciosas almofadas. Diante do espetáculo que se apresentava na noite estrelada, Jasmine adormeceu ao lado do marido.

Um período de grandes lutas e turbulências se aproximava da vida de nossos amigos; do alto, os astros na abóbada celeste pareciam falar das leis que regem os destinos, que refletem a mais perfeita equidade e justiça, devolvendo a cada um segundo as suas obras.

Um ano se passou desde o encontro de Jasmine e Marcus. Durante esse período, os dois amantes haviam se encontrado regularmente, esquecidos dos compromissos assumidos com seus cônjuges e com as leis de Deus.

A infidelidade, que a princípio envergonhou Jasmine, passou a ser tratada por sua consciência, com o tempo, com uma naturalidade inquietante. O convívio com a alta sociedade romana, sufocada pela atmosfera viciosa e degradada que lhe era peculiar, levou Jasmine a mudanças significativas em seu caráter.

A partir do contato com um mundo em decadência, em que a corrupção dos costumes chegara a um ponto lastimável, Jasmine passou a se identificar com o lado obscuro daquela sociedade, passando a se preocupar com a satisfação de caprichos fugazes, ausentando-se quanto podia do lar, e deixando a criação dos filhos nas mãos de Zaíra.

As discussões com Narin se tornaram constantes. A cobrança do cumprimento de seus deveres pelo marido era para Jasmine tediosa, enfadonha. "Então ele não vê como as mulheres romanas conduzem seus lares?", indagava-se.

Jasmine sentia um tédio cruciante no lar. Não suportava as longas tardes sozinha, sem pessoas interessantes a lhe elogiarem a beleza, o bom gosto...

Quando a noite se aproximava, tinha vontade de sair, viver a liberdade longe dos deveres domésticos.

O que ainda a prendia ao lar era o pequeno Haram, seu segundo filho. O menino contava à época poucos meses e sua presença era a alegria de seus pais, especialmente da mãe. Jasmine ficava algum tempo junto ao filho, cercando-o de todos os mimos possíveis, esquecendo-se muitas vezes de dar atenção ao filho mais velho, Shadi.

Muito parecido fisicamente com Jasmine, desde cedo notava-se que seria uma linda criança. A pedido de Júlia, Jasmine se fazia acompanhar do pequeno em suas costumeiras visitas à amiga. Apesar de sua traição à amizade que Júlia lhe dedicava, não conseguiu se furtar a sua convivência.

Júlia, em sua ingenuidade, e por ser um espírito de muitas virtudes, atraía cada vez mais a amante de seu marido para o seu convívio, cobrindo-lhe de agrados e sentindo um carinho especial pelo filhinho de Jasmine.

Inicialmente, o remorso e a culpa incomodaram a alma inconsequente de Jasmine. Com o passar do tempo, no entanto, esses sentimentos foram se desvanecendo e, pela forma como vivia a sociedade da época, ela chegou à conclusão de que nada havia de errado em procurar ser feliz ao lado do homem que amava. "O que eu poderia fazer se o escolhido de meu coração se casou com uma mulher que não lhe preenche os anseios mais íntimos?", refletia, procurando se convencer de que ela e Marcus eram vítimas do destino.

Em certa tarde de intenso calor, ao longe, o sol caía no horizonte, confundindo-se com a vegetação e criando um efeito visual peculiar, parecendo prestes a incendiá-la.

Neste cenário, Jasmine foi visitar Júlia e encontrou Flávia e Otávia junto a um dos terraços da opulenta construção. Júlia resolveu brincar com o pequeno Haram, divertindo-se com o riso espontâneo da criança. Flávia a observava, quando um brilho estranho perpassou seu olhar. Fixando atentamente o pequeno, desfechou sem pesar as palavras:

– Que criança encantadora, Jasmine! Eu diria que é muito parecida contigo, a não ser...

Júlia sorriu e, acomodando Haram em seu colo, de modo que ficasse a sua frente, indagou:

– A não ser o quê, Flávia? Fala, porque estamos curiosas! – Flávia se ergueu e caminhou em direção a Haram. Observando detidamente a criança, continuou:

– De quem são estes belos olhos? Tenho certeza de já tê-los visto antes... – Jasmine sentiu o sangue gelar. Aparentando tranquilidade, redarguiu:

– Narin sempre me diz que nosso filho é muito parecido com um antepassado seu... Segundo me consta, o seu tio.

Flávia deu uma risada e tornou:

– Não, acho que não é de um familiar de teu marido que estou reconhecendo esses belos olhos... – Voltando-se para Otávia, questionou-a: – O que dizes tu, Otávia, sobre o menino? Não te parece já conhecer este olhar?

Otávia observou mais detidamente a criança e rechaçou:

– Não vejo nada além de uma linda criança, Flávia. Por que trazes com tanta insistência esse assunto à nossa conversa?

Flávia ia responder, quando Marcus chegou ao terraço. O coração de Jasmine parecia querer lhe sair pela boca. Com as mãos transpirando, pegou Haram e o segurou em seu colo.

Percebendo que algo pairava no ar, Marcus quis saber:

– Do que falavam, senhoras? Interrompi algum conchavo contra os homens da cidade? – Júlia, após beijar o marido, falou com espontaneidade:

– Flávia cismou que o olhar do pequeno Haram não se assemelha nem ao de Jasmine, nem ao de Narin...

Marcus observou acuradamente a criança e entendeu a que Flávia se referia. Procurando parecer natural, tentou esboçar um sorriso, dizendo:

– Por Júpiter! Esse menino é muito belo! Para dizer a verdade, é uma das crianças mais lindas que já tive a oportunidade de ver... – Assim comentando, ele se aproximou de Jasmine, estendendo os braços para a criança. Júlia sentiu um aperto no coração e não pôde evitar que seus olhos brilhassem pelas lágrimas que, a custo, impediu que rolassem de seu rosto juvenil. Flávia aproveitou para alfinetar a esposa de Marcus:

– Não conhecia esta habilidade do nobre Marcus... Parece que se sairia muito bem se tivesse filhos...

Marcus se voltou e, demonstrando quanto lhe era desagradável a presença da moça, retrucou:

– Sim, Flávia, o que não se pode dizer de ti! Que os deuses não coloquem em tuas mãos uma criança indefesa!

Flávia ia revidar, quando Júlia se interpôs:

– Por favor, não vamos levar isso adiante! Deixemos de lado animosidades do passado e vamos celebrar as alegrias do presente!

Para evitar algum comentário comprometedor de Flávia, Marcus concordou e pediu licença, deixando o grupo. Jasmine permaneceu em silêncio.

8

MOVIMENTO DAS SOMBRAS

Os dias se seguiram e Jasmine controlava a custo sua ansiedade. Fazia algum tempo que não via Marcus e, sabendo-o na Nicomédia, desejava arranjar uma desculpa que a levasse até ele. Foi com inaudita surpresa que recebeu um convite que, para todos os efeitos, deveria colocá-la de sobreaviso. Tratava-se de um apelo gentil de Flávia para que fosse passar a tarde em sua companhia e na de Júlia. Insistia que levasse Haram, pois declarava a sua estima pelo menino.

Achando que seria uma boa oportunidade para sair e desviar o pensamento de Marcus, Jasmine enviou a resposta, aquiescendo ao convite; vestiu uma de suas melhores túnicas e chamou uma criada para ajudá-la em sua preparação para o passeio. Alheia ao penteado que a serva lhe fazia, Jasmine pensava na conversa que tivera com Marcus na última vez em que o vira.

A semelhança de Haram com o marido de sua melhor amiga preocupava-a. Como poderia um dia explicar o que acontecera? E quanto a Flávia?

Sabia do extenso passado de conquistas amorosas da prima de Marcus, todavia todos conheciam também seu amor apaixonado pelo jovem patrício. O que desejaria ela com aquele convite? Estaria realmente desconfiando da verdade?

Sem se preocupar devidamente com as respostas às suas perguntas, Jasmine se acomodou em um veículo com a criança e se dirigiu à casa de Flávia, que se localizava nos arredores da cidade, justamente na região onde se encontrava esporadicamente com Marcus. Ao passar próximo ao caminho que a levava à casa cuja lembrança lhe trazia grande felicidade — talvez a única —, não pôde conter as lágrimas.

Por que dois seres que se amavam deveriam permanecer afastados por meras convenções sociais? Seria essa a justiça dos deuses?

Passado um quarto de hora, Jasmine chegou à imponente residência de Flávia. Nos terraços, viam-se estátuas de ninfas romanas, que ladeavam toda a sua extensão.

As escadarias que levavam ao interior eram protegidas por duas esculturas colossais de dois leões, que fizeram Jasmine estremecer. Assim que foi anunciada, Flávia veio recebê-la. O excesso de adornos e maquiagem, mais do que valorizar, tornavam a sua presença um tanto vulgar.

Flávia estendeu os braços para Haram; a criança, em sua ingenuidade, abriu os bracinhos em sua direção. Contrariada, Jasmine olhou ao redor e, ao não encontrar Júlia, perguntou:

– Júlia ainda não chegou? Pensei em já encontrá-la aqui...

Flávia desconversou dizendo:

– Tens um belo filho, Jasmine... Acho que já te disse isso... E não canso de repetir. – A seguir, voltando-se para Jasmine, declarou: – Júlia não virá esta tarde, minha cara. A conversa que teremos interessa apenas a nós três...

Apreensiva, Jasmine retrucou:

– Nós três? Consideras que Haram deve fazer parte desta reunião? – Naquele momento, uma voz grave se fez ouvir no amplo salão. Jasmine estremeceu e, ao se voltar, viu a figura arrogante de Marcellus às suas costas.

Jasmine deu um passo para trás e indagou, quase sussurrando:

– O que significa isso? Qual a razão desse convite? – Naquele momento, percebendo que se tratava de uma armadilha, Jasmine tentou pegar o menino das mãos de Flávia.

Flávia recuou e exclamou, com um sorriso sarcástico:

– Vamos ver se o pequeno Haram tem sangue romano, como eu suponho...

Jasmine se projetou em direção à criança, mas Marcellus a impediu, segurando-a com força. Desesperada, ela lutava contra os braços fortes do centurião, mas debalde; permanecia jungida ao mesmo lugar.

Foi então que Flávia deu um grito de satisfação: ao tirar a roupa do pequeno Haram, viu em suas costas um sinal, na altura dos rins, em tudo semelhante ao que Marcus possuía.

– Eu jurava que este era o teu segredo! Não passas de uma adúltera, se passando por virtuosa... Júlia recebe em sua casa a amante do marido! Este sinal está em nossa família há muito tempo e se repete há várias gerações! Se Haram não o tivesse, eu permaneceria com a dúvida... Mas minhas suspeitas se confirmaram!

Flávia estava transtornada. Sabia que todos a julgavam pelos seus costumes corrompidos, mas ela se apresentava tal qual era à sociedade... Jasmine, contudo, se revestia de uma auréola de virtude, quando não passava de uma adúltera, traidora...

Marcellus a fez se calar, chamando-a à realidade:

– Conseguiste o que querias, Flávia. Agora deixa-me a sós com Jasmine!

Flávia saiu dando gargalhadas, que soavam para Jasmine como um pesadelo diabólico. Ela arrumou as vestes de Haram e, quando pretendia se retirar, Marcellus se postou à sua frente:

– Não vais a lugar nenhum, Jasmine. Espero por este momento há muito tempo...

O centurião bateu palmas e uma serva acorreu, solícita. Marcellus fez sinal para que ela pegasse a criança, ao que Jasmine gritou, tentando impedi-la inutilmente.

Marcellus deu uma gargalhada.

– Então achas que eu iria ferir o meu sobrinho? O meu sangue corre também nessa criança, Jasmine. Esqueceste?

Jasmine estacou e, com voz súplice, perguntou:

– O que queres de mim? O que mais desejas agora que sabes a verdade? – Ele se aproximou e, roçando a mão em seu ombro à mostra, falou:

– Sabes, desde que coloquei os olhos em ti, o que desejo! Quero que sejas minha! – Jasmine o fitou e retrucou sem receio:

– Isso jamais acontecerá, Marcellus! Não poderia...

Mais uma vez ele riu.

– Por que não me amas? Aprenderás a me amar com o tempo. Saberei esperar... Vejo que tua virtude não impediu que traísses teu marido com meu irmão. Por certo, o pobre Narin não seria um empecilho.

Percebendo que se encontrava em apuros, ela tornou:

– Enganas-te se pensas que Marcus é meu amante. Foi um momento de fraqueza de nossa parte, por não sermos felizes em nossos casamentos. Haram é fruto de um deslize...

O olhar de Marcellus se tornou mais intenso ao declarar:

– Gostaria de acreditar em ti, Jasmine! Amo-te desde o primeiro momento em que te vi e quero crer que não sejas uma adúltera contumaz, porque, ao invés de te amar, seria capaz de te matar se soubesse que amas alguém como eu desejaria ser por ti amado... – Aproximando-se, Marcellus tentou beijá-la. Instintivamente, Jasmine o empurrou e exclamou:

– Não posso te amar, Marcellus. Não nasci para a felicidade no amor — completou, chorando.

Enraivecido com a repulsa de Jasmine, ele segurou seu rosto e ameaçou entre dentes:

– Amo-te, mas não brinques comigo, Jasmine. Não te quero dessa forma... Saberei cobrar o meu silêncio quando te tornares mais dócil... – Jasmine o cercou, perguntando:

– Pensas em me chantagear para conseguires o meu amor? Achas que dessa forma mudarei meus sentimentos?

– Se não houver outra maneira para te ver ao meu lado, assim o farei... Agora vai! Pega teu filho e volta para o papel de esposa virtuosa...

Jasmine foi ao encontro da serva e depois seguiu para casa. Ao chegar, visivelmente perturbada, foi direto ao quarto, a fim de se recompor.

Estranhos pressentimentos lhe rodeavam a alma; após conter-se o quanto pôde, começou a chorar convulsivamente.

Não via saída para a sua situação e compreendeu, enfim, que a mentira na qual se tornara sua vida parecia ter chegado a um fim desastroso, para ela e para todos os que a cercavam.

Quando Narin chegou, ao perguntar por Jasmine, ouviu Rania responder, sem convicção:

– A senhora não se sente bem... Havia saído com o pequeno Haram, mas, ao retornar, recolheu-se.

Uma ruga se formou na testa de Narin, revelando preocupação. Havia algum tempo que a esposa apresentava sinais de cansaço e temia que ela estivesse sofrendo de alguma doença nervosa. A passos largos, se dirigiu ao quarto. Ao entrar, viu que Jasmine adormecera e, caminhando devagar, sentou-se junto ao leito, próximo a ela.

Seu olhar deteve-se na esposa, observando-a detidamente. Sim, amava aquela mulher!

Por muito tempo conseguira mantê-la longe dos olhares cobiçosos, mas não conseguira evitar de apresentá-la à alta sociedade de Antioquia.

O fato de que raros, nesta sociedade, conseguiam se refugiar na virtude e nos costumes sadios, mantendo os valores da dignidade e do respeito à condição humana, levou Narin a evitar a exposição da esposa.

Mesmo nas classes inferiores, via-se a conspurcação dos hábitos, como se a cidade, após a chegada dos romanos, se houvesse transformado em uma cidade-irmã da antiga e corrompida capital do império.

Narin via com preocupação a dissolução dos valores e os arrastamentos em que viviam especialmente as classes mais abastadas. Acreditava que Jasmine, por ser ingênua em relação à maldade do mundo, deveria sofrer com a realidade da vida em sociedade.

Passou a mão pelos cabelos da moça e beijou-a com ternura. Jasmine abriu os olhos e deparou com o marido nesse gesto de extremo carinho. Sem nada dizer, ela o abraçou como se, estando em seus braços, nenhum mal lhe pudesse acontecer. Surpreso, Narin perguntou:

– O que houve, minha amada? Sentiste falta da minha presença? – Jasmine sussurrou em seu ouvido:

– Tu me amas, Narin? – Narin a fitou e respondeu com olhar apaixonado:

– Mais do que tudo no mundo, querida. Por que me perguntas? Já não te dei provas suficientes? – Jasmine sentou-se no leito e tornou:

– Preciso ouvir isso dos teus lábios sempre!

Narin sorriu.

– Direi sempre que o quiseres. Como foi teu passeio hoje à tarde? – Ela entendeu que Rania ou Zaíra deveriam ter falado alguma coisa.

– Aproveitamos muito, eu e Haram, mas retornei cansada.

– Por que não levas as outras crianças em teus passeios?

– Haram ainda necessita de meus cuidados pessoais, Narin. É muito pequeno e desejo permanecer o maior tempo possível a seu lado... – Narin sorriu satisfeito e comentou:

– És uma mãe perfeita... Sinto-me feliz por ter te desposado e te dado minha vida e tudo que tenho...

Os olhos de Jasmine se encheram de lágrimas. Narin, tomando a reação da moça por um sinal de emotividade, falou:

– Não chores, minha amada. Sou sincero e digo o que vai em meu coração... – A seguir, abraçou-a com carinho.

Jasmine correspondeu ao gesto, porém sentindo que não merecia mais o amor daquele homem.

As claridades do Cristianismo sobre as mentes humanas se faziam presentes em vários pontos do globo terrestre. A Boa Nova se expandia, atingindo os locais mais longínquos, desde a Península Ibérica, atravessando a Gália, a Britânia, a Itália e a Grécia, avançando e vencendo os obstáculos pela coragem e determinação dos cristãos; no Oriente, alastrou-se para o Egito, a Pérsia e a Síria, lançando raízes e fixando-se no coração dos povos, assegurando um porvir de grandes esperanças para a humanidade.

O grande missionário de Tarso havia conseguido, com seus esforços e dedicação, levar a mensagem de Jesus aos recantos mais distantes da Terra, com a energia que lhe era característica e sua persistência em vencer todas as barreiras; às portas de Damasco, investiu-se das vivificantes energias da mensagem cristã e tornou-se o arauto do Evangelho redentor.

Muito acima dos homens de sua época, quer pela inteligência, quer por suas conquistas morais, Paulo percorreu caminhos pedregosos e difíceis, abrindo clareiras de luz nas mais densas trevas e consolidando a mensagem cristã no orbe terreno.

À época que nos reportamos, o Cristianismo era tolerado enquanto não apresentasse perigo para a ordem vigente, havendo sempre suspeitas recaindo sobre seus simpatizantes. Enquanto as sementes se espalhavam por todos os recantos do planeta, as investidas das trevas sempre se fizeram presentes na vã tentativa de destruir a tenra planta que desabrochava para se erigir na árvore frondosa que acolheria toda a humanidade.

Qual maior artífice do sofrimento do que o próprio coração humano? Onde residiria maior egoísmo e orgulho do que no coração daqueles pobres infelizes, que ainda hoje vivem presos nas próprias ilusões?

Ah! O poder em sua traiçoeira teia de fantasias, fazendo com que, incautos, os homens acreditem se tornarem imortais por seus míseros atos, como se jamais tivessem que comparecer ante o tribunal de suas consciências!

Nossos amigos da narrativa, movidos pelas forças do destino, se reencontravam com os afetos do passado e reviviam antigos sentimentos, gravados indelevelmente no inconsciente espiritual de cada um.

Passado o choque inicial da descoberta de seu segredo, Jasmine pôs-se a refletir sobre o que fazer. Chegou à conclusão de que deveria falar com Marcus. Não carregaria sozinha o fardo da culpa, como se fosse a única responsável por tudo. Iria dividir com ele o peso da traição que haviam cometido e que agora os colocava em situação delicada.

Como de costume, enviou um serviçal às termas, local onde Marcus se encontrava naquele horário. Tratava-se de sofisticada e imponente construção, representante legítima da riqueza de Roma. O rapaz subiu as escadarias e, aproximando-se do amplo salão, viu que Marcus conversava distraidamente com um homem que, pela toga, parecia tratar-se de um senador em viagem pela cidade.

Ao vê-lo, Marcus pediu licença, afastando-se, e veio ter com o servo. Este se aproximou e lhe entregou uma pequena joia: era o sinal de que Jasmine o aguardaria no local de sempre; Marcus confirmou o encontro para o dia seguinte.

Ao retornar para casa, teve a infelicidade de encontrar Flávia, que já se preparava para se retirar; ao vê-lo, contudo, resolveu permanecer por mais algum tempo, fato que irritou Marcus profundamente. Flávia trazia no olhar algo irônico, como se zombasse dele. Perdendo a paciência, Marcus comentou:

– Estive conversando com o senador Appius Decius e soube que tua cunhada, a nobre Fábia, queixa-se de tu teres abandonado a família. Ao que parece, Roma se ressente de tua ausência, minha estimada prima.

Flávia percebeu, especialmente nas últimas palavras de Marcus, um tom que a desagradou, compreendendo inequivocamente que ele desejava vê-la longe de Antioquia. Mal contendo a raiva diante do desprezo que o homem a quem amava revelava, comentou, contendo-se:

– Não me queiras longe daqui, meu querido primo... Posso levar algo que te é muito caro comigo — afirmou com um tom irônico na voz. Marcus, percebendo a maldade nas insinuações da prima, respondeu:

– Jamais permitiria que levasses Júlia contigo para qualquer lugar! – Sorrindo, Flávia se aproximou e falou quase sussurrando:

– Não me refiro à tua mulher... Sabes do que estou falando... – Marcus estremeceu, mas fingiu não entender:

– Não sei do que falas, mas não deixaria ao teu lado nada que amasse!

Naquele momento, Júlia entrou no amplo salão e, ao ouvir as últimas palavras, pressentindo o início de uma discussão, abraçou o marido, convidando-o para cearem. Voltando-se para Flávia, disse com gentileza:

– Ficas conosco, querida? – Ao que Flávia declinou, ofendida com o tratamento dispensado por Marcus:

– Agradeço tua amabilidade Júlia, mas creio que devo retirar-me. – Assim dizendo, dirigiu-se à saída, acompanhada por um servo.

Júlia deu um suspiro de alívio. Olhando para Marcus, perguntou:

– O que ela te disse que te incomodou tanto? – Marcus afagou-lhe os cabelos e tornou com o cenho ainda carregado:

– Não sei o que ela pretende, mas não permitirei que te afastes daqui com ela. Deves procurar outras amizades, minha querida.

– Tenho convidado Jasmine para vir à nossa casa, mas, desde o nascimento de Haram, ela se esquiva. Frequenta várias casas de conhecidos nossos, mas evita a nossa. Não sei o que houve com a nossa amiga!

Marcus sabia do que se tratava. Jasmine não tolerava como antes a presença de Júlia; no início, sentia remorsos por tê-la traído de forma tão cruel, mas depois passou a invejar-lhe a sorte por ter se casado com Marcus.

Ele a beijou carinhosamente na testa e se dirigiram para a refeição do final da tarde.

Quinze dias se passaram sem que, aparentemente, nenhuma novidade surgisse nas vidas daquelas almas.

Na espiritualidade, grupos de espíritos adversários das luzes do Evangelho planejavam mais uma arremetida das trevas ao orbe terreno. Para isso, era preciso agir e influenciar aqueles que detinham o poder sobre a vida e a morte de milhares de seres humanos, ou seja, o poder transitório da Terra.

Um sentimento de insatisfação se infiltrava nas classes dominantes, visto que a redentora mensagem cristã dava aos seus seguidores um misto de coragem e destemor que preocupava o poder temporal na Terra. Rumores se espalhavam, tanto no Ocidente como no Oriente, de que cada vez menos ofereciam-se sacrifícios aos deuses romanos. A situação era preocupante porque Roma sentia que perdia as rédeas, o controle sobre o seu império.

Nessas circunstâncias, vamos encontrar, em seu refúgio secreto, Marcus e Jasmine. Tão logo se viram sob a proteção da casa aconchegante que virara seu refúgio, ambos se buscaram, ansiosos por se encontrarem um nos braços do outro.

Marcus a recebeu em seus braços, mas percebeu que alguma coisa havia acontecido. Segurou o rosto de Jasmine entre as mãos e a inquiriu sobre o motivo pelo qual marcara um encontro fora do período habitual:

– O que houve, querida? Por que a urgência deste encontro?

— Marcus, fomos descobertos! – Preocupado, ele a segurou pelos ombros e insistiu para que esclarecesse o que havia acontecido:

— Como isso ocorreu? Tomamos todos os cuidados! Quem descobriu?

— Flávia me convidou para ir à casa dela e pediu que levasse Haram, pois afirmou ter um carinho especial pelo menino... Ingenuamente, fui à casa de tua prima e, logo ao chegar, percebi que não era para passarmos uma tarde com ela e Júlia... Estávamos sós a duas e, inesperadamente, ela arrancou Haram dos meus braços e o despiu, procurando a marca que tua família tem. Ela sabia, sem dúvida, onde procurá-la...

O semblante de Marcus se modificou e, com raiva incontida, bradou:

— Por que esta mulher me persegue? Não tenho mais nada com ela, meu sentimento é de repulsa e detesto lembrar que um dia julguei amá-la... O que ela te disse?

Jasmine falou aos soluços:

— Irá me chantagear, certamente com a intenção de nos separar... Marcus, estou nas mãos de uma mulher infame! Disse que falaria com Júlia e Narin... Estamos perdidos! Além disso, havia mais uma pessoa com ela, provavelmente para me intimidar.

Ante o olhar atento de Marcus, Jasmine revelou:

— O teu irmão, Marcellus... Tive medo de que me forçasse a alguma coisa! Chamou-me de adúltera, como se não me devesse mais nenhum respeito! Foi humilhante, e saí da casa de Flávia desesperada...

Marcus compreendeu a ameaça velada que havia recebido da prima. Aceitar a chantagem de Flávia só iria fortalecê-la, sem a menor garantia de que ela cumpriria as condições propostas; enfrentá-la, naquele momento, colocaria muita coisa a perder... Jasmine, certamente, seria expulsa da casa de Narin, talvez apedrejada, maltratada, como era o costume da época em relação às adúlteras... Júlia não suportaria o abalo, era frágil demais...

Ele caminhava de um lado a outro, deixando Jasmine ainda mais nervosa. Finalmente, a voz de Marcus soou estranhamente fria, como se seus sentimentos estivessem anestesiados:

— É necessário que permaneças agindo normalmente, meu amor. Continua com a tua rotina, inclusive deves frequentar a minha casa, como de hábito. Farei com que Flávia seja afastada daqui, tenho várias amizades que nos podem ser úteis neste momento. Além de minha amizade pessoal com o imperador, Júlia é muito próxima da imperatriz e de Valéria, sua filha.

Assustada, porém sentindo um certo alívio, Jasmine se aproximou, abraçando-o. Os braços fortes de Marcus a envolveram e ele sussurrou aos seus ouvidos:

— Eu te protegerei, Jasmine, de tudo e de todos. Amo-te e farei qualquer coisa para afastar de nosso caminho quem se interpuser entre nós!

Jasmine o fitou e eles se beijaram mais uma vez, selando aquele compromisso de amor e cumplicidade, dispostos a lutar pela própria felicidade, custasse o que custasse, nem que para isso tivessem que se insurgir contra os próprios deuses.

A majestosa cidade refletia nos mármores dos seus edifícios e prédios residenciais o sol que nascia, envolvendo-a em uma excepcional luminosidade. A brisa suave parecia trazer de longe um doce murmúrio para que aquelas almas atendessem o chamado que lhes era dirigido da parte do Criador e agissem no Bem.

Marcus tinha levantado cedo e se dirigido a uma das edificações, onde cumpria sua função representando o poder de Roma. Após pensar detidamente no assunto, influenciado pelos adversários da luz, lembrou-se de sua conversa com Diocleciano, o imperador.

A insistência de César para que descobrisse onde se encontravam os cristãos de Antioquia não lhe saía do pensamento. O estranho, pensava ele, é que havia esquecido aquele assunto.

Depois da conversa que tivera com o imperador, deixara de lado a questão, por considerá-la de menor importância.

Sabia, no entanto, que, em momentos como aquele, se apresentavam boas oportunidades para eliminar desafetos.

"Como, porém, associar Flávia aos cristãos?", pensava. Ela deveria odiá-los tanto quanto ele mesmo. Marcus permanecia pensativo, quando Marcellus entrou na ampla sala. Após cumprimentarem-se com frieza, um silêncio opressivo se fez, até que Marcus perguntasse:

— Dize-me, Marcellus, Diocleciano te falou alguma coisa sobre uma seita criada por um judeu na Palestina?

Marcellus sentou-se e, colocando os pés sobre uma mesa, como era o seu costume, começou a comer as bagas de um cacho de uvas que havia pegado em uma bandeja próxima. Com um sorriso de desprezo, ele respondeu:

— Sim, como não? Esta praga se alastra pelo império e, te advirto, não é apenas uma seita qualquer. Eles se multiplicam às centenas e não tardará o dia em que serão em maior número do que os povos pagãos!

Marcus continuou:

— Acreditas mesmo nisso? Não se trata de um desses profetas que seduzem o povo e acabam esquecidos?

Marcellus meneou a cabeça em sinal negativo.

— Não, Marcus. Eles têm uma maneira diferente de pensar. Vão com facilidade para o martírio, não sentem medo de nada! Nunca vi tamanha convicção, se é que podemos chamar assim esta crença absurda. Acreditam que existe uma "outra vida", que o tal Messias prometeu...

— Sabes se aqui em Antioquia existem muitos deles?

Dando uma gargalhada, Marcellus respondeu:

— Marcus, meu irmão! Então desconheces que aqui é uma das maiores comunidades cristãs? Parece que se denominam assim... – Contrariado, Marcus perguntou:

— Como sabes tantas coisas dessa gente?

— Há muito estou no encalço destes malditos. Já fiz algumas buscas e consegui diminuir o número deles, de alguma forma...

— Podes contar comigo, se assim o quiseres. Não vou tolerar estes enfeitiçados pelo tal Messias em Antioquia!

Surpreso, Marcellus colocou a mão sobre o ombro de Marcus, dizendo:

— Fico feliz de ter em ti um aliado, ao menos neste quesito! A propósito, Flávia veio até mim se queixar do teu comportamento com ela... – Marcus deu um suspiro de enfado e tornou:

— Como prova de nossa aliança, leva nossa prima contigo em tua próxima viagem...

— Deves ter cuidado com ela, Marcus. Flávia está se sentindo desprezada, e isso significa perigo para ti...

— O que queres dizer? — indagou Marcus, contendo sua irritação.

Marcellus fingiu não saber sobre o romance de Jasmine e o irmão.

— Ela acha que amas Jasmine. Não creio nisso, pois jamais trairias tua virtuosa Júlia... — Marcus retribuiu na mesma moeda, embora não escondesse o incômodo que a conversa lhe causava:

— O que ela quer? Que eu deixe Júlia para voltar para ela? Isso seria um absurdo!

Sabendo que Marcus e Jasmine eram amantes — o que lhe despertava violentos sentimentos —, Marcellus provocou:

— Não se trata disso, Marcus. Todos sabemos que não existe casamento em todo o império no qual não haja infidelidade. Mesmo aquelas que supomos virtuosas vivem amores ocultos à sociedade... — Marcus obtemperou, impaciente:

— O que estás insinuando, Marcellus? Por que citar as duas mulheres mais admiráveis que conhecemos?

Marcellus deu uma risada sarcástica e, fixando o olhar frio no irmão, questionou:

— Serão mesmo tão dignas quanto parecem? Será que não estão enganando a todos, escondendo segredos que nem supomos existir?

Marcus demonstrou que desejava ficar só, para dar prosseguimento ao seu trabalho. Marcellus se retirava, quando deparou com o senador Appius Decius, que vinha ao encontro de seu irmão. Cumprimentaram-se rapidamente, enquanto Marcus aproximou-se, saudando-o.

— Que os deuses te deem longa vida, senador!

O homem, já em idade avançada, assentiu com a cabeça e tornou:

— E a ti também, meu filho! Não poderia partir sem me despedir de ti! Lembra que tinha em teu pai o meu melhor amigo e tenho por ti a mesma consideração!

Emocionado com as palavras do ancião, Marcus agradeceu a consideração que uma personalidade com tantos serviços prestados a Roma lhe dedicava. Após sentarem-se em confortáveis poltronas, Marcus serviu duas taças com vinho e, depois de uma pausa, falou:

— Se me permite, senador, após a morte de meu pai, tenho no senhor um representante da figura paterna... Por isso, ouso lhe pedir um favor especial.

Demonstrando estar atento, o senador pediu que o jovem amigo lhe revelasse do que se tratava. Marcus, sentindo a predisposição do seu interlocutor, considerou:

— Como o senhor sabe, há alguns anos tive um relacionamento com minha prima Flávia, antes do meu casamento. Esse romance teve curta duração, foi fruto da mocidade inexperiente, tendo encontrado em Júlia todos os predicados sonhados em uma mulher... Ocorre que, quando vim para Antioquia, pensava em viver tranquilamente com Júlia e darmos início a uma prole que manteria vivo o nome de nossa família... — Appius sorriu e, interrompendo-o, frisou:

– Ela veio até aqui, não é mesmo? Flávia te seguiu e, pelo que sei, ainda há de te dar muito incômodo...

Marcus concordou:

— Sei que Flávia tem o meu sangue, mas não existe a menor possibilidade de voltar a me envolver com ela.

— Como poderei te ajudar, meu filho? — perguntou o ancião, prestimoso.

Sem titubear, Marcus prosseguiu:

— Caro amigo, gostaria que usasses da influência de Alba, tua filha, junto à imperatriz, para que ela convide Flávia a passar algum tempo no palácio. Se Prisca convidá-la, sentir-se-á lisonjeada e não tenho dúvidas de que aceitará o convite.

Perspicaz, o senador obtemperou:

— Se me permite, tua mulher tem parentesco com a casa do imperador. Por que não partir dela esse pedido?

Marcus procurou ser mais convincente:

— Não quero envolver Júlia neste episódio, que me é bastante constrangedor. Júlia poderia desconfiar de que Flávia já tenha se insinuado...

— ... E não o fez? — perguntou Appius com um sorriso malicioso. Marcus fez um sinal afirmativo com a cabeça. O ancião se levantou e, batendo levemente a mão nas costas de Marcus, asseverou: — Podes te tranquilizar, meu filho. Zelarei pela tua felicidade como teu pai faria por minha Alba. Infelizmente, não pude ter a alegria de vê-los unidos em casamento. Mesmo assim, tua felicidade é minha alegria. Falarei com minha filha e logo tua prima receberá o tal convite. Admiro-o por afastar do teu lar um ser que poderia ser-te bastante prejudicial... Não nego a origem nobre de Flávia, tanto que se casou com um de nossos amigos, mas, no quesito moral, ela deixa muito a desejar.

Marcus sorriu e abraçou o amigo nas despedidas. Satisfeito, já antecipava a felicidade de ter Jasmine só para ele, sem as provocações da prima e o temor de que ela o chantageasse de alguma forma.

Mal poderia imaginar que, a estas alturas, Flávia já tinha um plano traçado, com a ajuda de Marcellus, e que a trama já se desenvolvia nas sombras.

9

A SEPARAÇÃO

Marcus resolveu esperar os acontecimentos que pareciam lhe sorrir. Jasmine passara a evitar a presença de Júlia e Flávia por motivos já sabidos: o remorso e ciúme que a primeira lhe despertava e o temor da maldade da segunda.

Isso desgostava Marcus, que se sentia feliz com os rápidos encontros e a visita do pequeno Haram; Jasmine, por sua vez, esforçava-se por se manter distante, temendo levantar qualquer suspeita.

Entrementes, a comunidade cristã em Antioquia crescia e já era de tamanho relevante, podendo-se dizer que, quanto mais intenso o sofrimento, mais cristãos surgiam, encontrando alento e consolação nas promessas de Jesus.

A incompreensão por parte dos povos pagãos, especialmente os romanos, só fazia aumentar a fé, a confiança e o destemor naquelas almas singulares.

Indubitavelmente, é preciso que surja na vida do espírito o momento radioso quando, cansado de sofrer nas encarnações de resgates purificadores, passa a almejar a redenção de suas faltas e, então, consegue assimilar os ensinamentos de nosso Mestre Jesus. Somos, assim, tocados pelo divino convite quando, cansados das ilusões da Terra, ansiamos por algo maior, transformador de nossa essência espiritual.

Surge, assim, o entendimento da lei de amor de Deus nosso Pai, a quem devemos amar acima de todas as coisas; e então estender ao nosso próximo esse sentimento como forma de aprendizado dessa lei, que rege o Universo todo. Essa é a recomendação maior, que descerra os nossos horizontes, tornando-os infinitos.

Não experimentaremos mais a amargura da revolta; a resignação nos tornará dóceis à vontade do Senhor, e o fardo de nossos dias se tornará mais leve. Nossos pés adejarão, livres dos espinhos do caminho, e a felicidade do nosso próximo será a nossa felicidade.

Na casa de Narin, ele não tolerava mais as mudanças no comportamento da mulher. Uma noite, após a ceia, pediu que permanecesse no recinto. Ela o fitou surpresa e, calada, aguardou o que o marido tinha para lhe dizer. Após observar Jasmine por alguns minutos, falou:

— Dize-me, Jasmine, o que está acontecendo? Vejo-te melancólica, arredia em nossa casa e não entendo o porquê. Dou-te tudo o que uma mulher poderia desejar, roupas, joias, uma posição social privilegiada; dize-me, o que te faz tão desditosa?

Jasmine não sabia o que dizer. Realmente, Narin satisfazia todos os seus caprichos, jamais lhe negara nada... O que poderia dizer a um homem como Narin, que a amava acima de tudo e jamais poderia imaginar que ela o traía com o usurpador romano? Sabia que, agora que Flávia e Marcellus estavam de posse de seu segredo, sua vida poderia mudar a qualquer hora. Bastaria que quisessem denunciá-la a Narin, para que ele a colocasse na rua, ou talvez, o que seria pior, determinasse o seu apedrejamento. Com o temor estampado no olhar, Jasmine começou:

— Também não sei o motivo desses sentimentos, Narin. Peço que me perdoe por alguma falha na condução de nossa casa...

— Tenho a impressão de que não aprecias ficar junto aos teus filhos... Especialmente, de minha filha e de nosso primogênito! Nunca estás junto a eles, perguntam a mim por que não presencias os seus folguedos!

Sim, era verdade! As atenções de Jasmine eram todas voltadas para Haram, o filho de Marcus. Esquecia-se de seu primeiro filho com Narin e de sua enteada. Diante da impossibilidade de ter Marcus, procurava compensar a sua infelicidade distraindo-se nos festins, nas reuniões onde a alta sociedade local se inebriava com futilidades regadas a vinho e com prazeres fugazes, embora escolhesse aqueles em que não encontraria Flávia e Júlia.

Narin, quando possível, a acompanhava, mesmo a contragosto, para agradá-la. Mas, ao se retirar, ela retomava a atitude apática e distante. Com os olhos marejados de pranto, Jasmine implorou:

— Peço-te, meu marido, pelos deuses que nos protegem, que permaneças sempre ao meu lado, independentemente do que nos aguarda...

Preocupado, Narin perguntou:

— Do que estás falando? Por que te abandonaria? Temes algo que desconheço? — A jovem esposa se apressou em corrigir:

— Não, querido. Tenho pressentimentos estranhos e isso me incomoda. Temo que alguma coisa me aconteça e me preocupo contigo e com as crianças.

Narin, vendo sinceridade nas palavras de Jasmine, aproximou-se e a envolveu em um abraço reconciliador.

— Não há o que temer, minha amada. Estarei sempre ao teu lado, aconteça o que acontecer... — Jasmine forçou um sorriso e disse:

— Protege nossos filhos!

Assim, alguns dias se passaram sem que nada de relevante acontecesse. Um dia, pela manhã, Marcus ainda se encontrava em sua residência quando viu com espanto que Flávia descia de uma biga de seis cavalos. O transporte não era muito afeito às mulheres, mas a prima também não era muito afeita às convenções. Depois que decidia alguma coisa, tornava-se inamovível. Júlia foi recebê-la com a sua inigualável cordialidade:

— Flávia, querida, que bom te ver tão cedo! O que te traz a nossa casa a estas horas?

Flávia cumprimentou-a e, se aproximando de Marcus, disse:

— Não permanecerei em Antioquia por muito tempo. Prisca pediu-me que passasse algum tempo na residência do imperador na Nicomédia.

Marcus fingiu não prestar muita atenção, mas exultou de alegria por ver que tudo corria como havia planejado. Com Flávia longe, Jasmine voltaria a ser a mulher adorável que tanto amava. Júlia sorriu e disse:

— Fico feliz por saber que vais ter com Prisca. Nossas mães são ligadas por laços de família e as aprecio muito, tanto a mãe como a filha...

Marcus ia falar quando Flávia o interrompeu, dizendo:

— Dize-me, meu primo, tens algo a ver com este convite? — Marcus empalideceu, mas, retomando a serenidade rapidamente, falou:

— O que estás insinuando? Acreditas que faria isso, realmente? Por favor, Flávia, não me tomes por meu irmão... És livre, nunca me intrometi em tua vida. Além disso, fazes companhia a Júlia, e isso me agrada...

Uma expressão indefinível se estampou no rosto da moça. Marcus perguntava-se se teria sido suficientemente convincente em sua refutação. Flávia, porém, falou com leve acento de ironia na voz:

— Lamento, mas tua Júlia irá perder mais de uma companhia nas adoráveis tardes de Antioquia... — Marcus e Júlia se entreolharam sem compreender, e a moça arrematou: — O nosso estimado Narin está muito preocupado com a sua adorável esposa, que anda triste e desinteressada de tudo... Bem, talvez não de tudo... — e Flávia deu uma gargalhada.

Marcus, pálido, perguntou:

— O que queres dizer? Não vejo relação entre a tua partida e a família de Narin...

Flávia o fitou com seriedade e tornou:

— Jasmine irá partir comigo! Convenci o esposo preocupado de que os ares da corte farão bem a sua triste esposa. Não tenho a menor dúvida de que nosso imperador irá apreciar a nova hóspede... — e, sorrindo diante da expressão de incredulidade estampada no rosto de Marcus, se retirou.

Júlia, que a tudo assistia impressionada, se aproximou do marido e disse:

— Não te preocupes, querido. Narin sabe o que está fazendo. Ademais, Jasmine não ficará muito tempo longe do lar... Ela tem os filhos, a quem ama muito.

Voltando à realidade e temendo que a mulher desconfiasse de seus reais sentimentos, Marcus falou:

— Conheces tanto quanto eu a corte e nosso imperador. A esposa de Narin me parece por demais ingênua para se aventurar nesse meio. Falarei a Narin com franqueza sobre a situação. Flávia deve ter usado de artifícios para convencê-lo. Aprecio nossos amigos e não desejo que nenhum mal venha a lhes acontecer.

Júlia sorriu com disfarçada tristeza, pois o seu coração de mulher já havia lhe segredado que a querida amiga era amada por seu marido.

No dia imediato, Marcus enviou uma mensagem a Jasmine pedindo que o encontrasse com urgência. Ao ler as palavras grafadas com evidente pressa, Jasmine suspirou, sentada em seu leito. Precisava concatenar as ideias... Flávia não lhe havia dado escolha; ou partia com ela ou seu segredo seria desvendado a todos.

"Como enfrentar a fúria de Narin?", pensava. "O que seria de seu filho, o pobre Haram?" Grossas lágrimas rolavam pelo rosto sofrido da moça. Sentia-se como se caísse em um abismo sem fim... Todas as alternativas lhe pareciam caminhos escuros, onde teria que percorrer estradas de grande sofrimento.

Sabia o que Marcus desejava... Iria lhe cobrar o motivo daquela viagem inesperada com Flávia. Como lhe dizer que estava sendo chantageada, não apenas por Flávia, mas por seu próprio irmão?

Marcellus! Como o odiava! Desde que o vira pela primeira vez, sentira repulsa; um desprezo mortal se instalara em seu coração. Tolerava-o por ser irmão do homem que amava, mas, na realidade, tinha-lhe verdadeira aversão.

Se ao menos seu irmão, Hashab, estivesse ao seu lado! Poderia falar-lhe de todo o seu sofrimento, abriria o seu coração sem receios, pediria conselhos, ouviria a sua palavra sensata e, assim, desafogaria o seu coração.

Jasmine pensava, pensava... Sua cabeça lhe doía e o coração parecia não ser mais capaz de suportar o peso que carregava nos últimos tempos.

Quanto a Marcus, amava-o com paixão, o considerava o amor de sua vida, mas precisava reconhecer que ele não teria a coragem necessária para abandonar a sua posição consolidada com o casamento com Júlia: proveniente de família nobre, casado com uma mulher de reconhecida virtude — qualidade muito apreciada em Roma — para ficar ao seu lado. Essa constatação fez com que Jasmine se entregasse ao pranto, demonstrando toda a sua infelicidade.

Além disso, a expectativa de permanecer no palácio do imperador lhe causava calafrios. O pensamento de ódio, repentinamente, fez com que sustasse o choro. Procurando concatenar as ideias, lembrou-se do dia em que a guarda romana havia invadido a confortável residência em que vivia com seus pais e Hashab.

Encontravam-se todos no terraço, mas uma batida agressiva no portão fez com que seu pai, preocupado, mandasse sua mãe para o interior da residência e ela, Jasmine, para a casa de uma serva com Hashab. A seguir, ouviu ainda o pedido de respeito de seu pai à autoridade romana, explicando se tratar de um latifundiário, produtor de insumos para o exército, e que estava em dia com os impostos, merecendo consideração; como resposta, um barulho ensurdecedor se seguiu e a soldadesca começou a quebrar tudo, rasgando reposteiros e destruindo o mobiliário. Seu pai foi atingido e tombou por terra... Desesperada, sua mãe saiu do quarto e, da mesma forma que seu genitor, foi atingida em pleno coração pela espada romana, com os executores dispendendo gargalhadas e palavras de ironia. Antes de sair, Hashab ainda se voltou, buscando olhar o reduto doméstico, talvez pela última vez, quando viu que um centurião, provavelmente o mandatário, vinha conferir a execução de suas ordens.

Mais tarde, quando Hashab retornou, viu a sua residência assaltada e destruída pelos soldados, sem nada poder fazer. Viu atônito seus pais sem vida, ensanguentados, atirados no chão sobre os escombros de sua casa, que havia sido saqueada.

Com a destruição da residência, foram aconselhados a retirar-se da cidade por um amigo de seu pai, pois o fato de terem sido preservados da violência romana podia ser considerado uma interferência dos deuses em seu favor.

Eram conhecidas as atitudes das milícias romanas em relação às mulheres, especialmente as mais bonitas e aquinhoadas. Jasmine havia se esquivado dessa humilhação graças à interferência de seu pai. Seu irmão ficara muito tempo preso a um mutismo inquietante, porque havia presenciado a violência romana, fato que o impressionara profundamente.

Com muita dificuldade, ela e Hashab iam sobrevivendo com parcos recursos, até o dia em que o irmão havia sido pego em flagrante ao roubar comida para ambos. Mais refeita, Jasmine pensava: "Que estranho destino me leva da miséria total ao palácio do imperador?"

De repente, as suas feições se modificaram. Jasmine sentiu que seu ódio pelos romanos não esmorecera, apesar de seu amor por Marcus ter arrefecido por algum tempo o sentimento que por tanto tempo havia acalentado.

O medo cedeu lugar a um sentimento de confiança que a fez sentir-se melhor. Jasmine respirou fundo e se preparou para o encontro com Marcus.

❋:▣:❋

Algumas horas mais tarde, Jasmine encontrava-se com Marcus. Beijaram-se em um misto de amor e desespero, por saberem que se afastariam por um longo tempo; Marcus a abraçou como se naquele gesto pudesse impedir a partida da mulher amada. A seguir, fitando-a com uma expressão dolorosa, perguntou:

— Jasmine, meu amor! Deixaste que Flávia se interpusesse entre nós? Sabes que o desejo dela é te afastar de mim...

Jasmine baixou o olhar e duas lágrimas caíram, seguidas por um choro convulsivo. Marcus a abraçou e disse:

— Sei que não podias negar... Ela te chantageou e, se não fizermos alguma coisa, isto irá perdurar para sempre...

Jasmine falou entre lágrimas:

— Marcus! Se ela falar sobre nós, estarei perdida... Nossas leis são austeras com as adúlteras... Na realidade, não passo de uma mulher adúltera, que mantém uma vida dupla...

— Por favor, não te tortures dessa forma, Jasmine. Nós nos amamos, não foi possível resistir a esse sentimento, que nos conduz aos braços um do outro!

— Muitos sofreriam se a verdade viesse à tona. Não me perdoarei jamais por ter traído a amizade de Júlia! Tua mulher é uma pessoa que invejo de todas as formas...

Marcus franziu o cenho, revelando preocupação. A seguir, falou:

— Fui eu quem forçou este convite de Prisca para Flávia. Lembras que eu havia dito que iria afastá-la de Antioquia para que pudéssemos ter um pouco de paz?

Jasmine compreendeu tudo. A atitude de Marcus havia precipitado as coisas, fazendo com que ela tivesse que partir, afastando-se dos filhos, de Narin, dele...

Impressionada com a frieza calculada de Flávia, sentiu um calafrio lhe perpassar o corpo. Um sentimento inexplicável, um temor de que algo muito nefasto poderia acontecer a ambos, fez com que Jasmine procurasse abrigo nos braços fortes de Marcus. O jovem a abraçou e, beijando os seus cabelos, disse:

— Nada temas, minha amada. Encontrarei uma forma de partir, mesmo que seja alguns dias mais tarde, mas irei ter contigo. Além disso, Júlia ficou tentada a ir visitar os familiares na Nicomédia.

Ao retornar para o lar, Jasmine estava com um mau pressentimento, pois, embora tentassem demonstrar o amor que sentiam um pelo outro, a sensação era de que estavam se despedindo, sem previsão de reencontrar-se.

10

NO PALÁCIO

Uma vez que havia decidido aceitar o convite da esposa do senador, Flávia providenciou para que a partida fosse em breve tempo. Desejava afastar o mais rápido possível Jasmine de Marcus. Sabia que a jovem esposa de Narin iria buscar consolo nos braços do amante e isso a torturava dia e noite.

Odiava Jasmine. Desejava vê-la morta, acabar com a sua existência, pois não considerava Júlia páreo para ela.

Jasmine, no entanto, tinha um dom que ela invejava, pois, além da beleza, exercia um poder de sedução irresistível para quantos a conheciam.

Prova disso era Marcellus. O jovem centurião conhecera uma infinidade de mulheres de diversos povos; no entanto, acabara por ser vencido pelos encantos de Jasmine. "Sim!", pensava. "Jasmine é uma inimiga poderosa." Precisaria ser muito arguta para vencer a fascinação que sua rival exercia sobre os homens. Precisaria da ajuda de Marcellus para manter Jasmine sob controle. Esperaria a oportunidade — e sabia que ela viria —, o momento certo para tirar Jasmine de seu caminho de uma vez por todas.

Perplexos, Narin, Marcus e Júlia, alguns dias depois, viram Flávia e Jasmine entrar na embarcação que as levaria para a

Nicomédia. Se não houvesse nenhum contratempo e aproveitando as condições climáticas favoráveis, pois era verão, chegariam em torno de vinte dias.

A expectativa da viagem e do seu futuro deixava a alma de Jasmine em intenso sofrimento, que ela não podia, certamente, externar. Ao se afastar de Haram, o menino chorara muito ao desprender-se de seus braços, sendo consolado por Narin. Com um olhar angustiado, Marcus observava o filho sendo confortado por aquele que julgava ser pai da criança.

A situação era por demais dramática: dois homens amando a mesma mulher, que agora partia sob uma aura espessa de infortúnio, vislumbrando algum acontecimento funesto no futuro. As condições em que foi acertada a viagem de Jasmine pareciam estranhas, e Narin se perguntava como havia cedido aos apelos da mulher. O que esperaria Jasmine no palácio do imperador? Como se apresentaria no domicílio daquele homem desconhecido do qual se falavam tantas coisas? O povo o execrava pelo aumento dos impostos e a sua severa fiscalização tirara a vida de mais de um camponês ou comerciante.

Afinal de contas, Narin se questionava, por que Jasmine insistira tanto nessa viagem? A resposta era simples, mas Jasmine não poderia revelá-la: estava sendo vítima de uma chantagem que poderia destruir não apenas a sua vida, mas a de muitos...

O ódio por Marcellus e Flávia começava a dar a Jasmine uma coragem e determinação que desconhecia, como se forças ocultas se aliassem a ela e a impulsionassem a agir. Analisando friamente, apesar do seu amor por Marcus, agora poderia pensar em como se defender de dois inimigos tão perigosos.

A situação que se criara, de qualquer forma, não poderia perdurar para sempre. Haram se parecia a cada dia mais com Marcus e seria inevitável que a verdade fosse descoberta.

A viagem transcorria sem maiores transtornos, fora o fato de que Jasmine evitava, sempre que possível, a presença de Flávia. Esta, no entanto, procurava a moça para atormentá-la e evidenciar a sua condição de detentora de um segredo que lhe dava um grande poder, especialmente sobre as vidas dela e de Marcus.

Estando, naquele momento, nas mãos de Flávia, quando era inevitável a aproximação de sua algoz, Jasmine lutava para se controlar e conquistar, de alguma maneira, a sua simpatia. Sabia que, se resolvesse enfrentá-la, teria que ser muito ardilosa, pois poderia perder tudo o que possuía.

Apesar da beleza da paisagem, admirável naquela região, com um céu absolutamente azul e rodeada pelas águas cristalinas, Jasmine não percebia nada. A certa altura, quando a sensação de solidão lhe acicatou a alma, lembrou-se de seu pai. Muitas foram as vezes em que viajara com a família e, levando-a ao convés, dava-lhe conselhos, preocupado com o seu futuro. Dizia-lhe que se preservasse das tentações da vida, se afastasse dos poderosos que menosprezavam as afeições sinceras; lembrava-lhe o exemplo de bondade de sua mãe e convidava-a a seguir os passos dela, sendo honesta e fiel ao homem que desposasse.

Uma lágrima rolou pelos olhos de Jasmine. Sabia que havia falhado ao trair a confiança de Narin e, por isso, teria que arcar com as consequências. Com o pensamento mergulhado em recordações, não percebeu que Flávia se aproximava.

— Pelos deuses! A bela Jasmine solitária, sem o seu tolo esposo e o seu adorável amante... Choras, agora?

Jasmine a fitou demonstrando indiferença, porém em seu íntimo sentia o ódio crescer dia a dia. Flávia prosseguiu:

— Creio, na verdade, que te fiz um benefício. A tua situação é deveras peculiar...

— Lamento por me afastar de meus filhos. O que te faz pensar assim, Flávia? As mulheres romanas não estão acostumadas com esta maneira de viver?

Surpresa, Flávia tornou:

— De uma certa forma, sim. Mas tu és uma mulher que, se não fosse a bondade de Narin, poderia ser sua escrava... Nada te protegerá se perderes tudo o que possuis...

Jasmine procurou atingir os sentimentos de Flávia:

— Talvez tenhas razão. Os deuses me foram favoráveis e permitiram que, apesar de minha origem, pudesse encontrar alguém como Narin; quanto a Marcus, foi algo passageiro que terminou antes que magoássemos pessoas a quem amamos. Depois que o teu capricho se cumpra, trazendo-me nesta viagem, peço que me esqueças e me deixes viver ao lado de Narin e de meus filhos...

Um sorriso se estampou no rosto de Flávia. Sentia-se feliz por afastar Jasmine de Marcus, pois também desejava vê-lo sofrer com a ausência da moça. Não lhe bastava atingi-lo em seus sentimentos; queria que ele pagasse um preço alto por aquilo que considerava uma traição. Caminhando lentamente ao redor de Jasmine, disse, abaixando o tom:

— Isso é pouco para mim... É necessário que ambos sofram o que me fizeram sofrer... Sei que mentes quando dizes que não existe mais nada entre ti e Marcus. Tenho outros planos em mente, minha querida, que dizem respeito a alguém que te ama apaixonadamente...

Jasmine pousou o olhar apreensivo em Flávia, pois sabia que ela se referia a Marcellus. Verificando que havia causado o efeito desejado, Flávia se afastou satisfeita.

Entendendo que aquela viagem poderia ter resultados desastrosos, sentindo que fraquejava em seus propósitos, Jasmine chorou sentidamente. Como encontraria forças para lutar contra inimigos tão cruéis?

Desejaria, naquele momento, voltar para Antioquia e falar com Narin, estar em segurança, porque seu coração lhe avisava que acontecimentos funestos modificariam a sua vida para sempre.

Alguns dias mais tarde, quando chegaram à Nicomédia, os servos de Prisca aguardavam a comitiva de Flávia, que incluía os seus servos particulares, uma serva pessoal de Jasmine e uma grande quantidade de baús com os pertences de ambas.

A chegada ao suntuoso palácio de Diocleciano trouxe sentimentos inquietantes ao coração de Jasmine. As apresentações transcorreram de forma cordial, e Valéria logo se aproximou de Jasmine. Com palavras afetuosas, dirigiu-se à moça:

— Espero que te sintas em tua casa junto a nós, Jasmine. És bem-vinda... Desejamos que tenhas dias felizes ao nosso lado!

Jasmine agradeceu, admirando-se da bondade da filha do imperador; quanto a Prisca, não teve outra atitude, revelando que se sentia feliz com a presença de hóspede tão formosa para adornar os salões da corte.

Foram conduzidas aos aposentos que lhes haviam sido destinados e, após solicitar um banho, Jasmine procurou repousar por algumas horas. Observando o ambiente perfumado e o leito recoberto com preciosa seda e almofadas confortáveis, situado em frente a um terraço, Jasmine se deitou e tentou descansar.

Se pudesse imaginar quanto sua vida mudaria desde que ultrapassara os umbrais do palácio do imperador! Forças desconhecidas, encarregadas de fazer com que se cumprissem os desígnios de Deus, atuavam sobre aqueles espíritos, que se reuniam mais uma vez para se quitar com a lei.

O cansaço da viagem fez com que a moça dormisse por mais de duas horas. Estava despertando quando ouviu uma voz, que lhe pareceu muito próxima, a lhe dizer: "Eis a tua oportunidade, minha filha. Retifica o teu caminho!"

Assustada, Jasmine olhou para os lados, procurando a origem daquela voz, mas estava sozinha... Lembrou-se do pai, em quem havia pensado com tanta saudade, e do desejo de estar ao seu lado, para que ele a protegesse. Achou, porém, que havia sonhado e não deu maior importância para o acontecido. A serva, Agar, lhe disse ao vê-la desperta:

— Senhora, a senhora Flávia pede que vos prepareis para a refeição que será servida no salão.

Com um suspiro de desagrado, Jasmine se levantou e escolheu uma túnica de seda e algumas joias; Agar veio lhe preparar o cabelo, colocando algumas pérolas ao longo da trança lateral, que Jasmine apreciava muito.

Ao ver-se refletida no espelho, pensou: "De que valem a juventude e a beleza se tenho o coração dilacerado? Se não posso estar ao lado do homem a quem amo?"

Quando Jasmine entrou no amplo salão dedicado às refeições, imediatamente, Flávia veio ao seu encontro, a fim de apresentá-la aos convivas de seu conhecimento em Roma.

Sendo o assunto, na maioria das vezes, voltado à política, Prisca e Valéria, após as honras condizentes com a etiqueta da época, retiravam-se, deixando os convidados com as diversões próprias da corte romana. Estas consistiam em apresentações musicais, algumas vezes com belíssimas dançarinas, outras vezes, alguma demonstração de um talento exótico, que tanto agradavam a sociedade de então.

Ao longe, Jasmine sentia que era observada discretamente, todavia, procurou ignorar isso para que sua apreensão não aumentasse. Era Marcellus, que não desviava o olhar sobre a moça, parecendo imantado à figura de Jasmine.

Após as apresentações, Jasmine procurava se afastar dos grupos mais exaltados, quando sentiu uma mão segurar seu braço com força e puxá-la para trás de uma coluna. Jasmine se voltou e ouviu uma voz conhecida dizer com prazer:

— Eis que os deuses me favorecem te colocando em minhas mãos!

A moça se afastou e na sua voz vibrou uma nota indisfarçável de orgulho:

— Jamais estarei ao teu alcance, Marcellus! Deves esquecer-me, não significo nada para ti... Não passo de um capricho, algo que só poderás possuir pela força, nunca pelo amor!

Tocado em seus sentimentos, o jovem centurião se aproximou e disse provocativo:

— Estás enganada, Jasmine. Desejo conquistar-te... Odeio o fato de teres te tornado amante de meu irmão, mas, se me quiseres, ainda poderei relevar... Marcus jamais te amará com a mesma intensidade! Ouve-me... — disse Marcellus, vendo que Jasmine procurava se esquivar.

— Não quero ouvi-lo, deixa-me. Se queres a minha simpatia, ajuda-me a retornar para casa...

Marcellus riu e disse de forma irônica:

— Voltar? Então não entendeste ainda que Flávia e eu planejamos a tua vinda? Que era exatamente isso que tínhamos em mente? Ver-te longe dos teus protetores, Narin e Marcus?

Os olhos de Jasmine se encheram de lágrimas. Finalmente, compreendia o motivo daquele convite; não era um passeio para se recuperar e se distrair... Estava nas mãos de sua inimiga e do desprezível Marcellus! Não haveria volta!

Sentiu que os braços fortes do rapaz a envolveram e, lutando desesperadamente, procurava se livrar da tentativa que ele fazia de beijá-la. Naquele momento, ouviu leve barulho e Valéria se aproximou, dizendo:

— Jasmine, está tudo bem? Venha ter conosco, teremos a apresentação de um renomado harpista desta região. O meu pai o aprecia muito, lamento que não esteja presente...

Marcellus fez uma mesura e se afastou. Valéria o observou e, voltando-se para Jasmine, disse:

— Cheguei a tempo de impedir uma atitude desagradável de Marcellus, ou estarei enganada? — Jasmine enxugou as lágrimas e falou:

— Lamento o que aconteceu... Marcellus insiste em ignorar que sou casada, tenho dois filhos e me considero feliz... — Valéria a fitou preocupada e disse:

— Aconselho-te, se me permites, a ter cuidado com o nosso centurião. Marcellus não está acostumado a ser menosprezado, e sabemos que é um homem violento e de má índole. Se não tivesse prestado tantos serviços ao meu pai, pediria que não frequentasse o palácio... Agora, vamos retornar ao salão, pois nos esperam...

Jasmine acompanhou Valéria com o coração opresso. Sentia, em seu íntimo, que viveria grandes dissabores na Nicomédia. O que os deuses estariam tramando para o seu destino?

As últimas palavras de Valéria ressoavam na mente de Jasmine como se fossem um mau augúrio. *Marcellus não está acostumado a ser menosprezado, e sabemos que é um homem violento e de má índole...* O que significavam aquelas palavras, além do que ela já sabia?, perguntava-se. "O que terá feito Marcellus para ter esse julgamento por parte de Valéria?"

Após a apresentação musical, Jasmine se aproximou da filha do imperador e perguntou reticente:

— Perdoa-me a curiosidade, mas fiquei apreensiva com o conselho que me deste. Conheço Marcellus há pouco tempo, mas aprecio muito a família de Marcus e Júlia... O que Marcellus fez para ter deixado uma impressão tão desabonadora?

Valéria deu um longo suspiro e disse:

— Sinto que posso confiar em ti, Jasmine. Vou te contar o que sei sobre nosso "amigo". Não foram poucas as jovens que se apaixonaram por nosso galante centurião... Sempre revelou interesse passageiro, desgraçando a vida de muitas de nosso círculo de amizades. Não bastasse isso para evidenciar o caráter, a sua maldade é reconhecida, principalmente quando se trata de agir em nome de meu pai junto aos povos conquistados... Não poupa ninguém, mesmo em se tratando de pessoas sem capacidade para se defender...

Neste momento, Prisca veio se juntar às duas e falou:

— Vejo que conversam como se se conhecessem há muito... Fico feliz por isso. Valéria não possui amizades legítimas em nossa corte. Será muito bom tê-la entre nós, Jasmine, pelo menos até a partida de minha filha, que se dará com o seu casamento... — Confortada com as palavras de sua anfitriã, Jasmine tornou:

— Creio que será ao contrário, senhora. Eu é que me felicito por estar entre pessoas tão bondosas... Vais partir, Valéria?

Prisca retrucou:

— Sim, ela deverá se casar daqui a algum tempo, mas deixemos esse assunto, que não nos é agradável... Por que não trouxeste teus filhos? Soube que tuas crianças são pequenas e, portanto, precisam de teus cuidados... — O coração de Jasmine se confrangeu e, procurando desculpar-se, disse:

— Deixei os meus filhos com pessoas de minha inteira confiança. Sei que estão protegidos... Ademais, a viagem seria muito cansativa para eles, e a minha permanência será curta.

Prisca se afastou, retornando aos seus convidados. À distância, Marcellus a observava, sem disfarçar sua obsessão por Jasmine. A moça, sentindo-se incomodada com o olhar insistente do centurião, pediu para se retirar a fim de descansar. Ao se recolher, após despir-se com a ajuda da criada, deitou-se e deixou que as lágrimas rolassem pelo seu rosto.

Como estariam os seus filhos? Conseguiria Marcus uma desculpa para ver Haram? Marcus! Como sentia sua falta! A distância poderia levá-lo a se esquecer dela?

Eram tantas as dúvidas! Sentia-se isolada do mundo, como se fosse uma prisioneira nas mãos de algozes, à mercê da vontade deles. Como poderia enfrentá-los?

Na ampulheta, o tempo não cessava de passar e, após alguns dias, Jasmine resolveu permanecer junto a Prisca e Valéria, pois evitava, assim, o constrangimento que a presença de Flávia e Marcellus lhe causava. As conversas agradáveis das mulheres lhe distraíam o pensamento e lhe mitigavam a angústia que a sua situação lhe suscitava.

Como era de esperar, Marcellus passou a frequentar com mais assiduidade o palácio. Sempre à espreita, fazendo-se notar e causando verdadeiro horror a Jasmine com o seu olhar vitorioso, como se antevisse a posse de algum prêmio.

Com o passar dos dias, Valéria percebeu que algo de estranho estava acontecendo. As saídas súbitas de Jasmine quando da presença do moço, o seu visível desprezo, fizeram com que a moça deduzisse que havia uma ligação estranha entre seus hóspedes. Antes, porém, que pudesse falar com a jovem, aconteceu um fato que mudaria o rumo dos acontecimentos.

Em um momento de desespero, pressentindo que Marcellus lhe cobraria o preço do seu silêncio sobre o seu relacionamento com Marcus, Jasmine se afastou do pequeno grupo que ceava e caminhou para um pátio interno do palácio; ao chegar ao terraço contíguo a um dos salões, aproximou-se da murada e, apoiando-se com os cotovelos, cobriu o rosto e começou a chorar, dando vazão ao seu tormento.

O que poderia fazer da sua vida? E se Flávia e Marcellus não a deixassem retornar a Antioquia? Como viveria sem seus filhos? E Narin? Marcus?

Desesperada, soluçava, sem conter o pranto. Não vislumbrava uma saída para a situação, estava perdida! Repentinamente, percebeu que não estava sozinha. Alguém a observava, visivelmente admirado. Jasmine voltou-se e, pensando ser Marcellus, disse:

— Por favor, me deixa em paz! Quero retornar para Antioquia!

Um homem, com aparência ainda jovem, falou com voz clara e firme:

— Não desejo retê-la contra a tua vontade, mas, se quiseres permanecer, és muito bem-vinda em minha casa!

Olhando mais detidamente, Jasmine viu que não se tratava de Marcellus, obviamente. Cabelos curtos, pele bronzeada, provavelmente pelas batalhas que travava sob o sol, ela o reconheceu e, sem saber o que fazer ou dizer, murmurou:

— Perdoai-me, Vossa Majestade! Pensei que se tratava de outra pessoa... — e fez menção de se curvar.

Apesar de apreciar a subserviência em torno de sua pessoa, ele a impediu com um gesto e, fitando-a com os olhos de um azul profundo, falou sem esconder a surpresa:

— Os deuses possuem caminhos misteriosos! Eis que reencontro a jovem que conheci em casa de Marcus Tulius em Antioquia... O que te traz ao meu palácio?

— Acompanho Flávia, convidada de Prisca.

Demonstrando conhecimento da pessoa citada, ele disse:

— Sim, a viúva do senador... Creio que não preciso me apresentar, também... Por que estas lágrimas, minha jovem?

Jasmine, envergonhada por perceber que ele se lembrara das constrangedoras circunstâncias sob as quais haviam se conhecido em Antioquia, não sabia o que dizer. Ademais, o receio que a figura do imperador inspirava, pela sua conhecida austeridade, fez com que emoções desconhecidas, sentimentos confusos lhe assaltassem a alma e, instintivamente, deu um passo para trás.

Surpreso, ele se aproximou e a inquiriu:

— Por que te afastas? Serão os meus trajes da batalha que te assustam, ou te causo uma péssima impressão?

Jasmine procurou remediar a situação, que piorava a cada minuto:

— Perdoai-me, senhor. Não tive a intenção... — Olhando fixamente para ela e divertindo-se intimamente com a situação, Diocleciano considerou:

— Não és romana, isso é certo. De onde vens?

— De Antioquia, senhor.

Afastando-se, Diocleciano passou a observá-la com mais atenção. O porte altivo de Jasmine parecia remeter a uma outra pessoa, sem saber determinar exatamente onde e quando isso teria se dado.

— Antioquia... Tenho grandes amigos nesta região e aprecio muito essa cidade. Pudera viver para sempre em um local tão aprazível! — e, fingindo um esforço para lembrar, disse: — Nós nos conhecemos na residência de Marcus Tulius... Tive de me desculpar pela conduta inapropriada de Marcellus... Lembras disso?

Surpresa, Jasmine falou:

— Senhor, não poderia esquecer aquela noite. Não tive essa bênção piedosa dos deuses! Infelizmente, vós também lembrais...

— Não precisamos lembrar aquilo que não esquecemos — disse pensativo. E, mudando o rumo da conversa, perguntou: — Então, Jasmine, vais me contar o porquê dessa tristeza? Alguém te importunou aqui na Nicomédia? — A moça, já recomposta, esclareceu:

— Não, senhor, mas agradeço a vossa hospitalidade. Desejo, no entanto, retornar para casa em breve tempo. Não estou habituada à vida na corte e sinto falta da família e das amizades de Antioquia, entre elas, Júlia, esposa de Marcus Severus.

— Sim, Júlia é parente de minha mulher. Tenho esta moça em grande estima, uma verdadeira raridade em nosso meio...

— Mais serena, Jasmine tornou:

— Júlia é uma pessoa de grandes predicados e todos a estimam.

Diocleciano era um homem prático, objetivo. Resolvia qualquer situação com atitudes imediatas, não era dado a especulações. Com a curiosidade aguçada pela presença da jovem, perguntou de chofre:

— Se és amiga de Júlia, como te aproximaste de Flávia? Sabemos que as duas são como a água e o vinho...

Percebendo a comparação que ele fazia, procurando saber detalhes sobre a sua vida, ou melhor, sobre com qual das duas romanas ela se parecia, Jasmine respondeu:

— Sou amiga de Júlia. Flávia me convidou porque eu precisava repousar um pouco, se o senhor permitir, longe das minhas atribuições familiares. Logo estarei restabelecida e pronta para retornar...

Pensativo enquanto tirava as suas conclusões, ele disse:

— Muito bem, Jasmine. Ficarás em minha casa o tempo que quiseres. A partir de hoje, és minha convidada...

— Agradeço a vossa bondade, senhor.

Diocleciano se afastou a passos largos em direção aos seus aposentos. Naquela noite, não iria ter com os convidados no salão.

Assim como Jasmine, precisava descansar.

11

TEMOR DOS CRISTÃOS

Enquanto o Cristianismo se alastrava pelo império, pessoas próximas ao imperador contribuíam para irritá-lo, trazendo notícias falsas sobre os costumes cristãos, que, segundo elas, menosprezavam o poder dele, Diocleciano, e dos deuses de Roma. Aproveitando o ensejo, muitos denunciavam seus desafetos para vê-los afastados do próprio caminho. Assim, as delações eram comuns, mesmo entre a nobreza da época.

A ideia de que os cristãos eram pessoas enfeitiçadas pelo profeta nazareno corria de boca em boca por todo o império. De todas as coisas estranhas que os cristãos faziam, segundo o pensamento vigente, a que mais irritava Diocleciano era a firmeza da fé, pois se negavam a oferecer sacrifícios aos deuses de Roma, não abjurando.

Os deuses significavam equilíbrio, faziam parte da vida romana, mostravam a ordem das coisas. Além disso, a discrição, a fidelidade aos seus senhores e a propensão à paz com que os cristãos se caracterizavam desnorteavam aqueles que só buscavam a supremacia sobre os outros povos, baseados na força e na violência, através da guerra e do domínio sem escrúpulos sobre os semelhantes.

A ideia que Diocleciano nutria de "salvar" o Império Romano de um desmantelamento, de uma queda, esbarrava justamente na fidelidade destes agrupamentos cristãos à sua fé, se opondo à unidade pretendida em todos os setores, inclusive o religioso.

Por que um pequeno número de pessoas poderia incitar medo a todo um império? Ousaria dizer, meus irmãos, que era pela grandeza da ideia que difundia. Jamais povo algum havia visto mudança comportamental daquela envergadura em função de uma religião.

O Cristianismo, como atualmente a Doutrina Espírita, trazia em seus princípios a aquisição de novos valores, que se opunham a todas as crenças então em vigor, pois convidava à mudança íntima e à prática do bem.

Os deuses de pedra eram substituídos por um Deus que era Pai e amava as suas criaturas infinitamente; a evidência disso era que enviou seu filho à Terra para ensinar aos seus irmãos o caminho para o seu reino.

Naquela vida sem expectativas de felicidade, os sofredores só podiam alimentar a esperança de serem felizes em uma outra existência. E Jesus só lhes pedia que amassem o próximo como a si mesmos! Esse era o grande ensinamento que complementava a lei de Moisés, mas ia de encontro às ideias vigentes.

O panteão romano não passava de uma representação do homem romano, com as suas imperfeições, suas fragilidades, especialmente no final do império.

O culto dos deuses familiares havia cedido lugar a Marte, o deus da guerra; Vênus substituíra a deusa Vesta. Declinar o sacrifício a Júpiter representava negar, opor-se à ordem estabelecida; significava ir contra o imperador e Roma.

Diocleciano tinha consciência da vulnerabilidade da sua posição. Bastava ver o que acontecera com os seus antecessores — a maioria havia sido assassinada — para se manter vigilante e atento a qualquer movimento que pudesse prejudicar os seus objetivos.

A tarde caía tépida na região do golfo, e o vento suave que soprava tornava o clima agradável depois de um dia de excessivo calor.

Diocleciano analisava alguns documentos dispostos sobre uma mesa de mármore, junto a um dos terraços. Na sala contígua, local que procurava em momentos de descanso, duas escravas aguardavam as ordens do seu senhor.

Com o olhar perdido no horizonte, Diocleciano ouvia. Um de seus oficiais mais próximos, também nascido na Ilíria, falava com visível irritação:

— Essas seitas nos enfraquecem e é necessário suster a sua marcha, Vossa Majestade imperial! Deveis saber que a própria nobreza romana se deixa enfeitiçar com os sortilégios do Messias judeu! Sei que até agora procurais demonstrar alguma tolerância religiosa, sabendo inclusive que pessoas próximas ao vosso convívio simpatizam com as ideias cristãs...

Diocleciano realmente tinha conhecimento desses fatos e de que alguns dos seus principais conselheiros, como ocorria naquele momento, o pressionariam para, mais cedo ou mais tarde, tomar uma decisão. Galério prosseguia, e os pensamentos assomavam céleres ao seu cérebro. A certa, altura, após ouvir as malévolas insinuações de Galério, contrapôs:

— Meu caro Galério, tens o meu reconhecimento pelas tuas justas preocupações acerca desses cristãos. Creio, no entanto, que, por ora, devemos consolidar as nossas ações no sentido de termos alguma tranquilidade para governar. Sabes muito bem quais são os meus planos para ti... Dentro de algum tempo, serás um membro da minha família e terás a tua recompensa se agires conforme os meus interesses. Como teu imperador e futuro sogro, conto com a tua colaboração para guardares essas ideias apenas para ti... Se minha filha tiver conhecimento delas, não te aceitará por marido e, embora eu possa obrigá-la, não gostaria de fazê-la desposar-te por meio da violência.

Galério ouviu atentamente as ponderações de Diocleciano. Inculto, acostumado às batalhas, não se dava muito bem com as palavras, e seus argumentos revelavam as suas dificuldades intelectuais. Ao ouvir a referência à filha de Diocleciano, Valéria, o seu ímpeto criminoso de perseguir os cristãos arrefeceu. Astuto, pensou que poderia voltar a defender as suas ideias mais adiante, quando já estivesse casado e responsável por uma das regiões que futuramente iria governar.

"Quando eu for nomeado 'César', darei um fim à seita cristã!", pensou.

Um breve silêncio se fez entre os dois homens, visto que ambos consideravam ter atingido os seus objetivos. A seguir, uma escrava entrou e aguardou a ordem para se manifestar com a cabeça baixa; quando foi percebida, curvou-se e disse que eram aguardados no salão das refeições.

Diocleciano e Galério se dirigiram para o local atravessando amplos corredores e salas. O olhar do imperador relanceou pelo ambiente e acomodou-se em um leito próximo do de sua esposa, Prisca. Flávia, que se achava ali, com a sua irreverência, perguntou a Prisca, observando disfarçadamente a atitude de Marcellus, que se encontrava a sua frente:

— Alguém viu Jasmine hoje? Aliás, desde a nossa chegada não a vejo... — Prisca respondeu prontamente:

— Valéria simpatizou com essa jovem... Encontrei-as em conversa próximo ao átrio hoje pela manhã. Mandarei chamá-las para o jantar.

Diocleciano fingiu estar alheio à conversa quando perguntou:

— Nobre Flávia, tua família prestou grandes serviços ao império. Gostaria de poder contar com o teu espírito prestimoso à causa romana... Nunca sabemos onde estão os nossos inimigos... A qual família de Antioquia pertence essa jovem? — Flávia sorriu e disse com premeditada intenção de atiçar-lhe a curiosidade:

— Sim, augusta Majestade, vos direi o que desejais saber! Ela estava em casa de Marcus quando Vossa Majestade nos honrou com a vossa presença. A origem de Jasmine é uma incógnita, mas sabemos que é casada com um homem de posses em Antioquia. Quando Marcus e Júlia foram para essa cidade, os convidaram a frequentar a casa e tornaram-se amigos.

— É muito jovem... Não me lembro do marido... Tem filhos? — perguntou Diocleciano, demonstrando curiosidade.

— Sim, tem dois meninos e parece que tem uma enteada, fruto do primeiro casamento do marido, Narin. Jasmine é conhecida na sociedade de Antioquia pela sua beleza... Marcellus está perdidamente apaixonado por ela...

Marcellus olhou com surpresa para Flávia e tornou:

— Sim, não posso negar. Até agora, no entanto, as minhas tentativas de aproximação foram em vão... Saberei esperar.

Se a nós fosse possível destacar alguns traços da personalidade de Diocleciano, poderíamos afirmar que o imperador sempre soube dissimular perfeitamente o que ia em seu íntimo, além da sua obstinação quando desejava alguma coisa. Não foi de outra forma que ascendeu socialmente. Assim, parecendo estar absorto em seus pensamentos, perguntou a Flávia:

— Por que trouxeste essa moça em tua companhia sem a família?

— Senhor, Jasmine é uma mulher livre. Quis me acompanhar para conhecer a corte... Talvez ache que Antioquia seja pequena demais para a sua beleza e... suas ambições! — disse Flávia como parte de sua estratégia.

Prisca, que a tudo ouvia, resolveu intervir:

— Jasmine não me pareceu uma mulher vulgar e distante dos compromissos com a família. Vejo-a preocupada e saudosa dos filhos!

Flávia falou, enquanto comia algumas uvas, com um sorriso malicioso:

— O tempo mostrará, minha cara Prisca, quem é a verdadeira Jasmine!

Com a chegada de outros convivas, o assunto passou a ser as notícias de Roma, com o desagrado do Senado com a posição secundária a que a cidade havia sido relegada e as construções para o fortalecimento das fronteiras.

Enquanto Jasmine procurava uma maneira de retornar a Antioquia, Marcus vivia momentos de incerteza e solidão.

Certo dia, ao conversar com a esposa, sua apreensão quase pôs a descoberto o que sentia por Jasmine. Júlia, com a pureza de seus sentimentos, disse-lhe:

— Marcus, meu amado, algo o preocupa e gostaria de partilhar de tuas apreensões... — Marcus, inquieto, procurava não fitá-la nos olhos. Respondendo sem convicção, falou:

— Não te preocupes, Júlia. São atribuições próprias do meu cargo nesta cidade. Manter o cumprimento das nossas leis não é tarefa fácil.

— Algo mais específico te aborrece? — perguntou Júlia com uma ruga na testa.

— Quando fui à Nicomédia, o imperador me fez um pedido e só agora começo a compreendê-lo. Falou-me de uma seita que se interpõe à execução da justiça!

— E o que isso tem a ver conosco?

Marcus serviu a si uma taça de vinho e disse, após tomar um gole:

— Cada vez mais, identifico esses cristãos em toda a parte. Multiplicam-se nas casas romanas, especialmente por intermédio das servas, que trazem para nossos lares ideias absurdas. Tenho pensado, seriamente, em ir até Diocleciano para pedir que tome uma providência mais efetiva a fim de conter este mal aqui em Antioquia. Soube por um dos soldados de minha guarda pessoal que eles possuem uma comunidade, a qual chamam de igreja e na qual se reúnem.

Surpresa, Júlia considerou:

— Achas mesmo necessário? Não seria prudente permaneceres aqui e lhe enviares uma mensagem falando dos teus receios? Ademais, Marcellus já se encontra na Nicomédia e poderá agir em teu nome nessa causa... — Marcus a fitou e disse contrariado:

— O que levou Marcellus à Nicomédia? Ele deveria estar em missão na Hispânia! — Júlia sorriu e disse:

— Ora, Marcus, achas que teu irmão perderia a oportunidade de se aproximar de Jasmine, sabendo-a longe do marido?

— O que sabes sobre isso? — perguntou Marcus, irritado.

— O que todo mundo sabe... Que teu irmão está obcecado por Jasmine. Muitas vezes, inclusive, teve atitudes bem pouco elegantes para um homem da sua estirpe.

Uma sensação de desassossego invadiu o coração de Marcus. Mais do que nunca, percebia que deveria ir sem demora para a Nicomédia; precisava apenas de um pretexto.

Seria necessário sacrificar aos deuses para que o ajudassem a encontrar uma forma de rever Jasmine. Não admitiria que Marcellus se interpusesse entre ele e a mulher que amava, mesmo que para isso precisasse usar a força contra o próprio irmão.

A comunidade de Antioquia fora um reduto próspero na difusão da mensagem de Jesus. Prosseguia, porém, com as preleções e atividades de benemerência, sendo o local para onde afluíam sofredores de todos os matizes em busca de consolo e do fortalecimento da fé.

As cartas enviadas por Paulo aos gálatas haviam se transformado em relíquias para os abnegados seguidores do Mestre Nazareno. Eram guardadas como tesouros, sendo feitas cópias para que os ensinamentos que emanavam das enérgicas e inspiradas palavras do apóstolo dos gentios fossem levados e multiplicados a todos os infelizes; nelas anteviam a esperança de um reino onde houvesse justiça e paz, sem as duras provações que caracterizavam a vida na Terra.

O povo passava por tribulações de toda a espécie e os seus pesares não encontravam lenitivo na proteção das leis; a opressão e os desmandos romanos levavam, não poucas vezes, à loucura, ao suicídio, e muitos, após perderem tudo o que possuíam, deixavam-se levar pelo ódio que os consumia, esperando uma oportunidade de vingança.

Jesus, o Excelso Mestre, trouxe a mensagem da esperança e da vida, ampliando os horizontes e colocando o perdão como condição para a libertação da alma humana.

Jesus iluminava os caminhos dos vencidos, falava no amor aos semelhantes, no perdão das ofensas, afirmava que seriam "bem-aventurados os pobres de Espírito...", isto é, os humildes, "porque deles é o reino dos céus..."

"Que seriam bem-aventurados os que fossem brandos e pacíficos, porque seriam chamados filhos de Deus..."

"Que aqueles que se fizessem puros como uma criança veriam a Deus..."

"Que os que fossem misericordiosos encontrariam misericórdia..."

E que era "bem-aventurados os aflitos, porque serão consolados...".

Afirmava que o amor a Deus acima de tudo e ao próximo como a si mesmo era o maior de todos os mandamentos...

Descortinava-se na Terra um novo tempo, cheio de amor e esperança!

Assim, Antioquia destacava-se pela sua missão de difundir os ensinamentos evangélicos por meio de figuras proeminentes na causa cristã. A primeira viagem de Paulo, quando o nobre missionário levou a palavra do Evangelho aos gentios, fez com que a comunidade cristã se consolidasse de forma inequívoca.

Vale destacar, porém, que a simplicidade do primeiro século começava a dar lugar à hierarquia nas hostes da comunidade; a antiga casa ampla, mas modesta, passava a perder a simplicidade de outrora.

Malaquias fizera uma pausa em suas orações, pensativo. As notícias prosseguiam internamente nos grupos cristãos, e os simpatizantes da causa do Evangelho se preocupavam com o rumo dos acontecimentos. Apesar do olhar sereno que escondia sua preocupação, uma ruga acentuada na testa traía o seu estado íntimo.

Não havia dúvidas; sentia em seu coração que as perseguições começariam mais uma vez! A sanha assassina de Roma se voltaria contra os seguidores do Cordeiro!

Malaquias se levantou de um banco tosco, onde sentara para descansar o corpo que os anos faziam pesar, e falou ao pequeno grupo ali presente:

— Não tenham dúvidas, meus irmãos, Roma será insaciável na sua busca pelos seguidores do Mestre! Vejo o sangue inocente tisnar o solo, mais uma vez...

"Eles nos perseguirão onde quer que estejamos. Diocleciano está envolto pelos espíritos que combatem a causa do Evangelho e não nos darão trégua. O momento do testemunho virá, meus irmãos, precisamos estar preparados!

"A mensagem do Cristo não se enraizará na Terra sem o testemunho dos seus seguidores! Sem as nossas lágrimas e nosso sangue!

"O próprio Senhor da Vida sofreu nas mãos de verdugos infames que o açoitaram, rasgaram as suas vestes e colocaram a coroa de espinhos na sua augusta cabeça, da qual emanou o roteiro da salvação para a humanidade! Depois disso, a cruz do martírio... Seremos merecedores de maiores privilégios que nosso Mestre Divino?

"Nosso superior concorda que devemos facilitar a dispersão dos mais jovens, porque poderão levar a mensagem do Nazareno a outros locais por um tempo maior. Concordam comigo?"

Laércio fez um sinal positivo com a cabeça. Elias, porém, considerou:

— Não concordo em não nos permitirem dar o nosso testemunho! Daria a minha vida com alegria por amor a nosso Mestre Jesus! — Malaquias fitou Elias e disse:

— Devemos estar a postos para sustentar a causa dessa casa que recebeu um dia os grandes mártires da nossa fé. Se perecermos, saberemos que fomos fiéis até o fim. Devemos, no entanto, dar o testemunho com serenidade e confiança plena em Nosso Senhor. Vamos orar pedindo a força que precisaremos ter diante dos perseguidores, que não demorarão muito em seus pedestais...

"O tempo dos deuses de pedra está terminando. Não se passarão muitos anos e não serão mais lembrados na face da Terra. No entanto, para que o Cristianismo se fortaleça, cresça e atinja outros povos no futuro, é preciso que nos sacrifiquemos, renegando os deuses de Roma e, como Estevão, dando nosso testemunho, intrépidos e confiantes em nosso Mestre Jesus!"

O grupo se dispersou após as últimas palavras de Malaquias. Sendo o mais jovem do grupo, Elias saiu muito impressionado com as palavras do venerando mentor e amigo.

De posse das recomendações que lhe haviam sido dadas, rumou para a casa de Marcus Severus. Precisava falar com sua irmã, Lea, o quanto antes. Ao chegar à residência, deu a volta e, batendo três vezes no portão de madeira, com um pequeno intervalo, aguardou alguns minutos. Dali a instantes, uma jovem apareceu no portão e, contrariada, falou:

— Sabes que não deves me procurar aqui... O que houve, Elias? — O rapaz fingiu não ouvir a recriminação da irmã e disse:

— Vim porque achei que deverias saber o quanto antes. Acabo de sair da nossa "comunidade" e as notícias são preocupantes, Lea. — O olhar da moça se fixou no rapaz e, com alguma ansiedade no olhar, perguntou:

— Do que se trata, Elias?

— Malaquias nos exortou a nos prepararmos para novas perseguições aos cristãos... — Preocupada, Lea tornou:

— Sim, tenho ouvido algumas conversas que me alertaram contra novas investidas, só que agora é o próprio imperador...

Interessado, Elias perguntou:

— O que sabes a respeito?

Lea pegou o irmão pelo braço e se acomodaram em um banco escondido no jardim. A seguir, ela disse:

— Há alguns dias, ouvi uma conversa entre o senhor Marcus e minha senhora. Falavam sobre um pedido do imperador para averiguar sobre os cristãos em Antioquia. Parece-me que ele incumbiu o senhor Marcus de buscar informações sobre a nossa comunidade.

— Isso vem ao encontro do que Malaquias disse! Ele nos exortou a nos prepararmos para o pior... Se for necessário, minha irmã, estou pronto para confessar a minha fé em Jesus!

Com lágrimas nos olhos, Lea o abraçou, dizendo:

— Por favor, não digas isso. És tudo o que tenho na vida, meu irmão... Sei que terei que seguir o mesmo caminho, mas temo por este dia... Logo agora que encontrei o amor!

Elias retribuiu o abraço e falou:

— Deves ter cuidado, Lea. Ele te acompanhou a nossa "comunidade"?

— Sim, já foi algumas vezes e tem demonstrado compreender os ensinamentos de nosso Mestre! Disse-me que finalmente tem uma fé verdadeira. Pedi a ele que não comentasse nada com sua irmã.

— O que tem ela? — perguntou Elias, curioso.

— Frequenta esta casa seguidamente, pois é amiga de minha senhora. Há alguma coisa errada na vida dela... Apesar de ter tudo o que uma mulher sonha, é triste, infeliz. Soube que, agora, está hospedada no palácio do imperador.

— Deves ter muito cuidado, Lea. Quanto menos souberem sobre nós, melhor. Não comentes o que te disse com ninguém.

— Sim, não falarei a ninguém, com exceção de Hashab. Não poderia esconder nada do homem a quem amo!

— Se depositas tanta confiança nele... Agora, vem cá e me dá um abraço de despedida!

Sorrindo, Lea o abraçou com afeto. Amava o irmão e sentia-se responsável pela sua segurança. Antes que ele partisse, aconselhou:

— Mantém-te vigilante, Elias. Cuida, tu também, do que falas e evita a presença dos romanos. Eles estão atentos aos nossos passos e, não tenho dúvidas, teremos dias difíceis pela frente!

Elias a abraçou mais uma vez e saiu para a via pública, com os pensamentos voltados para o que Lea acabara de falar.

"Qual o motivo desse interesse repentino de Diocleciano, o imperador, pelos cristãos? O que desejaria fazer? Matar-nos todos?" E continuou a passos largos em direção aos seus afazeres.

12

DORES DO CORAÇÃO, DORES DA ALMA

Ao retornar para o interior da residência, Lea se dirigiu para os aposentos da sua senhora, Júlia. Ia se colocar a sua disposição, caso ela desejasse alguma coisa, porém encontrou-a sentada em seu leito com as mãos sobre o peito. De seus olhos brotavam grossas lágrimas, que inundavam o seu rosto sereno. Constrangida, Lea ia se retirar, mas, com um gesto, Júlia pediu que permanecesse. A jovem romana lhe dirigiu o olhar e falou em tom comovente:

— Amas alguém, Lea? — Com o rosto ruborizado, Lea respondeu:

— Sim, minha senhora. Não faz muito tempo que encontrei alguém a quem amo profundamente.

Júlia sorriu por entre as lágrimas e tornou:

— Certamente és correspondida... Felicito-te, porque possuis um tesouro que ninguém te pode tirar. O maior bem que uma pessoa pode ter é o amor correspondido!

Surpresa, Lea se aproximou e disse:

— Não entendo, senhora. És amada pelo senhor Marcus! Sempre tive a impressão de que são felizes no casamento. — Júlia enxugou as lágrimas enquanto dizia:

— É o que parece, Lea, mas não é a realidade. Desde algum tempo venho observando algumas mudanças em Marcus. Inicialmente, pequenas desatenções, o pensamento distante. Nos últimos tempos, deves ter percebido a irritação e o mau humor quase constante...

Lea sabia que Júlia falava a verdade. Marcus havia mudado, com efeito. Tinha visto, mais de uma vez, Júlia se recolher sozinha enquanto o esposo ficava no átrio ou no terraço após a ceia. Esse comportamento era justamente o oposto do que verificara ao começar a trabalhar na casa do casal romano. Ambos permaneciam juntos a maior parte do tempo, sempre demonstrando haver um grande amor os unindo. Agora, no entanto, as coisas estavam diferentes. Evitando magoar Júlia, a moça disse:

— O senhor Marcus deve estar sobrecarregado de trabalho. São muitas responsabilidades em seus ombros, senhora... — Perspicaz, Júlia sorriu com tristeza e falou:

— Minha boa Lea! Mediste as tuas palavras para não me ferir! Sabes que falo a verdade... O que fazer quando o coração do homem a quem amamos elege outra pessoa para dedicar o seu afeto?

Lea compreendia quanto sua senhora sofria. Desde que se apaixonara por Hashab, não identificava maior ventura do que saber que era correspondida tão intensamente quanto o amor que sentia. Após pensar por alguns instantes, tornou:

— Aprendi que devemos perdoar aos que nos fazem sofrer, senhora; que, apesar disso, não devemos deixar de amá-los, pois o amor redime os nossos pecados...

Júlia a observou com atenção e perguntou:

— Quem te disse isso? De onde tiraste essa ideia?

Preocupada, mas resoluta, Lea tornou com sinceridade:

— Trata-se de um rabino de meu povo. Viveu em Jerusalém, mas foi condenado à morte na época de Tiberius. Perdão, senhora, não queria incomodá-la com nossas crenças.

Júlia já possuía em seu espírito o solo fértil para que a semente do Evangelho florescesse. Secou as lágrimas e disse comovida:

— Fala-me mais desse rabino! Devo confessar-te que, apesar de tudo, não consigo deixar de amar Marcus. É este amor que sinto que me dá forças para suportar essa situação...

Após pensar por um breve tempo, Júlia decidiu:

— Lea! Se eu fizer uma viagem, tu irias comigo? Não desejo te impor que me acompanhes, porque sei que não desejarias te afastar daqui...

A jovem ficou pensativa e, considerando que seria por pouco tempo, por fim, concordou. Mais animada, Júlia disse:

— Iremos para a Nicomédia, Lea. Poderás falar do teu rabino durante a viagem. Aproveitarei que Marcus levará alguns relatórios administrativos ao imperador e farei uma visita à prima de minha mãe, Prisca.

Mais tarde, quando Marcus retornou de seus afazeres, Júlia correu ao seu encontro e disse:

— Querido, gostaria de te fazer um pedido... Diga-me que não me negarás! — Marcus sorriu um tanto contrariado e respondeu:

— Júlia! Quando te neguei um desejo? O que queres?

A moça sorriu entusiasmada e falou:

— Sinto-me só neste palácio, meu amor. Desejaria visitar minha prima Prisca na Nicomédia. Além de revê-la, e a Valéria, encontrarei Jasmine, de quem sinto muita falta... Quero acompanhar-te em tua viagem, Marcus.

O olhar de Marcus se desviou de Júlia, enquanto ele dizia:

— Tens certeza de que é isso realmente que desejas? Não te esqueças de que lá também encontrarás Flávia...

— Sim, mas saberei evitá-la. Além do mais, estarei junto de pessoas às quais me sinto ligada por grande amizade. Flávia não ousará fazer as suas intrigas sabendo que estarei sob a tutela de Prisca.

"O pedido de Júlia é absolutamente descabido", pensava Marcus. "Agora que encontrei uma maneira de rever Jasmine, Júlia se interpõe em meu caminho!", considerava. Ao ver a alegria quase infantil de Júlia com a perspectiva da viagem, no entanto, sentiu remorsos. Ele buscava se ausentar do lar para estar mais perto de sua amante; Júlia tentava se aproximar daqueles que a amavam... Reconhecia que sua esposa jamais reclamara por ter se afastado de Roma e de sua família, de suas amizades.

Mas precisava rever Jasmine! A saudade o torturava e, mais do que tudo, o desespero de saber que Jasmine estava à mercê de Marcellus. A antiga rixa em relação ao irmão despontava vitoriosa, envolvendo os seus pensamentos, e, sem medir as consequências de suas ações, resolveu que faria o que fosse necessário para ter novamente Jasmine em seus braços. Júlia, por fim, o tirou do seu mutismo:

— Posso organizar a nossa viagem, meu querido?

Marcus, parecendo voltar de um lugar distante, pois o seu pensamento tinha se afastado daquele local, anuiu:

— Sim, querida. Partiremos antes das festas de Júpiter, pois quero apreciá-las na Nicomédia.

Júlia o abraçou e o beijou com ternura, sendo correspondida distraidamente por Marcus. Ao se afastar para tomar as providências da viagem, com o coração opresso, Júlia pensou: "Pelos deuses, qual será o limite para o sofrimento? Até quando um coração suporta sofrer por outro?"

Com os olhos marejados de pranto, Júlia entrou em seus aposentos e começou a dar ordens às criadas.

Na Nicomédia, os dias se passavam monótonos e sem maiores novidades para Jasmine. A saudade dos filhos e, especialmente, de Marcus fazia com que cada minuto longe de Antioquia lhe parecesse uma eternidade.

Ao cabo de um mês, no entanto, o pensamento de Jasmine se modificava estranhamente. O luxo e a riqueza do palácio, as demonstrações de admiração por sua beleza, revelavam uma nova Jasmine — ou talvez se tratasse da verdadeira Jasmine?

No íntimo, gostaria de estar junto a Marcus. Ansiava por vê-lo, contar-lhe o perigo que corria, aconchegar-se em seus braços protetores.

Mas ele estava distante...

Caminhava no peristilo, entre as colunas da admirável construção, pensando em quem poderia ajudá-la naquele momento, quando percebeu que era observada. Ao se voltar, notou que Diocleciano caminhava em sua direção.

Não contava com essa atitude do imperador, pois, à medida que o tempo passava, ele se tornava mais orgulhoso e cobrava demonstrações de apreço que raiavam a devoção a sua pessoa. O andar pesado, sem elegância, revelava a sua origem. Usava uma túnica alva, bordada a ouro e colocada sobre a toga; às costas, o manto púrpura, sobreposto a partir dos ombros.

Jasmine desejava fugir, mas sabia que não tinha outra coisa a fazer a não ser entretecer um diálogo. Diocleciano se aproximou e, admirado pelo isolamento da moça, disse:

— Por que te isolas dos demais? Não aprecias a companhia de meus hóspedes?

Jasmine curvou-se levemente e, levantando a cabeça, tornou:

— Não se trata disso, senhor. Lamento a distância de meus filhos... — A moça baixou o olhar, demonstrando a sua tristeza.

— Se o que dizes é verdade, mandarei buscar os teus filhos, já que este é o teu desejo! — Jasmine, entretanto, considerou:

— Senhor, isso não será necessário! Poderei ir ter com eles em Antioquia... Se permitísseis, eu partiria, se possível sem o conhecimento de Flávia.

Mais atento, Diocleciano se aproximou e falou:

— Sei que vieste com Flávia; algo, no entanto, me parece estranho, não está muito claro. Acho que tu me deves uma explicação.

Jasmine ia responder quando Flávia surgiu no início do corredor que levava até onde se encontravam. Diocleciano entendeu que se tratava de algo que só mais tarde Jasmine poderia explicar. Antes que a moça se aproximasse, falou a meia voz com Jasmine:

— Mandarei te chamar para conversarmos sobre esse assunto. Nada, entretanto, me deterá no que se refere a trazer teus filhos para cá.

Quando Flávia o saudou, Diocleciano disse:

— A tua convidada parece não ter apreciado a minha companhia. Vejo-a a cada dia mais arredia e taciturna. Providencie distrações para a nossa amiga, nobre Flávia!

Fitando Jasmine fixamente, Flávia disse com ironia:

— A vossa vontade é uma ordem, senhor. Não sei, todavia, se terei sucesso em meu intento. O coração de Jasmine ficou em Antioquia! — Jasmine ergueu o olhar e falou com emoção:

— Tens razão, Flávia. Deixei meus filhos e anseio pela hora de voltar a vê-los. Agradeço, senhor, a vossa intenção, mas não desejo, como disse, outra coisa a não ser rever os que me são caros. Se me permitis, peço vossa licença para me retirar...

Diocleciano fez um sinal de aprovação com a cabeça e Jasmine saiu apressadamente. Voltando-se para Flávia, ordenou:

— Agora, conte-me a verdade. Por que a trouxeste?

Flávia sorriu maliciosamente e tornou:

— Estou tratando de meus interesses, senhor. Jasmine é perigosa e devo mantê-la afastada de alguém que me é caro. Faria qualquer coisa para impedir que se interponha entre mim e o homem a quem amo. Isso me é intolerável... Todos estamos preocupados com o bem-estar de minha convidada...

Diocleciano ia se retirar, mas, voltando-se com rapidez, disse:

— Tenho assuntos urgentes me aguardando e não acho que tenha alguma utilidade te preocupares com o passado dessa moça. Apenas aviso-te: cuidado com o que tens em mente!

Dando uma prova de que o seu caráter era duvidoso, Flávia se colocou ao lado de Diocleciano, aparentemente esquecendo-se de seus ardis com Marcellus:

— O perigo não sou eu, senhor! Na realidade, sou a protetora de Jasmine contra as investidas de alguém que conheceis muito bem!

Diocleciano a fitou enquanto aguardava que ela prosseguisse. Flávia levou um cálice de vinho aos lábios e, enquanto saboreava a bebida, disse:

— Deveis lembrar-vos da cena desagradável que Marcellus protagonizou em Antioquia, na casa de Marcus Tulius. Ambos são meus primos, mas devo reconhecer que Marcellus está apaixonado e não medirá esforços para tê-la ao seu lado, faltando inclusive com a sua dedicação à carreira militar.

Ao ouvir as últimas palavras, uma onda de indignação percorreu o corpo de Diocleciano. A negligência e displicência nas campanhas militares eram-lhe intoleráveis. Não admitia esse tipo de comportamento em seus exércitos e sempre havia punido severamente aqueles que não demonstravam o seu apreço a Roma. O exército lhe dera tudo o que possuía, uma carreira, a possibilidade de ascender socialmente, formar uma fortuna e ser respeitado. Dominado pelo orgulho por seus feitos e com as circunstâncias a atiçar as particularidades de sua vaidade, sendo considerado o homem mais poderoso da Terra e aclamado, temido por onde passava, ao saber que Marcellus menosprezava tudo o que fazia sentido em sua vida, foi tomado por um profundo desprezo.

"Esse patrício que jamais soube o que é ser humilhado e ignorado por ter nascido em uma condição inferior se julga no direito de desdenhar a posição que ocupa?", pensava Diocleciano. "Um bêbado, sem qualquer predicado que justifique a sua presença no exército, conhecido pelos escândalos que protagoniza com suas amantes, se atreve a depreciar a sua posição?"

Ele bem sabia quem era Marcellus, pois sentira o desprezo e a arrogância dos romanos quando havia permanecido em Roma. Resolvera se instalar na Nicomédia, não apenas para garantir as fronteiras ocidentais do império, mas também porque desejava distância de Roma.

Além disso, a sua atitude com Jasmine o irritava sobremaneira. Aquela moça havia despertado a sua atenção, por ver nela virtudes que não encontrava mais na sociedade. Jasmine era muito jovem, parecia-lhe indefesa diante da maldade característica da corte romana.

Ao perceber que Diocleciano se encolerizava com Marcellus, Flávia exultou, pois era exatamente o que desejava.

Essa semente bem plantada por ela, Flávia, iria tirar Marcellus de seu caminho e, ao mesmo tempo, fomentando a simpatia dele, Diocleciano, por Jasmine, iria afastar esta definitivamente de Marcus. Graças aos encantos de Jasmine, conseguiria alcançar os seus intentos sem precisar fazer praticamente nada. Astuta, ainda falou ao imperador:

— Entendo os sentimentos dos que amam, porém Marcellus é dominado por suas paixões! Desejo que Jasmine se afaste para sempre de Antioquia... Ao menos enquanto o homem a quem amo residir naquela cidade.

Apesar dos seus compromissos, Diocleciano se deixava ficar envolvido nas intrigas de Flávia. O seu olhar frio se fixou nela e, aproximando-se, fingiu desconhecer os sentimentos da moça por Marcus:

— O homem que tu desejas não é o marido dela?

Propositalmente colocando a reputação de Jasmine em jogo, Flávia respondeu com aparente desinteresse:

— Não! Além disso, digo-vos, filho de Júpiter, que quem ela realmente anseia ver não são os filhos...

Uma ruga de contrariedade surgiu no semblante de Diocleciano, revelando o incômodo da revelação. Jasmine representava o papel de mãe desvelada, saudosa dos filhos, ou apenas encenava tais virtudes? Teria se enganado sobre o caráter dela?

Jasmine, a princípio, lhe parecera superior, pelo modo como se portava. A alegação da ausência dos filhos, o seu comportamento distinto, tendo atraído as atenções de sua mulher, Prisca, e de Valéria, tornavam-na, de certa forma, admirável. Voltando-se para Flávia, acertou:

— Vou providenciar a vinda dos filhos de Jasmine. Ela ficará aqui enquanto eu assim desejar. Quero que me coloques a par dos acontecimentos, mas cuidado com o que pretendes fazer; Jasmine está sob a minha proteção!

Com um gesto, ele a dispensou.

Flávia sabia muito bem dos métodos de Diocleciano. Em silêncio, curvou levemente a cabeça, demonstrando haver entendido, embora estivesse surpresa com os rumos dos acontecimentos.

13

SEMEANDO LÁGRIMAS

A manhã calma e radiosa contrastava com as tramas obscuras que se realizavam no palácio. O movimento era intenso, pois de várias localidades chegavam notícias, que invariavelmente irritavam sobremaneira o imperador. Diocleciano havia tomado a si o encargo de restaurar a grandeza de Roma, que apresentava indubitavelmente sinais de desestruturação. Informantes traziam do Ocidente e de outras regiões do Oriente relatos sobre as tentativas dos bárbaros de invadir o território romano, mas o que causava irritação eram os seguidores do profeta de Nazaré.

As questões religiosas dos povos conquistados não lhe despertavam, a princípio, interesse maior, mas no caso dos cristãos o assunto estava assumindo proporções inquietantes.

Além dos problemas próprios da administração, agora ele se via diante de um inimigo invisível, que invadia o seu império, fazendo com que o renomado panteão romano fosse desconsiderado, tratado apenas como estátuas ou deuses de pedra.

A constatação de que os convertidos negavam os deuses, aceitando, na maioria das vezes, o sacrifício da própria vida, causava um grande mal-estar e demonstrava a força da nova fé.

Em certa oportunidade, Prisca, em um desses dias conturbados, havia convidado Jasmine para ir ter com ela em um dos terraços contíguos aos seus aposentos.

O olhar perdido de Jasmine chamou a atenção da nobre mulher. Convidando-a a sentar-se em um banco admiravelmente talhado no mármore, o coração instável de Jasmine se traduziu em lágrimas sentidas, quando a boa anfitriã quis saber o que ocorria. Jasmine, entre a vergonha e o desespero, revelou:

— A minha presença aqui, senhora, se deve ao fato de eu amar o mesmo homem que Flávia... — O olhar de Prisca revelava surpresa, mas, ao mesmo tempo, serena compreensão. Após refletir sobre o que diria s seguir, perguntou:

— Estás te referindo a Marcus Tulius?

Jasmine a fitou admirada. A seguir, prosseguiu:

— Deveria ter lembrado que o conhecias, não existem segredos na corte. Flávia descobriu sobre o nosso romance e chantageou-me para afastar-me de Marcus; devo dizer-lhe, senhora, que estimo muito Júlia, quero-a como uma irmã, mas não pude manter-me leal a ela...

— E o teu marido? Suspeita de algo? — perguntou Prisca, interessada. Jasmine suspirou e continuou, enquanto as lágrimas rolavam por seu rosto:

— Acredito que não... Narin é um bom homem e me considera a mulher que não sou... Não sei o que devo fazer... Gostaria de fugir, retornar ao convívio dos meus. Sinto falta de meus filhos, mas não vejo saída para a minha situação.

Prisca analisava o caso. Havia percebido, com surpresa, os cuidados de seu marido com a moça, fato que a deixava admirada, pois Diocleciano era avesso aos escândalos amorosos quais os de seus antecessores. No entanto, pelo fato de ser intempestivo, intolerante, chegando às raias da perversidade, não podia garantir a sua fidelidade.

Tratava-se de um fato novo e sabia que isso tornaria as coisas bem mais delicadas. Constatando que da parte de Jasmine não havia o menor interesse no imperador, a certa altura falou:

— Não deves perder a esperança, Jasmine. Peça aos deuses que te iluminem para que possas tomar as decisões acertadas. Como poderia ajudá-la?

Jasmine respondeu prontamente:

— Não sei ao certo, mas teu esposo falou-me que traria os meus filhos para perto de mim... Antes que isso aconteça, poderias me ajudar a retornar a Antioquia!

— Jasmine! A vontade do meu marido é soberana, e, se ele mandou buscar os teus filhos, é porque deseja mantê-la por mais tempo no palácio. Pensarei em outra forma de ajudá-la... E quanto a Marcus e ao teu marido? Como irás resolver essa situação?

— Marcus não ama Júlia! Esperarei por ele até que possa se unir a mim... Quanto a Narin, aguardarei o momento para lhe falar.

Prisca pensou e tornou:

— Não desejo julgá-la, Jasmine. És muito jovem, minha querida. Não sabes o mal que ronda o coração humano. Além disso, a tua beleza poderá ser um fardo em tua vida... Os homens te amarão, desejarão o teu corpo, mas não terão a tua alma, o teu amor, até que conheças o verdadeiro amor. Isso significa que, não podendo ser por ti amados, te magoarão e serás refém de tua beleza. Infelizmente, muitas pessoas serão feridas em teu caminho e, acredite, não se constrói a felicidade sobre as lágrimas alheias. Observe os preceitos de tua consciência e lembre-se de que não devemos fazer ao nosso semelhante o que não desejamos para nós!

Estranhando as palavras de Prisca, Jasmine disse:

— Senhora, não sou a algoz, mas a vítima... Eu e Marcus não temos culpa por termos nos apaixonado. Não fiz mal intencionalmente a Júlia; lamento, mas foi uma fatalidade!

— Acreditas mesmo? E se fosse o contrário? Se Narin se apaixonasse por Júlia? Como te sentirias?

Jasmine ficou pensativa e tornou:

— O amor não escolhe conveniências. Amamos, talvez pela vontade dos deuses; não há explicação lógica para os nossos sentimentos.

— Vamos aguardar os acontecimentos. Creio que viveremos tempos difíceis, pois o meu pobre esposo está prestes a cometer desatinos que só nos trarão infelicidade e desgraça! Temo pelo que possa nos acontecer diante do que me revelaste. Por ora, prepare-se para a refeição; a tua presença tem sido requisitada em nossos jantares. Não comparecerei, pois estou um pouco indisposta...

Absorta, Jasmine não percebeu as últimas palavras de Prisca e retornou para os seus aposentos, pensando nos conselhos recebidos. Ao entrar, viu em cima do leito uma túnica que havia reservado pela manhã para o magnífico jantar que ocorreria naquela noite.

Contrariada, sentindo-se infeliz, de repente uma ideia surgiu em sua mente. Ordenou a Agar que lhe trouxesse outra túnica, que fora reservada para ocasiões muito especiais.

Tratava-se de uma veste esplêndida, branca, bordada com fios de ouro; o manto, vaporoso, certamente provinha do Oriente, pela textura inconfundível do tecido. Jasmine tocou o tecido suave e imaginou-se usando a túnica... E se aquilo que poderia ser um fardo fosse usado a seu favor?

Prisca havia lhe dito que ela seria refém de sua beleza... Que os homens a amariam, mas ela não retribuiria, fazendo com que o amor que lhe era dedicado se transformasse em ódio. E se ela usasse a seu favor a sua beleza? Poderia alijar de seu caminho aqueles que a faziam sofrer... Poderia livrar-se de Flávia, por exemplo... De Marcellus...

Envolvida por entidades vingativas que mais não desejavam além de fazer com que Jasmine se colocasse em posição difícil, os pensamentos passavam céleres pelo seu cérebro esgotado. "O que posso fazer diante de tantas adversidades?", perguntava-se. Deveria aceitar as imposições de Flávia apenas para preservar Narin e Júlia?

Estaria em condições de fazer tal sacrifício? Prisca havia lhe dito para fazer ao seu semelhante o que desejasse para ela... Eram palavras bonitas — admitia —, mas não pensava dessa forma.

Enquanto se despia para o banho, seu olhar fixou-se na elegante túnica. Estava decidida: deveria manter a atenção de Diocleciano sobre si, pois assim estaria a salvo das tramas de Flávia. Usaria a única arma que possuía: seus encantos femininos, para desvencilhar-se de todos os que se interpusessem entre ela e Marcus.

Após banhar-se com essências aromáticas, vestiu a túnica que havia escolhido. Colocou, como em outras ocasiões, flores minúsculas no elegante penteado que a serva havia feito, escolhendo uma joia de rara beleza, um colar de lápis-lazúli oriundo do Egito, que Narin lhe havia dado.

Ao entrar no amplo salão repleto de convidados, Jasmine sentiu o coração disparar. Quando surgiu com seu porte altivo, e aparentemente desinteressada do efeito que a sua chegada causara, impressionou pela própria frieza.

Na mão direita, segurava o manto vaporoso que lhe cobria parcialmente os ombros desnudos, revelando beleza e sensualidade. O seu olhar vagueou pelo salão procurando localizar Valéria, que se constituía na sua segurança. Ao lado dela ficaria protegida dos ataques de Flávia, com suas insinuações maldosas, e Marcellus estaria impedido de tomar alguma atitude inapropriada.

Infelizmente, Flávia a acompanhava com o olhar desde a sua entrada no salão e, sem que Jasmine percebesse, veio em seu encalço. Ao ouvir a voz dela, Jasmine estremeceu.

— Elas não virão, Jasmine. Prisca e Valéria evitam este tipo de reunião. Na verdade, deixam o imperador embaraçado, pois não pode contar com sua dedicada esposa para receber os convidados. Talvez tenhas que suportá-lo com as suas conversas desinteressantes.

Jasmine procurou disfarçar o seu desapontamento:

— Estás enganada, Flávia. Apraz-me permanecer próxima de um homem tão poderoso e que tem trazido tantas esperanças ao império!

O sorriso de Flávia desapareceu, dando lugar a uma pequena ruga de contrariedade. Procurando intimidar Jasmine, falou:

— Não tenho tanta certeza de que o nobre Marcus concordará contigo; talvez lhe desagrade saber que a sua linda amante felicita-se em ficar junto de um homem como Diocleciano... detestado pelos patrícios, como deves saber...

Neste momento, Diocleciano ouvia atento um grupo que, pelas vestes, parecia representar os altos escalões militares. À medida que falavam, seu semblante se modificava, demonstrando que as notícias que traziam lhe desagradavam sobremaneira. Vez por outra, no entanto, certificava-se da presença de Jasmine disfarçadamente. A certa altura, Agneia Otávia, amiga de Júlia, que havia se reunido ao grupo no dia anterior, se aproximou de Jasmine e disse:

— Disposta a fazer mais vítimas, minha cara?

Jasmine a fitou e, sem compreender, indagou:

— Vítimas? O que dizes, Otávia? — Otávia sorriu e tornou:

— Não precisas usar estes artifícios comigo, querida. Sei do que és capaz, Jasmine... Não sou ingênua como Júlia...

Percebendo a animosidade de Otávia, Jasmine considerou:

— Lamento, Otávia, não poder contar com a tua amizade. De qualquer forma, aprecio muito Júlia e, sendo assim, terei que suportar as tuas desconfianças sem comentá-las com nossa amiga em comum.

— A verdade, minha cara, é que aqueles que te recebem em seus lares não percebem que agasalham uma víbora. Primeiro, teu marido, a quem traíste sem a menor consideração. Depois, Júlia, que, na sua bondade, ainda não percebeu que lhe roubaste o próprio marido. A tua ambição não tem limites, Jasmine! Chegaste ao palácio do imperador, cuja nobre família há de se arrepender de ter te aceitado como hóspede!

Jasmine ia responder, quando Marcellus se aproximou. Ao ver a palidez da moça, perguntou:

— O que houve, Jasmine? Estás te sentindo bem?

— Por favor, preciso beber algo...

O rapaz fez sinal para um dos serviçais e, pegando uma taça de vinho, ofereceu-a à moça. Jasmine tomou um, dois goles e, agradecendo, fez menção de se retirar. Marcellus a segurou pelo braço e disse:

— Se queres me agradecer, deves permanecer ao meu lado!

Sem ter outra saída, Jasmine sentou-se em uma cadeira próxima e passou a lamentar a sua ida àquela festa. Na realidade, apenas encontrara desafetos e sentia-se mais só do que nunca. Diocleciano parecia nem perceber a sua presença, rodeado por seus subordinados, que o deixavam cada vez mais irritado.

Sabia que naquele momento era invejada por aquelas mulheres, mas de que isso lhe servia se nada do que despertava era suficiente para fazê-la feliz?

Aquele palácio, as roupas, a riqueza não lhe tornavam a vida mais prazerosa, pois todos os que amava estavam distantes. De que lhe valia a beleza se não podia oferecê-la ao homem ao qual entregara o seu coração?

Com estes tristes pensamentos, fez menção de retirar-se, mas ouviu uma voz grave dizer:

— Jasmine!

Jasmine se voltou e viu que Diocleciano a fitava a poucos metros. Sem saber o que dizer, caminhou em sua direção.

— Por que te retiras tão cedo? Não estás apreciando minha recepção?

Jasmine falou sem convicção:

— Senhor, não se trata disso... Senti falta da presença de vossa esposa e vossa filha... — Ele deu de ombros e tornou:

— Minha mulher e filha não fazem questão de permanecer ao meu lado nessas ocasiões. Possuem ideias estranhas, preferem a reclusão à alegria e à beleza dos salões. Desejo acreditar que não pensas assim...

— Certamente não, senhor. Admiro o bom gosto e a elegância com que os romanos nos presenteiam em suas recepções...

Mais animado, Diocleciano se aproximou e disse:

— Falta-te alguma coisa aqui? O que posso fazer para ver-te feliz?

Jasmine o fitou e, inesperadamente, seus olhos se encheram de lágrimas. Com dificuldade, lábios trêmulos, balbuciou algumas palavras:

— Oh, senhor! Desejaria morrer do que viver assim, longe daqueles que amo... Flávia me tiraniza, chantageia, e isso está me levando ao desespero! — e as lágrimas rolaram sem que ela pudesse controlá-las. Irrefletidamente, Diocleciano colocou a mão pesada sobre o seu ombro, perturbando-se. Recobrando o controle, falou com convicção:

— Dou-te a minha palavra de que estás sob a minha tutela e ninguém, nem mesmo os deuses, te farão mal algum...

As palavras solenes daquele homem poderoso, cujas responsabilidades eram quase infinitas e cujo destino de milhões de pessoas repousava em suas mãos, fizeram com que Jasmine exultasse em seu íntimo. As lágrimas que derramara eram verdadeiras, porque se encontrava sem saída com a chantagem de Flávia, mas conquistar o coração do imperador lhe facilitaria muito as coisas, dando-lhe novas esperanças. Com os olhos ainda úmidos, disse:

— Nunca poderei vos agradecer por vossa bondade e compreensão! — Ele a fitou sem a frieza habitual e quase sem perceber falou:

— Não deves temer nada, pois estás sob a minha proteção, Jasmine!

A moça, percebendo que Marcellus se aproximava, fez um leve sinal e aproveitou:

— Eis que se aproxima um de meus algozes...

Diocleciano olhou na direção de Marcellus e tornou:

— Logo ele estará longe daqui. Não te preocupes, sei o que fazer com Marcellus. Promete-me que, se ele te importunar, me darás ciência disso?

Obediente e procurando cativar a sua atenção, Jasmine sorriu e respondeu:

— Que os deuses vos sejam propícios, senhor! De minha parte, serei eternamente grata!

A seguir se retirou, sentindo em seu íntimo que as coisas começariam a mudar a partir daquela noite. Infelizmente, Jasmine se aproximava do poder ilusório da Terra, perecível e efêmero, pensando em se vingar dos que pretendiam lhe fazer mal. Afastava-se assim, lamentavelmente, da única força capaz de libertá-la das sombras que a envolviam: os conselhos sábios de Prisca, com o cumprimento dos seus deveres para conquistar a paz de sua consciência.

14

REUNINDO-SE NA NICOMÉDIA

Enquanto Jasmine, inconsequente, se enredava em uma teia de intrigas e vinganças, Marcus Severus providenciava os derradeiros preparativos para a sua partida para a Nicomédia.

Marcus não desejava outra coisa a não ser encontrar aquela que julgava amar desde o primeiro dia. O pretexto da viagem lhe serviria muito bem e encobriria os seus reais sentimentos a respeito da moça.

A decisão de Júlia, a princípio, havia lhe causado grande contrariedade, mas, ao refletir sobre a possibilidade de ser descoberta a sua verdadeira relação com Jasmine, concluiu que, talvez, tivesse chegado a hora de encarar os fatos: amava Jasmine e seu maior objetivo na vida era tê-la em seus braços para sempre. Reconhecia, porém, que a situação em que se encontrava lhe era propícia: manter o seu caso extraconjugal e permanecer com a segurança e o prestígio que Júlia lhe oferecia.

Antevendo o momento em que encontraria Jasmine, Marcus sorria ao se lembrar do belo rosto da jovem. Em Júlia via ainda uma companheira apaixonada e dedicada, verdadeira romana na acepção da palavra: uma mulher voltada ao lar e às tradições, que enxergava nele o senhor da sua vida e que sacrificava aos numes tutelares, pedindo proteção ao lar. No entanto, o seu coração aspirava a uma verdadeira paixão e, nesse aspecto, Jasmine apropriara-se totalmente de seus mais verdadeiros sentimentos. Se não a tivesse conhecido, permaneceria fiel a Júlia.

O outro assunto que povoava os seus pensamentos eram os cristãos. Sabia que algumas perseguições esporádicas a eles já se verificavam, embora muitos fizessem parte da administração romana e de altos escalões militares. Diocleciano evitava tomar qualquer atitude mais drástica porque considerara até então a questão das fronteiras e a reforma administrativa os temas que mereciam ser tratados sem delongas. Representariam realmente perigo como julgava o imperador? Marcus não duvidava de que medidas extremas deveriam ser tomadas para evitar que os sortilégios daquela gente miserável aliciassem mais seguidores, especialmente entre a elite romana e o exército.

Percebia que as bases da sociedade em que vivia passavam por grandes transformações. Concordava com Diocleciano quando dizia que os verdadeiros valores romanos deveriam ser relembrados aos povos conquistados e que não deveriam permanecer alheios enquanto aquela "praga" se alastrava pelo império. E se todos os servos e escravos resolvessem se rebelar? E o exército? Sabia que havia muitos cristãos em suas fileiras.

Assim, quando recebeu a ordem de levar os nomes daqueles que ele julgava ter interesse na religião cristã, não titubeou. Uma ideia, porém, insistia em rondar-lhe o pensamento; por vezes a afastava, mas ela retornava com mais força, na tentativa de derrotar a sua resistência.

Poderia aproveitar o ensejo e afastar de vez aquele que detinha o direito de amar Jasmine. Por que não havia pensado nisso antes?, se perguntava.

Bastava a sua vontade para denunciar Narin. O que o impedia de levar o nome do seu rival a Diocleciano?

Ademais, quem saberia que ele seria o delator? Conquistaria, sem dúvida, a confiança daquele homem astuto, mas antes de tudo um soldado, com poucos recursos intelectuais.

Marcus, movido pelo ciúme, esquecia que Diocleciano não era inculto, nem era baldo de inteligência; pelo contrário, tratava-se de um grande estrategista, embora ofuscado pelos próprios orgulho e vaidade. Acreditava que o que ele dissesse seria tomado como verdade.

Não falaria com Jasmine sobre o assunto; ela poderia se opor, alegando o fato de Narin ser pai de Shadi.

Verificava-se que na personalidade de Marcus surgiam novas nuances, revelando uma face desconhecida até então.

Ao mesmo tempo, ignorava a condição de Jasmine no palácio — que ela atingira uma posição privilegiada por se valer de seus recursos de sedução para se livrar da indesejável situação. Via-a, ainda, como uma mulher encantadora e sofrida por ter se casado sem amor com Narin.

Desconhecia também que Jasmine se envolvia numa trama por assaz perigosa, estando entre os interesses de Flávia, Marcellus e Diocleciano.

Naquela tarde, Hashab se dirigiu à casa de Narin, da qual havia se afastado quase um ano antes, quando se dividia entre as atividades junto à comunidade cristã e as viagens a serviço do cunhado. Logo ao chegar, percebeu o cenho fechado de Narin, que lhe ofereceu um confortável assento. Hashab iniciou a conversa:

— Percebo quanto essa situação te aborrece, meu cunhado. Venho fazer-te uma sugestão que pode ser de teu interesse...

Ante o olhar curioso de Narin, Hashab prosseguiu:

— Dentro de três dias, Marcus Tulius irá para a Nicomédia com a família. Tenho compromissos na Nicomédia e penso que poderia aproveitar e acompanhar a caravana, levando os teus filhos...

Narin fez um sinal negativo e respondeu:

— Este assunto me diz respeito, Hashab. Tenho as minhas suspeitas... Fui afrontado por Diocleciano, que me tirou a minha mulher de nossa casa, sabe-se lá com que intenção. Agora, deseja levar meus filhos! O que esse filho de escravos tem em mente?

Hashab, percebendo as conjeturas de Narin, se apressou em dizer:

— Não acredito que Diocleciano esteja envolvido nesse caso. Trata-se de alguma artimanha de Flávia, que detesta a minha irmã...

— Com que motivo? Por que afastaria Jasmine de mim e dos filhos? — Hashab sabia a resposta, mas considerou:

— Flávia não perderia a oportunidade de fazer Jasmine sofrer longe dos seres que ama. É uma pessoa voltada ao mal, sem precisar de motivos para praticá-lo...

Narin ainda retrucou:

— Por ocasião da primeira recepção na casa de Marcus, fui ignorado pelo imperador, apesar da estreita cooperação que, com muito desprezo, dedico aos romanos. No entanto, preferiu entabular conversa com a tua irmã, depois da afronta que Marcellus protagonizou diante de todos.

Hashab temia a permanência de Jasmine por mais tempo no palácio imperial. E se o imperador tivesse alguma ligação com a ida de Jasmine? Narin prosseguiu:

— Sabes como os meus filhos foram requisitados para ir à Nicomédia? Por uma ordem imperial! Para que eu não me interpusesse com os meus direitos de pai!

— Precisas te acalmar, Narin. Teus filhos poderão ficar sem a tua proteção se não tiveres um pouco de prudência. Ouve o que te digo: a vida de minha irmã correrá perigo se não agirmos com sutileza e inteligência.

Narin se levantou e, olhando fixamente para Hashab, perguntou:

— O que tencionas fazer? Ocorreu-me que, se Marcus Tulius pretende ir ter com o imperador, poderia advogar em nossa causa... Vou procurá-lo amanhã, depois que falar com alguns amigos influentes junto aos romanos.

Hashab perturbou-se por compreender o que aconteceria. Narin iria pedir ao amante de sua mulher que a trouxesse de volta... O que poderia fazer para evitar a situação que se criara? Revelando lucidez e bom senso, admitiu:

— Meu caro Narin, considero-o um irmão mais velho e tenho dívidas para contigo por tudo o que fez em meu favor. Não ignoro que o tenhas feito por amar apaixonadamente Jasmine, por isso te peço que deixes esse encargo comigo. Irei falar com Marcus e pedirei em teu nome que interceda para que Jasmine volte ao lar. Não deves te expor dessa forma, os teus negócios dependem dos romanos...

Narin ficou pensativo e disse:

— Vou pensar no assunto, por ter aprendido a te estimar, sendo um dos homens em quem mais confio, pelas provas de lealdade que me deste, mas não te prometo nada.

Hashab fez um rápido cumprimento e saiu profundamente preocupado. Ao chegar a sua residência, pediu que uma serva lhe preparasse um banho e, após se alimentar com uma refeição frugal, buscou conciliar o sono.

A situação era difícil e, depois de uma noite em que dormiu apenas algumas horas, levantou-se cedo e se dirigiu à residência de Marcus Tulius.

Logo ao chegar, foi anunciado e, sob o olhar surpreso de Marcus e Júlia, recebido no salão da residência.

Preocupado com o assunto que o levava até a sua casa, Marcus pediu que passasse para outro local, onde tratava dos assuntos privados. Assim que se viram no confortável recinto, Marcus o inquiriu, incomodado:

— O que te traz a minha casa a essas horas, Hashab? Presumo que seja um assunto de extrema gravidade...

Hashab o fitou e falou sem rodeios:

— Trata-se de minha irmã, Jasmine. Sei que o assunto te diz respeito e venho em meu nome e no de Narin pedir que intercedas junto ao imperador para que ela retorne para a família, o marido e os filhos.

Marcus empalideceu ao ouvir as primeiras palavras de Hashab. A seguir, disse de modo vago:

— Não sei o que queres dizer com tuas palavras. Jasmine frequenta a minha casa como a de outros romanos... — Hashab percebeu a frieza de Marcus, que agia de forma muito diferente de quando o conhecera, e falou:

— Deves saber que o imperador mandou buscar os meus sobrinhos, tendo inclusive sugerido que sigam junto a ti e tua família.

A atitude de Marcus se modificou e ele questionou:

— Por que ele faria isso? — Hashab aproveitou a indignação de Marcus e respondeu:

— Narin deseja falar-te sobre o assunto. Procurei demovê-lo da ideia de ir agora à Nicomédia, pois também está transtornado com esse pedido, que na verdade é uma ordem. Para tranquilidade de minha irmã, peço a tua permissão para acompanhar-te e me responsabilizar pelas crianças.

— Que atitude descabida de Diocleciano! Com tantas preocupações, tantos problemas, envolver-se nesse assunto... Como se não bastasse, o império sendo permanentemente ameaçado pelos bárbaros, nossas fronteiras fragilizadas, esses cristãos aumentando em número dia a dia...

Hashab engoliu em seco e pôde analisar melhor o homem a quem Jasmine entregara o seu coração e pelo qual, talvez, perdesse a sua vida.

Marcus não lhe parecia naquela hora o homem justo e digno de quem Jasmine havia lhe falado. Valeria a pena lhe contar que o seu segredo com Jasmine era do conhecimento dele?

Entendendo que sim, Hashab falou:

— Não desejava tocar neste assunto, mas não vejo outra forma para tratarmos dessa situação. Repito: peço que nos ajude a trazer Jasmine de volta ao marido e ao seu lar e que se afaste de minha irmã definitivamente.

Marcus o fitou surpreso. Com que direito aquele provinciano lhe falava daquela forma?

O orgulho do jovem patrício se fez patente quando ele deu a entender que a conversa estava encerrada. Hashab encaminhou-se para a saída e disse:

— Preocupo-me muito com meus sobrinhos, especialmente por Haram, com tão pouca idade, fazer uma viagem tão longa. Se permitires, poderei cuidar dele na ausência do pai...

O olhar preocupado de Marcus confirmou aquilo de que Hashab desconfiava: Haram era filho de Jasmine e de Marcus.

Após a saída de Hashab, Marcus ficou pensativo. Não esperava por aquela insolência do irmão de Jasmine.

"Talvez, no futuro, Hashab venha a me trazer problemas", pensou. Engolfado por uma torrente de maus pensamentos, prosseguiu: "Poderia denunciar não apenas Narin, mas também Hashab para Diocleciano!".

"Este rapaz jamais aparece nas reuniões festivas da cidade, sendo sempre convidado, certamente, em deferência a Jasmine e Narin, mas todos sabem de seus estranhos hábitos. Vive em função do trabalho com Narin e das longas viagens que faz inesperadamente, não tendo vida social ativa", refletiu. "Sem dúvida, o irmão de Jasmine esconde alguma coisa!", concluiu.

Quando Marcus foi chamado para a refeição, Júlia percebeu que algo havia mudado em sua expressão. Parecia que uma surda irritação se instalara em seu íntimo, e a jovem esposa, pressurosa, perguntou:

— Querido, o que te agastou tanto? Parece-me que a tua conversa com o irmão de Jasmine foi deveras desagradável...

Marcus respondeu vagamente, omitindo o pedido para que interviesse no retorno de Jasmine:

— Realmente, esse rapaz veio me pedir para nos acompanhar na viagem e levar os filhos de Jasmine para a Nicomédia...

Júlia, preocupada, falou:

— Que estranho esse pedido... Por que Hashab faria isso?

Demonstrando toda a sua irritação, Marcus respondeu:

— Hashab está cumprindo uma ordem de Diocleciano. Não sei o porquê disso, mas não me parece um pedido em vão... Atrevo-me a pensar que o nosso imperador deseja que Jasmine fique por mais tempo do que imaginamos no palácio!

Percebendo o motivo da irritação de Marcus, Júlia falou magoada:

— Não creio que devas julgar assim o imperador, Marcus. Já tivemos homens completamente sem moral representando o império, e Diocleciano não me parece ser um desses... Ademais, Jasmine pode estar sentindo falta dos filhos, o que é perfeitamente compreensível... Amamos Jasmine e desejamos que ela fique mais tranquila com os filhos por perto.

Percebendo que se traíra em sua exaltação contra o imperador, Marcus recuou:

— Sim, tens razão. Achei desarrazoado o pedido de Hashab também por ser uma viagem longa, com duas crianças...

Os olhos de Júlia se iluminaram e ela pediu:

— Por favor, não me negues esse desejo, Marcus! Deixe-me levar as crianças para a nossa amiga! Juro-te que cuidarei de ambas com um amor de mãe... Terei a ventura de cercar-me desses pequenos encantadores que são os filhos de Jasmine! Prometa-me, Marcus, que não me negarás...

Marcus a fitou e um profundo remorso o envolveu naquele momento, ao ver Júlia pedindo para cuidar de uma criança — Haram — que era seu filho, fruto de uma traição que ele e Jasmine haviam protagonizado. Sem fitar a esposa, ele concordou:

— Farei a tua vontade, o que na verdade irá me auxiliar a me aproximar de Diocleciano, algo que me interessa muito para atender aos meus interesses. Deixa, no entanto, o encargo de cuidar das crianças para as servas que nos acompanharão; não quero que elas prejudiquem a tua saúde...

Júlia, como de costume, abraçou o marido com carinho, beijando-o com doçura.

Para Marcus, a proximidade entre Júlia e Haram lhe desagradava, pois deixava patente a sua infidelidade.

Tendo convencido Narin a não procurar Marcus — o que seria uma humilhação —, Hashab aceitou uma condição imposta pelo cunhado: ele levaria apenas Haram.

Por ser menor e ainda muito dependente da mãe, da qual sentia muita falta, Narin decidiu que só ele partiria com Hashab.

A temperatura amena favorecia o transporte pelas estradas excelentemente pavimentadas pelos romanos.

Três dias mais tarde, a caravana se dirigia ao porto que os levaria pelo mar à Nicomédia. Os animais carregavam pesados fardos para que nada faltasse ao grupo durante a viagem. Desde os pequenos caprichos até os mais extravagantes eram considerados, visto que Marcus era a autoridade máxima, *domine*, os olhos e os ouvidos do imperador.

Júlia seguia encantada com Haram, pois a criança revelava grande vivacidade e cativava a todos.

À distância, Marcus olhava atentamente o pequeno. Era seu filho, sem dúvida; trazia características de sua família nos gestos, dando os primeiros passos.

Observando Hashab, que brincava com o sobrinho, Júlia se aproximou do marido e falou com tristeza:

— Como é belo e saudável o filho de nossa amiga! Faria qualquer coisa para te dar essa alegria, meu amado!

Mais tranquilo, Marcus pareceu acordar de um longo sonho e, após ver os olhos marejados de Júlia, disse conformado:

— Posso não ter filhos, mas tenho a esposa mais dedicada de todo o império! — Júlia sorriu e considerou:

— Eu confesso que o meu marido não é dos mais modestos... A propósito, já falaste com Hashab?

Júlia ignorava em que termos a conversa com Hashab havia terminado em sua residência. Evitando que a esposa viesse a saber desses detalhes, disse:

— Não, ainda não tive a oportunidade, mas tenho certeza de que logo o encontraremos.

— Vou ver como está o pequeno... Felizmente, nossa boa Lea tem se dedicado, não apenas a mim, como também a Haram.

Enquanto falava, Júlia percebia que o olhar de Marcus divagava, perdido. Notava que ele estava infeliz e, embora não soubesse de forma consciente o motivo, suspeitava.

Com o coração opresso, encostou com suavidade a cabeça no ombro do marido e disse:

— Às vezes, meu amado, gostaria de ter poderes ocultos, para adivinhar os teus pensamentos... Desejaria levar a tua tristeza para longe, aliviar o teu coração... Não podes me confiar o que te torna os dias tão difíceis?

Marcus segurou o rosto delicado de Júlia entre as mãos e, surpreso com as considerações da esposa, tornou:

— Não te preocupes, Júlia! Tenho grandes responsabilidades diante de nosso imperador e sei que terei que cumprir ordens que me desagradam. Entendes que preciso fazer o que é melhor para Roma, para a grandeza do império?

Preocupada, Júlia o questionou:

— Vamos orar aos deuses, meu amado. Nossa deusa Vesta nos protegerá e tudo correrá como desejas quando estiveres diante de Diocleciano. Tranquiliza-te, pois os deuses estarão contigo... A fidelidade de tua família a Roma será a tua fortaleza. Vem, precisas esquecer esses problemas...

Naquele momento, diante do apoio e da compreensão de Júlia, Marcus cedeu e deixou-se conduzir, não desejando outra coisa a não ser permanecer junto à ternura de sua mulher.

15

UM ALIADO PERIGOSO

Ao saber que os seus filhos estavam a caminho com a caravana de Marcus, Jasmine exultou, visto que sabia da dedicação de Júlia.

O pensamento de que Marcus viajava junto ao filho lhe trazia lembranças dos doces momentos que haviam vivido juntos. Como faria para esconder os seus sentimentos quando Marcus chegasse? Repentinamente, um pensamento fez o coração disparar... E se Marcus a tivesse esquecido?

Caminhava distraidamente por um dos pátios internos do palácio quando Marcellus se aproximou. Jasmine fez questão de demonstrar o seu desagrado, caminhando em outra direção. Marcellus apressou o passo e a alcançou, segurando-a pelo braço. Ela o retirou prontamente e disse:

— Quando chegaste, Marcellus? Pensei que não teria o dissabor da tua presença tão breve...

O rapaz sorriu de forma irônica e tornou:

— Cuidado com o que falas, Jasmine. Posso acabar com a tua arrogância muito rápido. Retornei a pedido de Diocleciano, que deve me dar alguma incumbência de menor importância — disse com enfado. — Lembro-me de que na última ocasião em que nos encontramos estavas linda e havia tentado beijá-la... Se não fosse a presença de Diocleciano, não terias me afastado...

Esquecendo a sua posição delicada, Jasmine deu uma risada e tornou com orgulho:

— Tu tocares em mim? Que ideia absurda! Que os deuses me livrem dessa infelicidade! Isso jamais acontecerá, porque também tenho os meus expedientes para afastar-te para sempre da minha vida.

— Se meu irmão souber das tuas ameaças, não vai aprová-las, minha querida. Muito menos Júlia, minha abnegada cunhada... Todos te condenarão, a começar pelo teu pobre marido... Serás julgada e apedrejada, na melhor das hipóteses.

— Prefiro-o a ter-te ao meu lado. Marcus também não te estimará quando souber o que pretendes. Teus atos são abomináveis, tal qual a tua alma!

Aproximando-se, Marcellus disse:

— Deves começar a orar pelos deuses de Roma se quiseres viver. Diocleciano punirá duramente os que abjuram os deuses romanos. A não ser que sejas cristã e queira permanecer fiel ao teu Deus... — Marcellus deu uma gargalhada e continuou: — Talvez o sejas, nunca pensei nessa hipótese. Se o fores, saiba que logo todos estarão mortos!

Compreendendo o que ele lhe dizia, Jasmine falou:

— Sei a que te referes, mas digo-te que não sou adepta do Messias judeu. Não seria capaz de perdoar meus inimigos como ele ensina... — disse Jasmine com ironia.

— Além do segredo que guardamos, sobre a paternidade do teu filho, posso levar ao conhecimento de algumas autoridades que tens ligação com um cristão em especial... Tu ficarias em situação delicada, minha cara... — disse Marcellus, dando um sorriso de satisfação.

— Que absurdo! Não conheço nenhum cristão! — falou Jasmine com o coração batendo acelerado.

— Sabes mentir, Jasmine. Aliás, isso é bem próprio de mulheres como tu. Enganas a todos para conseguir o que desejas...

Asseguro-te, no entanto, que não conseguirás salvar a pele do teu irmão quando a fúria de Diocleciano ou de Galério se abater sobre ele e os seus comparsas, que colocam um profeta judeu acima dos deuses de Roma... Quando isso acontecer, irei pessoalmente desmascará-los... Diocleciano ficará grato por meus serviços desinteressados, tendo por móvel apenas a felicidade de servir ao meu imperador! — Mais uma vez, Marcellus deu vazão a uma gargalhada estridente.

Jasmine empalidecera. Como seria possível que Hashab tivesse se convertido à seita cristã? Seria mesmo verdade?

Procurando obter mais informações, provocou:

— Acusas-me de mentir, mas provas que és tu que o fazes! Meu irmão não se aventuraria à convivência com os pobres miseráveis que seguem o Nazareno...

Marcellus se aproximou e tentou pousar a mão sobre o rosto de Jasmine, mas ela a segurou a tempo. Enraivecido, o astuto militar se desvencilhou e torceu-lhe o braço. Jasmine emitiu um gemido, enquanto ele falava ao seu ouvido:

— Não me provoques, Jasmine! Não faças com que meu amor se transforme em ódio, porque saberei punir-te!

Por fim, Jasmine se desvencilhou e, com lágrimas nos olhos, se retirou. Nunca havia pensado que pudesse odiar tanto um ser humano!

Quando retornava aos seus aposentos, Prisca, que estava dando ordens a uma escrava, viu o que se passava e caminhou em sua direção.

— Jasmine! O que aconteceu? O que te deixou neste estado? — Entre soluços, Jasmine falou:

— Senhora! Não suporto mais as infâmias de Marcellus! Ameaça-me todo o tempo e inventa calúnias sobre o meu irmão... Não se conforma por eu não o amar... O que devo fazer?

O coração generoso de Prisca se apiedou de Jasmine e ela falou, afetuosa:

— Minha querida! Não deves agastar-te com as impropriedades de Marcellus... Sei que se trata de um dos homens mais abjetos de Roma! Não és a única a detestá-lo, com seus modos, seu linguajar grosseiro, vulgar... Não parece descender de uma família tradicional de patrícios!

— Ele me cerca, me amedronta com ameaças e insinuações maldosas... — Prisca passou a mão nos cabelos negros de Jasmine e tornou de forma maternal:

— Não te preocupes mais com Marcellus. Vou falar com o imperador... Pedirei que o mantenha afastado do palácio, poupando-te desse dissabor.

Jasmine beijou a mão de Prisca e se retirou para os seus aposentos. Por que Hashab se aventuraria em aceitar uma religião que era perseguida, com seus adeptos em constante martírio, sendo apedrejados, torturados e, outrora, entregues às feras?

Jasmine não conseguia compreender.

Alguns dias mais tarde, ao anoitecer, quando era feita pequena refeição, Prisca abordou o assunto com Diocleciano.

Cansado, irritado com os rumos que a situação política e religiosa tomava, Diocleciano ia pedir que se calasse, mas, ao ouvir o nome de Jasmine, quedou-se em silêncio e passou a ouvi-la com atenção.

Com a divisão de poder e o aumento das tropas na região das fronteiras, a questão parecia se encaminhar melhor, embora, para a sua manutenção, houvesse a necessidade de opor resistência constante contra o ataque dos povos inimigos de Roma. Maximiano ficara encarregado do Império Ocidental, e ele, do Oriental, deslocando-se o eixo do poder de Roma para as cidades de Nicomédia e Milão.

Não via qualquer dificuldade em afastar Marcellus da Nicomédia — fato já decidido — e, possivelmente, para sempre. Conflitos havia por todo o território que governava, e não teria problema algum em manter longe o indesejado pertencente à família Severus.

Lembrou-se de Marcus Tulius. Também ele deveria ser afastado, visto que sua existência se lhe tornara insuportável. Prisca, ingenuamente, ponderava:

— Meu senhor e marido, peço-te que abrande o sofrimento desta moça. Esta jovem está sendo vítima de uma chantagem feita por Flávia e Marcellus. A primeira não se conforma de haver perdido Marcus, e Marcellus persegue Jasmine, é desagradável, se insinua de forma aviltante! Lamento por Júlia, pela traição da qual é vítima, mas essa situação em relação a Jasmine não se justifica...

Pelo olhar de Diocleciano perpassou uma sombra, e Prisca se calou. No íntimo, pedia a Deus que abrandasse o coração do marido.

— Prisca — disse ele afinal —, entendi a tua preocupação e não permitirei que Jasmine seja perturbada desta forma. Já tinha conhecimento desses fatos e foi propício o teu pedido, pois tomarei as minhas providências.

Assustada, Prisca ponderou:

— Não te peço que prejudiques Marcellus, mas que o afaste daqui, para que deixe Jasmine em paz. Ela já tem problemas demais, visto que fez escolhas indevidas pelas quais está pagando o preço.

Diocleciano não se conteve e deu uma gargalhada.

— Minha boa Prisca! Ainda te vexas com o comportamento das mulheres de nossa sociedade? Jasmine teve apenas um amante, pelo que sei... Nossas adoráveis senhoras romanas que tão bem conhecemos têm uma conta bem maior... — disse, continuando a rir.

Levantando a cabeça, Prisca tornou com dignidade:

— Falas como se eu estivesse errada! Eu é quem sou o motivo do teu riso, porque mantenho os princípios que meus pais me deram... Na realidade, eu não estou errada, e sim as senhoras a que te referes! — Percebendo que sua mulher falava a verdade, Diocleciano considerou:

— Sim, tens razão. Não te preocupes, resolverei o assunto que te perturba em breve tempo. Agora, vamos receber os Severus que devem chegar de Antioquia.

Diocleciano retornou ao salão onde receberia os recém--chegados, Marcus Severus e sua família, antes de ir ter com Galério e Maximiano.

O cansaço era visível na comitiva romana que acabara de chegar. Haram, choroso, buscava conforto nos braços de Júlia e Lea; Marcus orientava os criados para que se mantivessem à distância dos aposentos até receberem novas ordens. Diocleciano entrou no recinto e foi saudado pelos presentes. A sua vestimenta ricamente ornamentada despertou a atenção de Marcus e Júlia.

Marcus lembrava que a última vez em que o vira trajava ainda uma toga simples, com a armadura sobre o peito, ainda resquícios da sua vida militar. Agora, via-o vestido de forma suntuosa, com um luxo sem precedentes nos imperadores de outrora. Dirigindo-se ao imperador, colocou a mão sobre o peito e ajoelhou-se como era de praxe; Júlia curvou a cabeça, e Marcus disse:

— Que os deuses vos deem vida longa, Vossa Majestade imperial!

Diocleciano o fixou demoradamente e falou:

— Fiquem à vontade em meu palácio, amigos! Considerem-se em sua casa! — A seguir, ao olhar para Júlia, disse: — Tua beleza e predicados honram a minha morada, nobre senhora!

Júlia sorriu e tornou com sinceridade:

— Que Júpiter, que norteia os vossos passos, vos traga saúde e felicidade, senhor! Quanto a vossa ordem de trazer dois novos hóspedes na comitiva, só logramos trazer um; Narin não permitiu que Shadi viesse, infelizmente.

Diocleciano olhou fixamente para a criança, procurando encontrar na suavidade dos seus traços algum vestígio de Marcus. Na realidade, a criança assemelhava-se de forma inequívoca a Marcus, mas trazia o olhar e os cabelos da mãe.

O cabelo negro, tez clara definiam o pequeno, ainda choroso em função da viagem.

Diocleciano tinha à sua frente a prova da infidelidade de Marcus e Jasmine. Por um instante, teve ímpetos de usar aquela informação para obter a atenção de Jasmine. Porém, logo percebeu que agiria de forma tão aviltante quanto Flávia e Marcellus. Deixando os novos hóspedes sob a tutela de Prisca, se retirou, não sem antes dirigir-se a Marcus nos seguintes termos:

— Marcus Tulius, desejo falar-te ainda hoje!

Apesar do tom imperativo, demonstrando urgência, Diocleciano desejava, antes de tudo, se assegurar do controle da situação, intimidar Marcus com as suas demonstrações de poder.

Marcus curvou a cabeça, respondendo:

— Aguardo vossas ordens, senhor!

Enquanto os escravos carregavam os utensílios indispensáveis aos viajantes, Júlia e Prisca trocavam impressões sobre o tempo em que haviam ficado distantes; Marcus segurava em seus braços aquele que, na realidade, era o seu filho.

Em um misto de emoção e carinho, apertava o frágil menino em seus braços fortes, quando ouviu uma voz conhecida:

— Haram! Meu filho!

Marcus virou-se e viu Jasmine correndo ao seu encontro. Sem dizer nenhuma palavra, sentiu o coração bater descompassado, enquanto via Jasmine se aproximar.

A túnica elegante deixava entrever a silhueta encantadora da jovem, e a tiara cravada de pérolas que usava na cabeça contrastava harmoniosamente com os negros cabelos presos.

Jasmine também sentira o impacto da presença de Marcus, mas cumprimentou-o polidamente. Soubera disfarçar suas emoções, dirigindo toda a sua alegria para o filho que há tanto tempo não via.

Abraçou a criança, beijando-a entre lágrimas, num transporte de amor, até que, percebendo a presença de Júlia e Prisca, desculpou-se e abraçou longamente a primeira.

— Minha cara Júlia, não tenho palavras para agradecer a felicidade com que me presenteia ao trazer meu filho... E Shadi? Está com Hashab? Por que não estão aqui?

Júlia segurou as mãos de Jasmine e disse:

— Minha querida, não quis te avisar para não te infelicitares antecipadamente... Narin não permitiu que Shadi viesse. Tivemos algum trabalho para conseguir trazer Haram. Quanto a teu irmão, preferiu ficar hospedado junto a amigos, logo virá te ver.

Surpresa com as notícias, Jasmine procurou concentrar toda a sua atenção no filho. Evitando o olhar de Marcus, que a seguia, retirou-se com a criança em direção aos seus aposentos.

Prisca, que a tudo assistia, compreendeu que aquelas almas se encontravam diante de graves compromissos e que, de maneira inequívoca, sofreriam as consequências de seus atos.

Conhecedora das claridades do Evangelho, sabia que a cada um haveria de ser dado de acordo com as suas obras. A questão não se resumia no adultério em si de Marcus e Jasmine, mas na falta de lealdade para com os cônjuges, que os amavam profundamente; em tirar a alegria de viver de almas que lhes eram dedicadas; e em trair a confiança de forma egoísta, sem pensar nas consequências dos seus atos.

Após se acomodarem nos aposentos destinados à comitiva de Marcus, este lavou o rosto cansado e, trocando a túnica, se dirigiu ao amplo salão onde Diocleciano recebia delegações de várias localidades.

No caminho, Marcus teve uma contrariedade já previsível. Flávia, que vinha em sua direção com um dos seus mais calculados sorrisos. Ao perceber a pequena ruga que se formara na testa de Marcus, Flávia se tornou mais doce e ardilosa ainda, dizendo:

— Percebo que não te alegras em me ver, Marcus. Pois digo-te que ainda me pedirás auxílio, se quiseres prosseguir com as boas graças do imperador... — Fitando-a nos olhos com firmeza, Marcus tornou:

— Estás enganada, Flávia. Tua presença me é indiferente. Nada podes fazer em relação a Diocleciano, visto que procuro desempenhar minhas atividades com a dignidade que tem caracterizado os serviços de minha família a Roma.

Com uma risada irônica, Flávia continuou:

— Por certo, ignoras alguns acontecimentos durante esse tempo em que a nossa querida Jasmine permaneceu no palácio. Afirmo-te que, além de teu irmão, tens outro adversário poderoso com o olhar voltado para a nossa adorável amiga...

Marcus entendera a quem Flávia se referia. Sim, Jasmine devia ter chamado a atenção de Diocleciano. Tornava-se evidente o motivo de ele ter mandado buscar Haram. Aparentando serenidade e evitando prosseguir com o assunto, falou:

— Não entendo onde desejas chegar, Flávia, mas esse assunto deve preocupar Narin... Por certo, Jasmine saberá se defender!

Sem esconder o seu desapontamento, Flávia mudou o tom, falando seriamente:

— Não te aborreces que a tua amante seja cortejada por outros homens? Não subestimes nenhum deles, pois poderás ter uma surpresa deveras desagradável!

Sem dizer nada, Marcus voltou-se e se encaminhou para a audiência com Diocleciano. Procurou não demonstrar suas emoções diante de Flávia, mas em seu íntimo o ciúme lhe espicaçava os sentimentos, e uma raiva incontida se assenhoreava de seu ser.

O que teria acontecido durante a estada de Jasmine naquele palácio?

Ao entrar no amplo aposento, Diocleciano confabulava com dois generais sobre a sua participação em uma das próximas campanhas, mas, ao ver Marcus, fez um sinal e os dois se retiraram.

Flávia atingira os seus objetivos. Instalara a dúvida e, com o coração cheio de desconfiança, Marcus saudou o seu anfitrião:

— Meu imperador, estou a vossa disposição!

Naquele momento, ambos os homens se avaliavam mutuamente. Marcus observava disfarçadamente a figura de Diocleciano, exageradamente pomposa — beirando o ridículo — para os padrões romanos. A seu ver, ele procurava compensar a sua origem humilde com um excesso de paramentos que poderiam convencer com mais facilidade os súditos de sua predestinação para o cargo que ocupava.

Poderia Jasmine vir a amá-lo? Não acreditava nessa possibilidade, embora conhecesse o coração das mulheres...

O que poderia oferecer a Jasmine além de um amor às escondidas, procurando não magoar, principalmente Júlia? Seria isso suficiente para Jasmine?, perguntava-se.

Diocleciano, por sua vez, verificava que Marcus tinha, além da juventude, uma atitude que conferia a ele justamente o que lhe faltava: o berço, a *gens*, uma família nobre.

Marcus não precisava se vestir com o luxo exagerado com que se paramentava, pois a túnica, a toga e o manto próprios de sua classe, seu comportamento, diziam mais do que todo o ouro e púrpura de que se cobria.

Uma sensação de inferioridade o tomou de assalto, e, quando isso acontecia, uma série de atos infelizes eram cometidos, atingindo todos os que estivessem próximos.

Quebrando o silêncio que se fizera, Diocleciano falou:

— Lembro-me de te haver pedido algumas iniciativas em relação aos cristãos. Confiei a teu serviço uma das regiões onde esse Cristianismo se enraizou de forma alarmante! Meus conselheiros me advertem insistentemente sobre esse assunto. Que notícias me trazes?

O tom de Diocleciano havia surpreendido Marcus. Viera até ali como um convidado de Prisca e esperava maior receptividade por parte do imperador. Procurando expor o seu ponto de vista, disse:

— Vossa Majestade imperial, trago relatórios das atividades dos cristãos em Antioquia. Ocorre que, justamente nessa região, vários homens se destacaram e deixaram uma base sólida e, como dissestes, muito enraizada. Existem outros cujos nomes, oportunamente, poderei vos entregar, todos pertencentes à comunidade cristã. Ocorre que dois desses cristãos podem ser de vosso interesse neste momento. — Acrescentou com perspicácia: — Não haveria necessidade de uma perseguição desordenada...

Diocleciano o fitou seriamente e fez sinal para que continuasse:

— Temo que uma grande perseguição apenas fortalecerá a crença deles. Eles se tornarão mártires e farão novos adeptos... Logo se multiplicarão, usando essas mortes como testemunho ou prova de fé. Ao contrário, se punirmos alguns deles, isso servirá de exemplo para os demais.

A inteligência de Marcus evidenciava-se, e Diocleciano, apesar de não concordar, a princípio queria saber a opinião do jovem romano, desejava conhecê-lo mais profundamente. Pensou alguns instantes e disse:

— O que tens em mente? Quem são esses cristãos a que te referes? — Sentindo-se encorajado, Marcus prosseguiu:

— A força dessa ideia já atingiu as *gens*, famílias mais nobres de Roma, não deixando ilesos nomes respeitados de nossa sociedade. Diante disso, acharia prudente buscarmos os agrupamentos de cristãos e nos infiltrarmos, conhecermos o tipo de feitiçaria ou sortilégio que usam para atingir os seus fins... Semearíamos a discórdia entre eles, aprenderíamos a usar a magia contra os membros dessa seita nefasta, desmascararíamos o profeta judeu!

Diocleciano ouvia pensativo, admirado da sutileza de Marcus, da qual discordara em princípio. Apesar de ser um homem de armas, sabia o valor de uma boa estratégia sem a utilização da força. O argumento de Marcus tinha os seus méritos e poderia até mesmo ser de grande valia, mas desejava protelar uma iniciativa tão desfavorável a ele próprio. Era preciso lembrar que no próprio palácio havia cristãos — desde a sua guarda pessoal, inúmeros convivas do palácio, secretários, familiares, isso sem falar em Prisca e Valéria.

O plano de Marcus, na realidade, seria utilizado nos séculos vindouros, quando as forças internas da própria igreja tratariam de enfraquecer os fundamentos da fé cristã, sendo necessária a vinda do missionário de Assis para retomar a essência que havia se perdido. Após alguns minutos, o imperador falou:

— Admiro a tua ideia. Pensarei a respeito... Dize-me: os nomes que trazes, quais são?

— Reconheço, senhor, que em Antioquia existe um número expressivo, o que se deve, como havia me referido, ao fato de vários fundadores dessa comunidade haverem morrido como mártires! Reitero: é isso que devemos combater, pois se convertem em exemplos! Quanto aos nomes, estão neste documento que vos entrego neste momento.

Diocleciano pegou os papiros e começou a ler. De repente, olhou para Marcus e perguntou desconfiado:

— Qual o motivo para entregares o irmão e o marido de Jasmine?

— Tanto quanto vós — Marcus respondeu sem titubear, com inequívoca ênfase nas palavras —, estou a serviço de Roma e não de interesses particulares. Apesar de termos uma relação de amizade com Jasmine e o marido, a minha lealdade ao império e ao imperador está acima dessas questões.

Diocleciano, admirado pela frieza de Marcus, disse:

— Aprecio a tua lealdade. Guardarei esses nomes... No futuro poderão me ser úteis. Quanto aos demais, pretendo adiar uma perseguição de maior vulto, pois tenho situações mais urgentes. Digo-te, nobre Marcus, que, se eu não protelasse esse evento, a truculência de Galério, a essas alturas, já teria se encarregado de "criar" um exército de mártires!

Rindo, Diocleciano concluiu:

— Galério tem se excedido nas perseguições pessoais. Basta uma leve desconfiança e já emite uma sentença de morte. Também me preocupa o efeito que isso possa ter nesse povo místico, repleto de crenças absurdas...

Diocleciano fitou Marcus de maneira expressiva e perguntou:

— Dize-me, nobre Marcus, conheces a amiga de Flávia, Jasmine, há muito tempo?

Surpreso, Marcus respondeu:

— Há pouco mais de dois anos, na mesma ocasião em que regressáveis da campanha no Oriente, quando oferecemos um festim na ocasião da vossa chegada a Antioquia. Sabeis como Júlia é afeita ao bom relacionamento com todos e, nesse caso, fizemos inúmeras amizades além de Jasmine e Narin. — Curioso, o seu interlocutor insistiu:

— Sim... E o tal Narin? É cristão mesmo?

— Um homem influente em Antioquia, herdou uma grande fortuna do pai, que também era comerciante. Ao que tudo indica, mantém contato com inúmeros cristãos, a começar pelo cunhado, Hashab. As minhas suspeitas se iniciaram por esse fato... Existe algum problema em relação a Jasmine aqui na Nicomédia?

Percebendo que Marcus desconfiara do seu interesse, Diocleciano fez um gesto evasivo e disse:

— Absolutamente nenhum; tem sido uma hóspede exemplar.

Incomodado, Marcus falou secamente:

— Se houve algum fato desagradável, principalmente relacionado a Marcellus, rogo a vós que me mantenhais informado, pois tomarei as devidas providências.

— Nós nos falaremos nos próximos dias, Marcus Tulius! Hoje à noite receberemos alguns convidados para o jantar, desfrute de nossa hospitalidade.

Marcus fez leve mesura e se retirou, irritado, perguntando-se qual seria o motivo do interesse por Jasmine.

Imediatamente, uma onda de indignação o envolveu ao perceber que, possivelmente, algo estaria acontecendo naquele palácio. Não tinha a menor dúvida de que descobriria o que quer que fosse.

16

REVELAÇÕES E DECEPÇÕES

Naquela tarde, Jasmine permanecera em seus aposentos com Haram. A saudade de seu filho e de Marcus quase a fizera adoecer. Tê-lo em seus braços, poder abraçá-lo, beijá-lo, lhe deram uma sensação de felicidade que há muito não sentia.

Esquecera-se até de... Marcus. Evitara-o no momento de sua chegada, mas sabia que não conseguiria fazê-lo por muito tempo. Sabia também que precisava ter cuidado, pois Flávia e Marcellus estavam vigilantes, e qualquer descuido acarretaria uma tragédia. Inquietava-a o fato de Hashab não ter acompanhado Marcus e Júlia até o palácio. O que poderia ter acontecido?

Deveria se preparar para o jantar; assim sendo, deixou o pequeno Haram aos cuidados de Lea, a serva fiel de Júlia.

Com a ajuda de duas serviçais, preparava-se com esmero, porquanto Marcus estaria entre os convidados. Ah! Amava-o, não tinha a menor dúvida, mas a distância e o tempo em que haviam ficado separados fizeram-na pensar e o amor dava lugar à razão. Que futuro teria se aquela situação continuasse? Permaneceria para o resto da vida na qualidade de amante de Marcus? E quanto a Narin? Poderia enganá-lo por toda a vida?

Definitivamente, não. Ambas as situações lhe eram desagradáveis e teria que escolher outro caminho.

As criadas lhe trouxeram um espelho, onde pôde analisar o penteado e, a seguir, a túnica. Jasmine observou-se detidamente, verificando todos os detalhes, e sorriu, concluindo que estava realmente bela. Quando foi se despedir de Haram, Lea, que continuava cuidando da criança, ao entregá-la, comentou:

— Peço que me perdoeis, senhora, mas tenho um recado de vosso irmão Hashab... — Os olhos de Jasmine brilharam e ela perguntou aflita:

— Tu o conheces? Não entendo por que Hashab não veio para o palácio... Pensei que desejaria ver-me, assim como anseio pela sua presença... — Com serenidade, Lea disse:

— Sim, o conheço, senhora. Ele tem os seus motivos e irá vos explicar tudo em breve. Deverá vir ao jantar desta noite.

Jasmine fez um sinal positivo com a cabeça, colocou a capa sobre os ombros e se dirigiu para o salão.

Júlia, Prisca e Valéria conversavam animadas quando perceberam a sua chegada. Júlia se adiantou e a saudou, abraçando-a:

— Jasmine! Sentimos a tua ausência em Antioquia! Felizmente, estás bem!

Prisca comentou:

— Jasmine emagreceu, apesar de todos os nossos cuidados. Agora, com o pequeno Haram aqui, esperamos que se recupere... — Jasmine sorriu, retribuindo a amizade das duas mulheres, e disse:

— O meu pequeno Haram está aqui, mas deixei o meu menino mais velho em Antioquia, além de minha enteada...

Nesse momento, sem que percebessem, ouviram a voz de Flávia dizer de forma maliciosa:

— Pelos deuses! E Narin? Não é digno dos teus sentimentos, cara amiga?

Jasmine estremeceu e falou:

— Estávamos falando das crianças, dos meus filhos. Todas sabemos quanto é difícil nos afastarmos deles...

Flávia deu de ombros e tornou:

— Pieguices... Mas aconselho, senhoras: cuidem de seus maridos, pois a bela Jasmine está entre nós... — Prisca olhou com seriedade para Flávia e disse:

— A tua zombaria não se justifica, Flávia. Não permito que ofendas os meus convidados em minha casa! — Flávia não se deu por vencida e continuou:

— Saibas tu que acalentas a víbora que irá te ferir, não tenha dúvidas!

Preocupada, Júlia interrompeu, dizendo:

— Flávia! Estamos nos revendo depois de tanto tempo! Vamos tornar esses momentos mais agradáveis!

Neste momento, o olhar de Júlia divisou Hashab, que chegava e procurava Jasmine. Ao vê-lo, Jasmine se afastou do grupo e se dirigiu ao encontro do irmão. Após abraçá-la longamente, Hashab segurou sua mão e a convidou para buscarem um local onde tivessem mais privacidade.

Flávia observava tudo e se esforçava para não deixar escapar os detalhes, porque pressentia que poderia perder o seu poder sobre Jasmine se o caso se tornasse público. E, se o caso fosse descoberto e algo acontecesse com Marcus, de que serviria todo o seu esforço? Ela se livraria de Jasmine, mas também não teria o homem amado. Era preciso proteger Marcus, afastando-o da Nicomédia, e se livrar de Júlia e Jasmine!

Quando Diocleciano entrou com sua comitiva, vestindo-se, como seria de esperar, com exagero, ofereceu aos mais próximos, como Galério — que se encontrava na cidade —, um assento junto ao seu.

Flávia sorriu quando percebeu que, logo após se sentar, o imperador perpassou o olhar por entre os convidados e, quando os seus olhos se cruzaram, Flávia ergueu a taça de vinho. Com um gesto significativo, Diocleciano a chamou.

Flávia se afastou da companhia de Júlia e Prisca, pois Valéria se ausentara, e se postou diante do imperador. De forma seca e demonstrando a irritação de que se fizera portador, perguntou:

— Onde estão os meus convidados? Estou recepcionando Marcus Tulius Severus e não o vejo entre os demais... E Jasmine, onde está?

Flávia compreendeu que a preocupação de Diocleciano se devia ao fato de ambos, Marcus e Jasmine, não se encontrarem entre os convidados. Ardilosa, procurou afastar qualquer desconfiança em torno da figura de Marcus, dizendo:

— Permita-me saudar-vos, meu imperador e senhor, ao dizer que nunca Roma viu tanta sofisticação e elegância em suas festas como as que temos diante dos olhos... Posso adiantar-vos que Marcus deve chegar a qualquer momento, segundo Júlia nos afirmou ainda há pouco. Parece que o nosso amigo em comum se envolveu em uma questão menor com um escravo. Jasmine está junto ao irmão que acabou de chegar, o tal Hashab.

Diocleciano a ouviu, procurando conter a evidente contrariedade. Desconfiado, perguntou:

— Hashab? Sim, soube da sua existência... Mora em Antioquia, mas por que não se apresentou a mim? — Diocleciano havia se lembrado da denúncia de Marcus.

— Também não entendo, meu senhor. O estranho é que ele veio com a comitiva de Marcus Severus e não se hospedou aqui, neste palácio, onde se encontra a irmã...

Diocleciano franziu o cenho, intrigado, e disse:

— Preciso verificar certos fatos em relação a esse jovem... — e, com mais discrição, prosseguiu: — É também do teu interesse ficar atenta aos movimentos não apenas de Jasmine, mas do irmão... — Flávia sorriu e tornou:

— Não tenha dúvidas, senhor; no que depender de mim, podeis despreocupar-vos!

Ele concordou e voltou-se para o lado, onde se encontrava Galério, que o aguardava para prosseguir nos acertos próprios da administração da região que lhe fora prometida após o casamento com Valéria. Para tanto, Diocleciano tratou de separá-lo da esposa, arranjo comum na época, que não levava em consideração os sentimentos, mas os interesses de cada um.

Após os primeiros arroubos de felicidade por encontrar Hashab, Jasmine, intrigada, interpelou:

— Por que não vieste para o palácio como os outros? Onde estás hospedado, Hashab?

O rapaz a fitou com carinho e disse:

— Não posso te revelar por agora, Jasmine. Peço-te que confies em mim, pois não fiz, nem farei nada errado...

— Preciso saber, Hashab! Nada temas, pois o imperador tem sido generoso comigo. Ordenou a vinda de meus filhos e, se não fosse a intolerância de Narin, eu poderia estar com os dois meninos aqui.

Surpreso com as palavras da irmã, Hashab a repreendeu:

— Jasmine! O teu marido tem o direito de proteger os seus filhos! Não te esqueças de que ele é o pai das crianças! Deves agradecer por ele ter permitido que Haram, por ser o menor, e pressupondo que precisaria mais de ti, ter vindo conosco. Percebo algo estranho aqui... Eu te encontro coberta de joias, com vestes romanas, até o teu penteado... Vejo-te quase feliz... Como foste te envolver nessa situação?

Jasmine baixou o olhar e tornou:

— Tu sabes, Hashab, o que aconteceu... a chantagem que Flávia fez comigo. Mas agora acredito que tudo se resolverá, pois tenho o imperador a meu favor!

Segundo as diretrizes do seu temperamento e a formação do seu caráter, Hashab teria uma atitude de repreensão e julgaria Jasmine impiedosamente; porém, com as novas luzes de que o seu espírito se sentia tocado, com infinita piedade, a inquiriu:

— O que desejas fazer, minha irmã? Não estás brincando com os sentimentos de outras pessoas? Consegues perceber a quantos irás ferir com os teus atos? — Sentindo-se repreendida, Jasmine tornou:

— Ora, Hashab, não me culpes pelos sentimentos que desperto! Não desejo nada além de ser feliz!

— É o que todos desejamos. Já viste, no entanto, alguém realmente feliz neste mundo? Alguma vez pensou que, talvez, exista uma outra forma de felicidade em outro mundo, além da Terra?

Assustada, Jasmine o fitou e falou:

— Que ideias são essas, Hashab? Ouvi há poucos dias Marcellus dizer que és cristão e te defendi dizendo que isso era impossível... que não te deixaria enfeitiçar pelo Messias judeu... — Quando Hashab ia responder, ouviu Flávia dizer:

— Ora, os dois irmãozinhos em colóquio encantador! Aconselho-vos a se apressarem, pois o imperador requer a presença de ambos! Sugiro que se apresteis, pois o humor de Diocleciano começa a dar sinais preocupantes e, se não vos vir logo, poderemos ter uma cena desagradável em nosso jantar...

Hashab olhou com preocupação para Jasmine e, após pedir licença, se retirou ao lado da irmã. Infelizmente, Hashab não reconhecia Jasmine e temia pela resposta que poderia obter às suas inquietantes indagações.

Ao retornarem para o salão, enquanto grande parte dos convidados se localizava sobre confortáveis acomodações, dançarinas realizavam passos de uma dança, provavelmente oriental; outras apresentações se seguiram, com números variados de dança e canto. Os convidados, admirados, soltavam exclamações e ora incentivavam os "artistas", ora torciam por um "acidente" ou algo inusitado, o qual divertiria da mesma forma os presentes.

Jasmine se aproximou de Júlia, Marcus e Otávia. As taças de vinho circulavam à vontade e, com exceção de Júlia, o riso se tornara mais fácil e os comportamentos indesejáveis se faziam presentes.

Neste momento, Marcellus, que se via acompanhado de Flávia, propositalmente se adiantou e se curvou exageradamente diante de Jasmine, com o intuito de fazer uma provocação a Marcus. Tal como ocorrera em Antioquia, a cena era inadequada, não que os padrões morais romanos a recriminassem, mas pelo fato de Jasmine o detestar e demonstrá-lo de maneira evidente. Marcus, vencido pelo ciúme, não se conteve e colocou a mão sobre o ombro do irmão, dizendo:

— Acompanha-me, Marcellus!

Marcellus, rindo enquanto se erguia, ficando frente a frente com Marcus, tornou:

— Caríssimo irmão, por que tantos cuidados com a nossa Jasmine? Por acaso, representas o marido dela? Te garanto que não é a solidão que a torna tão infeliz...

Percebendo que Marcellus poderia falar algo totalmente impróprio, possivelmente uma "calúnia", Marcus falou com firmeza enquanto se afastavam:

— Marcellus! Até quando terás esse comportamento detestável, que desonra o nosso nome, a nossa família?

— Dizes que eu desonro a família, Marcus?! Sei que me detestam porque não sou o filho perfeito, cheio de virtudes... um exemplo para ser seguido por toda a Roma... — e Marcellus deu uma gargalhada. Procurando Jasmine, voltou até a moça e disse: — Estes belos olhos ainda farão mal a muitos... Por trás desta fragilidade se encontra uma víbora que trará desgraça a todos que a conhecerem! Maldita a hora em que deparei com esta mulher!

Enquanto Marcellus era conduzido para fora daquela cena constrangedora, Jasmine, pálida como cera, procurou Hashab com o olhar. Ao observar Marcellus mais detidamente, Hashab tornou-se lívido. Ao vê-lo, Jasmine buscou abrigo em seus braços e pediu:

— Por favor, Hashab, vamos sair daqui! — Prontamente, o rapaz a segurou pelo braço e ambos saíram.

No círculo do imperador, a cena pouco chamara a atenção, pois esses episódios se repetiam diariamente na sociedade romana. Amores não correspondidos, traições, adultérios eram eventos do cotidiano de uma sociedade que perdera os seus valores. Tendo chamado a atenção de Galério, pois conhecia Marcellus, pediu que Flávia lhe desse explicações sobre o ocorrido.

— Nobre Galério — disse Flávia na tentativa de agradar —, Marcellus exagerou, como sempre, no vinho e fez insinuações infelizes a respeito da reputação de Jasmine, minha convidada e atualmente hóspede de Prisca e do imperador.

Marcus, irmão de Marcellus, saiu em sua defesa... Não fosse pela chegada do irmão de Jasmine, acredito que os dois Severus nos dariam uma cena adorável... Ambos brigando pela mesma mulher!

O olhar frio de Diocleciano fez com que a moça se calasse. Naquela época, sem a consciência plena das consequências que teriam os seus atos, os nossos amigos se enredavam em teias de amores não correspondidos, ódios, vinganças e no uso de variados artifícios para alcançar os seus objetivos. Poucos ainda respeitavam o tênue apelo dessa consciência no sentido de evitar quedas maiores, das quais levariam muito tempo para se reerguer.

Jesus, em sua misericórdia, não pouparia esforços para tentar despertar esses espíritos que possuíam em suas mãos uma grande oportunidade de refazer o próprio caminho, de modo a alijar do seu passado uma série de erros.

Os convivas ainda continuavam com seu riso álacre; as taças de vinho eram prontamente reabastecidas pelos escravos que, céleres, caminhavam entre a elite da época.

Jasmine se retirava, amparada por Hashab, mas esse revelava extrema palidez e, sentindo-se mal, amparou-se em uma coluna, já no corredor do palácio.

Preocupada, Jasmine o inquiriu:

— Hashab! O que houve? Estás pálido! Pelos deuses, a tua doença!

O rapaz a fitou e, balançando a cabeça negativamente, disse:

— Não, Jasmine, não te preocupes. Estou curado da doença que tanto me prejudicou... O que me perturba é outra coisa...

— Do que se trata? Dize-me!

Hashab a pegou pela mão e foram para um dos átrios do palácio. Com a voz tomada pela emoção, falou:

— Aquele oficial, Marcellus, o que tem a ver contigo?

— Absolutamente nada, meu irmão. Persegue-me desde o dia em que o conheci na casa de Júlia e Marcus. Agora, me chantageia, assim como Flávia; ambos se uniram para destruir as nossas vidas. Mas o que Marcellus tem a ver com o teu estado?

Hashab respirou profundamente e disse:

— Lembra-te de quando a nossa casa foi invadida pelos romanos e que nossa mãe me pediu que te levasse para a casa de uma serva?

— Sim, lembro-me bem, mas o que isso tem a ver com Marcellus? — perguntou a moça, nervosa.

— Não quis tocar nesse assunto por muito tempo, mas, quando retornei, pude ver quem havia emitido a ordem para invadir a nossa casa. Consegui ver o algoz que destruiu as nossas vidas! Agora, apesar de ter uma visão diferente, não posso me calar diante de um assassino... O homem a dar a ordem que tirou a vida de nosso pai era Marcellus!

Jasmine cambaleou, e Hashab precisou ampará-la. Ainda sob o efeito da revelação cruel, Jasmine balbuciou entre dentes:

— Sempre o odiei pela sua arrogância, seu comportamento libertino, porém agora tenho um motivo justo e me vingarei!
— Hashab, mais calmo, ponderou:

— Apesar do mal que nos fez, não nos cabe fazer justiça com as próprias mãos, Jasmine! Por que manchar as tuas mãos com o sangue de um assassino? Deixemos que a justiça divina sentencie o veredito no momento apropriado...

Jasmine ouvia as palavras de Hashab, mas não as compreendia. Como esquecer ou deixar de vingar a morte de seus pais? Isso era inadmissível!

Aproximando-se de Hashab, disse:

— Como esperas que eu deixe Marcellus continuar levando a desgraça a outras pessoas? Saibas, Hashab, que por mais de uma vez ele foi desagradável ao extremo, forçando-me a beijá-lo com tentativas desrespeitosas, quase beirando a violência... O que tem me valido é o seu orgulho, que é bem maior do que o seu "amor". Não perderei a oportunidade de tirá-lo de minha vida para sempre...

Preocupado, Hashab quis saber:

— O que desejas fazer, Jasmine? Procura pensar com calma, agora tens o teu filho para cuidar... até que retornes comigo para a tua casa.

— Sim, voltarei... Antes, no entanto, tenho uma tarefa a levar a cabo. Não entendo a tua passividade diante do homem que matou nossos pais! O que houve contigo, Hashab?

O rapaz fitou a irmã com indisfarçável carinho e disse:

— Há algum tempo conheci alguém que me modificou. Hoje sou um homem novo, curado das minhas mazelas... Não temo mais a justiça dos homens, que é tão falível quanto eles! Creio em uma justiça maior, oriunda daquele que é o eterno Bem em nossas vidas... — Demonstrando claramente que se situava em condição espiritual diversa da de Hashab, Jasmine falou:

— Tuas ideias me assustam! O que te faz perder a oportunidade de vingar aqueles a quem tanto amamos?

Percebendo que não conseguiria, naquele momento, modificar as disposições íntimas da irmã, Hashab falou:

— Conversaremos amanhã, Jasmine. Estamos cansados, o dia foi de grandes emoções!

Assim, Hashab a acompanhou até os seus aposentos, despedindo-se da irmã com um carinhoso beijo na sua testa.

No dia seguinte, Lea, a serva de Júlia que ficara cuidando de Haram, preparava a criança para entregá-la a Jasmine.

Naquela manhã tépida, cujo sol cobria suavemente a Nicomédia, após fazer o desjejum, Júlia foi procurar Lea para dar algumas ordens quanto ao seu vestuário, quando viu Lea dando banho no menino.

Ao vê-lo brincando com a serva, se aproximou devagarzinho para não perturbar a delicada cena que presenciava.

Durante a viagem que fizera desde Antioquia, não se envolvera nos cuidados com a criança, a pedido de Marcus. Seu marido alegava que, além do cansaço, ela se apegaria ao menino e sofreria desnecessariamente quando fosse entregue a Jasmine.

Júlia havia se aborrecido no início, mas, ao final de algum tempo, considerara que o marido tinha razão e se satisfizera em não o contrariar.

Observava com um sorriso espontâneo o pequeno, quando Lea ergueu a criança para cobri-la com uma toalha; Júlia pediu que se detivesse, ao que a moça segurou a criança em seu colo e olhou interrogativamente para ela.

A nobre patrícia se aproximou e quis pegar o menino em seu colo. Com os olhos cheios de lágrimas, olhou detidamente o corpo da criança.

Não, ela não estava enganada! Haram tinha um sinal de nascença exatamente igual ao de Marcus!

Fizera-se surda diante das advertências de Otávia; ignorara as indiretas de Flávia e Marcellus... Fingira não perceber o olhar de Marcus a procurar pela presença de Jasmine, mas o que tentara com todas as forças de sua alma ignorar apresentava-se à sua frente! Aquela criança era a prova que necessitava da traição de Marcus!

Júlia colocou o menino nas mãos de Lea e se retirou sentindo uma dor tão grande, que parecia afetá-la fisicamente. Mal conseguindo caminhar, dirigia-se para os seus aposentos, mas, ao lembrar-se de que poderia encontrar o marido, deteve-se.

Caminhou para fora como que conduzida por alguém invisível aos seus olhos. Quando encontrou um local afastado, embaixo de centenária árvore, deixou-se cair e, em soluços, pôde dar vazão a toda a sua dor.

À traição somava-se a inexistência de um filho a quem pudesse amar e dedicar a sua vida, agora que os sonhos matrimoniais se esvaneciam como uma fantasia que tivesse alimentado por toda a vida.

Reconhecia não ter a beleza de Jasmine, mas renunciara a outros pretendentes por amor a Marcus. Seu pai, a princípio, não concordara, visto a relação de Marcus com Flávia na primeira juventude ser de conhecimento de toda a corte.

A postura do rapaz, no entanto, havia se modificado. Mostrava-se desiludido e envergonhado da vida que levara, principalmente após a morte de seu pai. Afiançara-lhe que tinha mudado por sua causa, por ter encontrado um amor puro e verdadeiro que o havia arrancado das garras sedutoras de Flávia.

Enfrentara o pai, as amizades próximas, que a desaconselhavam a se unir a Marcus Severus; ignorara alvitres, as preocupações de sua mãe... Confiara na mudança de Marcus, na sua palavra, no seu amor...

Lágrimas pungentes corriam-lhe pelas faces cuja alvura tornavam-na mais graciosa, com um encanto que apenas o sofrimento estampa nas almas delicadas.

O rumor de passos apressados a fez voltar a si. Olhou na direção de onde provinham e viu que Prisca se aproximava. Ao vê-la, a nobre mulher sentou-se ao seu lado, segurando as suas mãos frias.

Encorajada pelo gesto de carinho da prima de sua mãe, que já trazia um espírito talhado por renúncias e sacrifícios no reduto doméstico, Júlia aquiesceu em abrir o coração, extravasando todo o seu sofrimento. Prisca, penalizada, falou:

— Uma dor como a que experimentas, querida, só posso atribuir a uma grande desilusão...

Confirmando, Júlia não respondeu por palavras. Não conseguia falar, a angústia que trazia no peito parecia arrebentar-lhe o coração.

— Imagino que se trata do teu marido... — disse com delicadeza Prisca. A seguir falou: — Há algum tempo, eu te sugeriria que fizesses um sacrifício a Juno ou a Héstia, que bem sabemos nos protegem o lar e a família, o casamento, mas hoje vou te falar de alguém que poderá te ajudar a tirar esse peso de teu coração...

— Por favor, fala-me, Prisca, pois preciso de auxílio!

Prisca ajeitou-se e, ainda segurando a mão de Júlia, disse:

— Vou falar-te de alguém que nos ama incondicionalmente, que veio a este mundo para socorrer os fracos, os oprimidos, os desalentados e sofredores de toda a sorte... Ele ensinava, quando ainda estava entre nós, que os aflitos seriam consolados, os puros de coração veriam Deus, os brandos e pacíficos um dia seriam chamados filhos desse Deus, que é o nosso Pai... Ele nos recomendou perdoar até sete vezes sete, ou seja, indefinidamente...

Júlia parou de chorar e seus olhos enevoados de pranto se fixaram em Prisca. Com o olhar súplice, falou:

— Perdoar? Continue, por favor! Tuas palavras balsamizam a minha dor!

Prisca aquiesceu e seu olhar vagou pelo jardim como a buscar inspiração, prosseguindo:

— Sim, perdoar! Esquecer as ofensas, porque, conforme perdoarmos os nossos irmãos, seremos perdoados por Deus, que é único... Jesus, enviado em Seu nome, veio a este mundo para trazer a Boa Nova, ensinamentos que completam outros já recebidos anteriormente por um povo, os hebreus. Querida, posso te falar da imensa consolação que as palavras desse homem trouxeram para a minha vida... Valéria partilha comigo desta simpatia pelo Nazareno, de quem provavelmente já deves ter ouvido falar...

"A sua palavra nos arrebata pela doçura e pelo infinito amor que nos dedica, pois nos considera irmãos em aprendizado das leis de nosso Pai, Deus, que está nos céus!

"Ele disse que ficaria conosco até o final dos tempos! Não estaremos mais sozinhos neste vale da dor, porque o seu amparo nos sustenta e reergue, nos mostra os cumes radiantes de luz e esperança que nos aguardam um dia..."

Júlia a fitou assustada e disse:

— Não são ideias novas para mim, Lea já havia me falado alguma coisa durante a nossa viagem. Referes-te aos cristãos, Prisca? Teu marido os persegue... Cobrou de Marcus medidas mais duras e efetivas na punição dos adeptos...

Com tristeza, Prisca redarguiu:

— Sim, minha querida, Diocleciano é um inimigo feroz do Messias Nazareno, mas afianço-te que minha fé permanece inabalável nesse Mestre, que só ensinou o amor aos semelhantes... Compreendes que os seus ensinamentos assustam o poder romano, pois estão acima das coisas da Terra? Meu pobre marido deseja ser um Deus absoluto, esquecendo que é tão mortal como os cristãos que persegue. Guarda este doce nome: Jesus, pois ele significa a nossa redenção, a nossa libertação do sofrimento, já que disse que aqueles que o seguissem encontrariam a paz!

Preocupada, Júlia perguntou:

— Não temes que ele se volte contra ti? E Valéria? Também não tens receio de Galério, visto que é um dos mais encarniçados perseguidores dos cristãos?

Prisca balançou a cabeça e respondeu:

— Creio em um reino além deste mundo onde encontraremos a paz, a justiça, a felicidade, Júlia. Meus interesses não se encontram neste vale de lágrimas onde vemos tanta ignomínia, tanto mal, tanta dor e sofrimento! O que Diocleciano pode fazer contra mim ou Valéria? Matar-nos os corpos? Minha alma será feliz se puder testemunhar a minha fé em Jesus!

"Ele não desconhece as nossas convicções, mas um dia não poderá ignorá-las e não há nada que eu possa fazer. Por enquanto, procuro auxiliar a comunidade cristã, aqui na Nicomédia, claro, de maneira velada.

"Nossas esperanças em Jesus nos dão a força, a coragem de enfrentarmos qualquer adversidade na vida! Sabemos que a felicidade existe e que esta passagem pela Terra é muito rápida... Logo estaremos junto ao nosso Mestre...

"Por Antioquia, passaram nomes respeitáveis; além disso, a história do Cristianismo está muito ligada à cidade onde nasceste. Gostaria muito de ir até lá para conhecer os dedicados irmãos daquela comunidade. Por enquanto, permaneço aqui, na esperança de um dia, quem sabe... Se te interessares, poderás vir comigo em um de nossos encontros e ouvirás a palavra inspirada de nossos irmãos — é o nome pelo qual nos identificamos —, que têm muito a nos ensinar!"

Júlia sentiu uma grande curiosidade em conhecer melhor os ensinamentos do tal Messias. Afinal, mobilizar todo um império a fim de eliminar os seus adeptos demonstrava que a palavra desse Messias deveria ter uma força desconhecida, pois atemorizava os grandes da Terra.

Mais confortada e, principalmente, com uma nova esperança em seu coração, Júlia retornou para o palácio apoiada em Prisca.

Sim! Desejava conhecer um pouco mais desse homem que, apenas com algumas palavras, lhe aliviava o coração opresso, enchendo-o de salutares esperanças.

17

ENTRE O AMOR E O PODER

Desde a sua chegada ao palácio, Jasmine evitava sistematicamente a presença de Marcus.

Sempre que percebia a aproximação do moço, esquivava-se, aproximando-se de Júlia, Valéria ou Prisca, sabendo que ele desistiria do seu intento.

Sentia uma sensação de perigo em torno de sua pessoa, algo indefinível que parecia lhe rondar os passos, aguardando a oportunidade para atacá-la.

Certamente, Flávia fazia esse papel, vigiando-a, mas era algo mais sutil, como se um elemento invisível a cercasse. Na realidade, Jasmine trazia consigo inimigos do passado que desejavam, a todo o custo, que ela acertasse suas contas.

Nada os irritava mais do que vê-la triunfante sobre as situações, desvencilhando-se facilmente dos apuros que as suas ações geravam.

Assim, caminhava em um dos corredores do palácio, margeando as colunatas, quando inesperadamente sentiu que alguém a puxava pelo braço.

Assustada, voltou-se e viu, bastante próximo, o rosto de Marcus. Antes que pudesse falar algo, ouviu-o lhe dizer com rancor:

— Por que me evitas, Jasmine? O que aconteceu contigo? Pensei que me aguardavas ansiosa por nosso reencontro...

Jasmine o fitou e sentiu que ainda o amava. Sem oferecer resistência, deixou que ele a beijasse. A seguir, disse emocionada:

— Marcus! Tenho medo do que possa nos acontecer! Narin não permitiu que meu filho viesse para cá... Temo que desconfie de algo...

— Não há motivos para que ele desconfie de nós. Precisamos nos acautelar quanto a Flávia, mas já tenho em mente o que fazer sobre esse assunto... — falou, já mais calmo.

Com o olhar preocupado, Jasmine tornou:

— Sim, Flávia é questão de tempo; Marcellus, tu sabes, me importuna o tempo todo, espero que logo parta para uma campanha... Achei, no entanto, que foi muito arriscado trazer nosso filho com tua mulher!

Marcus sorriu e disse:

— Não te preocupes. Júlia se afeiçoou a Haram, mas naturalmente quem cuidou do menino foi Lea, nossa serva. Pelo que vi, ela e teu irmão têm algo em comum...

— Verdade? Estranho Hashab não ter me dito nada...

Tornando a sua expressão séria, Marcus a questionou:

— Desde que cheguei ouvi boatos maldosos nos quais não quero acreditar... Por favor, Jasmine, diga-me a verdade!

— Do que se trata, Marcus? Dize-me, me deixas aflita falando dessa forma!

Ele segurou o rosto de Jasmine entre as suas mãos e falou:

— Acredito que sejam boatos, mas preciso ouvir de teus lábios... Quero que me diga que não é verdade o que falam de ti e do imperador...

Jasmine o fitou e disse:

— Acreditas que eu te trairia, Marcus? É evidente que nada tenho com Diocleciano! Ele me protege, acredito que se afeiçoou a mim... Mas aprecio muito Prisca e não desejo magoá-la.

Marcus a abraçou com paixão e beijaram-se, despreocupados, sem se ater ao perigo que corriam.

Naquela época, era grande o número de serviçais pagos — com algumas poucas moedas — para espionar os afetos e desafetos dos membros da corte. Como sempre havia interesses em jogo: descobrir um segredo, chantagear, prejudicar ou tirar um obstáculo ou alguém do caminho, era muito fácil conseguir isso.

Diocleciano não havia agido de modo diferente. Sabendo que, com a presença de Marcus no palácio, fatalmente o casal encontraria uma maneira de se ver, instruiu um de seus soldados mais fiéis para a tarefa.

Alguns minutos mais tarde, ao saber do encontro de Jasmine e Marcus, foi tomado de irritação. Com medo, o rapaz descreveu o que havia presenciado, relatando inclusive a desconfiança de Marcus a seu respeito. O que mais o humilhou, no entanto, foi a afirmação de Jasmine sobre os seus sentimentos em relação a ele.

— Ela disse ter respeito por Prisca? — vociferou colérico. — E quanto a Júlia? E quanto às outras mulheres que se tornaram infelizes por causa dela?

Rodeado por entidades femininas que desejavam a ruína de Jasmine, ele prosseguia:

— Jasmine disse que eu a protejo? Essa moça não tem a menor ideia do que posso fazer com a vida dela!

O soldado disse, reticente:

— Creio que ela não quis falar para o amante aquilo que sentia por vós.

Diocleciano se voltou e mandou que o militar se retirasse. Já bastava a humilhação de que se via objeto. Antes, porém, de o rapaz sair, ainda falou:

— Conheces a minha forma de proceder... Saberei se deste com a língua nos dentes! Primeiro, acabarei com a tua família, para depois pensar em ti.

O rapaz fez um sinal positivo com a cabeça e saiu.

Naquele momento, o imperador sentia que todo o seu poder, fortuna, títulos de nada lhe valiam, pois não podia obrigar Jasmine a amá-lo. Impotente diante da realidade que se apresentava, pensou: “Posso não ter o amor de Jasmine, mas nada impede que eu a subjugue, a faça sofrer, que me peça perdão por não me amar!”

Causa de infinito sofrimento na face da Terra, o amor não correspondido tem sido a causa das grandes tragédias do sentimento, levando os envolvidos a desastres de incalculáveis consequências em suas trajetórias espirituais.

O que faz com que amemos um ser e outro não?

Se remontarmos às vidas passadas, poderemos encontrar nossos acertos e desacertos com uns e outros, mas o que realmente nos dirige para um ser está no domínio dos desígnios de Deus.

Ao encontrar Marcus, Jasmine dirigia-se para o terraço na intenção de encontrar Diocleciano. Após o breve colóquio amoroso com o homem que amava, a moça manteve o seu objetivo e seguiu para o referido local.

Percebeu que um dos soldados da guarda particular do imperador se retirava às pressas. Observando ao longo das colunas de mármore, finamente talhadas, buscou localizar Diocleciano. Era um dos raros momentos de solidão de que ele gozava, distanciando-se dos bajuladores e pedintes que o cercavam quase diuturnamente.

Jasmine viu que ele se encontrava recostado em uma cadeira típica romana e caminhou em sua direção. Parou ao vê-lo com os olhos fechados e, pela primeira vez, deteve-se em observar-lhe mais detidamente. Os traços regulares, próprios dos povos da Ilíria, se faziam presentes, e o corpo robusto demonstrava que trazia os resquícios das lides de um soldado. Ia se retirar quando ele fez um sinal, ainda com os olhos fechados, para que ficasse.

— Sabes que poucas pessoas têm acesso a estes aposentos? Muitos bem que gostariam, certamente com o intuito de me assassinar...

Jasmine permaneceu a sua frente e ele lhe indicou uma cadeira para que sentasse. Magoado com as últimas revelações sobre ela, falou:

— Creio que não seja esta a tua vontade. O que a encantadora Jasmine deseja de seu imperador? — A moça respondeu hesitante:

— Senhor, não deveis me colocar entre os vossos inimigos! Desejo agradecer-vos por terdes mandado buscar meu filho! Jamais poderei vos retribuir esse gesto de vossa bondade...

Diocleciano abriu os olhos e a cor acinzentada deles refletiu o que lhe ia no íntimo. Jasmine percebeu que algo acontecera e disse:

— Não deveria vos perturbar... Deveis estar cansado, senhor!

Segurando a mão da moça, ele falou:

— Fique, Jasmine! Preciso de alguns momentos pacíficos antes de ir às feras... — Tornou com um sorriso sarcástico: — Assim como os cristãos em outros tempos... Disseste que devo estar cansado? Sim, estou! Cansado de lutar para manter algo que já se perdeu! Roma caminha para a sua queda e preciso de mais forças para mantê-la com a devida energia... Vieste me agradecer? Sim, fui generoso contigo, Jasmine.

Enquanto falava, lhe ocorreu que poderia cobrar o que quisesse de Jasmine, mas, apesar de sua rusticidade disfarçada, exatamente o oposto de Marcus, percebeu que apenas iria afastá-la ainda mais... Também se lembrou da traição de Marcus entregando o marido e o irmão da moça a ele, Diocleciano, com o intento de afastá-los de seu caminho. Mas, pensou, isso ficaria para um momento mais propício, quando acabaria com a farsa de Marcus. E, se Jasmine não acreditasse, teria provas!

Estabeleceu-se um silêncio que incomodou ambos, e Jasmine pensou ser o momento de falar o que realmente a levara até a presença do imperador:

— Senhor, Marcellus ainda segue os meus passos neste palácio. Além disso, soube por meu irmão que foi ele quem deu a ordem para assassinar os meus pais! Sei das vossas ocupações, mas volto a vos implorar seu afastamento deste palácio!

Diocleciano fitou os grandes olhos de Jasmine. Apesar de odiar Marcellus, podia compreender a fascinação dele pela moça. Aborrecido, prosseguiu:

— Não esqueci deste assunto, visto que a minha própria esposa me pediu em teu favor. Apenas aguardava a oportunidade que melhor me convém. Logo retornarei ao campo de batalha e levarei Marcellus comigo. Além disso, o que posso fazer para torná-la feliz, Jasmine?

Encorajada, ela tornou:

— Ainda me preocupa... Por favor, esqueça! Devo deixar-vos com os vossos pesados encargos e não desejo tomar mais da vossa atenção...

— Ordeno-te que continues... Desejo ouvir-te!

Jasmine pensou por alguns instantes e disse relutante:

— A presença de Flávia me incomoda, senhor. Ela me trouxe para a Nicomédia, e por isso sou grata aos deuses, mas não é minha amiga e deseja me fazer mal...

Diocleciano percebeu onde Jasmine queria chegar e considerou:

— Tu sabes que, nunca como agora, o momento é propício para nos desfazermos de falsos amigos e traidores. Flávia descende de uma linhagem de nobreza e, apesar de eu ser o imperador, percebo que ela possui uma arrogância que detesto! Verei como podemos afastá-la daqui. Não me faltará oportunidade, depende apenas da minha vontade.

Jasmine sorriu. Ver-se livre de Marcellus e Flávia ao mesmo tempo era muito mais do que esperava. Sorrindo, beijou as mãos do imperador, num átimo de felicidade.

Diocleciano, porém, segurou a sua mão e perguntou:

— Tu me serás fiel, Jasmine? Percebes o que sou capaz de fazer a teu pedido?

Incomodada com a pergunta, Jasmine retirou sua pequena mão e tornou:

— Sois meu imperador e serei fiel, senhor, sempre...

Naquele recanto perdido no tempo, cercado de esculturas em mármore, com adoráveis pérgolas ornadas com flores que exalavam delicioso perfume, Jasmine comprometia o seu futuro espiritual ao se aliar com aqueles que, enceguecidos pelo poder transitório do mundo, acreditavam que não teriam de prestar contas diante da própria consciência.

Quando Jasmine se afastou do conluio com Diocleciano, sentia o coração disparado em seu peito. A presença daquele homem lhe causava temor por saber o que acontecia com os que lhe traíam a confiança.

Ia ao encontro de Haram quando ouviu a voz de Hashab a lhe chamar. Voltou-se e viu o irmão com o passo apressado em sua direção. Ao vê-la, o rapaz a observou e comentou:

— Jasmine! Pareces-me muito satisfeita, apesar do que te revelei sobre Marcellus... — Jasmine o fitou e respondeu:

— Agora não me preocupo mais, já tomei as medidas necessárias para proteger a nossa felicidade...

— O que queres dizer, minha irmã? Pareces-me segura no que dizes... Fizeste algo de que possas te arrepender?

Jasmine se amparou no braço de Hashab e, caminhando no largo corredor que levava aos seus aposentos, disse:

— Nos últimos tempos tenho sofrido muito, Hashab. A solidão, o medo do que poderia me acontecer neste lugar, sem amigos, sem amparo, à mercê de sentimentos inescrupulosos, enfim, passei dias de absoluto terror...

— Mas e Prisca? Valéria? Soube que são mulheres admiráveis. Talvez por isso suportem a presença de Diocleciano...

Jasmine fez um sinal negativo com a cabeça e tornou:

— Admiro ambas, mas cometes uma injustiça com o imperador. Ele tem sido a minha defesa contra as maldades de Marcellus e Flávia... Por diversas vezes, fui salva de situações deprimentes por sua intercessão... Agora, porém, está tudo andando como eu esperava e, em breve, poderei me vingar!

Hashab, surpreso, comentou:

— Não te reconheço, Jasmine! Alias-te a um homem sem escrúpulos, vingativo e arrogante, que só pensa em satisfazer a própria vaidade, insensível ao sofrimento alheio?

— Hashab! Não é este o Diocleciano que conheço! Juro-te que ele tem se mostrado um homem cansado com o peso de suas obrigações e que me respeita como poucos! — Impaciente, Hashab contrapôs:

— Acreditas nisso? Quanto tempo esse respeito irá durar? Não te iludas, Jasmine, pois ele tem os próprios interesses e não renunciará a isso, jamais! Falas em vingar-te? Pensas em vingança, quando devias ter toda a tua atenção voltada para Haram e ao teu retorno para Antioquia!

Jasmine empalideceu e tornou:

— Exageras, Hashab! Prometo que saberei me cuidar, meu irmão. Tenho aprendido a me defender desde que saí de Antioquia. Quanto ao meu retorno, voltarei, mas não viverei com essas sombras, Flávia e Marcellus, a me perseguir pelo resto dos meus dias. Preciso pôr um fim nisso e assim será feito...

Fiel aos novos princípios que professava, Hashab procurou dissuadi-la:

— Minha irmã, a vingança só te atrelará aos teus algozes! Se queres te libertar, perdoa! Logo essas pessoas irão colher as sementes que plantaram... Procura uma maneira de reconstruir o teu casamento com Narin, que é um homem bom e te ama acima de tudo.

Jasmine disse com os olhos cheios de lágrimas:

— Hashab! Sabes que não amo Narin... Casei-me para que tu não fosses entregue aos romanos... — Lívido, Hashab disse:

— Por que dizes isso agora, Jasmine? Implorei-te para que não fizesses isso! Pedi que não assumisses um compromisso por minha causa... — e sentou-se em um banco com as mãos cobrindo o rosto. Ao ver o efeito de suas palavras, Jasmine o abraçou e disse soluçando:

— Oh, Hashab, perdoa-me! Não queria te magoar, mas tu me cobras um amor que não tenho por Narin... Sabes a quem amo e a quem nunca poderei ter!

Hashab ergueu a cabeça e falou:

— Não podemos desfazer o que foi feito, mas ainda tens tempo, Jasmine. Procura perdoar os que te magoaram, assim como me pedes perdão. Não podemos julgar ninguém, porque também erramos...

— Falas de modo estranho, Hashab. Não posso perdoar, por ter perdido a minha vida por causa de Flávia e Marcellus... Eles terão o que merecem, já te assegurei disso; logo estaremos livres...

— Diga-me, Jasmine, como pretendes conseguir concretizar os teus desejos? — Jasmine baixou a cabeça e respondeu:

— Tenho os meus recursos, Hashab. Peço-te apenas cuidado quando falas essas coisas estranhas... Não deves chamar atenção para a tua maneira de pensar...

Hashab entendeu onde Jasmine queria chegar. Lamentava que a irmã ainda não conseguisse vislumbrar a verdade que a doutrina do Messias Nazareno trazia a todos os corações da Terra.

Via com tristeza quanto as ilusões da matéria estavam presentes em Jasmine. Isso significava que a irmã ainda teria um longo caminho para trilhar, talvez de aflitivas dores, lamentando as escolhas que havia feito.

Não estamos todos colhendo os frutos das nossas escolhas, passados mais de dois milênios da presença do Cristo entre nós?

Distante dali, em Antioquia, vamos reencontrar Narin, que buscava em uma das famosas termas da cidade o descanso para o seu atribulado cérebro. Ao se localizar junto a uma das graciosas fontes, Narin pensava.

"Sinto-me arredio e amargurado, sem encontrar alegria nem mesmo em meus filhos! Pelos deuses, em que estou me transformando?", perguntava-se. "A dor que Jasmine me causou com esse afastamento e o pedido para que Haram fosse levado dificilmente será curada..."

Narin aliviava o calor na água tépida, suavemente perfumada com essências aromáticas, quando dois homens, certamente romanos, se acomodaram no lado oposto da piscina.

Um rápido cumprimento e os homens continuaram a conversação animada. Narin, por sua vez, permaneceu calado, envolto em pensamentos sombrios e cultivados por desafetos que se encontravam em outro plano da vida; estes, aproveitando as suas disposições psíquicas, insuflavam-lhe amargura e desânimo.

Como acontece nesses casos, que ingenuamente consideramos mera coincidência, o assunto tratado pelos recém-chegados seria de extremo interesse para Narin.

Teria ele ido às termas naquela tarde por um simples acaso?

Os recém-chegados, distraídos, comentavam sobre as festas oferecidas pelo imperador. A certa altura, um deles comentou em tom mais baixo, evidenciando se tratar de assunto que exigia discrição:

— Dize-me tu: o que tens achado das festas da corte de Diocleciano? Disseram-me que as atrações são dignas de um descendente de Júpiter, lembrando os velhos tempos de Roma! Embora saibamos que nosso imperador tem outra ascendência... — Ambos riram, enquanto o outro retrucava:

— Ora, Salesius, sabes que o imperador tem procurado fortalecer a sua posição com o que ele chama de retorno às "tradições". Isso é impossível, porque o império está tomado de uma doença silenciosa, mas que vai minando nossas forças e poder...

— Referes-te ao Cristianismo? Também concordo e, nesse ponto, acho que ele, o imperador, faz um bom trabalho. Aqui, deves saber, se localiza uma das maiores comunidades cristãs do império... Teremos muito trabalho em breve, denunciando esses lunáticos e enviando-os para bem perto do seu salvador!

A risada soou alta e estridente aos ouvidos de Narin. Aquela conversa, sem sombra de dúvidas, não lhe dizia respeito. Tencionava retirar-se quando um dos homens comentou:

— Deixemos de lado esse assunto que, de qualquer forma, é deveras entediante e falemos de coisas mais agradáveis. Na última festa, pude ver outros rostos femininos junto à família do imperador... — Entusiasmado, o outro concordou:

— Além de nossa atraente Flávia, estava a cândida Júlia, esposa de Marcus Severus, Otávia, com o seu despeito, e outra mulher que, pelos traços, não me pareceu romana. Deves estar te referindo a ela...

— Sim, mas no dia em questão houve um pequeno escândalo por causa dessa jovem. Nosso caro Marcellus Severus, embriagado, coisa que não nos surpreende, perdeu a compostura diante da beldade novamente, e desta vez correm boatos de que será rudemente castigado por Diocleciano.

Curioso, Felicius, o outro interlocutor, quis saber:

— Diga-me, amigo, o que tem Diocleciano a ver com essa história? Nosso imperador não é homem de aventuras, vive obcecado pelo poder!

— Soube por fontes seguras que essa mulher, a qual se não me engano é daqui, é protegida de Diocleciano... — respondeu Salesius. Ambos se entreolharam e riram com maldade. A seguir, Felicius falou:

— Não posso duvidar de que essa moça tenha despertado algo em Diocleciano. Trata-se de uma jovem e encantadora mulher...

Com um ar de vitória nos olhos, Salesius disse com orgulho:

— Essa mulher vive em Antioquia e frequenta a casa de Marcus Severus. Acompanhou Flávia, que desejava rever as amizades da corte...

— É casada? — perguntou Felicius, interessado.

— Bem sabes que isso não importa em nossa sociedade. O marido, quando muito, será um empecilho que logo Diocleciano descartará... Não gostaria de estar na pele desse pobre homem!

— Queres dizer que nosso rude imperador foi tocado pelo deus do amor? — Dando uma gargalhada, Salesius respondeu:

— Quem sabe? Não podemos duvidar de nada... Pude, no entanto, perceber que se trata de uma de suas protegidas. Não fossem os rumores da doença de Diocleciano...

— Também ouviste falar? O que sabes a respeito?

Salesius respondeu, mas Narin já havia se afastado. Com o coração batendo descompassado, vestiu-se e abandonou as termas, buscando, no recolhimento de sua casa, colocar os pensamentos em ordem.

Pelo caminho sentia que um turbilhão de pensamentos e emoções o sufocava. Não havia dúvidas de que aqueles homens falavam de sua mulher, Jasmine.

Por que Jasmine não lhe enviava notícias e, o principal, qual o motivo de o imperador mandar buscar os seus filhos?

Estaria Jasmine pensando em... Narin, em um acesso de raiva, deu um soco no ar, tomado de desespero, descontrolado, em um acesso de ciúme.

Havia tirado Jasmine da miséria... Hashab não passava de um esfomeado, roubando para comer!

O próprio Hashab já o havia advertido!

Sentia-se traído, enganado. Jasmine teria partido para se afastar dele, buscando uma vida mais vibrante? Talvez Antioquia fosse por demais entediante para sua mulher...

Lembrava-se dos jantares, das festas, quando ela se apresentava mais encantadora do que nunca, atraindo os olhares dos presentes e, envaidecida, apenas sorria... Teria ela, ao ser apresentada na corte do imperador, se esquecido dele, Narin, para ser uma concubina de um tirano?

O luxo, a fortuna, a vida da corte teriam conquistado o coração de Jasmine, a ponto de esquecê-lo e ao seu lar, aos filhos?

Narin sabia que essas perguntas só teriam respostas quando ele, pessoalmente, ficasse diante de Jasmine.

A dúvida se instalara em seu coração. O desespero por se sentir traído, o desejo de vingança, fizeram com que Narin buscasse consolo nos braços de Rania, a serva que permanecera fiel ao amor que lhe dedicava antes mesmo de conhecer Jasmine.

Não poderia se afastar de Antioquia naquele momento, por isso deu a um dos seus homens de confiança, Hadid, ordem para partir imediatamente para a Nicomédia.

Assim, alguns dias mais tarde, Hadid partiu com alguns pertences, um criado e uma mensagem cuja destinatária seria a menos aconselhável para o momento: Flávia Pompília. Narin ignorava a trama em que Jasmine se havia envolvido, assim como desconhecia a animosidade existente entre as duas mulheres. De tal modo, solicitava, na condição de marido apreensivo, notícias de Jasmine e pedia sinceridade quanto aos fatos que porventura estivessem ocorrendo.

Atento às instruções de Narin, deveria entrar no palácio e procurar Flávia o quanto antes. Narin o havia inteirado das suas desconfianças e Hadid desejava, mais do que qualquer coisa, ajudá-lo, pois o laço que o unia ao jovem amo era legítimo como se fora entre pai e filho.

Casado com boa mulher, não tivera filhos e se afeiçoara ao filho de seu patrão, na época o pai de Narin, dedicando-lhe particular estima.

Algo em seu íntimo lhe dizia que a mulher de Narin não amava o seu bondoso amo com a mesma intensidade do esposo. Lembrava-se com tristeza de que ela havia mudado muito no período que precedera a sua partida para a Nicomédia.

Dizia-se cansada, indisposta e muitas vezes saía excessivamente adornada para festins da elite romana. Apesar das desconfianças, não podia alertar Narin sobre o que poderia estar acontecendo, porque seu amo era um homem apaixonado; não acreditaria em uma traição de sua linda esposa.

Assim, se passaram longos dias em viagem pelo mar, com os incômodos do deslocamento competindo com os do coração pesado, temendo desvendar uma realidade assaz dolorosa para Narin.

Ao se lembrar do estado em que deixara o amo, preocupava-se. Dominado pela raiva, atingido em seu amor-próprio, não escondia o arrebatado sofrimento pelo qual passava.

"Amei Jasmine sem reservas, dando-lhe tudo o que possuía: um nome, um lar, uma família!", conjeturava.

Sob dolorosa impressão, jurava que, se tudo se confirmasse, haveria de fazer Jasmine pagar pela desonra do seu nome.

Na Nicomédia, a atmosfera prenunciava o desenrolar de grandes lutas e que pesados compromissos seriam assumidos no futuro.

As falanges avessas ao bem trabalhavam com afinco para que a Boa Nova fosse destruída pelo martírio e flagelo de seus seguidores; a ideia de abjurar a sua fé horrorizava os cristãos, que ofereciam suas vidas como prova do amor que votavam ao Mestre Nazareno.

Viam como uma vitória o fato de vencerem a si mesmos, enfrentando o martírio como prova de fé e amor a Jesus. Quanto maior o sofrimento ou mais cruel a espécie de castigo que lhes era infligido, maior a sua expressão de vitória quando eram — aparentemente — vencidos pela ignomínia e crueldade.

Sem dúvida, havia os que desistiam diante de tão intensos flagelos, porém eram em número insignificante se os compararmos a essas almas valorosas que ajudaram a fortalecer a implantação do Evangelho na Terra.

Essa atitude de acusá-los por qualquer coisa fez com que buscassem na discrição o seu modo de vida. Os encontros, em sua maioria, eram noturnos, após os labores do dia, também para evitar qualquer eventualidade que os colocasse na mira dos seus perseguidores.

Nesse contexto, a influência de Galério sobre Diocleciano e alguns informantes difamadores dos cristãos, aliada a alguns insucessos militares, levariam alguns anos mais tarde à maior perseguição feita aos seguidores de Jesus.

No entanto, alheia a tudo isso, Jasmine acalentava o desejo de partir com Marcus e Haram para uma região distante.

O tempo em que permanecera afastada de Narin acabara por arrefecer o sentimento que ainda nutria pelo marido. Se antes sentia remorso pela sua infidelidade, agora apenas lamentava não ter partido antes.

Procurando um momento oportuno, pediu a Lea, criada de Júlia, que entregasse uma mecha de seu cabelo para Marcus.

Lea a fitou e disse com humildade:

— Senhora, por que pedis a mim esse encargo? Por que não solicitá-lo a outra serva? — Jasmine se aproximou e com um vago sorriso disse:

— Porque confio em ti, Lea... Tenho certeza de que sabes o que é o amor... Vi no teu olhar e no do meu irmão algo bem mais profundo que uma simples admiração... Sei que não me trairias, visto que serás minha cunhada.

Lea baixou o olhar e falou:

— Sim, senhora, não posso negar os meus sentimentos em relação a Hashab. — Jasmine sorriu e perguntou:

— O que te impede de atender ao meu pedido?

— Não me considero apenas uma serva da nobre Júlia. Eu me afeiçoei à senhora, que tanto tem sofrido... Não gostaria de ser instrumento para a sua dor!

A nobreza de sentimentos de Lea fez com que Jasmine enrubescesse. Aquela serva demonstrava uma elevação moral que estava longe de possuir. Constrangida pela situação, falou contrariada:

— Entendo os teus pudores. Também estimo Júlia, mas trata-se da minha felicidade e não pretendo deixar que os preconceitos morais me afastem do homem a quem amo.

Lea ousou dizer:

— Senhora, por que não renunciar a um amor que também a fez sofrer? Por que não aceitar a vontade de Deus?

Jasmine a fitou surpresa. Imediatamente a inquiriu com desconfiança:

— De que Deus tu falas? — Percebendo que se excedera, revelando algo que devia manter em segredo, Lea se corrigiu:

— Refiro-me ao Deus de Moisés, senhora. Sou descendente de uma das tribos de Israel, fato que não é novo para quem mora em Antioquia...

Jasmine deu o assunto por encerrado e se afastou rapidamente. Não nutria preconceito pelo fato de Hashab amar uma serva, mas sentiu-se muito inferior ao aferir o caráter de sua futura cunhada.

A verdade é que a convivência com a corte de Diocleciano tinha relaxado o seu entendimento sobre a moralidade. Dir-se-ia que algo em seu íntimo se modificava, e a própria Jasmine se desconhecia.

Desde que se tornara a capital do Império Romano do Oriente, com as reformas e a revitalização da cidade feitas por Diocleciano, a Nicomédia se transformara em uma das formosas cidades do império, cujo bom gosto romano a tornava extremamente agradável.

A proximidade com o mar proporcionava uma temperatura amena, sobretudo quando as brisas marinhas traziam os aromas salutares do oceano.

Diante de toda a magnificência dos templos, dos teatros e das termas, dos passeios requintados da nobreza, o povo em verdade se mantinha ao largo desses prazeres e não vislumbrava nenhuma esperança para os seus dias de sofrimento e desamparo.

Em função disso, grande parte dos seguidores de Jesus se encontrava nas classes mais baixas, embora a ideia renovadora agora se alastrasse para além da pobreza. A palavra de Jesus ecoava nos corações desesperançados pela infâmia e vileza presentes em todas as classes.

Era neste cenário de contraste entre a luz e a sombra que, entre os que se envolviam com as ilusões da Terra e aqueles que almejavam a sua libertação espiritual, decisões infelizes seriam tomadas, repercutindo na vida de todos nos séculos vindouros.

Lembramos que, ao chegar à cidade, Hashab não acompanhara Marcus e seus familiares, preferindo se instalar junto aos cristãos da localidade. Fora, na ocasião, recebido com alegria pelos irmãos em crença e trazia as notícias esperadas, adiantando que as "vozes do céu" repetiam incessantemente que todos seriam duramente provados no porvir, mas que isso apenas fortaleceria a fé em Jesus, tornando a crença nele indestrutível.

Após momentos de vívida emoção com os novos amigos, que, na realidade, eram corações que batiam em uníssono, Lea foi apresentada a um casal que se afeiçoara a Hashab, dedicando-lhe particular carinho.

O marido, Samuel, e sua esposa, Ana, ambos judeus convertidos desde a primeira mocidade, comentavam sobre a importância de não se expor diante de tempos tão difíceis. Hashab divergia, embora respeitasse a opinião dos amigos:

— Não vejo razão para temermos os romanos mais do que outros povos... — Samuel sorriu e fez significativo gesto ao dizer:

— Referes-te ao meu povo? Sim, concordo, meu amigo, mas não podes negar que, tendo o poder a seu favor e temendo de alguma forma o Cristianismo, os romanos podem desencadear uma perseguição que nos afetaria muito, eliminando nossas comunidades, atacando nossas residências...

Hashab prosseguia:

— O que vemos sempre é a disputa pelo poder, Samuel. Veja, por exemplo, Diocleciano: está encastelado em seu palácio, temendo os cristãos, mas o seu temor se origina no medo de perder a sua posição. Procura revitalizar a religião dos antigos, com a supremacia de Júpiter, mas em seu íntimo sabe que a ideia cristã tem uma força que jamais foi vista entre seus compatriotas pagãos.

Ana sorriu e falou:

— Lea deve estar enfadada com estas conversas! Dize-me, querida, quanto tempo ficarão na Nicomédia?

Lea respondeu com simplicidade:

— Meus senhores não têm prazo para retornar. O senhor Marcus foi chamado pelo imperador.

Ana fez um sinal positivo com a cabeça e perguntou:

— Tenho curiosidade feminina, cara amiga... Como é a tua senhora? Deve ser uma dama muito linda... Vejo, algumas vezes, algumas mulheres saírem do palácio e todas trajam vestes elegantes...

— Sim, mas minha senhora é tão linda quanto infeliz!

O rosto de Ana se anuviou. Antes que ela prosseguisse, Lea completou:

— Apesar de amar com devoção o marido, ela sente que o está perdendo... A presença de outra mulher atraiu as atenções de meu senhor...

Neste instante, Hashab, que comentava sobre os acontecimentos em Antioquia, ouviu as últimas palavras de Lea e, procurando mudar de assunto, disse:

— Minha boa amiga Ana! Se me permites, eis que tive uma ideia a qual acredito que irás apreciar! Enquanto falava com teu marido, ocorreu-me que poderia demonstrar a minha gratidão com a generosidade da tua hospedagem com o convite para conhecerem a nossa cidade... e estarem presentes em nosso casamento!

Lea voltou-se e fitou Hashab como se não entendesse o que ele havia falado. Sorrindo, o rapaz a abraçou com ternura e falou:

— Sim, minha querida, vamos nos casar! Nada temos a esperar...

Emocionada, Lea o abraçou com os olhos marejados de lágrimas. Samuel e Ana os cumprimentaram alegres e a notícia se espalhou entre os presentes.

Quando Hashab acompanhou Lea até o palácio, apesar da curta distância, tocou no assunto que o preocupava:

— Lea, preciso perguntar-te algo... Ouvi quando falavas da infelicidade da nobre Júlia. O que sabes a respeito?

Uma nuvem de tristeza se refletiu no olhar límpido da moça. Reticente, ela respondeu:

— Lamento ter tocado neste assunto com Ana, querido, mas lamento profundamente por ver a nobre Júlia sofrer desta forma. Não desejava te contar... Se, porém, vais ser meu marido, não desejo te ocultar nada. Posso dizer-te que Júlia sofre por causa da tua irmã, Jasmine... Ela havia me falado ainda em Antioquia que sabia estar perdendo Marcus para outra mulher. Quando chegamos aqui na Nicomédia, por um acaso, ela confirmou que o pequeno Haram é filho de Jasmine e Marcus.

Hashab já estava convencido desse fato, mas, para se certificar, perguntou:

— Como podem ter essa certeza? — Lea continuou:

— Haram tem uma marca de nascença. Marcus tem uma idêntica. Júlia desconfiava das atenções do marido para com a tua irmã... Além disso... — Pálido, Hashab pediu que ela prosseguisse. — Os comentários maldosos em torno da tua irmã se multiplicam. Não acredito no que comentam, mas Flávia Pompília fala coisas detestáveis!

Hashab ficou em silêncio e falou com tristeza:

— Sei o que comentam sobre Jasmine, Lea. Procurei abrir-lhe os olhos acerca da gravidade da situação, mas Jasmine se encontra deslumbrada pelo poder e pela riqueza deste palácio. Não sei o que direi a Narin quando retornarmos...

Vergonha e indignação tomaram conta do espírito de Hashab. Lea lembrou-se do pedido de Jasmine para que facilitasse o seu encontro com Marcus, mas preferiu omitir esse detalhe. Passou a pequena mão nos cabelos do homem amado e falou:

— Meu querido, não podemos esquecer os ensinamentos de Jesus! Não permitas que o homem velho vença o novo Hashab que começa a nascer! Não julgues tua irmã... Não a abandones... E, se for preciso, perdoa! Ela está sozinha e indefesa neste covil, cercada por pessoas egoístas, voltadas apenas aos próprios interesses.

Hashab a fitou com o semblante abatido diante da luta moral em que se encontrava. A seguir, disse:

— O que eu faria se não te tivesse encontrado? Jamais poderia pertencer às fileiras de Jesus! Vou procurar Jasmine para esclarecer tudo de uma vez por todas. Não se preocupe, saberei ouvi-la e tentarei compreender as suas razões, sem julgá-la, mas desejo ardentemente que o que dizem sejam apenas calúnias.

Lea sorriu e estendeu as mãos para que Hashab as beijasse. Abraçaram-se então por um longo tempo, buscando na força daquele amplexo as energias que lhes possibilitassem vencer juntos as grandes provas por que passariam.

18

O DESEQUILÍBRIO DE MARCELLUS

A postergação de Diocleciano em relação ao afastamento de Marcellus trouxe as consequências previsíveis.

A presença de Marcus no palácio fez com que a paixão desenfreada por Jasmine lhe embotasse o raciocínio, tornando-o praticamente incontrolável. O ciúme, aliado ao desprezo ostensivo de Jasmine e à dúvida sobre um possível relacionamento entre ela e o imperador, acentuaram o seu desequilíbrio espiritual.

Naquela manhã, Jasmine assustou-se ao ouvir gritos e impropérios às portas dos seus aposentos. A criada penteava os seus longos cabelos quando vozes alteradas chamaram a atenção de todos. Marcellus, no auge da irritação e destilando ódio, vociferava insultos dirigidos a Jasmine.

Liberando a serva, Jasmine dirigiu-se para o local onde Marcellus se encontrava e, observando o estado de descontrole do rapaz, inquiriu:

— Como te atreves a vir aos meus aposentos? O que desejas?
— Marcellus a fitou e disse em tom sarcástico:

— Ora, ora, a bela Jasmine se ofende com a minha presença! Pelos deuses, Jasmine, não és o que se pode chamar "um exemplo de virtudes" para se ofender com a minha presença em "teus aposentos"... E não honra as demais damas deste palácio com o teu proceder...

Percebendo onde Marcellus desejava chegar, Jasmine o enfrentou com decisão:

— As damas a que te referes não se deixam levar pelas palavras de um ébrio, um homem que ninguém consegue ver sóbrio! — Marcellus se aproximou e a ameaçou:

— Sim, só um bêbado poderia ver em tua pessoa virtudes que estás longe de possuir. És como as outras iguais a ti: o único amor que possuis é pelo poder e pela riqueza...

Jasmine sorriu com ironia e o provocou:

— Talvez estejas certo, mas desde que essa riqueza e poder não venham de ti! Jamais aceitaria um denário teu... Prefiro a morte. Agora vai, Marcellus... Vai-te daqui antes que eu peça auxílio à guarda! — Marcellus, enraivecido, disse:

— A quantos pretendes enganar, Jasmine? Narin, Marcus, e agora, bem todos sabemos... Achas que não sei que por tua causa Diocleciano me destacou para a insignificante Dalmácia?

Feliz por ver que Diocleciano resolvera agir, Jasmine o advertiu:

— Não atribuas ao imperador o que os teus atos causaram a ti mesmo. Afasta-te agora, Marcellus! Sabes que não és bem-vindo aqui...

Tomado de ira incontrolável, Marcellus se projetou em direção a Jasmine, colocando as mãos sobre o seu pescoço e apertando-o com força. A moça procurou se libertar, mas, diante da força do centurião, seus esforços foram em vão.

Lea e Júlia, que haviam acabado de chegar devido ao tom de voz dos interlocutores, correram para tentar demover Marcellus — entre pedidos de auxílio —, mas o rapaz parecia a ninguém ver.

Foi quando Hashab surgiu, visto que desejava falar com a irmã. Ao ver a cena, se atirou em direção a Marcellus e, acertando-lhe um soco em plena face, fez com que este liberasse Jasmine.

A moça caiu sobre o chão e, enquanto as mulheres a atendiam, Hashab se engalfinhava com Marcellus. O primeiro defendia-se como podia, porque na realidade não desejava atacar o adversário, e sim defender Jasmine.

Não demorou muito para que o palácio ficasse em alvoroço e a guarda viesse em socorro de Jasmine e Hashab.

Marcellus foi levado para fora do palácio com a recomendação de se dirigir imediatamente para a região determinada por Diocleciano. Ruminando impropérios, tomado de ódio indescritível, se afastou do palácio jurando vingança.

Nos aposentos de Jasmine, todos temiam pelo pior, pois a moça permanecia inconsciente, com a respiração quase imperceptível. Foram chamados, por ordem de Prisca, os médicos da corte e, após longos minutos, conseguiram tranquilizar a todos, pois Jasmine recobrara os sentidos.

Logo ao acordar, a moça chorou copiosamente ao perceber o que tinha acontecido. Levando as mãos ao pescoço, percebeu que estava inchado e dolorido; mais tarde, verificou hematomas violáceos, frutos da força usada por Marcellus.

Quando Marcus retornou ao palácio, após uma passagem pelo fórum para atender a questões de seu interesse, custou a acreditar no que havia ocorrido.

— Como está Jasmine? — perguntou sem esconder a sua preocupação. Compreendendo o que lhe ia na alma, Júlia falou com tranquilidade:

— Não te preocupes, querido, ela ficará bem. A princípio nos assustamos, mas ela vai se recuperar, para a alegria de todos.

Marcus fez menção de ir vê-la, mas Júlia o deteve, dizendo:

— Agora não é um bom momento. Prisca foi vê-la e é melhor deixá-las conversar a sós. Teu irmão, por mais essa atitude de irreflexão, deverá colher muitos dissabores, Marcus...

— Confuso, ele pediu:

— Conte-me tudo o que aconteceu...

Júlia sentou-se ao lado do marido, ainda no átrio, e, segurando-lhe a mão, contou em poucas palavras o que havia ocorrido.

Intraduzível mal-estar se apoderou de Marcus. Júlia, fingindo não perceber, prosseguiu:

— Em determinado momento, ele falou sobre Jasmine ter pedido a intercessão de Diocleciano para mandá-lo para uma região longínqua... Pobre Marcellus, está cego de ciúmes! Pensar uma coisa dessas de nossa Jasmine...

A referência ao imperador incomodara Marcus mais ainda. Até que ponto Marcellus falara motivado pelos efeitos do álcool?, perguntava-se.

Apenas de uma coisa tinha certeza: se Jasmine o tivesse traído, fosse com quem fosse, ele descobriria!

Com os dentes cerrados, Marcus revelava uma outra faceta de seu caráter. Sentimentos desencontrados se avolumavam em seu íntimo e, com a visão turva pelo ódio, levantou-se e se dirigiu aos seus aposentos.

Júlia suspirou resignada, rogando forças àquele Nazareno que começava a conhecer e que prometia uma outra vida, sem os padecimentos da Terra, em um reino de amor e felicidade.

O incidente com Jasmine chegara aos ouvidos de Diocleciano. Ao saber da atitude impensada de Marcellus, certificou-se de que agira com acerto e nada mais restava a fazer além de enviar o centurião para a Dalmácia ou, se possível fosse, para os confins da Terra.

Mandara chamar Prisca para obter informações mais precisas. Os boatos se espalhavam pelo palácio, alguns atribuindo a Marcellus a paternidade do pequeno Haram e que estaria ele cobrando os seus direitos paternos; outros maliciosamente afirmando ser um rival mais poderoso — que todos conheciam — a causa da tragédia que por pouco não ocorrera.

Prisca se aproximou da antecâmara do aposento do marido e, silenciosamente curvando a fronte, se postou diante daquele que representava Júpiter na Terra, mas que era um homem falível como qualquer outro.

Diocleciano apontou uma poltrona para que se sentasse, ao que Prisca obedeceu com humildade. Ergueu o olhar e fitou a face do marido: Diocleciano beirava os quarenta e cinco anos, mas ainda o considerava belo!

Os olhos azuis, o cabelo e a barba de um castanho-escuro, um rosto másculo, enérgico. Sim, ele ainda era o homem ao lado do qual havia escolhido viver a sua vida. As suas ilusões de mulher, porém, há muito tinham se desvanecido. Sabia que o marido não lhe era fiel, apesar de ser um ardente defensor da família tradicional romana.

Ele sempre tivera um comportamento arredio, e os longos períodos em que se ausentava em função das campanhas para conquistar, lutar e manter a coesão do império os haviam afastado quase totalmente.

Diocleciano se aproximou e foi direto ao assunto, o que, aliás, era uma de suas características, a objetividade:

— O que tens a me dizer sobre os acontecimentos desta tarde?

Prisca relatou em breves palavras:

— Marcellus Severus, o centurião, cuja família tão bem conhecemos, entrou nos aposentos de Jasmine e, descontrolado, bêbado, como sempre, após agredi-la verbalmente, tentou matá-la...

O rosto de Diocleciano ficou mais duro, seu olhar notoriamente conhecido pela frieza tornando-se gélido. A seguir, fez um gesto para que Prisca prosseguisse:

— Felizmente, o pior foi evitado... Jasmine foi salva a tempo...

— Como ela está? Chamaram os médicos da corte?

Prisca respondeu com paciência:

— Sim, meu marido. Tomei todas as providências necessárias... Logo, Jasmine estará bem...

— Certifica-te de que não lhe faltará nada.

— Assim será feito!

Diocleciano deu a entender que a conversa havia terminado. Prisca se dirigiu à porta, atravessando-a em silêncio.

Saindo do aposento para um dos terraços contíguos, Diocleciano verificava a sua impotência diante de coisas simples da vida. As circunstâncias, no entanto, não lhe permitiam tomar qualquer atitude, pois o seu propósito, a razão da sua vida, era tentar impedir a queda de um império.

Nada o afastaria desse objetivo, nada o poderia deter, fosse uma pessoa ou muito menos uma seita de andrajosos que ousava negar os deuses de Roma!

Assoberbado, apesar de haver delegado o poder a outros homens de sua confiança, como Maximiano e Galério, todos buscavam nele a última palavra, a sua aprovação.

No seu egocentrismo e vaidade, considerava-se realmente um ser que havia sido distinguido pela graça divina, porém reconhecia-se inapelavelmente só.

Apesar disso, sabia que este era o preço a ser pago. Tinha um império a seus pés, mas nenhum ser humano a lhe compartilhar as tristezas, as derrotas, as vitórias e as alegrias...

Em sua tela mental surgiu aquela jovem mulher, desprotegida, aparentemente sem interesse, que, apesar da beleza que fascinava a tantos, o ouvia sem desejar ganhar terras, ou ouro, ou poder... Apenas o ouvia!

De repente, Diocleciano voltou à realidade e, aprumando-se, se encaminhou para o salão onde seria servida a refeição da noite. Marcellus tinha sido afastado, e isso significava que possuía um inimigo a menos no palácio.

19

UM ESPIÃO NO PALÁCIO

A noite já havia caído e o céu cintilava de estrelas brilhantes, dando a impressão de observar os destinos humanos, que se cumpriam misericordiosamente em uma das moradas do Criador.

Hadid e seu ajudante se alojaram em uma hospedaria logo ao chegar à cidade. Ele olhou ao redor com curiosidade e permaneceu em silêncio, enquanto ingeriam grandes pedaços de carne de carneiro, pão e vinho. A seguir disse:

— Não quero que fales com ninguém. Quanto menos atenção chamarmos, mais sucesso teremos em nosso intento. Preciso encontrar uma forma de entrar no palácio sem despertar suspeitas.

Ia se levantar quando um centurião entrou no recinto. Vinha com seu uniforme militar e, à sua entrada, notou-se um silêncio nas conversações. Marcellus vinha acompanhado de outros dois soldados, que se sentaram numa mesa próxima daquela em que se encontrava Hadid. Um dos homens falou sem meias-palavras:

— Não é justo o que o imperador fez contigo, Marcellus. Tens que fazer valer o nome da tua família e tentar revogar a tua ida para a Dalmácia...

O outro concordou acrescentando:

— Sim, Servius tem razão, meu amigo. Este usurpador covarde precisa saber a diferença entre ter sangue nobre, ser descendente de uma longa estirpe de homens que serviram a Roma, e vir do nada, de uma província insignificante como é a Dalmácia! — Marcellus completou com rancor:

— Foram os exércitos de Roma que o aclamaram imperador! Colocamos um tirano, enceguecido pelo poder e que há de trazer a desgraça para Roma... E dizer que eu lutei por este infeliz, defendi o seu nome...

— Acalma-te, amigo. Deves mesmo ir para a Dalmácia, enquanto esperamos uma oportunidade para vingar a tua honra. Quanto à moça, vais desistir?

Ingerindo vinho em grande quantidade, Marcellus pensou por alguns minutos e tornou:

— Ela não vale o meu amor. Jasmine é uma mulher traiçoeira, perigosa. Não tem consideração por ninguém! Trai o marido com o meu irmão, que por sinal é pai da criança que Diocleciano mandou buscar em Antioquia.

A curiosidade tomou conta dos dois ouvintes. Um dos soldados, Maximus, não se conteve:

— Pelos deuses! Dize-me o que sabes a respeito.

Marcellus tomou mais alguns goles de vinho e prosseguiu:

— Jasmine engana a todos com a aparência de mulher sofredora, frágil, longe dos que ama...

— Por que ela veio de Antioquia para a Nicomédia? Nunca entendi esta situação! — Marcellus deu uma gargalhada e revelou:

— Não preciso mais guardar segredos para proteger aquela mulher. Saibam que ela e meu irmão são amantes... Há algum tempo! Havíamos feito uma aposta, eu conquistaria Jasmine e Flávia, o primo, Marcus... Não sabíamos do romance entre os dois. Ao descobrirmos, tínhamos uma maneira de afastá-la de Antioquia, ficando em nossas mãos, principalmente, nas minhas... — Marcellus começou a rir nervosamente. Servius e Maximus se entreolharam e comentaram:

— Parece que o plano de vocês fracassou. O que pretendes fazer?

— O nosso plano era perfeito, pois teria Jasmine para sempre junto a mim. Não contava com esse episódio no palácio. Devo a ela minha ida para o fim do mundo! Posso não a ter sob o meu poder, mas isso não significa que não vá me vingar. Esperarei o momento propício para dar fim à vida daquela traidora miserável!

Sob o impacto das revelações ouvidas, Hadid se levantou e se dirigiu para o piso superior, onde se localizavam os quartos. Pensativo, considerou: "Mais um a te odiar, Jasmine!" A ideia de que Jasmine havia traído Narin depois de tudo o que o seu amo lhe tinha proporcionado o abalava profundamente. Como podia enganar pessoas que a amavam, dedicando-lhe um sentimento puro e verdadeiro?

Com imensa dor na alma, Hadid adormeceu. Apesar do bom coração, ele ainda estava longe de compreender a nossa incapacidade de julgar os atos alheios. Pensava em como seria avassaladora a decepção para Narin.

Os primeiros clarões da aurora surgiam no céu ainda estrelado e Hadid compreendeu que o dia nascia e precisava agir. Após a higiene matinal, saiu para a via pública a fim de averiguar o que acabara de ouvir.

Precisava entrar no palácio para se certificar da situação de Jasmine, mas para tanto necessitaria ter um aliado dentro daquele local. Aproximou-se cauteloso da imponente construção. Verificou que a guarda permanecia em seus postos e, observando atentamente, percebeu um grande movimento no acesso lateral. Resolveu perguntar a um dos guardas o que estava ocorrendo. O jovem soldado se voltou e disse:

— Hoje as senhoras da corte receberão os mercadores de tecidos e outros artigos.

Disfarçando o interesse que a informação lhe causava, Hadid tornou:

— Haverá grande movimento por aqui, suponho...

— Sim, nossa guarda será redobrada, pois sempre surgem intrusos querendo entrar no palácio... — Hadid, aproveitando o ensejo, disse:

— Também vendo algumas mercadorias que compro em minhas viagens... Por certo, gostaria de mostrar às encantadoras senhoras peças que hão de lhes agradar!

O guarda observou atentamente Hadid, desconfiado. Pensou alguns instantes e, coçando a barba, falou:

— Pois bem! Eis que me surge uma oportunidade... Podes me adiantar uns setenta sestércios, para entrar no palácio...

Hadid, que esperava uma negativa, prontamente concordou. O guarda, então, disse:

— Venha nas primeiras horas depois da refeição principal... O palácio estará quieto, o maior movimento é pela manhã.

Feito o acordo, Hadid se afastou apressado, já que os deuses lhe tinham sido propícios, pois conseguiria entrar no palácio e cumprir com as determinações de Narin.

No palácio, o entrechoque das paixões que representava a faixa espiritual dos seus ocupantes criava uma atmosfera psíquica pesada e opressiva.

Jasmine se recuperava do ataque inesperado de Marcellus, estando ainda aos cuidados do médico da corte. Apática, deitada em confortável leito, pensava nos últimos acontecimentos.

A atitude de Marcellus, mais do que qualquer coisa, a irritava. Odiava o irmão de Marcus e sentiu-se feliz ao saber que finalmente ele havia saído de seu caminho.

O reencontro com Marcus não havia sido como esperava. Via-o atribulado, envolto em preocupações que ela ignorava, e percebia em seu olhar algo indefinível, mas que a incomodava. Algumas vezes, ele lhe dirigira a palavra de modo irônico ou sarcástico. Teria Marcus acreditado nas intrigas do palácio?

Jasmine prosseguia ensimesmada em seus pensamentos quando a sua serva, Agar, veio lhe anunciar a presença de

Hashab. Jasmine ordenou que o fizesse entrar imediatamente, ao que a serva lhe obedeceu. Em alguns segundos, abraçava o irmão efusivamente.

Hashab a beijou na testa e, segurando-lhe o rosto entre as mãos, verificou as marcas arroxeadas em seu pescoço muito alvo. Externando grande preocupação, comentou:

— Jasmine, minha irmã, como entraste nesta situação?

Os olhos da moça se encheram de lágrimas, e ela disse:

— Aquele covarde, bêbado, louco... Ainda me vingarei quando a mão do imperador se abater sobre ele! — Hashab pensou por alguns minutos e tornou:

— Reconheço que Marcellus tem grandes dívidas conosco e, agora, mais ainda, contigo. Dize-me contudo, com franqueza: o que significa isso tudo? Essas ideias de vingança... Esqueça este homem, pois já está sendo castigado o suficiente.

A moça, surpresa, falou com mágoa:

— Julgas a mim, Hashab? Achas que não tenho o direito de me vingar? — Hashab segurou suas pequenas mãos e disse com inflexão paternal:

— Não, minha querida. Jamais julgaria ninguém, principalmente a ti, a quem tanto amo, mas percebo que te colocas em situação difícil pelos laços que estabeleces com pessoas cujo modo de pensar é diametralmente oposto ao nosso...

Confusa, Jasmine se justificou:

— Odeio Flávia Pompília e, graças aos deuses, logo que aqui cheguei, consegui um aliado que me protegeu dela e de Marcellus. Isso me fez um grande bem, admito. Desde então, percebi que não ficaria nas mãos de ambos e pude ter um pouco de paz...

Vendo que Jasmine chegara ao ponto desejado, Hashab falou sem meias-palavras:

— A minha preocupação se deve exatamente a essa proteção. Acredite, Jasmine, não alcançarás a felicidade te aliando aos poderosos da Terra! Aos que maltratam os nossos semelhantes, aos que semeiam o mal, que usam da crueldade sem limites contra os simples e humildes... Eu te advirto, minha irmã: afasta-te de Diocleciano! Sai deste palácio, volta a Antioquia e retoma a tua vida! Deixaste um marido que te ama apaixonadamente com os teus filhos, guardando-te o lar na esperança de que voltes para casa. Não deixes que as mazelas da corte te impregnem a alma, tornando-te igual, insensível aos valores nobres da vida!

Com os olhos marejados de pranto, a moça falou com a voz entrecortada:

— Hashab! Não é verdade o que dizem a meu respeito! Acredite em mim... Diocleciano apenas tem me protegido de meus inimigos sem nunca pedir nada em troca! É um homem torturado pelas imposições do cargo e tem sido justo e bom para comigo...

— Acreditas nisso? Não és mais criança, Jasmine! Deve estar esperando o momento certo, mas antes vai fazer com que todos te abandonem... Esse homem destrói tudo por onde passa...

— Não concordo, Hashab! Sou grata por tudo o que tem me feito, inclusive, trouxe meu filho para ficar comigo!

Neste ponto da conversa, Hashab se tornou mais sério. Largou delicadamente as mãos da irmã e falou:

— Sei tudo sobre a paternidade de Haram. O que pretendes fazer? — Hesitante, ela disse:

— Não sei ainda. Se sabes a verdade, deves estar me condenando mais... — Hashab balançou a cabeça negativamente e tornou:

— Já te disse que não me cabe julgar ninguém... Não atiro pedras, porque tenho as minhas culpas a lamentar. Mas, quanto a ti, pretendes desfazer o lar de Marcus? Tens o poder de decidir em fazer o bem ou o mal...

— Marcus me ama e deseja casar comigo. Infelizmente, Júlia será atingida, mas o que posso fazer? Renunciar ao meu amor, único amor, em prol de minha rival? — Jasmine começou a rir, sem saber como poderia agir. — Quando ela souber sobre mim e Marcus, já estaremos longe...

Hashab se aproximou e disse:

— Ela sabe, Jasmine! O teu segredo é de conhecimento de muitos, inclusive Júlia.

Desconcertada, Jasmine perguntou:

— O que dizes? Isso é impossível! Mal tenho visto Marcus e sempre fomos discretos... Não desejo fazer Júlia sofrer, mas não tenho outra saída! — Desolado, Hashab deu alguns passos e, voltando-se, disse antes de se retirar:

— Toma cuidado, minha irmã. Devemos fazer ao nosso semelhante aquilo que desejamos para nós!

Jasmine fitou o irmão sem perceber o alcance das suas palavras, permanecendo em silêncio enquanto Hashab se retirava. Decidida, se dirigiu aos aposentos de Júlia e Marcus para fazer o que há muito planejava.

Jasmine caminhava com desenvoltura pelo amplo peristilo com suas majestosas colunas. As estátuas dos lumes tutelares romanos pareciam lhe dizer que atendesse aos conselhos sábios de Hashab.

Ao se aproximar dos compartimentos reservados à família de Marcus, Jasmine percebeu um grande movimento, com vozes femininas alteradas, inclusive da própria Júlia. Desapontada, ia se retirar, mas Flávia, que tinha percebido a sua presença, a interpelou:

— Jasmine! Chegaste em boa hora... Estamos vendo algumas peças de tecido a convite de Júlia... — e completou de forma irônica: — Venha escolher algo que agrade Narin.

Jasmine voltou-se e falou:

— Voltarei em outro momento, Flávia. Ainda não me sinto recuperada para pensar em tecidos e túnicas. Além disso, Narin sempre me presenteou com as peças com as quais desejava me ver vestida...

— Ora, querida! Não agradas apenas Narin, bem o sabemos. Tuas túnicas interessam a muitos neste palácio. Devias recompensar aqueles que te protegem com deslumbrantes vestes... — Preocupada com o rumo da conversa, Júlia, que se aproximara, interferiu:

— Por favor! Conto com a boa educação de ambas para que se contenham — e, fitando Jasmine com visível tristeza no olhar, disse: — Jasmine, não queres ver algo que te agrade?

Sem poder se esquivar da situação indesejável em que se encontrava, a moça caminhou na direção de Júlia, junto à grande mesa onde eram colocadas as peças de lã, linho e seda.

Olhando distraída para as peças, não percebeu que era observada a uma certa distância por um homem de porte alto, com a cabeça coberta por um capuz.

O fato chamou a atenção de Flávia, pois estava acostumada a analisar com atenção o ambiente onde se encontrava. Percebeu imediatamente que o interesse estava voltado para Jasmine. Afastando-se alguns metros, Flávia chamou um guarda que fazia a segurança dos aposentos de Marcus Severus e falou-lhe algumas palavras em tom baixo. A seguir, se afastou, dirigindo-se aos seus aposentos. Aguardou alguns minutos, quando dois guardas entraram, forçando também a entrada do homem encapuzado.

Flávia fez um sinal para que se retirassem; ante a indecisão de um deles em se afastar, ao ouvir o tom autoritário de Flávia, ele acatou a ordem.

Curiosa, Flávia se aproximou do homem lentamente, rodeando-o, procurando alguma coisa que o identificasse. Após completar a volta e certa de que se tratava de um intruso, levantou o capuz que cobria a sua cabeça e parte de seu rosto. A seguir, saudou-o com indisfarçável curiosidade:

— Deves ter alguma coisa que te interessa neste palácio...

— Mantendo o cenho carregado, Hadid disse:

— O meu amo, Narin El Shafir, me enviou para se certificar sobre alguns fatos de seu interesse. Trago uma carta de sua parte para a senhora Flávia Pompília explicando o motivo de minha presença neste palácio.

A moça sorriu e, tomando a correspondência, falou:

— Pelos deuses! Que coincidência! A carta é para mim mesma... Verei do que se trata.

Assim, Flávia se inteirou do conteúdo da correspondência. Verificou que Narin pedia o seu auxílio para saber dos fatos que ocorriam no palácio. Flávia considerou:

— Acho que Narin demorou demais para buscar o que era seu... Já descobriste alguma coisa sobre a tua senhora?

Hadid confirmou com firmeza:

— Preciso de provas para levar ao senhor Narin.

Exultante, Flávia se felicitava por acabar de vez com a possibilidade de Jasmine retornar a sua vida em Antioquia. O seu ódio era tão intenso que apenas a destruição da vida da moça lhe saciava o desejo de vingança. Para ela, Jasmine significava, antes de tudo, a perda irremediável de Marcus. Serviu-se de vinho e, apreciando a bebida, disse enquanto se deitava em uma confortável cadeira:

— Deves ter ouvido muitas coisas sobre a tua senhora...

— Conversei com algumas pessoas, ouvi algumas coisas chocantes, mas também vi com os meus próprios olhos a senhora Jasmine muito à vontade neste palácio.

— Que os deuses te ouçam! Isso soa de modo muito agradável aos meus ouvidos, Hadid! Sempre considerei o teu amo um homem inteligente, mas vejo que é mais do que isso; é corajoso e saberá revidar uma ofensa...

Encorajado, Hadid considerou:

— Se me permite, qual o motivo verdadeiro de a senhora Jasmine vir a este palácio? Tenho muita consideração pelo senhor Narin, servi a seu pai e, como não tenho filhos, eu e minha mulher dedicamos um grande afeto a nosso amo...

Flávia ficou pensativa e tornou:

— Desejava afastá-la de Marcus, meu primo, pois já deves saber que eram amantes e que eu sempre o amei! Desejava afastá-los, mas queria colocá-la nas mãos de Marcellus, irmão de Marcus, que sempre foi obcecado por tua senhora... Tentou matá-la há alguns dias; ela ainda possui as marcas das mãos em seu pescoço.

Flávia sorria, mas, ao ver estampada a decepção no rosto de Hadid, prosseguiu:

— O que eu não esperava era que o imperador a tomasse por sua tutelada. Entendes? Isso me tirou a ação, não poderia atingi-la mais como desejaria... — e continuou: — Por meio da influência de Jasmine, Marcellus foi deportado para uma das províncias de menor importância... A única distinção dessa terra é ter esses ilírios no poder! A tua presença aqui renova a minha esperança, Hadid. Poderás levar essas informações para o teu senhor e, juntos, poderemos agir em comum acordo para atingir Jasmine.

— Isso cabe a meu amo decidir, mas entendo que a senhora Jasmine deva colher aquilo que plantou... — Flávia o fitou e disse:

— Narin ficará muito magoado, infelizmente. É um homem bom e será preciso pensar sem a interferência dos sentimentos. Jasmine há de pagar pelo mal que nos fez, mas será necessária uma punição exemplar!

Com o semblante pesado, vencido pela angústia resultante das atitudes que deveria tomar dali por diante, e da tristeza que causaria a Narin, Hadid considerou:

— Tenho o dever de contar a verdade a meu amo. Ele saberá como fazer justiça e, se precisar de minhas mãos para lavar a sua honra, estarei pronto para servi-lo.

Flávia sorriu satisfeita. Isso era muito mais do que havia desejado. Ver Jasmine sendo odiada por aqueles que a amavam lhe trazia um prazer inaudito. Procurando, no entanto, ser objetiva, considerou:

— Deves retornar a Antioquia e relatar tudo o que te revelei. Levarás correspondência de minha parte confirmando o que disseres e mandarei informações sobre Jasmine para que Narin decida o que deverá fazer. De minha parte, podem contar comigo; farei o impossível para que Jasmine sofra tudo o que me fez sofrer! Apenas teremos que tomar cuidado, porque, sendo ela protegida pelo imperador, é preciso ter cautela e contar com a proteção dos deuses!

Dessa maneira, Hadid retornou com uma resposta à missiva de Narin, pincelada com as cores do ódio de Flávia e que, apesar da irresponsabilidade de Jasmine, não correspondia à verdade.

20

DENUNCIANDO OS CRISTÃOS

Fazia um mês que Marcus tinha chegado e, depois do breve encontro nos corredores do palácio, ainda não havia tido a oportunidade de uma conversa mais íntima com Jasmine, apesar de compartilharem a mesma habitação.

Tomada de profunda irritação, Jasmine pediu a Agar que entregasse uma mensagem na qual grafara algumas palavras. A jovem serva foi advertida sobre as consequências que o bilhete acarretaria caso caísse em mãos erradas.

Ansiosa, Jasmine aguardava o retorno da serva enquanto segurava em seu colo o adorável Haram. A criança chorava desacomodada, visto ter ficado pouquíssimo tempo aos cuidados da mãe. Passado um período que lhe pareceu infindável, eis que a jovem retorna sorridente, trazendo a resposta de Marcus. Jasmine abriu apressadamente e leu com avidez as poucas linhas traçadas por ele: "Dize que vais ao encontro de Hashab no templo. Eu estarei nas termas, próximo ao fórum".

Jasmine sorriu, compreendendo a mensagem. Ordenou à serva que lhe preparasse uma túnica para dias de festa, ao que a moça retrucou:

— Perdão, senhora, mas não deverias ser mais discreta?

Jasmine a fitou surpresa e ia lhe chamar a atenção, quando percebeu que Agar estava com a razão. Procurando parecer natural, respondeu:

— És ousada, Agar, mas estás certa, é melhor ter cuidado...

A escrava curvou a cabeça e foi providenciar a túnica.

Enquanto Jasmine se preparava para o tão almejado encontro, Flávia ardilosamente elucubrava uma maneira de afastar Jasmine de seu caminho para sempre.

A chegada de Hadid à Nicomédia viera a calhar, pois naquele momento desejava mais do que nunca tirar a sua adversária definitivamente de sua vida.

Com Marcellus fora dos seus planos, afastado pela própria Jasmine, sabia que deveria agir de forma que os próprios envolvidos tomassem as atitudes que lhe favorecessem, sem incriminá-la. Reconhecia que a sua situação seria assaz delicada, visto Jasmine ter caído nas boas graças de Diocleciano.

Mais tarde, quando terminava a refeição matinal, viu Jasmine vestida com discrição, chamando um servo e entretecendo um breve diálogo.

Com a argúcia própria do seu caráter malévolo, percebeu que algo estava acontecendo. Aguardou o retorno de Jasmine para o interior do palácio e se encaminhou na direção do servo que há pouco falara com a moça. Chamou-o com um tom de voz que expressava toda a rispidez e arrogância da sua condição. O rapaz a atendeu, curvando-se e se colocando sob suas ordens.

Sem perder tempo, Flávia lhe ordenou:

— Quero que me contes o que falavas com a senhora há pouco... Asseguro-te que nada direi do que me falares... — Assustado, o rapaz gaguejou:

— Nobre senhora, a senhora Jasmine me pediu segredo, não posso falar... — O rosto de Flávia se tornou rubro, e ela disse com raiva contida:

— Se não me contares, terei que levar-te ao imperador... — e, dando uma gargalhada, acrescentou com ironia: — Direi que andas traindo os deuses romanos com essas ideias absurdas dos cristãos. Que não sacrificas aos deuses...

Apavorado, o rapaz suplicou:

— Por favor, senhora, por quem sois, não me obrigueis a isso!

Em uma última tentativa Flávia, cuja tolerância já estava sendo por demais testada, falou:

— Dize-me, de uma vez por todas, o que Jasmine tratou contigo!

Sem resistência, por compreender claramente qual seria o próximo passo de Flávia, ele disse:

— A senhora Jasmine me pediu que a conduzisse ao templo esta tarde para sacrificar aos deuses...

Com um gesto ríspido, Flávia mandou que se retirasse. Ensimesmada pelo fato de Jasmine não ter sacrificado no templo junto ao palácio, voltava para os seus aposentos e tencionava mandar um servo de confiança para seguir Jasmine quando deparou com Diocleciano e Prisca. Gentil, Prisca sorriu ao cumprimentá-la, comentando:

— Flávia, não a tenho visto nos últimos dias! Tens passado bem? Vejo-a tão pálida!

O olhar penetrante de Diocleciano fez com que Flávia desviasse o seu, fixando-se em Prisca ao responder:

— Perdoai-me, senhora... Às vezes, sinto-me infeliz quando vejo a generosidade ser retribuída com a ingratidão... — Surpresa, Prisca tornou:

— Por que dizes isso, Flávia? Algo ou alguém neste palácio não te tratou bem?

Premeditadamente fingindo estar aborrecida, Flávia se pronunciou:

— Não desejo vos importunar com situações sem importância, que estão muito aquém da grandeza das vossas preocupações.

Intrigada, Prisca a convidou para acompanhá-la a fim de poder ouvi-la com mais discrição, mas Diocleciano interveio:

— Nada que ocorra dentro deste palácio deve fugir ao meu conhecimento. Deixa-me a sós, Prisca, que me entenderei com Flávia.

Preocupada por conhecer os meios de que Flávia se utilizava quando desejava alguma coisa, Prisca, sem poder contrariar o marido, inclinou a cabeça e se retirou. Ao vê-la se afastar, Diocleciano convidou Flávia a conversar em local reservado, na antecâmara dos seus aposentos, própria para questões particulares. Exultante, Flávia apenas pensava em atingir a vaidade do orgulhoso imperador.

— Dize-me sem rodeios o que desejas que eu saiba!

Surpreendida com a argúcia de Diocleciano, Flávia começou:

— Meu senhor, lembro que tínhamos um entendimento sobre o futuro de Jasmine... Lamento vos dizer que esta moça não possui nenhum sentimento de gratidão, ou de reconhecimento por tudo o que um homem da vossa magnanimidade lhe colocou aos pés.

Incomodado, Diocleciano, que não gostava de meias-palavras, exigiu:

— Vamos aos fatos, Flávia!

Insuflada pela maldade, Flávia percebia em sua tela mental imagens que eram criadas pelas suas companhias espirituais para que agisse contra Jasmine.

— Jasmine sairá esta tarde para ir ao templo, mas algo me diz que irá se encontrar com Marcus. Esqueceu que, por vossa benemerência, está protegida e com a presença do filho ao seu lado. Não obstante a vossa generosidade, esta mulher continua infiel e aproveita a consideração que vós lhe dispensais para viver sob o vosso teto buscando aventuras além... Ela, que poderia ter o maior tesouro do mundo neste palácio!

Receptivo às intrigas de Flávia, Diocleciano lembrou-se de Marcellus, que, em um momento de desespero pela paixão não correspondida, tentara matá-la... De Marcus, que mais parecia uma sombra, revelando em seu semblante o mal que um amor infeliz lhe causava... Do marido de Jasmine, abandonado e traído, sem saber de nada...

A alma orgulhosa de Diocleciano se revoltava diante da afronta, e o seu desejo imediato era acabar com a vida daquela mulher que lhe parecera, por algum tempo, ideal.

Nada havia acontecido entre ambos, apesar de ser uma situação corriqueira, pois a decadência dos costumes era generalizada; não havia nenhum pudor nas relações afetivas. Ainda assim, Diocleciano em seu orgulho se decepcionara com Jasmine; considerava que ela o humilhara com a sua atitude vulgar e ingrata.

Efetivamente, se havia alguma coisa que atingisse o orgulhoso imperador, era a traição e o fato de se sentir humilhado. Despertando de seus pensamentos, viu Flávia à sua frente aguardando a sua decisão. Era preciso punir Jasmine, mas, para que ela sofresse, era preciso que alguém que ela amasse a atingisse cruelmente! Com sua frieza habitual, analisou rapidamente as opções e disse:

— Eu te proíbo de agires; afasta-te desta situação, porque eu farei a justiça cabível neste caso!

Surpresa e decepcionada, Flávia argumentou:

— Senhor! Peço-vos que me permitais ajudar de alguma forma... Espero por esse momento há anos!

Com um semblante de assustadora frieza, Diocleciano ordenou:

— Terás o que desejas, mas, por agora, quem agirá sou eu!

— Compreendendo que não havia nada mais a fazer ou dizer, Flávia curvou a cabeça e pediu permissão para se retirar.

Rodeado por suas testemunhas espirituais, o imperador se sentia exaurido, antes mesmo de atender as comitivas que logo o estariam aguardando no salão principal.

Olhou ao redor e para si mesmo, e, vendo a sua veste luxuosa, bordada a ouro, com os mais finos tecidos conhecidos, sentiu-se um mendigo.

Não possuía nada na realidade! Tudo passaria, as vestes se tornariam rotas e outro tomaria o seu lugar! O palácio, os mármores, o ouro, tudo se perderia... O que a humanidade no futuro lembraria a respeito dele?

Um filho de escravos, um camponês ambicioso que ascendera socialmente por meio de circunstâncias que soubera bem aproveitar. Reconhecia que não era um exímio homem de armas, mas lutara e vencera, sabendo acima de tudo administrar, organizar, estabelecer diretrizes a serem cumpridas.

Ninguém o amava, ninguém o desejava por perto, a não ser os inúmeros interessados em sua posição, prestígio, fortuna.

E, agora, Jasmine! Seria muito fácil matá-la, destruí-la por ter zombado do seu interesse, tendo despertado a sua confiança. Sim! Havia uma maneira de fazê-la pedir de joelhos por misericórdia!

Jasmine logo se humilharia e ele lhe demonstraria a cólera de Júpiter, atirando-lhe no rosto todo o desprezo que ela passara a lhe inspirar.

Conforme combinara com o jovem servo, Jasmine dirigira-se ao templo para sacrificar e pedir auxílio a sua causa. Após algum tempo, feitos o sacrifício e as libações usuais para a ocasião, Jasmine saiu e dobrou por um caminho estreito, voltando-se frequentemente para ver se alguém a seguia; saindo em uma rua paralela, entrou na liteira que a levara e a estava aguardando.

Após se instalar, ficou calma e pediu que o condutor a levasse em direção às termas, que não se encontravam muito distantes. A liteira parou e ela dispensou os serviços. Caminhou alguns passos no amplo edifício e ficou aguardando ansiosamente.

A sua presença naquele local não passava despercebida, e Jasmine começou a se sentir incomodada. Com o passar dos minutos, o incômodo cedeu lugar à apreensão e procurava justificar a ausência de Marcus. A tarde caía quando Jasmine viu as primeiras estrelas surgirem no firmamento. Chorando, compreendeu que ele não viria.

Um misto de dor, revolta e desolação se apossou da moça, e ela resolveu retornar ao palácio.

Por que Marcus não fora ao encontro? Teria alguém descoberto? Com terror, considerou essa possibilidade.

Procurou um transporte que pudesse levá-la de volta, mas não conseguiu, sendo que só lhe restava caminhar.

Fosse pelas vestes, ou por seus traços incomuns, Jasmine se viu alvo das atenções do populacho, de homens sem escrúpulos, que a cercavam, impedindo-a de caminhar.

Quase em desespero, procurava um olhar conhecido, alguma fisionomia amiga, mas destarte via-se só.

Percebeu quando um grupo se aproximou e, ao observá-la mais de perto, um homem, o mais velho do grupo, disse:

— Minha filha! O que fazes por estes lados a estas horas?!

Jasmine respondeu chorando:

— Senhor, por quem sois, ajudai-me a retornar para casa! Estou perdida, ajudai-me, por favor!

Selenius a fitou paternalmente e tornou:

— Acalma-te, filha, te levaremos a tua casa. Não temos um transporte para te poupar, visto que deves estar exausta... Onde moras?

Jasmine respondeu com a voz sumida:

— Se me levares até as proximidades do palácio imperial, pedirei que vos recompensem...

Selenius empalideceu ao ouvir as últimas palavras. Os outros membros do grupo se entreolharam preocupados, mas Selenius falou em tom firme:

— Não há necessidade de recompensas, minha jovem. Estamos nos dirigindo para uma região bem próxima ao palácio... Na verdade, iremos muito perto!

Um dos integrantes do grupo considerou:

— Selenius, seremos interpelados pelos romanos se nos virem junto a esta mulher... Com estas vestes, não nos pouparão dissabores... — O ancião ouviu pensativo e disse:

— Tens razão, Eugênio. Será melhor nos prevenirmos tendo em vista os rumores de novas perseguições... — Olhando para uma jovem que os acompanhava, disse: — Marta, minha filha querida, peço que empreste o teu manto para a jovem, para que se proteja e oculte o seu rico traje.

A jovem sorriu e concordou prontamente com a medida, entregando a peça a Jasmine. Constrangida, mas aliviada com o auxílio recebido, Jasmine acompanhou o grupo, que se manteve em silêncio durante o trajeto, sendo apenas Selenius a fazer algumas observações de quando em quando.

Ao avistar o palácio, Jasmine voltou-se e, tirando um colar de reconhecido valor, o estendeu na direção de Selenius, dizendo:

— Insisto, senhor, que aceiteis esta demonstração da minha gratidão! Sem o vosso auxílio, não conseguiria retornar a salvo de malfeitores... — Selenius fixou o olhar em Jasmine e tornou:

— Agradeço, mas a tua dádiva, senhora, pode comprar muitas coisas na Terra, porém não adquire aquilo que buscamos. Já tive muitos bens materiais e a todos perdi... Agora, eu e meus companheiros buscamos os bens imperecíveis, aqueles que não estão à venda neste mundo!

Sem compreender, Jasmine segurou as mãos do ancião e disse:

— Não entendo as tuas palavras, senhor, porém sei que o teu coração é bondoso. Moro em Antioquia e dentro de algum tempo deverei retornar; se precisarem de algo, podem me procurar...

Ao ouvir o nome da cidade de Jasmine, Selenius e os demais componentes do grupo se entreolharam. O ancião pensou por alguns instantes e disse:

— Possuímos grandes afetos em Antioquia... Nossa fé é muito bem representada pelos companheiros daquela cidade. Malaquias, Hashab, Elias e tantos outros...

Ao ouvir o nome de Hashab, Jasmine indagou:

— Hashab? Este é o nome de meu irmão... Hashab Abn Salim. — Selenius sorriu e tornou:

— Minha filha, és irmã de Hashab! Deves saber que ele é cristão como nós! Teu irmão é um exemplo de fé e dedicação ao Mestre dos Mestres! Foi Deus quem te colocou em nosso caminho...

Desejando retornar o mais breve possível ao palácio, Jasmine despediu-se e seguiu para o grande portão. Não gostaria que alguém a visse na companhia de cristãos.

Hashab se tornara realmente cristão! Eis o motivo pelo qual seu irmão se hospedara na igreja da Nicomédia em vez de ficar no palácio. Agora entendia as razões de Hashab... Também verificava que a sua proximidade com Diocleciano colocava a vida de seu irmão em perigo.

Ao se aproximar da guarda do palácio, foi reconhecida e adentrou a magnífica construção.

Pensativa, procurava entender as palavras de Selenius.

Para Jasmine, era difícil compreender ideias mais abstratas em relação à vida. Suas concepções da existência eram ainda voltadas à matéria, aos sacrifícios que fazia aos deuses; seu entendimento não ia além da vontade de seus deuses de pedra.

Não se preocupava com as questões transcendentes da existência; os seus interesses se resumiam apenas à satisfação de seus desejos egoísticos. Estava sempre em busca de uma suposta felicidade, inadequada do ponto de vista de sua evolução espiritual.

Ignorando as articulações do mal, ingenuamente, nenhum dos envolvidos na aventura daquela noite poderiam imaginar que, a certa distância, com extrema cautela, alguém vigiava os passos de Jasmine.

Assim que chegou aos seus aposentos, Jasmine deu ordens para que lhe fosse preparado um banho e que lhe fosse servida a refeição no próprio quarto.

Quem seriam na verdade aquelas pessoas? Conheceriam mesmo Hashab? Naquele momento, tudo lhe parecia confuso, e a única coisa que desejava era poder descansar e esquecer os infortúnios daquele dia.

No dia imediato, após ver Haram rapidamente, Jasmine, mais refeita, procurava por Marcus, pois desejava uma explicação, quando deparou com Flávia, que com um tom irônico lhe disse:

— Não vais encontrar quem procuras, minha querida...

Jasmine se voltou e falou:

— Eu devia ter imaginado que estarias por trás disso tudo... Pensas que me afastando de Marcus deixarei de amá-lo? Ou ele a mim? — Flávia, tomada de despeito, respondeu:

— Isso já não me importa! O que desejo é vê-los separados... Se Marcus não pode ser meu, também não será teu...

Julgando-se em posição vantajosa, Jasmine sorriu e com ironia revidou:

— Isso me parece bem pouco para quem apostou no seu amor e desejava casar-se com ele... — O semblante de Flávia se modificou e, com visível expressão de ódio, disse:

— Não perdes por esperar, Jasmine! Os teus dias de paz estão contados... Tens mais inimigos do que imaginas, minha cara! O imperador saberá que a sua protegida possui amizades entre os cristãos e, inclusive, o próprio irmão é um deles... A adúltera será em breve desmascarada e não haverá nenhum ser que te estenda a mão quando isso acontecer!

As palavras de Flávia calaram fundo no íntimo de Jasmine. Sentia-se só, sem afetos verdadeiros, sem ninguém que se aproximasse dela por sentimentos legítimos. Apesar de se sentir acuada, não demonstrou e revidou:

— Se andas me espionando, deves saber que o que dizes não é verdade! — Verificando que atingira o alvo desejado, Flávia prosseguiu:

— Sim, tenho os meus recursos para espreitar os desavisados. Há muito sei que Hashab é cristão, assim como Lea, a serva de Júlia. Acho que a própria Júlia é adepta do judeu nazareno... — e, rindo-se, observou: — O que digo? Prisca e Valéria, a mulher e a filha de Diocleciano, também foram enfeitiçadas... os seus servos, os seus soldados de confiança, enfim, estamos cercados por estes traidores! Deves saber o que Diocleciano fez com um dos seus soldados de confiança... Foi uma punição exemplar!

Jasmine sabia que Prisca e Valéria tinham adotado o Deus de Israel e de sua crença no profeta nazareno; ouvira também que muitos servos do palácio, assim como soldados da guarda imperial, renegavam os deuses de Roma e que um dos últimos havia sido barbaramente torturado.

Havia razões pessoais para tanto e isso era sabido por todos. Essa questão irritava Diocleciano, que buscava de todas as formas devolver a confiança no poder dos deuses de Roma. Se ele soubesse que Hashab era cristão e do acaso que a aproximara do grupo de Selenius, poderia voltar a sua ira, principalmente, sobre seu irmão.

O que Jasmine desconhecia era que o próprio Marcus, procurando as boas graças do imperador e também para tirá-los do seu caminho, havia denunciado Hashab e Narin, ambos intimamente ligados à moça. Percebendo o perigo a que se expunha e vendo-se sem alternativa, recuou:

— Hashab nada tem a ver com as nossas diferenças.

Flávia arqueou as sobrancelhas, surpresa, e disse:

— Eu te adianto que deverás escolher entre Marcus e Hashab.

Diante do olhar de incompreensão de Jasmine, Flávia prosseguiu:

— Marcus foi afastado de ti por Diocleciano... Não sei onde se encontra. Teu irmão voltou para Antioquia e ficará a salvo se te dispuseres, digamos, a fazer um pequeno sacrifício.

Percebendo as intenções de Flávia, Jasmine perguntou:

— O que queres de mim, Flávia? Não te basta teres destruído a minha vida? Mesmo que retorne a Antioquia, por certo Narin não me receberá em nossa casa!

— Tens razão, Jasmine. Teu marido mandou Hadid para se certificar do que ouviu sobre ti em Antioquia. Está decepcionado com a esposa que julgava digna e virtuosa! Os deuses me foram benéficos por me proporcionar a felicidade de gozar deste momento! Na verdade, quero que te afastes de nossas vidas. Júlia poderá cuidar de teu filho, apesar de essa criança ser filho de Marcus. Aquela tola já se afeiçoou a Haram e irá perdoar a aventura do marido... — Humilhada em seu amor-próprio, Jasmine engoliu em seco e tornou:

— Hadid esteve aqui? Por que não falou comigo?

— Porque ele ouviu os comentários sobre a protegida do imperador, que não são nem um pouco benevolentes. Veio com indicação de Narin para me procurar — disse Flávia com uma gargalhada que atingiu os ouvidos de Jasmine, lhe causando arrepios.

Aterrorizada com as revelações de Flávia, Jasmine deu-se por vencida. Tudo o que desejara era ser feliz ao lado do homem que amava! Que culpa possuía se Marcus chegara tarde em sua vida? Para onde iria agora que Narin também a odiava?

Flávia, aproveitando a ocasião que há tanto esperava, falou com rispidez:

— Sai deste palácio, vai viver com os cristãos como o teu irmão! Não vai demorar muito para que todos sejam dizimados da face da Terra!

Arrependida por ter marcado o encontro com Marcus, Jasmine desapareceu por entre as colunas do átrio. Havia caminhado alguns passos quando o servo particular de Diocleciano surgiu a sua frente. Com o olhar indagador, Jasmine o fitou e ele lhe disse:

— Senhora, o imperador deseja falar convosco. — Temerosa, Jasmine estranhou o seu tom de voz e perguntou:

— Aconteceu alguma coisa?

— Por favor, senhora, não tenho o direito de vos falar... Mas vos aconselho, se me permitis, a partir, voltar a vossa família... Teremos tempos difíceis daqui para a frente...

Cabisbaixa, Jasmine respondeu:

— Não tenho mais família, tudo acabou! — Com tristeza, ele disse:

— Não posso vos dizer mais nada, apenas que os tempos estão mudando e em breve muitos sofrerão, mesmo aqueles que se encontram próximos ao imperador.

Jasmine ficou em silêncio e o acompanhou.

Diocleciano estava em um dos terraços, com os braços apoiados sobre um muro que lhe permitia ver, mais acima, o local onde os cristãos se reuniam. Ao vê-la, manteve a expressão fria, como se uma máscara lhe cobrisse o rosto.

Pela primeira vez, Jasmine sentia que a sua presença não lhe causara nenhuma emoção. Percebendo a animosidade naquele que até então fora o seu protetor, curvou-se e beijou a fímbria de sua túnica, de acordo com as exigências do protocolo da corte. Após alguns minutos, ele se voltou e, fitando-a com frieza, disse:

— Não deveria mais receber-te! Onde estiveste ontem? — Com o olhar marejado, já antevendo as consequências do seu ato, Jasmine respondeu:

— Não tive a intenção de ofendê-lo em nenhum momento... — Ele se voltou e continuou:

— Querias os teus filhos contigo e eu os trouxe... Desfrutaste da minha hospitalidade, te deixei permanecer o tempo que fosse necessário para desvencilhar-te das intrigas de Flávia... Por que me traíste, Jasmine?

— Oh! Quanto lamento, senhor! Não me considereis ingrata!

Ele se aproximou e falou sem disfarçar o embaraço:

— Sabes que me atingiste duplamente! Não deveria ter te falado de assuntos inapropriados para um homem na minha condição, fui franco contigo, te protegi de teus inimigos... Saibas, porém, que jamais deixarei de agir para alcançar os meus objetivos, mesmo que isso atinja pessoas que eu julgava estimar de alguma forma; já fiz isso antes...

Sentindo quanto era difícil para ele reconhecer que se humilhara, Jasmine disse com a voz sumida:

— Perdoai-me!

A expressão de Diocleciano se modificou de modo quase imperceptível e ele falou:

— Por que, Jasmine, insistes numa situação que só te trará a infelicidade? O que Marcus te pode oferecer?

Um pensamento cruzou-lhe o cérebro... E se ela se valesse da sua beleza mais uma vez? Agora, no entanto, desejava sinceramente agir com dignidade.

— Não fiz nada com a intenção de vos ofender... Apenas busquei a felicidade, como vós buscastes ser imperador!

Ele a fitou surpreso e, dando alguns passos em sua direção, tornou:

— Tomei em minhas mãos a missão de trazer o tempo de glória a este império, que é e será o maior de todos os tempos! No futuro, serão lembrados com orgulho a nossa genialidade, o que fomos capazes de construir, administrar, criar... Nosso idioma, nossa administração, nossa cultura, enfim, irão perdurar até o final dos tempos! Minha vida nada vale senão levar isso a efeito... Mas vivo rodeado de inimigos, e essa tarefa é solitária e ingrata! Os que me adulam buscando atender aos seus interesses, eu os desprezo! Os que me criticam e ridicularizam, eu os odeio! Mas de ti, Jasmine, eu não esperava a mentira e a ingratidão!

Sem poder conter as lágrimas represadas a custo diante de Flávia, a moça caiu de joelhos aos seus pés e suplicou:

— Senhor, não me abandoneis vós também! Da mesma maneira, sinto-me só, todos se afastam de mim! Não tenho para onde ir, meus sonhos de felicidade se perderam...

Apesar de compadecido ao vê-la a seus pés, ele permaneceu ereto e disse:

— Tentei te odiar, mas não posso! Por que me traíste com aqueles a quem mais detesto? Por que os cristãos?

— Cristãos? Não! Estais enganado... Jamais fui nem serei cristã, meu senhor! — Naquele momento, Jasmine, pela sua fraqueza, pronunciara as palavras pelas quais lamentaria durante muito tempo. Diocleciano a fitou e, curvando-se ligeiramente, perguntou:

— Dizes a verdade? Sacrificarias aos deuses em público para provar o que falas? — Jasmine respondeu prontamente:

— Sim! Não adotei a crença do profeta judeu!

A expressão de Diocleciano se desanuviou quando ele disse:

— Se isso é verdade, além de sacrificar aos deuses de Roma, farás a tua escolha... Marcus ou teu irmão!

Jasmine não conseguia raciocinar diante da escolha que ele lhe propunha. Como poderia trair o amor de sua vida? Ou o sangue do seu sangue? Inesperadamente, algo lhe veio à mente e, cedendo a uma ideia infeliz, falou:

— Poupai ambos, senhor! Marcus se afastou por não confiar no meu amor... Mas não desejo a sua morte! Hashab não tem culpa dos meus enganos... Posso, para provar a minha fidelidade, falar dos cristãos que me trouxeram para o palácio ontem...

Atento às palavras de Jasmine, ele fez sinal para que continuasse.

— Percebi que o homem mais velho, de nome Selenius, pareceu vos conhecer pessoalmente, pois ficou muito perturbado quando disse que residia no palácio. — Diocleciano ficou pensativo por alguns minutos, como se buscasse na lembrança por aquele nome, até que finalmente disse:

— Selenius, pelos deuses, será o mesmo?! O pai do centurião que me desacatou na campanha contra a Mésia? Sim, Probo era o nome do miserável, não esqueço os que me afrontam!

Temerosa, Jasmine perguntou:

— O que aconteceu com Probo?

Diocleciano permaneceu inflexível e respondeu:

— Teve o castigo merecido, bem como sua família. Ninguém jamais ousou discutir a minha autoridade no campo de batalha. Probo me afrontou descaradamente ao negar-se a executar um inimigo persa na minha frente, apesar de saber da ameaça que esses malditos significam para nós! — e, fixando o olhar em Jasmine, anunciou: — Amanhã irás sacrificar a Júpiter, para que todos vejam e saibam que não és cristã. A partir de hoje, estarás mais próxima de mim, desde que esqueças a vida que deixaste em Antioquia. Quanto aos que te trouxeram a este palácio, prepararei uma surpresa apropriada para eles!

Voltada exclusivamente aos seus próprios interesses, Jasmine ousou perguntar:

— E quanto a Marcus e Hashab?

— Enquanto estiveres aqui, suas vidas serão preservadas. — Jasmine o fitou resignada e perguntou:

— Devo considerar-me vossa prisioneira?

Diocleciano a fitou com um olhar que ela bem conhecia e se caracterizava por ser indefinível e ocultar o que ele realmente pensava. Era preciso reconhecer que ultrapassara o limite tênue que lhe permitia manter a proteção de Diocleciano e que de agora em diante estava em perigo, sozinha e sem um lar para voltar.

Percebendo que não obteria nenhuma resposta, Jasmine pediu licença para se retirar, curvando-se e saindo com o peito opresso pela primeira vez após falar com Diocleciano.

Em uma atitude de supremo egoísmo, poupara quem amava, mas certamente iria levar à morte aqueles que haviam salvado a sua vida, tendo-a por irmã mesmo antes de saber da sua ligação com Hashab, na noite anterior.

21

INTERCEDENDO POR JASMINE

Enquanto Jasmine comprometia o seu futuro espiritual ao se tornar cúmplice de Diocleciano na Nicomédia, em Antioquia, Narin aguardava notícias de Flávia para executar o seu plano de vingança. Os dias se passavam e Narin via-se envolto em pensamentos amargos, sofrendo intimamente pelo ciúme que lhe fustigava o coração. A dor pela traição de Jasmine lhe mudara o semblante, sempre tranquilo, fazendo com que um vinco se instalasse em sua testa e os lábios se contraíssem em uma expressão de amargura.

Encontrava-se Narin sentado ao pé de uma frondosa árvore, quando um escravo anunciou a presença de Hashab.

Demonstrando indiferença, recebeu friamente o cunhado. Hashab, ignorando a ida de Hadid à Nicomédia, falou com sinceridade:

— Resolvi vir pessoalmente trazer notícias de minha irmã para que saibas a verdade.

Narin o fitou e tornou com visível irritação:

— Ora, Hashab! Tenho notícias de Jasmine, assim como toda a cidade... Não é segredo o que está acontecendo com tua irmã!

Ao receber as palavras de Narin, o rapaz se tornou lívido. O que saberia Narin sobre Jasmine? Procurando compreender o que ocorria, disse:

— Não sei a que te referes, mas estive com Jasmine e posso afiançar-te que ela permanece fiel ao compromisso assumido contigo. Não deves dar ouvidos aos que desejam o mal de minha irmã. — Narin se aproximou e, dando uma gargalhada, considerou:

— Ora, o irmão da adúltera ainda tenta defendê-la... Devias envergonhar-te com o destino de Jasmine! Quantas vezes terá me traído a infeliz? A cada ausência minha, um novo amante?!

Hashab, procurando ser fiel aos ensinamentos cristãos, tornou com veemência:

— Não podes julgá-la desta forma, Narin! Por que não vais à Nicomédia e procura falar com ela? Não será ela merecedora de um esclarecimento? Vais condená-la sem ao menos ouvir o que ela tem a te dizer? — A resposta de Narin emudeceu Hashab por alguns minutos:

— Jamais irei atrás de uma traidora, adúltera! Mandei Hadid à Nicomédia para averiguar a verdade...

Após o espanto com a revelação, Hashab considerou:

— O que realmente Hadid viu? Tens certeza de que ele testemunhou algum fato?

— Sei exatamente o que ele viu e ouviu, e peço-te que digas à tua irmã que, se ela se aproximar de minha casa, mandarei matá-la...

Hashab compreendeu a extensão do ódio de Narin. Extremamente preocupado, objetou:

— Escuta-me, Narin! Jasmine pode ter cometido alguns equívocos, mas tenho certeza de que o ama e deseja voltar para a tua casa... Retomar a família, junto a ti e aos teus filhos.

Narin deixou-se cair em uma cadeira e falou:

— Haram não é meu filho, deves saber disso... Quanto a Shadi, não sei... Podes imaginar o meu desespero ao olhar para esta criança e não saber se sou o pai?

Hashab compreendia o sofrimento de Narin. Apesar de defender Jasmine, reconhecia a bondade do cunhado, que o salvara dos romanos alguns anos antes. Condoído da situação e sabendo do romance entre Jasmine e Marcus, buscou na oração silenciosa a inspiração para ajudar Narin.

Sentindo que a sua oração fora atendida, disse sob inspiração:

— Entendo o teu sofrimento, Narin. Quando acompanhei meu sobrinho à Nicomédia, desejava trazer Jasmine de volta, porém ela foi irredutível. Saibas que nada percebi que pudesse denunciar alguma atitude inconveniente na corte. Ouvi boatos, mas ela os negou peremptoriamente! Jurou-me não ser verdade e que Flávia se encarregara de difamá-la. Considero, porém, que, se não a amas mais, se o teu sentimento se modificou, não deves perder as tuas conquistas no campo da bondade, da justiça e da gratidão aos teus deuses...

"Se Jasmine agiu mal contigo, se a matares, o que ganharás com isso? Diminuirás a dor da traição vendo a mãe dos teus filhos morta? Contentar-te-ias com essa falsa justiça humana? Acreditas realmente que ela esteja feliz com a vida que está levando? Sendo vítima de comentários maldosos, estando à mercê de uma víbora como Flávia e de um déspota cruel como o imperador?

"Não aprecias a paz de tua consciência, que sempre plasmou os teus atos, favorecendo os que te cercam? O que realmente sentes? Valerá a pena destruir Jasmine se ainda a amas? Poderias reconquistá-la se a perdoasse... Quem de nós não erra, não comete enganos?"

As palavras de Hashab aliviavam o coração de Narin. Após alguns minutos, pensativo, disse:

— Não posso perdoar a tua irmã, seria uma indignidade para o meu nome. Pede a ela que se mantenha afastada desta casa.

Hashab compreendeu que não podia fazer mais nada. Jasmine não tinha mais para onde ir, a não ser o palácio onde vivia como hóspede do imperador. Até quando poderia ela permanecer naquele local sem que uma tragédia acontecesse?

Retirando-se, tomado pela angústia, Hashab percorreu alguns quarteirões em direção à comunidade cristã. Precisava ouvir os conselhos de Malaquias, que trazia de maneira inequívoca o bálsamo para as dores do corpo, mas também para as da alma.

A comunidade de Antioquia era das mais expressivas na vivência do Evangelho. Semelhante a grande hospital, recebia os necessitados de todos os tipos, sem rejeitar nenhum, buscando no trabalho em prol do semelhante confirmar o ensinamento evangélico de amar o próximo como a si mesmo.

Extremamente preocupado com a situação, logo ao chegar ao abrigo cristão, redigiu uma carta contando a Lea sobre os últimos acontecimentos. Buscava saber como estava Jasmine e pedia à noiva que alertasse a irmã para não retornar a sua casa em Antioquia.

Hashab temia pela vida de Jasmine, que, na verdade, pela sua incúria e inconsequência, comprometia o seu futuro e o de seus filhos.

O ancião, naquela ocasião, atendia pobre mulher perturbada. Leu o Evangelho em voz alta e, ao final, colocou as mãos sobre a cabeça desta, fazendo uma singela e sentida oração em seu favor. Hashab esperou que Malaquias terminasse e só então se aproximou, saudando-o:

— Que a paz esteja contigo, Malaquias! — Surpreso com a visita, Malaquias se voltou e respondeu com um tranquilo sorriso:

— Que assim seja, caro Hashab. O que te traz a estas horas, meu amigo?

Hashab olhou ao redor para certificar-se de que ninguém ouvia a sua conversa e disse:

— Trata-se de assunto delicado, meu bom Malaquias. Lembras quando fui até a Nicomédia, acompanhando o meu sobrinho, por solicitação de minha irmã?

Malaquias fez um sinal positivo e aguardou que Hashab prosseguisse.

— Verifiquei algumas mudanças no comportamento de Jasmine. Percebi que havia se adaptado perfeitamente às exigências da corte, sentindo-se bem entre a nobreza romana, qual se já tivesse pertencido ao povo de nossos algozes...

Malaquias franziu a testa e retrucou:

— Sabes que vivemos várias vidas e que, provavelmente, ela pode ter sido uma nobre romana em outra existência. Recordemos Jesus ao falar a Nicodemos sobre a necessidade de nascermos de novo... Bem, mas continue!

— Tens razão, não havia pensado sob esse aspecto. Encontrei Jasmine coberta de joias e com trajes caríssimos... Tentei falar-lhe, mas pareceu surda aos meus conselhos. Ocorre que, sem que soubéssemos, Narin, seu esposo, enviou um homem de sua confiança à Nicomédia. Além de ter dado ouvidos a boatos do palácio no qual ela se encontra como hóspede, recebeu informações falsas de uma pessoa que odeia Jasmine...

— O marido não a quer de volta em função de calúnias? Isso me parece compreensível, visto que deve estar se sentindo traído, embora se trate de suposições... E devemos reconhecer que as dores que atingem o coração são as mais pungentes!

Hashab concordou dizendo:

— Isso é verdade, Malaquias! Narin me avisou que ela não poderá retornar para casa. O que Jasmine fará sendo despedida pelo marido? Minha irmã não tem onde morar, sua casa era a de Narin. O que farei agora?

Malaquias pensou por alguns instantes e tornou:

— Ficaste sem abrigo quando saíste da casa de Narin?

— Não, claro que não! Jasmine, porém, é diferente! Está vivendo como uma princesa no palácio do imperador!

Leve palidez assomou o rosto enrugado de Malaquias. Os rumores cresciam sobre uma possível retomada na perseguição aos cristãos. Confiante, mas criterioso, falou:

— Deves saber que Galério pressiona o imperador para que retome as perseguições, visto que sua mãe é pagã e odeia os cristãos. Diocleciano é muito influenciável, orgulhoso, temo que não resista a esta má influência. Ainda temos Sostenius, o atual governador, que aqui em Antioquia é alguém que sempre devemos temer desde que se aliou ao imperador... Podemos receber a tua irmã, mas nos colocaremos em evidência e atrairemos a atenção para nossa comunidade.

Pensando por alguns minutos, Malaquias teve uma ideia:

— Podemos situá-la em casa de amigos, que acolheriam de bom grado a tua irmã.

Hashab olhou-o com desconfiança e perguntou:

— São cristãos? Acreditas que poderão abrigar Jasmine?

— Sem dúvida, aceitarão o encargo com alegria. Ambos têm nos ajudado muito, em várias ocasiões. Se nossos perseguidores soubessem que vivem lado a lado com os cristãos...

Ignorando os últimos acontecimentos na Nicomédia, Hashab falou aliviado:

— Vou enviar uma carta avisando Jasmine e espero receber boas notícias. Ela deve sair daquele palácio o mais rápido possível, já ficou mais tempo do que devia... — Malaquias falou com sabedoria:

— Tua irmã é jovem e aprenderá as lições de que o seu espírito necessita. Só o tempo lhe granjeará as experiências que lhe enriquecerão o espírito imortal! De tua parte, não a julgues, apenas a ampares como te seja possível. Peçamos ao Senhor que ela se desvencilhe das mãos do imperador, que é um homem cruel, impiedoso e dissimulado, e não a poupará quando souber que és cristão...

Hashab fitou Malaquias e permaneceu em silêncio. Não tinha dúvidas de que a hospitalidade e proteção de Diocleciano deveria ter um preço alto para Jasmine e que, se ele ainda não o havia cobrado, era certo que haveria de fazê-lo.

Esse pensamento levou Hashab a refletir sobre as suas condições morais para julgar Jasmine. Não havia sido ele um ladrão vulgar, que buscava nas bolsas ou mercadorias alheias a sua sobrevivência? Fizera isso em função de sua doença — a epilepsia —, que não lhe permitia empregar-se onde quer que fosse, mas também para proteger Jasmine.

Evitava que a irmã se afastasse do mísero quarto em que viviam, depois de perderem a casa confortável e aconchegante de seus pais. Sabia do perigo que Jasmine correria se buscasse algum trabalho; a sordidez humana não a pouparia.

O próprio Narin o assustara, porém, sendo um homem digno, desposara Jasmine, dando-lhe um lar, o seu nome e tudo o que possuía. "Pobre Narin", pensava. "Jasmine desprezou o seu amor por uma aventura e sofrerá inevitavelmente as consequências dos seus atos!"

Reconhecia que também ele se enganara e fizera escolhas erradas premido pela necessidade... E qual não fora a felicidade quando encontrara em Jesus a possibilidade de remissão dos seus atos!

Ao saber que Jesus não viera conquistar apenas os bons, mas também os que jaziam caídos moralmente nas fantasias dos próprios enganos, os perdidos nas paixões e nos vícios de toda ordem, os que haviam sucumbido às emboscadas da vida — a todos Jesus convidava para conhecer os seus ensinamentos, sem distinções...

Os braços amorosos de Jesus se estendiam à humanidade inteira, independentemente de credo, raça, posição social, aconchegando em seu regaço todos os corações em sofrimento, distribuindo o seu verbo iluminado e ensinando o caminho da redenção... E a ele, Hashab, Jesus acolhera descortinando uma nova existência renovada em uma fé profunda e imorredoura!

Quanto devia àquele Jesus que tantos desprezavam, desconhecedores da sua grandiosa missão e do seu infinito amor pela humanidade... Quanto tempo ainda se passaria até que os homens o conhecessem realmente?

Hashab se perdia em profundas reflexões. O que poderia fazer por Jasmine? Rogava a Jesus que o inspirasse, para que ele pudesse salvar aquela ovelha perdida do aprisco divino.

22

REENCONTRANDO UMA ANTIGA AMIZADE

Em Niceia, cidade não muito distante da Nicomédia, vamos encontrar um homem em grande sofrimento moral. Marcus trazia a mão crispada sobre uma mesa onde se encontravam documentos diversos.

A mente atordoada pelas recordações das últimas palavras de Flávia enchia o seu coração de rancor e mágoa. "Por que Jasmine me traiu desta forma?", perguntava-se. Não havia ele jurado o seu amor, mesmo que isso rompesse os seus laços matrimoniais com Júlia?

"O que Jasmine viu naquele homem cruel e sanguinário, que a todos inspira medo e desprezo?", continuava em suas reflexões. "Não tem sequer sangue nobre, descende de uma família obscura e nada possui além de uma coroa usurpada, tão ilegítima quanto a de seus antecessores."

Pensamentos sombrios se assenhoreavam de seu cérebro exausto. Fazia várias noites que não dormia, assombrado por ideias de vingança.

"Como pôde Jasmine esquecer os planos que fizemos juntos?" E quanto a Haram? Era seu filho e haveria de criá-lo como um cidadão romano, com todos os direitos que a posição lhe concedia. A imagem de Jasmine, insistente, povoava-lhe os pensamentos. Amava-a, mas não a perdoaria jamais!

Suas feições apresentavam-se contraídas, os cabelos arranjados displicentemente, revelando o abalo moral por que passava.

Aceitara o encargo de Diocleciano por ter visto naquele homem austero e disciplinado a possibilidade de reerguer o império, ainda que o detestasse. Procurara fazer o seu trabalho como pretor em Antioquia com dedicação, evitando aumentar os conflitos com os povos da localidade, aparentemente respeitando as suas crenças, fazendo investigações sobre os adeptos do Nazareno, segundo as recomendações de Diocleciano.

De repente, Marcus ouviu passos firmes que denunciavam a aproximação de alguém. Aguardou por alguns instantes, quando um oficial surgiu na entrada do aposento e com visível alegria o saudou:

— Que os deuses te enriqueçam a vida com saúde, mulheres e muito vinho, Marcus Tulius Severus!

Marcus sorriu com surpresa e veio, da mesma forma, saudar o amigo que acabava de chegar:

— Septimus Antonius, que Júpiter te traga sempre as boas graças das vitórias!

Após abraçarem-se com efusão, Marcus perguntou:

— O que te traz a esta terra esquecida por todos? Também foste castigado pelo imperador?

Septimus deu uma gargalhada.

— Castigo? Ora, então não me conheces? Tenho a estima de nosso suposto Deus-imperador e aqui estou porque soube que estavas “descansando” por estes lados... — tornou ele com ares de ironia.

— Bem sabes que não estou em descanso, mas fui afastado por motivos particulares.

Septimus fixou, curioso, o olhar em Marcus e perguntou:

— O que aconteceu? Diocleciano sabe o terreno por onde pisa e não haveria de desejar uma afronta dessas a tua família... — Marcus tornou-se sério e, intencionalmente mudando de assunto, disse:

— Deixemos esse assunto... Deves saber que Galério tem pressionado o imperador para que uma nova perseguição aos cristãos seja levada a cabo, assim como Sostenius em Antioquia. Faz algum tempo que o assunto é tema de nossas conversas, mas haverá de se tornar realidade. Aqui em Niceia, o governador apoia uma retomada na perseguição, o que muito me agrada. Em Antioquia, esses fanáticos se proliferam a cada dia!

Septimus percebeu que o seu interlocutor não desejava lhe falar sobre os motivos que o haviam levado até Niceia. Com o cenho carregado, insistiu:

— Entendo e partilho a tua opinião. Na condição de teu amigo, no entanto, desejo saber que situação particular te trouxe aqui. E Júlia, por que não te acompanhou? Foste vítima de algum inimigo político? Alguma denúncia?

Marcus riu e falou, enquanto estendia a sua taça para que fosse servido mais vinho pelo escravo, distante alguns metros:

— Não se trata disso, meu caro. Vou contar-te o que me ocorreu...

Assim, Marcus revelou para o amigo a sua aventura extraconjugal com Jasmine; revelou que Haram era o fruto desse amor. Disfarçando a perturbação que o assunto lhe causava, Septimus perguntou:

— Não amas mais Júlia? Pensei que havias encontrado a mulher ideal...

Esquecendo que na juventude Septimus havia demonstrado a sua inclinação por Júlia, Marcus respondeu:

— Sim, Júlia é uma mulher incomparável... Lamento tê-la traído com alguém que não merecia os meus sentimentos. Agora, porém, Diocleciano, ao saber que ia me encontrar com Jasmine, me afastou da Nicomédia...

— Vais me explicar isso melhor... O que o imperador tem a ver com o teu adorável romance?!

A expressão de Marcus se modificou e ele falou contrariado:

— Logo ao chegar à Nicomédia, pensei que encontraria Jasmine a minha espera, como havíamos combinado. Deveríamos revelar o nosso romance e partir, para constituir uma família junto a nosso filho; sabes que tenho reservas suficientes para viver... No entanto, as minhas expectativas foram frustradas, porque Jasmine estava muito modificada... Quase irreconhecível...

Septimus ouvia atento e Marcus prosseguiu:

— Jasmine se assemelhava a tantas outras que conhecemos... Uma mulher da corte, coberta de joias, usando roupas de tecidos caríssimos, em nada se assemelhando à formosa e sincera mulher por quem me apaixonei...

— Mas Júlia sempre pertenceu à corte...

Marcus balançou a cabeça e tornou:

— Não me refiro a isso, meu amigo. Jasmine é uma mulher excepcional, compreendes? O que me havia cativado nela, além de sua beleza, era uma certa ingenuidade, a pureza dos seus sentimentos. Soube que o irmão Hashab foi pego roubando em flagrante e, para não ser entregue aos romanos, um homem muito rico de Antioquia se casou com ela. Algum tempo depois, fui transferido para esse local e a conheci. Não tenho a menor dúvida de que, quando a conheceres, poderás compreender o efeito de sua beleza nos homens.

— Compreendo, Marcus. Mas ainda não disseste a ligação entre Diocleciano e a triste história de tua Jasmine...

— Irás deduzir o que aconteceu no período que antecedeu a minha chegada a Antioquia. Conforme Flávia e muitos outros me confidenciaram, Diocleciano não foi imune aos encantos de Jasmine, apesar de suas excentricidades... — Assombrado, Septimus exclamou:

— Pelos deuses! Tua Jasmine deve estar enfeitiçada... Que digo? Deve estar sendo coagida pelo imperador a lhe aceitar os favores... E Flávia, deixou de te amar? Não estaria ela agindo em prol dos seus interesses?

O semblante de Marcus, normalmente sereno, demonstrou a tempestade que lhe ia no íntimo. Depois de dar alguns passos, voltou-se e disse de forma enfática:

— Não neste momento, Septimus. Existe outro fato... Eu me antecipei e entreguei a Diocleciano os nomes do irmão e do marido de Jasmine como cristãos, porque os detesto. Ela não sabe disso, nem poderia imaginar, mas achei que, demonstrando a minha fidelidade ao imperador, poderia contar com o seu apoio quando me separasse de Júlia... Estranhei quando ele não quis tomar nenhuma atitude, mas agora entendo! Ele queria preservar Jasmine, preferiu não atingi-la, apesar de odiar os seguidores do Nazareno... Não sei, talvez ele pensasse em usar as informações em outro momento... — e continuou: — Preciso de tua colaboração, Septimus! Não posso retornar, neste momento, à Nicomédia. Não suporto, porém, a ideia de que meu filho seja criado na corte de Diocleciano! Quero-o junto a mim e Júlia, já que ela não pode ter filhos...

— Júlia sabe a verdade? Sabe quem é o pai desta criança?

— Sim, já deve saber. Sabia que não poderia manter este segredo por mais tempo. O menino tem alguma semelhança comigo. Quanto a Jasmine, após a revelação de Flávia, passei a observar melhor e verifiquei que havia uma espécie de cumplicidade entre Diocleciano e ela. Uma prova disso é o fato de ele ter mandado buscar os filhos de Jasmine em Antioquia. Provavelmente, o marido deve ter desconfiado e ficou com uma das crianças...

— Já pensaste seriamente na possibilidade de Jasmine estar sendo coagida a agir desta maneira?

Marcus balançou a cabeça e disse com o coração envenenado pelo ciúme:

— Sim, e cheguei à conclusão de que isso não ocorreu. Eu a vi por diversas vezes em colóquios com Diocleciano. Além disso, as atenções dispensadas por ele a Jasmine são provas irrefutáveis de que existe um romance entre ambos!

A raiva oriunda do despeito havia tornado o rosto de Marcus rubro. Aquele assunto lhe causava profundo mal-estar.

Desejaria estar enganado, mas seu coração lhe segredava que Jasmine já não o amava mais.

Septimus era um amigo fiel. Haviam se separado há muito tempo em função de suas ocupações, mas sabia que poderia confiar nele. Dessa forma, disse após uma longa pausa:

— Pela nossa antiga amizade, meu caro Septimus, desejo que tragas o meu filho para junto de mim. Haram será criado como um cidadão romano, não lhe negarei nada... Sei que Júlia lhe será uma boa e dedicada mãe. — Pensativo, Septimus permaneceu em silêncio por alguns minutos e tornou:

— Sabes que em honra a nossa amizade não te negaria nada... Mas insisto, porque a conheço muito bem! Acreditas realmente que Flávia disse a verdade? Lembro-me de sua paixão cega por ti...

— Sim, entendo, mas acredito que foi sincera. O próprio Diocleciano a ameaçou caso fizesse alguma coisa contra Jasmine... — e Marcus completou, dizendo com amargura: — A verdade é que Jasmine sabe escolher os seus amigos. Em função disso, fui afastado da Nicomédia; Marcellus também foi mandado para a Dalmácia por ter tentado matar Jasmine...

— Por Júpiter! Pelo que posso deduzir, essa mulher, Jasmine, traz a infelicidade por onde passa! Não te preocupes, Marcus, irei à Nicomédia e trarei o teu filho... e dispensarei a Jasmine o desprezo que ela merece!

Depois completou:

— Se Marcellus também sucumbiu aos encantos dessa mulher, não tenho dúvidas de que a existência dela é nociva para quantos dela se aproximem... Não tiveste ciúmes do teu irmão? — Marcus disse com um meio-sorriso:

— Tive a felicidade de Jasmine odiá-lo desde o dia em que o viu pela primeira vez...

Septimus analisava a situação. Por fim, disse:

— Além da segurança nas fronteiras, ultimamente, nosso imperador parece transtornado com o aumento vertiginoso de cristãos por todo o império. Ouvi dizer que tomará medidas drásticas e as perseguições irão se acentuar daqui por diante.

— Também ouvi rumores, e, em relação a esse fato, estou a postos para lutar por Roma e nossos valores. Os cristãos não têm um código moral e pregam a desordem e o desregramento dos laços de família. Comentam que se tratam por "irmãos", mesmo entre desconhecidos! Desconsideram os sagrados laços entre irmãos de sangue, banalizam o amor fraterno, estendendo-o mesmo a pessoas obscuras!

— Sim, meu amigo. Devemos combater este inimigo invisível que solapa as estruturas de nosso império. Logo teremos nosso exército evitando a luta para não matar "um irmão".

Marcus riu e disse:

— Somos muito mais fortes e poderosos, e uma ideia dessas não poderá nos deter. Apesar do ódio que sinto por Diocleciano, devo admitir que confio no seu discernimento nessa questão.

Septimus se ergueu da confortável cadeira e, concordando com as últimas palavras ditas por Marcus, se despediu e saiu. Acabrunhado, Marcus permaneceu envolvido em pensamentos amargos de raiva e ciúme.

O ano de 292 se iniciou sem grandes apreensões para os nossos amigos, embora cada um estivesse envolvido em seus dramas particulares.

As reformas de Diocleciano conseguiram evitar — por algum tempo — o esfacelamento do império e prolongaram o poder da águia romana, mesmo agonizante. A estrutura, no entanto, já havia sido corroída pela corrupção dos desregramentos aviltantes, dos desmandos da crueldade, do afastamento dos princípios morais que deveriam reger uma civilização e, sem dúvida, por acontecimentos funestos, como desastres naturais e a peste. A força não basta para manter um povo coeso moralmente, respeitando o semelhante, fortalecendo os valores da família. A elevação dos sentimentos ao que é sagrado, ao bem, é que faz o homem ascender e conquistar a serenidade e a paz.

Decidido, Hashab resolveu retornar à Nicomédia para tentar tirar Jasmine do palácio. A viagem ocorrera sem maiores intercorrências, mas, ao chegar à Nicomédia, recebeu uma notícia que o perturbou demasiadamente.

Seus amigos, velhos conhecidos, Selenius, Eugênio, Marta e Felício, iam ser julgados naquele dia pelo imperador, após uma denúncia que fora feita, entregando-os nas mãos de Diocleciano.

Profundamente sensibilizado, Hashab deliberou ir ao palácio para reencontrar Lea e Jasmine, buscando uma justificativa para a situação lamentável em que seus amigos se encontravam.

Era sabido que no palácio e na própria família de Diocleciano existiam muitos cristãos. Por que haveria de capturar e apreender cristãos que eram, na verdade, quase vizinhos de seu palácio, sendo que a convivência sempre fora tranquila, sem maiores aflições?

Como cristão, Hashab sabia que a pressão que Galério exercia sobre Diocleciano era intensa. No entanto, perseguir e, provavelmente, forjar um julgamento, naquele momento, era incompreensível. Assim, Hashab entrou no palácio às escondidas, procurando se proteger, conforme conselho sabiamente dado por alguns cristãos, companheiros de ideal da Nicomédia. Atravessou as colunas do átrio e se dirigiu aos aposentos internos. O movimento incomum no palácio lhe permitiu andar sem maiores admoestações.

Ao chegar próximo dos aposentos de Marcus e Júlia, verificou que Lea segurava seu sobrinho Haram ao colo, que ria de contentamento ao ver o efeito das pedrinhas que a moça jogava em um pequeno lago artificial, comum nas casas romanas. Ao vê-lo, Lea soltou um grito de surpresa e, levantando-se, pediu auxílio a uma das servas de Júlia para que cuidasse do menino. Quase correndo na direção do rapaz, se abraçaram efusivamente, trocando carícias apaixonadas. Hashab abraçou-a e disse:

— Minha amada! Como pude partir sem ti? Rogava ao Senhor que me permitisse te encontrar novamente, para dizer-te que a amo cada dia mais!

Lea sorriu, estampando no rosto a felicidade que sentia. A seguir, segurou com ternura a mão de Hashab e o conduziu a um banco localizado em discreto recuo do jardim. Ao sentar-se, segurou as mãos do noivo e disse:

— Arriscas a tua vida vindo ao palácio, Hashab! Precisamos ser breves... Nuvens nefastas rondam este lugar... O dia de amanhã será o dia do testemunho de nossos queridos Selenius e Eugênio...

— Sim, nossos irmãos da Nicomédia já me relataram sobre esta atitude incompreensível de Diocleciano. Custo a crer que a nossa paz tenha durado tão pouco e retornem as investidas contra nós...

Os olhos súplices de Lea demonstraram a preocupação da moça.

— Vejo-a abatida e excessivamente preocupada... Não entendo a razão de tua angústia; virei buscar-te após falar com Jasmine. Partiremos juntos desta vez! — disse o rapaz com um sorriso nos lábios. Lea segurou a mão do homem amado e falou:

— Deves partir o quanto antes, querido. Não poderei te acompanhar agora, pois precisas ser diligente e sair da Nicomédia. Eu poderia te atrapalhar... Irás para bem longe e eu te seguirei assim que seja possível...

— O que me dizes, Lea? Não desejas partir em minha companhia? E as nossas núpcias?

A moça começou a chorar e tornou:

— Não se trata disso, Hashab, mas teremos que adiar os nossos planos de ventura conjugal! Temo por tua vida, por meu irmão Elias, Haram... Partiria neste momento se dependesse de minha vontade, mas me afeiçoei ao teu sobrinho e a minha partida agora despertaria suspeitas que levariam a guarda de Diocleciano ao teu encalço. Preciso de mais algum tempo... Minha senhora está adoecendo com a ausência do senhor Marcus. Por favor, entenda, não posso pensar em minha felicidade quando aqueles a quem amo sofrem tanto... — Hashab se calou desapontado. A seguir, disse com visível tristeza:

— Eu compreendo os teus motivos. Perdoa o meu egoísmo em querer tê-la ao meu lado neste momento. Sofri muito sem a tua presença... — Lea, entre lágrimas, respondeu:

— Não torne as coisas mais difíceis, Hashab. Eu te amo acima de tudo, mas, como já te disse, fugir dessa forma só acarretaria maior sofrimento a todos. — Hashab beijou-lhe as mãos e disse:

— Preciso ver Jasmine e lhe pedir que interceda junto ao imperador! — A jovem sustou o choro e o fixou demoradamente. A seguir, falou:

— Não deves procurar tua irmã. Escreva uma carta que lhe entregarei.

Hashab a olhou com estranheza e perguntou:

— O que estás me escondendo, Lea? Dize-me, preciso saber a verdade! — Lea baixou o olhar e disse:

— Soube pela escrava pessoal de Jasmine, Agar, que ela está impedida de sair deste palácio, para garantir a tua vida e a do senhor Marcus...

— O que significa isso? — indagou Hashab, perplexo. — Cada vez que aqui retorno, encontro Jasmine em situação difícil. O que houve agora? — A jovem deu um suspiro e continuou:

— Trata-se do romance entre Jasmine e o senhor Marcus... — Contrafeito, Hashab perguntou:

— Quem mais sabe desta história?

— Na realidade, já é de conhecimento de todos na corte.

Espantado, Hashab questionou:

— E Júlia? Como está reagindo a tudo isso?

Lea endereçou um olhar significativo para Hashab e disse:

— Está reagindo como a verdadeira cristã que é... — A seguir, segurou as mãos de Hashab e prosseguiu: — Tua irmã está envolvida nas ilusões enganosas da matéria, buscando a felicidade ainda nas circunstâncias efêmeras que, sabemos, deixarão de existir como um sopro de vento... Também nós já trilhamos estes caminhos, portanto, não nos cabe julgá-la, mas adverti-la, auxiliá-la!

Hashab deu-se por vencido. Tomou Lea nos braços e a manteve assim por um tempo indefinido, procurando apenas sentir a sua presença querida, reconfortante.

O amor se expressa de formas infinitas, mas, quanto mais intenso, a simples presença do ser amado nos transporta para um mundo de contentamento e felicidade.

23

CUMPLICIDADE NO MAL

A tarde ia a meio quando uma algazarra vinda da ala dos aposentos dos soldados se fez ouvir. Fazia dois dias que Septimus havia chegado à Nicomédia e fora se apresentar, como de costume, ao imperador. Tendo a estima de seus comandados e da elite militar romana, logo ao chegar ao palácio, a notícia se espalhou rapidamente.

Septimus foi abraçado por ex-companheiros de batalha e logo um dos centuriões mais próximos de Diocleciano, depois de alguns cálices de vinho, arriscou:

— Soube que ainda não te casaste, Septimus. Os deuses te trazem em boa hora... — Sem compreender, Septimus sorriu e disse:

— O que estás insinuando, Maximus? O que a tua mente maldosa está a te sugerir?

Maximus o tomou pelo braço e saíram a caminhar pelos pátios internos do palácio. Após se afastarem alguns metros, falou:

— Perdoa-me a indiscrição, somos velhos amigos... A tua adorável Júlia está a definhar depois que Diocleciano enviou Marcus para Niceia. As coisas estão indo de mal a pior, meu caro... Júlia é obrigada a conviver com a amante do marido, por ordem do imperador... — Maximus, à medida que falava, observava a reação de Septimus, prosseguindo: — Apesar da dignidade desta legítima senhora, não sei por quanto tempo resistirá... Digo-te, na verdade, que ignoro a procedência de tamanha coragem e resignação!

Septimus sentiu que, apesar dos anos passados, ao saber da situação de Júlia, sentia um abalo em seu coração! Como podia ainda amar aquela que quase lhe pertencera e que, por capricho dos deuses, se apaixonara pelo seu melhor amigo?

Marcus, em seu inegável egoísmo, ignorava os seus sentimentos — e, assim, resolvera partir. A verdade, porém, é que se afastara de Roma e do caminho de Júlia para tentar esquecer aquele amor. Encontrá-la agora, sofrendo pelo abandono de Marcus, fazia com que uma onda de raiva lhe aflorasse na alma e, se pudesse, castigaria Marcus, pois ele, Septimus, renunciara a sua felicidade para que Júlia fosse feliz!

O fato de Marcus ter-lhe roubado a atenção de Júlia era-lhe tolerável, ao pensar que ela era ditosa, mas saber que sofria de forma tão intensa por ser traída, por uma mulher de procedência desconhecida, era insuportável.

As lembranças vinham a sua mente e via Júlia, mal saída da adolescência, como uma flor que desabrochava. As relações das famílias de Septimus e de Marcus na primeira mocidade com os pais da moça faziam com que a convivência fosse constante e as expectativas de um casamento fossem sonhadas, especialmente por ele.

Marcus, após o término do escandaloso relacionamento com Flávia, se aproximou de Júlia e todos temiam que ele conquistasse o coração inexperiente da jovem.

Sendo menos extrovertido que Marcus, aos poucos foi perdendo as atenções de Júlia, que se esmerava em agradar o jovem galante que conquistava as mulheres sem grande esforço.

Relutante, a família de Júlia acabou cedendo e não foi preciso muito tempo para que fosse anunciado o noivado dos jovens apaixonados. Não lhe cabia nada fazer, a não ser se afastar de ambos, dedicando-se à sua carreira militar.

Naquele momento, ouviu a voz de Maximus, que apontava na direção oposta. Envolvido em seus pensamentos, não prestara atenção no que o amigo dizia. Seguindo na direção que o rapaz indicava, viu que uma jovem mulher caminhava por entre as colunas. Percebeu o seu belo talhe, os cabelos arrumados caprichosamente e, sem muito interesse, perguntou:

— De quem se trata? — Maximus deu uma gargalhada e tornou:

— É Jasmine, a amante de Marcus. Se tiveres algum interesse, te aconselho: desistas. Esta mulher semeia a desgraça por onde passa... Vê a situação de Marcus, Marcellus e outros...

Ao ouvir as informações de Maximus, Septimus passou a observar com mais atenção a figura de Jasmine. Embora à distância, reconhecia ser a "nova" escolhida de Marcus uma mulher de beleza singular. Podia compreender a paixão de Marcus, mas considerava que, se ele realmente amasse Júlia, não a trairia.

Lembrou-se do que havia tratado com o amigo: deveria tirar o filho de Jasmine e entregá-lo para Marcus, que se considerava traído, por sua vez. "Ah, os deuses brincam com os nossos destinos!", pensou.

Como poderia se aproximar de Jasmine para lhe conquistar a confiança? Este por certo seria o primeiro passo...

Após pensar por alguns segundos, falou:

— Meu caro, gostaria de rever Júlia... Sem nenhum outro interesse, mas desejo encontrar a amiga que deixei há tanto tempo! — O outro prontamente respondeu:

— Sim, claro. Ela passeia pelos jardins no fim da tarde; se preferir, no jantar, costuma ficar próxima ao imperador...

Distraída, Jasmine não havia percebido que era observada pelos dois homens. Pensamentos desencontrados digladiavam em sua mente, dificultando-lhe o raciocínio.

Há quanto tempo permanecia naquele palácio? Um ano, talvez mais... A sua casa em Antioquia era, agora, apenas uma lembrança. Perdera a sua família, seu lar... Marcus, onde estaria? Saberia o perigo que ela correra por ele não ter comparecido ao encontro que há tanto tempo aguardava?

A perspectiva de encontrá-lo a sós, podendo abraçá-lo, beijá-lo sem cuidados, trouxera-lhe uma felicidade que há muito seu coração não sentia!

Teria Marcus a enganado, marcando um encontro ao qual não desejava comparecer? A dúvida começava a se instalar em seu coração. Passava a duvidar do amor de Marcus e, distante das ideias de perdão e esquecimento do mal, sintonizada em faixas de desequilíbrio do sentimento, era um instrumento dócil às más sugestões de suas ardilosas companhias espirituais.

Poder-se-ia dizer que era um espírito imaturo para as grandes provas da vida. Recebia naquela existência uma oportunidade tão única, que só com o passar dos milênios poderia avaliar o muito que recebera e quanto havia perdido.

Incapaz de sofrer em prol de uma causa, de renunciar ao egoísmo que lhe dirigia as ações, envolta nos mantos escuros do orgulho que lhe toldavam a visão, estava a caminho de uma grande queda para o seu espírito.

Caminhava para longe dos passos de Jesus e só o buscaria pelos reveses das experiências reparadoras. Experimentaria o mal que havia feito, quando derramaria infinitas lágrimas; passaria por dores cruciantes, vítima de humilhações de toda a ordem, por agir contra a lei de amor que rege o Universo.

Como trânsfuga dessa lei, Jasmine carregaria uma mancha em sua consciência, exigindo a si mesma que ela fosse apagada por meio do trabalho redentor ao longo dos milênios, para resgatar a sua grande dívida para com Jesus.

Naquela noite, não desejava comparecer ao jantar, pois se encontrava aborrecida com a falta de notícias de Hashab e Narin. Enviara correspondência ao último, mas não recebera a sua resposta. Desejava ter notícias de seu filho primogênito e considerava um insulto o fato de Narin lhe negar esse direito.

Sua condição, porém, não lhe permitia se afastar do palácio, e o fato de ser constantemente vigiada lhe atormentava os nervos. Preparou-se com a ajuda de uma serva, deixando-se vestir, distraída, sem o menor interesse no resultado. A velha serva, aflita, lhe mostrava as túnicas, as joias, como arrumaria o cabelo, mas Jasmine a fitava como se não a visse.

Aquela situação não era o que havia planejado para o seu futuro! É bem verdade que a vida de luxo no palácio a havia seduzido. O fato de ser servida por toda aquela criadagem, tendo os seus mínimos desejos satisfeitos, havia lhe despertado o desejo de possuir bens, dinheiro, que lhe propiciassem uma vida confortável e sem preocupações.

Sabia que tudo tinha um preço, e só tarde demais percebeu qual seria aquele que deveria pagar. Havia criado falsas ilusões, aceitado todas as facilidades da vida na corte, presentes de toda a sorte, sem perceber que cavava um abismo sob seus pés.

Quando a serva deu por finalizada a sua tarefa, olhou-se no rico espelho e considerou que, se não fosse o desgosto que tivera com Marcus, desejaria que ele a visse naquele momento... Ele, porém, mereceria o seu amor?

A sua situação se tornara delicada no palácio, pois Prisca e Valéria haviam se afastado, decepcionadas com os últimos acontecimentos; as mulheres da corte, amigas de Júlia, passaram a ignorá-la, portanto, todos se afastaram dela, inclusive Marcus.

Seu objetivo seria, a partir de agora, saber a verdade, e então usaria sua ascendência sobre o imperador para vingar-se de Marcus caso ele tivesse desistido dela! Após sair dos seus aposentos, viu que algumas mulheres comentavam sob risos abafados:

— Septimus está de volta!

As demais riram e uma delas ainda disse:

— Com certeza, deverá ter esquecido o amor que devotava a Júlia. Não deverá lamentar mais a sua perda depois desses anos...

Jasmine fingiu não ouvir e seguiu para o salão onde haveria uma recepção para alguns centuriões que chegavam da Hispânia. Esses jantares se prolongavam até altas horas e a música alta, as bailarinas e as apresentações teatrais visando distrair o imperador e sua corte, além da grande profusão de vinho que era servida, provocavam o entorpecimento dos sentidos e da consciência e os prendia nas ilusões com que levavam as suas vidas.

Ao chegar ao salão, Septimus foi recebido por seus pares com efusivas saudações, entre risos e elogios ao oficial por mais uma batalha vencida. Após os agradecimentos sinceros, Septimus ia pegar uma taça de vinho quando alguém se aproximou pelas suas costas e lhe ofereceu a bebida dizendo:

— Aceitarias a taça das mãos de uma velha amiga?

Ele se voltou e viu Flávia Pompília sorrindo à sua frente. Ela se encontrava muito atraente naquela noite. O talhe elegante, os cabelos castanho-dourados a lhe adornarem o rosto de traços harmônicos. Experimentada na arte de seduzir, a moça falou:

— Septimus, que falta nos fizeste! Valeu o sacrifício, pois voltaste mais forte e vitorioso!

Septimus sorriu de forma galante e a advertiu:

— E tu estás mais atraente do que a última vez em que a vi... Deve haver muitos corações partidos neste salão por tua causa... — Flávia riu gostosamente e tornou:

— Já não me distraem as conquistas inconsequentes! Acho que Vênus me acertou o coração definitivamente!

Septimus lembrou-se de que Flávia poderia abrir o seu caminho até Jasmine e, demonstrando interesse, perguntou:

— De quem se trata? Quem é este mortal feliz que é amado por uma rival de Vênus? Sim, porque, em termos de amor, tu és tão divina quanto a deusa...

Sentindo-se feliz e apreciada, Flávia confidenciou:

— Lembras que tive um romance com Marcus, meu primo... Pensei que seria mais um romance entre outros, mas acabei me apaixonando por ele... O resto tu sabes, pois também perdeste quem amavas! — Septimus fechou o cenho e fez um sinal afirmativo, prosseguindo:

— Sim, a escolha de Júlia me abalou muito! Ao que parece, ela e Marcus são felizes... — mentiu propositalmente.

Naquele momento, alguns amigos de Septimus, se aproximaram e o saudaram, abraçando-o. Septimus retribuiu gentilmente e um deles o convidou para localizar-se próximo ao imperador, a seu convite. Septimus concordou e acercou-se de um confortável leito; acomodou-se e, como Flávia o havia acompanhado, o assunto continuou:

— Lamento te dizer, mas o nobre e digno Marcus traiu a tua adorável Júlia com uma mulher desses povos conquistados... sendo ela uma das melhores amigas de Júlia!

Aparentemente surpreso, Septimus quis obter mais informações:

— Não posso acreditar em tuas palavras, Flávia! Como Marcus ousou ofender a dignidade de Júlia? Que os deuses o punam por essa ousadia! — Flávia sorriu e falou:

— Tu ainda amas Júlia! Posso ver o brilho do teu olhar ao referir-te a ela... — Septimus não negou os seus sentimentos, dizendo:

— Falo somente para ti, mas jamais amarei outra mulher... — Flávia se aproximou e disse próximo ao seu ouvido:

— Podemos tornar possível a nossa felicidade se estivermos juntos, tratando de nossos interesses...

Mais uma vez, ambos foram interrompidos com a chegada de Prisca e Júlia. A segunda, embora a tristeza no semblante, o fitou com tímida alegria.

Septimus não escondia a emoção do reencontro. Beijou-lhe a mão e falou com a voz alterada:

— Que os deuses sejam louvados por guardarem a tua saúde e beleza, nobre senhora! — Júlia sorriu e disse com sinceridade:

— Septimus! És meu amigo querido de sempre, me chama por meu nome...

— Sim, minha cara amiga! Não queria tomar tal iniciativa sem a tua anuência...

Júlia o fitou com mais atenção. Septimus havia se tornado um homem belo e forte. Não era mais aquele rapaz franzino e tímido que havia deixado Roma inesperadamente... Ela havia escolhido Marcus e este fora o motivo da entrada de Septimus para o exército. Marcus era, então, mais velho e cativava as mulheres com a sua inteligência e desenvoltura. Se tivesse escolhido Septimus, teria sido mais feliz?, perguntou a si mesma. Prisca, percebendo a situação delicada que se criara, interrompeu o reencontro convidando Júlia a acompanhá-la:

— Querida, ambos terão muito tempo para conversar... Preciso, Júlia, da tua fama de excelente anfitriã para darmos as boas-vindas a uma caravana vinda de muito longe, da Hispânia. Flávia, por sua vez, conduzirá nosso caro Septimus para que fique à vontade.

Júlia concordou e, pedindo licença, se afastou. O olhar de Septimus a seguiu até que desaparecesse no meio dos convidados. Fiel ao encargo recebido, Flávia segurou o braço de Septimus e disse:

— Acompanha-me!

Ele obedeceu ao comando da jovem e, em alguns minutos, estavam diante de Jasmine, que, naquele momento, entrava no salão.

Curiosa para ver a reação de Septimus, Flávia fez as apresentações. O olhar de Septimus envolveu Jasmine, ao que ela fez uma leve e fria mesura; Septimus, ao vê-la, desta vez muito próxima, constatou a beleza da jovem mulher.

— Tenho ouvido falar da tua beleza, mas vejo que nenhum dos meus relatores te fizeram jus... — disse, dando um acento intencional ao elogio.

Jasmine, que se encontrava entediada, aborrecida com a situação em que vivia, o fixou com atenção e tornou interessada:

— Onde ouviste falar de mim? Por que alguém falaria sobre mim, particularmente?

Flávia, estando entre os dois e sentindo-se excluída da conversa, disse:

— Deixo-os a sós, quem sabe se nossos destinos não começam a mudar!

Sem se ater às palavras da moça, Septimus prosseguiu seu diálogo com Jasmine:

— Desde Antioquia ouve-se falar da bela Jasmine. No entanto, isso não te faz feliz; não vejo felicidade em teu olhar... — O olhar perscrutador da moça o envolveu, tentando sondar as suas reais intenções. A seguir, disse:

— Também em relação a ti existem histórias... Por exemplo, a mais comentada refere-se ao teu amor por Júlia, que foi roubada por teu melhor amigo, Marcus. — Surpreso com a argúcia da moça, Septimus comentou:

— Sim, é verdade! Júlia foi o grande amor da minha juventude! Mas o tempo cura as feridas do coração, não concordas?

Jasmine não concordava absolutamente, mas, para manter uma boa impressão diante de alguém que lhe poderia ser útil, respondeu:

— Tens razão! Deves convir, no entanto, que algumas chagas são mais profundas que outras... Levam, dessa maneira, mais tempo para que sejam curadas...

— Sem dúvida, bela Jasmine! Não foste agraciada pelos deuses apenas com tua beleza, mas também com uma grande perspicácia para os assuntos do coração... Diga-me: como vieste viver neste palácio?

Jasmine tomou um gole de vinho em uma delicada taça adornada com pedrarias e, mostrando-a a Septimus, disse de forma irônica:

— Vês estas pedras? Valem mais do que a minha vida! Quanto à tua pergunta, todos sabem que vim para cá para evitar um escândalo que destruiria muitas vidas... Por ora, destruí apenas a minha... — e Jasmine riu, já sob os efeitos do álcool.

Septimus, impressionado com as palavras da jovem que em nada se parecia com a adúltera sobre a qual Marcus havia lhe falado, tornou:

— Podemos conversar amanhã? Gostaria muito de conhecer a tua história, mas vinda dos teus próprios lábios.

Jasmine assentiu e, depois de conversar frivolidades com algumas mulheres da corte, se recolheu, entediada, para os seus aposentos.

Após a prisão de Selenius e seus companheiros de maneira inesperada, havia uma grande apreensão em todos os corações da comunidade cristã na cidade.

A convivência pacífica entre cristãos e romanos, mesmo entre os judeus ortodoxos, tinha sido rompida por uma atitude arbitrária do imperador. Voltariam as antigas perseguições ocorridas na época de Nero? Ou seriam iguais às terríveis chacinas levadas a efeito por Décio? Seriam responsabilizados novamente pelas colheitas insuficientes, pelos desastres naturais, pela peste? Qual seria o motivo desta vez?

A comunidade cristã na Nicomédia, em particular, se ressentia de uma justificativa para tal acontecimento. Atônitos, se perguntavam por que o imperador resolvera agir contra a igreja da Nicomédia.

O que todos desconheciam, especialmente Hashab, era que o incidente de Jasmine havia sido particularmente desagradável para Diocleciano. Os cristãos já eram uma força que se contrapunha ao despotismo romano. Além de Galério representando os pagãos, havia aqueles interessados na eliminação dos cristãos, pois se percebia que Júpiter perdia espaço e com isso a influência de Roma diminuía.

A grande verdade é que o Cristianismo se tornava uma força que, por sua característica sobrenatural, com os seus milagres e curas, assustava o já decadente Império Romano.

Septimus havia ficado vivamente impressionado com Jasmine. Não que os seus sentimentos por Júlia fossem abalados por ter conhecido a amante de Marcus, mas pela situação em que a jovem mulher se encontrava.

Estaria ela traindo Marcus realmente? Não seria uma fantasia criada pelos ciúmes na mente de seu amigo, envenenado pela argúcia de Flávia e inseguro diante do poder de Diocleciano?

Assim, após o desjejum, em vez de se dirigir para o grande salão, foi ter com Diocleciano em um aposento onde recebia pessoas de sua confiança, quando podia lhes falar abertamente sobre assuntos de seu interesse. Logo após ser anunciado, perfilou-se e curvou a cabeça diante do imperador. Este, já vestido com a sua indumentária exagerada, fez um sinal com o indicador, onde se via um anel em que jazia um grande rubi, que lhe definia a condição de gestor máximo do império.

Septimus se sentou e aguardou a palavra de Sua Majestade imperial. Diocleciano o observou e, lembrando-se de que na noite anterior Jasmine havia ficado um longo tempo, segundo a sua impressão, em animada conversação com ele, disse por fim:

— Soube das tuas vitórias na Britânia, Septimus. Tiraste uma grande preocupação de meus ombros, depois que reorganizei aquela região, pois aqueles bárbaros há muito nos atormentam... — Lisonjeado, Septimus respondeu com orgulho:

— É a minha tarefa, Vossa Majestade imperial. Meu dever é defender o império e meu imperador! — Diocleciano sorriu e disse:

— Desejarias ir para a Germânia e te instalar por lá? A propósito, estás casado? — Estranhando a pergunta, Septimus respondeu:

— Não pretendo voltar, se assim o permitirdes, senhor. Não contraí matrimônio, pois mulher de nenhum povo pode competir com as nossas...

— Pensarei no teu caso e verei onde poderás ser útil para o império. Percebi que fizeste novas amizades desde a tua chegada...

Septimus compreendeu que Diocleciano se referia a Jasmine e procurou esclarecer:

— Flávia Pompília recebeu a incumbência de vossa esposa de me apresentar a algumas pessoas. Estou afastado da corte há alguns anos e considerei uma gentileza de Prisca familiarizar-me com vossos convidados.

— Sim, certamente. Sei que será do teu agrado fazer companhia a Júlia, visto que deverá ficar por muito tempo afastada do marido...

Aproveitando o ensejo, Septimus fingiu não saber o paradeiro de Marcus e ousou perguntar:

— Soube que Marcus está em uma missão de vosso interesse pessoal. Suponho que, após concluí-la, ele deverá retornar, não é assim? — O sorriso enigmático de Diocleciano fez com que Septimus se colocasse na defensiva e concluísse: — Perdoai-me a indiscrição... Não devia vos ter falado, mas, como sempre fomos amigos, Marcus e eu...

Diocleciano fez um sinal de que dava pouca importância ao fato e tornou:

— Não te preocupes. É natural que te interesses pelo teu amigo. Afianço-te, porém, que não desejo trazê-lo de volta por agora. Tenho assuntos que me dizem respeito e que também interessam a Marcus.

— Compreendo, senhor. Se puder ser útil em alguma coisa, estou a vossa disposição.

— Sei disso, Septimus. Podes ficar no palácio o tempo que quiseres e quero que saibas que aprovo a tua aproximação de Júlia.

Septimus percebeu que Diocleciano insistia em que ele e Júlia voltassem à antiga amizade. Qual era, no entanto, realmente a sua intenção?

Após se retirar, caminhava ensimesmado por um corredor lateral que dava para o átrio quando viu que Jasmine vinha em sua direção. O frescor da manhã lhe fazia extremamente bem e, procurando entretecer uma conversa, a cumprimentou galante, dizendo:

— Não saberia dizer quem está mais viçosa e bela, tu ou as flores deste jardim... — Jasmine o fitou longamente e respondeu:

— Tanto elas quanto eu estamos presas a este palácio! — Septimus indicou um banco e, sentando-se, perguntou:

— Por que dizes isso? O que te prende aqui, Jasmine?

Procurando desabafar, visto que se sentia solitária, a moça deu um suspiro e iniciou a narrativa dos acontecimentos que a haviam levado à situação em que se encontrava. Após ouvi-la, Septimus considerou:

— Talvez devas recomeçar a tua vida em outro lugar... Se o teu marido não te aceita, se Marcus está em perigo por tua causa, não devias pensar em partir?

Jasmine respondeu pensativa:

— Qualquer gesto ou atitude minha poderá desencadear a ira de Diocleciano sobre Marcus e Hashab! Ao mesmo tempo, não sei se ele também não foi envolvido em uma calúnia a meu respeito e por isso tenha se afastado... Ou se tenha realmente sido mandado para longe e não pense mais em mim!

Um dilema se instalou na mente de Septimus: se Jasmine reencontrasse Marcus, o caminho ficaria livre para ele e Júlia... Ao mesmo tempo, começava a simpatizar com a moça e entendia que ela havia caído em uma armadilha forjada por Flávia.

Um sentimento represado por muito tempo começou a tomar forma em seu íntimo e imediatamente a ideia de afastar Marcus definitivamente de seu caminho se estabeleceu.

Se tivesse refutado aquele pensamento infeliz com a mesma rapidez com que ele surgiu, por certo Septimus amealharia grandes recursos espirituais no futuro, em virtude da atitude correta que houvera tomado. Como ocorre com a maioria dos seres humanos, ainda mergulhados nas próprias imperfeições, recapitulando inúmeras vezes os mesmos enganos, com Septimus não foi diferente. O egoísmo falou mais alto em seu coração e a consciência, apesar de tentar se manifestar, foi abafada pelas justificativas que ele encontrou para agir daquele modo. Acreditando proceder em favor da sua felicidade, comentou com o objetivo de cativar a confiança da moça:

— Escute, Jasmine, conheço alguns oficiais que se encontram nesta região. Demandarei saber se têm notícias de Marcus e de seu paradeiro. Poderás assim entrar em contato com ele e esclarecer essa história. Não é justo que sofras desta forma neste palácio, sendo prisioneira de um homem que, aparentemente, perdeu o juízo... O que achas? — Um brilho novo surgiu nos olhos de Jasmine, que, agradecida, disse:

— Pelos deuses! Serei eternamente grata, Septimus! Tudo o que eu desejava era poder vê-lo, falar-lhe...

— É preciso ter cautela... Tu estás sob a tutela do imperador e isso significa que estamos arriscando as nossas vidas. Deves saber que, quando se trata dos seus caprichos pessoais, Diocleciano beira a irracionalidade. Mandarei hoje mesmo a correspondência por um servo de confiança.

Ambos se separaram, cada um carregando a certeza de que estavam prestes a realizar os seus mais caros sonhos.

24

A PORTA ESTREITA

Passados mais alguns dias, Jasmine se encontrava em seus aposentos, observando a sua serva distraindo Haram, quando Lea surgiu na porta. A moça fez um sinal para que se aproximasse e, tão logo Lea se acercou de Jasmine, disse-lhe:

– Preciso que me acompanhes, Jasmine!

Curiosa, Jasmine se levantou do leito onde uma serva a penteava e a seguiu. Alguns minutos depois, ambas se aproximavam dos aposentos destinados aos criados. Jasmine, com a cabeça coberta, olhou ao redor, quando percebeu que um homem, com um manto cobrindo-lhe tanto o corpo quanto a cabeça, se aproximou.

Assustada, Jasmine deu um passo atrás, mas, com a retirada do manto, viu que se tratava de Hashab. Jasmine então se atirou em seus braços e, chorando, beijou seu rosto, suas mãos, sem poder conter a emoção. Naquele momento, era-lhe particularmente grata a presença do irmão. Hashab, da mesma forma, abraçou-a com profundo carinho, em um gesto de proteção, como se naquele abraço pudesse evitar todo o mal que alguém pudesse lhe fazer.

Sabia que Jasmine havia, de certo modo, sacrificado os seus sonhos de mulher ao se casar com Narin. A moça com o tempo se afeiçoara ao marido, mas não era apaixonada por ele. Os erros que cometera posteriormente, Hashab atribuía a essa desventura no amor. Quando ambos se recuperaram da emoção do reencontro, Jasmine o inquiriu:

– O que fazes aqui? Sabes que Diocleciano... – O rapaz a interrompeu:

– Lea me contou tudo, Jasmine, mas preciso ouvir a verdade dos teus lábios...

– Ah! Como senti a tua falta! Precisava dos teus conselhos sempre justos e visando a minha felicidade... Houve uma série de acontecimentos que desconheces e que me levaram a essa condição!

– Não temos muito tempo! A minha intenção é que partas comigo o mais depressa possível. Tenho amigos muito caros que nos ajudarão com prazer, poderemos nos fixar na Britânia ou em Éfeso... Lea partirá conosco...

– Não, Hashab, será muito perigoso! A tua vida corre perigo, não posso ficar próxima a ti ou a Lea. Além disso, tenho esperanças de encontrar Marcus para partirmos juntos para outro lugar... – Hashab a segurou pelos ombros e disse:

– Não podemos esperar por Marcus! Quando tiveres saído deste palácio, em outro lugar, poderás pensar em reencontrá-lo. Agora, precisamos nos afastar para evitar o pior. Logo seremos perseguidos por este tirano que te aprisionou neste palácio!

Jasmine o fitou com estranheza. Afastando-se de Hashab, perguntou:

– Mesmo diante do perigo que cerca os cristãos, tu manténs a tua crença no Nazareno? – O rapaz, com grande dignidade em sua expressão, respondeu:

– Sim, sou cristão, Jasmine. Dediquei a minha vida a nosso Mestre Jesus!

– Não te entendo! – respondeu a moça, preocupada. – Ainda insistes nessa ideia absurda? E a religião de nossos pais e nossos antepassados?

– Só existe um Deus, nosso Pai e Criador, minha irmã. Poderei te explicar melhor quando estivermos longe da Nicomédia...

Jasmine não conseguia evitar a decepção que a crença do irmão lhe causava. Não compreendia aquelas ideias que levavam as pessoas ao sacrifício da própria vida para não abjurar sua fé. Hashab, vendo que uma barreira se estabelecia entre ambos, falou com acentuada compreensão:

– Deixemos as nossas crenças de lado e pensemos no futuro! Ainda podemos ser muito felizes, Jasmine! Levaremos Haram conosco, procurarás Marcus... Poderei te explicar os ensinamentos de Jesus, o seu Evangelho...

Jasmine estava pálida quando disse:

– Tu não compreendes, Hashab! – Ele a ouvia atento, quando Jasmine continuou: – Estou muito distante das tuas convicções, não posso aceitá-las! Não desejo morrer por este judeu desconhecido... Quero viver, ser feliz, gozar a vida! Já sofri demais com todas as renúncias que tive de fazer, agora preciso pensar em mim... – Incrédulo com as palavras da irmã, Hashab tornou com emoção na voz:

– Vendeste a tua alma às seduções de Roma? Tu esqueceste as lições de nossos pais de uma vida digna e justa? – A moça se afastou e disse:

– Nossos pais estão mortos! Ainda estamos vivos e podemos ir muito além do que eles foram...

– O que estás insinuando, Jasmine? Onde pretendes chegar? Não te reconheço, minha irmã! O que fizeste da tua vida? – Jasmine o fitou com frieza e confirmou:

– Sim, eu mudei! Não sou mais aquela mulher ingênua, cheia de sonhos irrealizáveis... Sei o que quero e lutarei para ter o que desejo!

O olhar sereno de Hashab refletia a sua decepção. Lágrimas cristalinas brotaram de seus olhos e, cabisbaixo, falou:

– Não precisas me dizer o que te tornaste, posso imaginar... Não te julgo, isso não cabe a mim! Tens uma consciência que um dia despertará para as verdades eternas da vida! E quanto a teus filhos? Pretendes abandoná-los?

– Estás sendo injusto, Hashab! Não sou o que dizem; se traí alguém foi Narin, por ter encontrado o amor tarde demais! Quanto aos meus filhos, se eu quisesse, os teria comigo, mas não vou tirar Shadi de Narin, ele está acostumado com o pai... Haram, sim, ficará comigo! Precisas partir, Hashab; o imperador condicionou a tua vida à minha presença aqui... Se fores para outras terras, talvez o Egito, poderei sair desta prisão.

– Sabes que estás nas mãos de um facínora, Jasmine? Muitas vidas foram ceifadas por este homem e, talvez, ainda tenhamos um espetáculo mais sangrento no futuro...

Jasmine o fitou e revelou:

– Desde que aqui cheguei, foi a única pessoa que me apoiou, me protegeu da maldade de Flávia e Marcelus... Aquele bêbado, celerado, quase me matou! Se não fosse Diocleciano, ele ainda estaria aqui!

– Tu te uniste aos assassinos de nossos pais? Aos romanos? – perguntou o rapaz com firmeza. Jasmine respondeu:

– Não tive outra escolha, Hashab! Por favor, entende!

– Tu me envergonhas, Jasmine! Fui até Narin cobrando uma atitude dele, para que viesse te buscar, mas ele me disse que Hadid esteve aqui e não gostou do que viu. Além de ter ouvido dizer que te tornaste uma concubina.

– Cala-te, Hashab! Não tens o direito de vir até aqui me cobrar nada! Renunciei à minha juventude, aos meus sonhos, para me casar com Narin e evitar que fosses entregue aos romanos... Irias para as galeras, tu bem o sabes...

– Por que não me contaste antes que Narin havia te imposto esse sacrifício? Lembro-me de te haver perguntado se irias te casar por tua livre vontade... Por que não confiaste em mim, Jasmine?

– Narin não me impôs nada, ao contrário... Eu não esperava nada da vida naquela época, havíamos perdido nossos pais há pouco tempo, não podia te perder...

– Agora podes fugir comigo e encerrar este capítulo da tua vida! Não te cobrarei nada, não te julgarei. Jesus nos ensina a perdoar e não julgar, porque todos temos erros... Não serei eu a te condenar... Mas deves saber que a porta da virtude é estreita e a dos vícios é larga!

Com os olhos marejados, Jasmine disse:

– É tarde demais, Hashab! Não posso voltar a ser o que era... Foge daqui para bem longe, leva Lea contigo, pois sei que serão felizes. Ela o ama verdadeiramente... Se tu partires, poderei pensar em me afastar daqui com mais tranquilidade... Aguardo notícias de Marcus, pois não sei o que realmente ocorreu quando partiu da Nicomédia.

– A despeito disso, Diocleciano te matará da mesma forma que deseja me matar, Jasmine! Não te iludas, estás nas mãos de um homem sem piedade, cruel, que não sossegará enquanto não destruir o que ainda possuis de bom e digno...

Jasmine deu um longo suspiro, revelando que suas forças estavam exauridas. Olhando com tristeza para Hashab, concordou:

– Por isso não posso ir contigo! Colocaria a tua vida também em perigo. Se um dia for possível, nos reencontraremos, Hashab!

Mais calma, Jasmine abraçou o irmão, a quem realmente amava. O rapaz tornou-se sério e comentou:

– Soube que dois grandes amigos aqui da Nicomédia foram denunciados e presos pelo imperador de maneira brutal e que, provavelmente, estão sendo torturados... Isso não ocorria há muito tempo, apesar de sermos constantemente ameaçados onde quer que estejamos... Acreditas que, se pedires em favor desses amigos, Diocleciano poderia demonstrar alguma clemência?

Jasmine empalideceu. Eram os cristãos que ela havia denunciado para se livrar de uma punição que ela sabia ser forjada na crueldade de seu protetor. Sem coragem para confessar a sua participação naquele episódio, disse:

– Perdoa-me, Hashab, mas no momento isso poderia irritar mais o imperador. O genro de Diocleciano, Galério, tem muita influência sobre ele e já faz algum tempo que o incita a punir os cristãos. Como te disse, apesar de não aceitar a tua crença, mesmo que tentasse interferir em favor de teus amigos, seria muito perigoso para todos nós...

Hashab observou melhor a irmã e, apesar da rica vestimenta que trajava, verificou quanto ela ainda estava empobrecida dos tesouros da alma. Amava aquele espírito e não o abandonaria jamais, mas compreendia que o tempo de Jasmine aceitar Jesus em seu coração ainda não havia chegado. Após um abraço em que ambos choraram, talvez temendo não mais se verem naquela vida, Hashab saiu apressadamente. Jasmine ainda chorou por longo tempo, inconsolada com os rumos que a sua vida havia tomado.

Naquele momento, mais do que nunca, desejaria que Marcus estivesse ao seu lado, oferecendo a sua proteção e carinho. Chegaria ainda a revê-lo? Ou ficaria até o fim dos seus dias naquele palácio que se tornara uma prisão? Só o futuro lhe traria as respostas, e ela temia a chegada deste dia.

Jasmine retornava para os seus aposentos quando a serva veio lhe transmitir um recado que a surpreendeu. Disse-lhe a jovem que Prisca desejava falar-lhe em particular.

"O que desejará Prisca?", perguntava-se. Uma sensação de indefinível mal-estar a dominou. Os boatos que corriam de boca em boca pelo palácio a colocavam em situação deveras duvidosa quanto ao seu proceder. Além disso, Flávia se encarregava de pincelar os detalhes com cores chocantes, para abalar de vez com a sua moral.

Sem tempo para se recompor, mudou o trajeto e se dirigiu para o local onde era aguardada. Logo ao chegar, percebeu que os aposentos da esposa do imperador definiam-se pelo bom gosto, mas sem o requinte e os exageros de seu marido. Ao contrário, eram elegantes e confortáveis, sem os excessos tão ao gosto de Diocleciano.

Ao vê-la, Prisca lhe indicou uma confortável cadeira de cedro-do-líbano, cujo assento forrado em seda púrpura dava-lhe um aspecto elegante e confortável. Jasmine olhou ao redor e viu que o ambiente era muito claro e ventilado, apesar dos reposteiros e das cortinas que o protegiam do sol de verão.

Os tapetes belíssimos vindos do Oriente deixavam o ambiente deveras acolhedor. Não demorou muito para uma jovem, pouco mais que uma adolescente por volta dos dezesseis anos, entrar pela porta principal. Diante do olhar interrogativo de Jasmine, Prisca se apressou em esclarecer:

– Jasmine, tens idade para ser minha filha e é nestes termos que desejo falar-te... Compreendo a tua estranheza perante o pedido de que viesses aos meus aposentos, mas é um assunto confidencial e gostaria que ficasse entre nós...

– O que desejais de mim, senhora? Não vejo motivos para desejar falar-me...

Prisca pensou por alguns segundos e disse:

– Sei a que te referes, mas não estou aqui para julgar a tua conduta! Estou acostumada com os caprichos de meu esposo, infelizmente. O assunto sobre o qual desejo falar-te é mais delicado e não envolve a mim particularmente. Creio que deves saber, não é um segredo, mas sou cristã... – Jasmine a fixou perplexa e falou:

– Senhora! Como podeis trair o imperador dentro de seu próprio palácio? – Prisca sorriu e tornou:

– Não se trata de uma traição, Jasmine! Assim como Valéria, esta menina, Suzana, e muitos outros que aqui habitam. Diocleciano tem pleno conhecimento de nossa crença e convive com isso há muito tempo.

Impaciente, Jasmine questionou:

– O que desejais de mim? Há pouco, Hashab, meu irmão, também me falou dessa crença. O que tenho a ver com os seguidores do profeta judeu? Não aceito as suas ideias, são absurdas a meu ver...

Prisca buscou inspiração nos céus e tornou:

– Este profeta judeu, como o denominas, me ensinou a perdoar aqueles que me ofendem e a retribuir o mal com o bem; me fez compreender que a verdadeira vida não é esta que vivemos, na qual existem tantas injustiças... Mas que existe um reino, além desta vida, onde os bons encontrarão a sua recompensa... Jesus, este é o nome de nosso Mestre, que trouxe as Boas Novas do reino, o caminho da felicidade, Jasmine!

Jasmine falou com indisfarçada ironia:

– Perdoar aqueles que mataram os meus pais? Flávia, que me trouxe para este lugar, destruindo a minha família? Hoje vivo como uma prisioneira neste palácio, na tentativa de proteger os que mais amava na vida... Em troca, todos me abandonaram, inclusive Hashab, que desejava me levar para viver na pobreza, entre os cristãos.

Prisca se tornou séria e falou:

– Pensa, Jasmine, no que dizes! Tens a consciência tranquila em relação às desventuras da tua vida? Fizeste escolhas que agora te colocaram nessa situação. Teu caminho poderia ter sido outro, dependia de ti ter sido leal com os que te amavam! – Jasmine enrubesceu e, procurando mudar o rumo da conversa, perguntou:

– Dizei-me o que desejais, senhora. Não quero relembrar fatos tristes de meu passado.

Neste momento, Suzana a fitou com o olhar súplice e disse:

– Não a conheço, Jasmine, mas sei que tens um bom coração. Vim até a Nicomédia, pois soube que pessoas caras da nossa comunidade irão a julgamento nos próximos dias... Minha tia se uniu a mim e, dando uma prova de seu amor a Jesus, concordou em pedir que intervenhas nessa questão.

Sem disfarçar a tristeza de seu coração, Prisca considerou:

– Neste momento, não posso pedir ao meu marido que volte atrás. Galério e Sosiano o têm pressionado, e ele precisa dar uma resposta aos que nos perseguem, compreendes? De certa forma, nos protege, eu e minha filha, além de muitos outros que tu bem sabes... Mas tu, Jasmine, denunciaste inocentes para evitar a ira de Diocleciano!

Suzana interveio com a serenidade que lhe era peculiar:

– Jasmine, sabemos que nossos "irmãos" apenas desejavam ajudar-te. Ouve a voz do teu coração e ele se tornará mais leve se intervieres nesse caso...

– Não posso fazer isso! A minha vida estaria em jogo... – Prisca e Suzana se entreolharam e a primeira disse:

– Podemos ver uma forma de pô-la a salvo antes que Diocleciano tome uma atitude.

Jasmine interpôs em lágrimas:

– Sinto muito! Por que não os convenceis a abjurar? Por que eles não sacrificam a Júpiter e continuam as suas vidas? Não seriam mais úteis vivos, cuidando do interesse dos cristãos? – Suzana, cuja forma era quase angelical, falou com brandura:

– Jasmine! Morrer por Jesus é para nós uma honra! É o supremo sacrifício, mas, ao mesmo tempo, a maior vitória de nossas vidas nos imolarmos, deixar o mundo nos vencer para a glória de dar o testemunho de nosso amor a Jesus!

Prisca prosseguiu emocionada:

– Sei que não nos compreendes, mas é preciso que saibas que nossos irmãos em crença, Selenius, Marta, Eugênio e Felício, se encontram tranquilos e confiantes. Buscamos interferir em função, como já dissemos, da importância do papel que desempenham na comunidade.

– O imperador condicionou a vida de Marcus e Hashab à minha permanência aqui... Hashab prometeu partir para terras distantes e, quanto a Marcus, não tenho mais notícias... Obtive esse benefício, mas em troca Diocleciano me exigiu a delação. Se eu partir, ele certamente mandará me matar! – mentiu Jasmine, ocultando que a proposta de entregar os cristãos partira dela.

– Por que não começar uma nova vida, Jasmine, em outro lugar, com outras pessoas? Levarias o teu filho... És jovem, encantadora, poderás ser ainda muito feliz! E quem sabe se Jesus não te conquista o coração? – disse Prisca.

Jasmine vacilou por alguns instantes. O orgulho, no entanto, falou mais alto e ela respondeu:

– Não estou pronta para morrer pelo Mestre que ambas veneram. Prefiro Júpiter na sua glória a Jesus com a sua pobreza... Não posso voltar atrás ao que prometi ao imperador... Graças a sua proteção, ainda estou viva...

Apesar de terem envidado todos os esforços, Prisca e Suzana perceberam que Jasmine ainda teria que passar por um longo aprendizado para vencer o egoísmo que sempre lhe pautava os atos. Enquanto Jasmine se retirava, caminhando elegantemente no recinto, Prisca a observou com profunda tristeza. A seguir, disse para a sobrinha:

– Por quanto tempo lamentará ela por este dia? – Suzana, com os olhos marejados de pranto, fez um sinal afirmativo com a cabeça. Após refletir por algum tempo, disse:

– E seu eu pedir a meu tio? Poderia sensibilizá-lo...

Prisca a fitou com o semblante sério e tornou:

– Promete-me que não tentarás este recurso, querida. Existem coisas que na tua inocência desconheces e que te fariam sofrer... O teu tio vive nos enganos e nas ilusões do mundo, e pagará um preço muito caro pelos seus atos. Quanto a ti, mantém-te longe de suas vistas, pois ele já faz planos em relação ao teu futuro que muito te magoarão.

Suzana compreendeu que nada mais poderia ser feito para salvar as preciosas vidas de seus amigos. Jamais, contudo, poderia imaginar o fim trágico que os aguardava...

A cada dia que passava, a atmosfera psíquica do palácio piorava em função dos pesados encargos que os seus habitantes criavam para o seu porvir espiritual. Os planos nefastos de Galério, as intrigas visando a destruição de desafetos e, por que não dizer, a maldade acrisolada no coração humano faziam com que um futuro nada promissor aguardasse os nossos amigos.

As traições, os adultérios eram coisas comuns, encaradas como parte da vida... As confabulações, os delatores escondidos à procura de algum fato de que pudessem se valer em momento propício aumentavam a insegurança quanto ao futuro.

Naquele dia, Septimus se dirigia às cavalariças para verificar o tratamento dispensado aos seus cavalos, visto que havia mandado trocar as ferraduras para maior conforto dos animais. Era inegável o cuidado e o respeito que os romanos dedicavam às suas montarias.

A história de Jasmine não saía de sua cabeça. Como poderia uma mulher como ela ficar na situação em que se encontrava? Sentia que seu coração se dividia entre cumprir o combinado com Marcus, tirando-lhe o filho, e, ao mesmo tempo, o desejo de ajudá-la a fugir do palácio, ficando o mais distante possível de Diocleciano. Pensativo, já ia perto do seu destino quando Flávia surgiu à sua frente. Aguardava Septimus há algum tempo e, sorrindo, lhe disse:

– Pelos deuses! Pensei que não virias mais... – Surpreso, Septimus perguntou:

– A que devo essa honra tão cedo? – Um sorriso malicioso surgiu nos lábios da moça quando ela falou:

– Venha cear comigo e deixa teus cavalos para mais tarde.

– Não te preocupa manchares a tua reputação? – Flávia deu uma risada em tom alto e tornou:

– Reputação? Achas que me importo com isso? Sou nobre, rica e livre! Posso fazer o que quiser da minha vida... Desejo, na realidade, te falar sobre uma ideia que tive...

Assim, Septimus mudou o seu caminho, se encaminhando para os aposentos de Flávia. Ao chegar, percebeu que uma pequena ceia com frutas, vinho, bolos e pães, além de carnes variadas, o aguardava.

– Percebo que tinhas certeza de que viria ao teu encontro... O que desejas de mim? – Flávia o convidou a sentar-se em uma poltrona e começou:

– Já havia te falado em torno deste assunto, mas, como mencionei há pouco, tive uma ideia a qual poderá te interessar...

Septimus saciava o seu apetite ao dizer-lhe com ironia:

– Sim... Qual tipo de maldade estás a conjeturar? – Flávia fingiu não ouvir e prosseguiu:

– Percebes quanto a ausência de Marcus pode te propiciar tua aproximação com Júlia? Assim como a "prisão" de Jasmine me é deveras favorável... Nossos interesses são comuns, meu amigo...

Septimus ficou pensativo enquanto entornava uma taça de vinho. Decidiu ocultar o seu acordo com Marcus e a promessa de auxílio a Jasmine, pensando em tirar alguma vantagem com a situação. Naqueles tempos, não se podia confiar em ninguém. A seguir, considerou:

– O fato de Marcus e Júlia estarem distantes não significa que não desejam estar juntos. Não podemos forçar o amor, minha cara.

– Septimus! Percebes o que dizes? Acreditas que não poderias reconquistar Júlia agora que se encontra sozinha, praticamente abandonada? Não confias na força de teu amor?

As palavras de Flávia atingiram o ponto fraco da alma do militar. Sim, teria amor por toda uma vida, pois amara Júlia desde o princípio. Interessado, perguntou:

– O que tens em mente? E quanto a Jasmine? Ela se interpõe em teu caminho e no de Júlia.

– Jasmine precisa se afastar definitivamente de Marcus. Cuidei para que ele fosse levado a acreditar que o seu "grande amor" cedeu aos caprichos do imperador, com testemunhas, evidentemente, falsas... Isso além do auxílio de Diocleciano, que o afastou do palácio; portanto, o "sacrifício" de Jasmine está sendo em vão, visto que não irá recuperar o amor de Marcus... E Diocleciano sabe disso, apenas está se vingando dela pela suposta "traição" a sua proteção.

– Como iremos afastá-la do palácio sem despertar a ira do imperador? Sabes que existem espiões por todos os lados neste lugar.

– Precisamos tirá-la do palácio, deixá-la vulnerável. Devo confessar que o meu desejo seria eliminá-la para sempre. Odeio essa mulher!

– E quanto a Júlia? Ela é a mulher de Marcus! Esqueces isso? – Flávia se levantou, deu alguns passos e, voltando-se, considerou:

– Júlia nunca foi uma rival à minha altura! É o tipo de mulher de que qualquer homem enjoa...

Septimus se recostou na poltrona e disse:

– Tu te enganas quanto aos homens, nobre Flávia. Nem todos desejam uma mulher voluntariosa, má e com poucas virtudes... – Flávia o fuzilou com o olhar e tornou:

– Como ousas? Cuida com o que falas, Septimus! Desejo ter-te como aliado, mas, se preferes ser meu inimigo, saberei enfrentá-lo!

Septimus riu e desculpou-se:

– Não me referia a ti, certamente. És filha de uma das casas mais nobres de Roma. Falo de modo geral... A dignidade de nossas damas faz com que sintamos saudades de outros tempos! Quanto a Jasmine, estive pensando quanto é lastimável ver uma mulher como ela nessa situação. Abandonada pelo marido, pelo amante, sem poder decidir sobre a própria vida... – Flávia o fixou colérica e falou:

– Pelos deuses! Também tu te deixaste levar pelas lágrimas de Jasmine? Não é possível!

– Calma, minha cara. Não se trata disso... Apenas uma constatação, nada mais. Se a minha felicidade depender do afastamento de Jasmine, que os deuses nos abençoem os propósitos. Para mim, se Marcus a quisesse, faria um favor, pois abriria o caminho para que eu tivesse Júlia.

– Isso está fora de cogitação! Ou agimos juntos, lutando por nossos interesses, ou farei com que acabes como Marcellus, que foi exilado por Diocleciano. – Sorrindo com acentuada ironia, Septimus considerou:

– A notícia que me chegou aos ouvidos foi de que essa vitória foi conquistada por Jasmine... Esquece tuas ameaças, Flávia! Elas não me intimidam, pelo contrário, irritam-me e podes perder um aliado de valor se me afastares.

Percebendo que perderia o apoio de Septimus, Flávia recuou:

– Quem conseguiu afastar Marcellus não vem ao caso. Admito que a tua participação é fundamental neste intento... Precisamos agir juntos, Septimus!

Satisfeito, ele disse com calculada frieza:

– Vou propor a Jasmine uma fuga com o meu auxílio, o que será fácil, visto que está sem perspectivas e não confia em ninguém. Após a cerimônia de abjuração, nosso plano entra em ação.

Com um sorriso de felicidade estampado em seu rosto, Flávia questionou:

– E quanto a Diocleciano? O que faremos para ganhar tempo até que ele descubra?

– Tu te encarregarás de colocar a culpa nos cristãos... O irmão dela não é um deles? – disse Septimus sorrindo.

A seguir, estenderam as taças para que os servos os servissem. Naquele momento, o vinho lhes pareceu ter um sabor deveras agradável, o sabor da vingança, afastando impiedosamente de seus caminhos aqueles que consideravam obstáculos a sua felicidade.

Os acontecimentos que relatamos ocorreram muitos anos antes da Grande Perseguição que se seguiria no final do reinado de Diocleciano, no ano 303.

Naquele dia inesquecível para a memória de quantos ali estavam, quando o grupo de cristãos foi conduzido ao palco dos sacrifícios junto ao templo, para sacrificar a Júpiter – que representava o poder do imperador –, grande foi a surpresa quando, após a leitura das acusações por um sacerdote, Selenius se manifestou. Dando um passo à frente, observou a plateia presente, olhou fixamente para Diocleciano e disse:

– Senhor, do que nos acusam? De sermos cristãos? O vosso libelo se dará por não aceitarmos os deuses de Roma? Que mal vos fizemos nós, por crermos no Deus único e em seu filho, Jesus? – Antes que o seu interlocutor respondesse, Galério se antecipou:

– Essas crenças infames estão com os seus dias contados, velho! Não desistirei de agir para que em breve todos os cristãos sejam eliminados da face da Terra!

Galério fez questão de acompanhar a cerimônia, ao lado de Septimus, do sacerdote do templo e de Jasmine. Prisca e

Valéria não compareceram, por motivos óbvios, já que não resistiriam às cenas que se seguiriam. Diocleciano temia que elas se traíssem, o que acabaria em um trágico desfecho. Selenius, tocado por grande inspiração, prosseguiu, se dirigindo ao imperador:

– Graças ao Deus de Israel e a seu filho, Jesus, estou aqui, diante de vós, para vos dizer que, assim como meu filho, que teve a infelicidade de servir em vossa legião, também eu não vou me intimidar com o poder e a impiedade de Roma! Mandastes o sangue do meu sangue para as mãos deste criminoso – e apontou o dedo para Galério –, que soube torturá-lo com crueldade até a morte! Hoje, vereis a nossa força, porque, mesmo caindo a vossos pés, nos reergueremos muito acima de vós, em um reino onde o vosso poder nada significa! – Surpreso com a ousadia de Selenius, Diocleciano interveio:

– Cala-te! Como ousas falar desta maneira diante de teu imperador? Não sei do que falas, mas não ordenei a morte de nenhum de meus soldados!

– Mas permitistes que os cristãos ficassem a serviço de Galério, sabendo das consequências! Estavam sob a vossa responsabilidade de general e autorizastes que fossem servir a este facínora! – Galério deu um passo à frente e falou, furioso:

– Agora será a tua vez, velho; se não abjurares, terás a pena de morte! – Selenius ouviu serenamente e tornou:

– Se esta é a justiça de Roma, eu a aceito! Peço apenas que poupeis meus companheiros de ideal, pois são jovens e muito valorosos... – e apontou para Eugênio, Marta e Felício. Ao ouvir o pedido de Selenius, Galério deu uma gargalhada e vociferou:

– Não tens vergonha, velho? De pedir misericórdia, ofendendo o teu imperador?

– Não peço por minha vida, mas pela de meus filhos do coração... – Galério o interrompeu, dizendo:

– Filhos ou irmãos? Não entendo estes cristãos... Não tens família, laços de sangue? Qualquer um pode ser teu irmão? – Selenius olhou com tristeza e, reconhecendo Jasmine, se curvou e implorou:

– Ah, minha senhora! Sabeis o que aconteceu, não omitais a verdade! Por quem sois, ajudai-nos neste momento cruel... Pedi em favor destes jovens... – A voz sumiu na garganta oprimida pela emoção.

Jasmine sentiu que as suas forças a abandonavam. Como pedir clemência àquele com quem negociara para manter a vida dos que amava? Antes que ela pronunciasse qualquer palavra, Septimus interveio junto ao imperador:

– Senhor, vós representais Júpiter na Terra! Fazei com que a vossa justiça sirva de exemplo a todos que seguem o tal Messias! Que a vossa vontade se cumpra e nos livre desta seita que desrespeita os nossos deuses e tradições...

Diocleciano observava tudo inquieto e fixou o olhar em Jasmine. A moça entendeu que chegara a hora de cumprir o que prometera, postando-se diante de Diocleciano e bebendo vinho em sua honra e a Júpiter, como parte do ritual, e jurando fidelidade a ambos; a seguir, sacrificou um animal e negou seguir a Jesus.

Diocleciano assentiu satisfeito; como representante máximo da autoridade religiosa, deu prosseguimento à cerimônia, que exigia, além da abjuração e do sacrifício aos deuses, o reconhecimento da autoridade do imperador. Não desejava o derramamento de sangue naquele momento, não que houvesse alguma questão de consciência, mas por superstição e para se eximir de uma decisão cujas consequências não conseguia avaliar.

Selenius, ao ser instado ao cumprimento dos rituais, caminhou até o altar e disse:

– Declaro pela honra de meus antepassados que sirvo apenas a um senhor e um Deus... Jesus Cristo e o Deus invisível de Israel!

Uma onda de murmúrios e exclamações se seguiu às palavras de Selenius. Diocleciano ordenou que prosseguissem com a cerimônia, para surpresa de todos. A mesma cena se repetiu em relação a Eugênio e, quando a jovem Marta, trêmula, se apresentou, Diocleciano lembrou-se de Valéria, sua filha. Ela poderia estar ali naquele momento, pelos mesmos motivos. Antes que a jovem dissesse qualquer coisa, ele propôs:

– Sou teu imperador e posso te proporcionar mais algum tempo antes de te manifestares... És muito jovem e ainda não tens consciência plena dos teus atos. Concordas?

Marta levantou o olhar nublado pelas lágrimas e disse:

– Agradeço, senhor, vossas palavras, que demonstram misericórdia, mas entreguei o meu coração e a minha vida a Jesus! A minha fé me dá forças para morrer por Ele... E estou consciente do que me aguarda, porém não poderia viver negando aquele que se deixou crucificar para nos dar o exemplo de que podemos ser vencidos diante dos homens, mas seremos vitoriosos ante o Pai que nos aguarda no reino dos céus!

Contrariado, Diocleciano mandou prosseguir novamente com um sinal. Quando chegou a vez de Felício, o rapaz se postou diante do imperador e das demais autoridades e, olhando para o alto, como se falasse aos céus, disse com absoluta serenidade:

– Senhor, cumpra-se a tua vontade! Estou aqui para dar o testemunho da minha fé e do meu amor ao Cordeiro de Deus, que se deixou imolar para que se cumprissem as escrituras e, com o seu exemplo, tivéssemos a coragem necessária diante do martírio... – Perante a fisionomia transtornada de Galério, Diocleciano ordenou:

– Se assim desejais, assim será. Os homens receberão setenta chibatadas e a jovem, a metade. Daqui a dois dias, quero ver quanto ainda amam esse Jesus!

A pena se cumpriu ali mesmo. Jasmine, aproveitando a distração dos presentes, procurou se afastar, quando alguém segurou de forma vigorosa o seu braço:

– Por que te afastas se o prato principal vai ser servido agora? – disse Septimus sorridente. Jasmine procurou retirar o braço com força, mas ele permaneceu pressionando-o com a sua mão forte. Jasmine respondeu:

– Ao contrário de ti, o que vi já me basta.

– Sim, tens razão. Muito me apraz ver estes cristãos serem punidos por sua ousadia... Enfrentar o imperador dentro de seu próprio palácio. Bem fizeste tu, denunciando-os, mesmo faltando com a verdade... – Jasmine o fitou com frieza e disse:

– Esse assunto não te diz respeito...

Septimus, aproveitando a oportunidade, falou:

– É da minha conta de certa forma, porque vejo uma jovem mulher refém de um homem sem escrúpulos, enquanto aquele a quem ama se encontra distante, talvez enganado por quem desejava o seu afastamento...

Interessada, Jasmine tornou:

– Podemos conversar em outro momento, Septimus. Desejo, apenas, que este dia termine!

Os fatos que se seguiram foram de uma crueldade sem limites, ficando aquém apenas dos que se sucederam mais tarde, por ocasião da Grande Perseguição.

Os prisioneiros foram questionados mais uma vez sobre se sacrificariam a Júpiter, reconhecendo a autoridade imperial e renunciando a Jesus, mas reafirmaram a sua fé, confirmando o seu amor à causa do Nazareno!

Após ser cumprida a pena, ante a fria e irônica plateia composta de moradores do palácio e nobres romanos, Selenius, por ser o mais velho, com o corpo já fatigado pelas lutas da vida, foi o mais atingido. Ao terminar o castigo aviltante, suas pernas já cambaleantes falharam. Ao ver o idoso caído ao chão, alguns mais sensíveis sentiram vergonha, mas a maioria respondeu com apupos de crueldade:

– Vejam como é desprezível o teu Deus! Por que não te ajuda agora? – e ouviu-se a risada geral. Galério, ao contrário, sentindo-se triunfante diante do triste espetáculo, provocou:

– Uma religião representada por homens fracos, velhos ou sem brios, que aceitam uma morte infamante, só pode ver os seus seguidores terminarem assim: como covardes!

Eugênio e Felício, no auge da juventude, ouviram as palavras de Galério e fizeram grandes esforços para manter a serenidade. Sabiam que os ensinamentos de Jesus não pregavam as demonstrações de força física, mas de força moral, e era justamente isso o mais difícil. Diante da obstinada negativa de abjurar, por sugestão de Septimus, os prisioneiros foram submetidos a outro tipo de tortura:

– Em alguns locais onde os seguidores do Messias judeu se fizeram presentes em grande número, após as tradicionais chibatadas, houve por bem colocar sal nos ferimentos, para que a lição não fosse esquecida.

Diocleciano fingiu não ouvir as palavras de Septimus, mas Galério não se conteve:

– Pelos deuses! Certamente, jamais esquecerão a lição que lhes aplicaremos! – Sem reagir verbalmente ao comentário de Galério, Diocleciano apenas fez um sinal afirmativo, demonstrando que concordava com a medida. Assim, o grupo foi recolhido à prisão, depois de serem providenciadas as medidas impiedosas de Galério.

Aos poucos, os espectadores foram se retirando entre comentários abafados e impressionados, visto que o que acabavam de ver revelava como os cristãos seriam tratados dali em diante. Apenas Jasmine sacrificara, e não haveria as comemorações costumeiras após os sacrifícios. Aos episódios que se seguiram à época de Nero, e mais tarde Décio e Valeriano, este somava-se e abria nefastas expectativas em relação à conduta acerca dos cristãos.

Diocleciano, ao desejar dar o exemplo de como agiria em tais circunstâncias e para justificar-se diante de Galério e alguns conselheiros, pela sua fraqueza, ilusão ou pobreza espiritual, perdia a oportunidade de unir o seu destino ao Cristo como um imperador piedoso cujos atos o levariam à libertação espiritual, posição que deixou para Constantino.

Antes disso, por ironia do destino, o próprio Galério iria decretar um édito proibindo as perseguições por ele mesmo fomentadas durante toda a vida, quando a doença e a morte o vieram visitá-lo.

Enquanto isso, Jasmine caminhava de um lado a outro em seus aposentos. As coisas haviam tomado um rumo inesperado e, apesar da aparente teimosia dos cristãos, acreditava que iriam abjurar quando chegasse a hora do cumprimento da sentença.

"Como eu poderia imaginar que enfrentariam Diocleciano? Esperava que abjurassem! Como podem dar a vida por Jesus?", pensava, torcendo nervosamente as mãos. "Apenas pessoas ingênuas podem seguir os seus ensinamentos... É o caso de Hashab, pobre irmão, que foi enfeitiçado por essas fantasias... Prisca, Valéria, Suzana, Júlia, Lea... Até agora, estavam sob a proteção de Diocleciano, mas até quando ele conseguirá evitar que Galério exerça a sua influência?"

Jasmine tomou alguns goles de vinho e procurou se acalmar e dormir, visto que no dia seguinte procuraria Septimus.

Na manhã seguinte, correu a notícia no palácio da morte de Selenius. O ancião não havia resistido aos castigos que lhe foram infligidos e tinha retornado à pátria espiritual.

Após uma noite insone, como seria de esperar, Jasmine se preparava para ir ao encontro de Septimus quando ele surgiu em seus aposentos. Surpresa com a sua ousadia, Jasmine falou enquanto comia uma porção de tâmaras:

– Não podias esperar no átrio? Estou quase pronta... – Septimus sorriu e disse:

– Desejo te falar com urgência. Vou te fazer uma proposta e sei que ficarás interessada.

Jasmine apresentava os sinais da noite maldormida. Com o aspecto cansado, perguntou:

– O que desejas, Septimus? Estou cansada, ia falar contigo, mas, já que vieste, o que queres de mim? – Procurando ser agradável, Septimus disse em tom sedutor:

– Não me pareces cansada, pelo contrário, estás mais encantadora neste dia. O dia de ontem aprimorou a tua beleza!

Beirando a irritação, Jasmine tornou:

– Não vieste aqui para me fazer elogios, até porque, isso seria deveras perigoso para ti... – Aproveitando a oportunidade, Septimus falou:

– Devo confessar-te que tens razão, o meu objetivo é outro. Na realidade, temos um interesse em comum...

– Estou te ouvindo, podes começar...

– Como sabes, desde a adolescência amo uma mulher, ; tu a conheces, é Júlia!

Os olhos negros de Jasmine brilharam. Sim! Havia um interesse em comum! Sem esperar que ele continuasse, falou:

– Se eu encontrar Marcus, tu poderias unir-te a Júlia... – falou pensativa, enquanto saboreava apetitosa tâmara.

– Sim! – respondeu Septimus. – Poderíamos juntos atingir os nossos objetivos... O que me preocupa é o fato de termos pouco tempo para efetivar alguma coisa. Diocleciano não permitirá que eu fique muito tempo na Nicomédia.

Com um sorriso enigmático, Jasmine completou:

– Desejarias levar Júlia contigo ao retornares... – Septimus concordou com entusiasmo:

– É o que desejo. Devemos, no entanto, ter cuidado, pois o cometimento é arriscado.

Séria, Jasmine concordou. A seguir, olhou ao redor e disse:

– Aqui não é o melhor lugar... Sou constantemente vigiada, não deves demorar. – Septimus assentiu e, mudando de assunto, falou:

– Devo parabenizar-te, Jasmine. Sabes exercer o teu encanto sobre os mortais e alcançar os teus objetivos. – Sem compreender, a moça o fixou e ele prosseguiu: – O velho, ontem, que desafiou o imperador... Morreu esta noite, não suportou o castigo...

Jasmine empalideceu. Não desejava a morte de Selenius, nem de ninguém. O assunto lhe era desagradável; não sentia simpatia pelos cristãos, mas não desejava o mal para eles.

– Estas coisas são da alçada do imperador, não dizem respeito a mim... A propósito, sabes que Júlia simpatiza com as ideias do profeta nazareno? Assim como Prisca e Valéria...

O cenho de Septimus se fechou e ele comentou com visível irritação:

– Tratarei disso mais tarde, quando Júlia estiver em minhas mãos. Não permitirei que ela prossiga com essas ideias absurdas, essas crendices de judeus fanáticos.

Jasmine sentiu a gravidade dos fatos que estavam se sucedendo e imediatamente largou a tâmara que comia alguns minutos antes. Um calafrio percorreu todo o seu corpo, e ela sentiu uma profunda náusea.

Definitivamente, as coisas saíam do seu controle.

25

RESGATES E NOVOS DÉBITOS

Em Antioquia, a vida seguia o seu curso, sendo a cidade o palco para inúmeras quedas para os espíritos ainda ligados às paixões inferiores. Ao mesmo tempo, porém, era lá que se encontrava uma das principais comunidades cristãs, e foi desta grande metrópole às margens do Orontes que surgiu a inspiração e importantes contribuições ao Cristianismo nascente.

As notícias que envolviam Selenius e os dedicados irmãos da comunidade da Nicomédia ainda não haviam chegado à cidade, embora a expectativa fosse grande em relação ao futuro deles.

Em uma mansão nos arredores da cidade, vamos encontrar Narin absorto em seus pensamentos. A lembrança de Jasmine lhe castigava o coração, mas procurava deixá-la no passado, junto às lembranças que não deveriam ser reavivadas.

Doía-lhe, no entanto, a ideia de que Jasmine não buscasse rever o filho de ambos, Shadi. O menino crescia forte e inteligente e, vez por outra, ainda perguntava pela mãe, ao que Narin respondia que havia morrido.

"Como uma mãe pode renegar um filho desta forma?", perguntava-se. O filho de Marcus teria um lugar maior em seu coração? E a resposta o levava à conclusão de que sim, ela amava mais Haram do que Shadi.

Uma onda de desprezo e mágoa o invadia, e Narin sofria. Reconhecia que não nascera para ser feliz no matrimônio e compensava a solidão com a presença de Rania, além de dedicar-se, cada vez mais, aos negócios, pensando em deixar aos filhos uma grande fortuna.

Homem de bom coração e vivendo uma grande prova, sensibilizara-se com o sofrimento de seu povo. Sendo aquela uma província romana e uma das principais cidades da região, os costumes de Roma, com todos os seus desvarios, haviam sido absorvidos pela cultura local. O comércio era o elemento propulsor da economia e, apesar de possuir indivíduos com grandes fortunas, a grande massa era composta de servos e escravos.

Narin aprendera com o pai sobre a necessidade de um homem ser justo, leal e benevolente; auxiliava, dessa maneira, quantos lhe solicitassem, felicitando-se por sua contribuição trazer algum reconforto ao seu povo.

Mais alguns dias se passaram, quando Tufik entrou arfante no palácio de Narin, chamando a atenção dos outros servos. Intrigado, Narin quis saber o que acontecera, e Tufik, após se acalmar, disse:

— Senhor, acabo de saber de um camarada que está chegando da Nicomédia... — Narin franziu a testa e advertiu:

— Veja lá o que vai me falar, Tufik! Não tenho nenhum interesse na Nicomédia...

— Sim, meu senhor, eu entendo. Mas o meu camarada me disse que alguns cristãos foram presos pelo imperador e, como se negaram a abjurar, foram condenados a uma morte terrivelmente cruel... — Narin, impressionado com o relato, disse:

— Há muito não ouço falar em perseguições aos cristãos... — Tufik prosseguiu:

— Não sei se é verdade, mas há comentários... — Narin lhe dirigiu um olhar que Tufik compreendia bem e este apressou-se em dizer: — Meu senhor, perdoai-me, mas comentam na comunidade da Nicomédia que eles foram denunciados por uma mulher... Jasmine, de Antioquia!

Pálido, Narin falou:

— São boatos, Tufik, não vamos fazer julgamentos precipitados... Agora, vai tomar conta dos teus afazeres...

Sozinho, Narin não conteve a mágoa e expressou:

— Jasmine! Jasmine! Tu colherás o que plantou! Não serei eu a sujar as minhas mãos com o teu sangue, porque tu cavarás a tua própria sepultura!

A seguir, iniciou uma correspondência dirigida a Flávia com a intenção de saber mais detalhes sobre o assunto.

A tarde caía na agradável região da Bitínia, com a sua costa recortada, trazendo na brisa marinha elementos reconfortantes de renovação e bom ânimo.

Júlia se distraía com Haram em um dos jardins e não percebeu que Septimus se aproximava. Ao ouvir sua saudação, estremeceu visivelmente, fazendo com que ele comentasse:

— Por Júpiter! Serei tão nefasto a ponto de assustar uma nobre e encantadora senhora? — disse rindo.

Júlia ruborizou-se levemente e tornou sorrindo:

— Septimus! Estava distraída aqui com meus pensamentos, e a tua chegada foi propositalmente silenciosa... — Septimus confirmou e prosseguiu:

— Vejo que ficas longo tempo com o filho de Jasmine. Tu te apegaste tanto assim a esta criança? — Júlia deu um suspiro e falou:

— Não gostaria de comentar esse assunto. É muito doloroso para mim... A verdade, devo confessar, é que Haram tem preenchido a minha vida desde que Marcus partiu...

— E quanto a Jasmine? A criança não é dela?

— Sim — concordou Júlia. — Ocorre que Jasmine está perdida, desorientada, não sabe exatamente o que deseja; ainda não encontrou o verdadeiro amor, apesar de julgar tê-lo encontrado. Infelizmente, ela acredita que Marcus é o homem da sua vida... — Septimus sentou-se ao seu lado, no alvo banco de mármore, e questionou:

— Como consegues conviver com a amante de Marcus? Por que não buscas a felicidade, visto que és uma mulher linda, virtuosa, culta? Serias a esposa ideal para qualquer homem de nossa classe.

Júlia deu um sorriso forçado e seus belos olhos azuis se encheram de lágrimas. Antes que pudesse falar, Septimus segurou a sua delicada mão e prosseguiu:

— Sabes que ainda a amo mais do que qualquer coisa na vida? — Júlia retirou delicadamente a mão e falou com um acento de tristeza na voz:

— Por favor, Septimus, amo o meu marido! A distância só aumenta o meu amor... Compreendo que, não podendo ser pai pela minha provável infertilidade, Marcus buscou outra mulher que pudesse dar-lhe um filho... — Surpreso, Septimus falou:

— Aceitas esta condição? Perdoas a infidelidade de Marcus?

O olhar profundo de Júlia desconcertava Septimus. Como não amar aquele ser cheio de bondade e beleza que se sacrificava pelo homem amado? Quisera fosse ele o escolhido por Júlia! Não desejaria bem maior em toda a vida! A verdade, contudo, é que a chama do seu amor reacendia diante da jovem e não lhe importava ser amado; apenas desejaria tê-la ao seu lado, oferecer-lhe o seu amor cheio de cuidados e devoção. Júlia ficou pensativa e disse por fim:

— Se me amas, Septimus, podes me compreender. Amar verdadeiramente não significa manter o ser amado ao nosso lado quando ele deseja partir... É lhe dar a liberdade de escolha, porque o amor genuíno liberta! Perdoar é dar uma nova oportunidade, e eu sempre estarei disposta a perdoar, porque também cometo erros... — Sério, Septimus tornou:

— Tuas ideias me parecem estranhas... E o orgulho? E a família, as tuas origens? Mudaste muito desde que me afastei. — Mais à vontade, Júlia comentou:

— Todos nós mudamos, aprendemos com a vida. Tenho a esperança de que, no retorno de Marcus, possamos recomeçar...

Ah! Seria tão fácil se eu te amasse, Septimus! Sei que serias um marido exemplar, mas...

Septimus mudou a expressão facial e, em uma rara oportunidade, ficou sério e falou:

— Não desistirei de ti, Júlia, mas só a terei quando esqueceres Marcus. Não te preocupes, pois não te importunarei com o meu amor; saberei quando for chegado o momento.

Ao dizer essas palavras, Septimus se afastou a passos largos em direção ao palácio. Júlia permaneceu observando-o até que desaparecesse ao entrar por uma porta. Uma sensação de solidão tomou conta do seu coração. Lea havia partido com Hashab e tinha como confidente Prisca, que possuía também outras ocupações.

Os pensamentos vinham sem que conseguisse detê-los, como em uma enxurrada, sendo impotente para evitá-los. Não gostaria de retornar a Antioquia, pois lá sofrera a maior dor de sua vida; Roma, com seus costumes devassos, com o abandono de todos os valores da moral, não suportava.

De repente, lembrou-se de que seu irmão possuía grandes amizades em Éfeso, desde que fora designado cônsul na região. A ideia lhe agradou e recordava que Múcio havia lhe falado da importante cidade, desagradando-lhe apenas o crescente número de cristãos.

"Se for assim", pensou Júlia, "será perfeito! Eis o que desejo!"

Ao longo do dia, procurou Prisca para falar de seu desejo de partir. Quando Marcus retornasse, já a encontraria em outra moradia. Havia, entretanto, um entrave para resolver, além de se justificar com Diocleciano e Prisca: desejava levar Haram consigo. Como pedir a Jasmine que renunciasse a seu filho, deixando-o partir com ela? Até que ponto Jasmine permitiria a sua convivência com Haram? Essas perguntas torturaram-lhe a cabeça durante toda a noite. Tão logo levantou e se vestiu, foi ao encontro de Jasmine. A moça estranhou a "visita" de Júlia tão cedo, mas ela foi diretamente ao assunto:

— Preciso lhe falar, Jasmine, um assunto delicado... — Jasmine se preparava para a refeição e, fixando o olhar em Júlia, disse:

— O que desejas, Júlia? Presumo ser algo grave. Não desejas que eu "salve" alguns cristãos, não? — Júlia sentiu a ironia nas palavras de Jasmine, que a atingiram profundamente. A seguir, falou:

— Não se trata disso, Jasmine. Estou partindo para Éfeso, onde tenho meu irmão e alguns amigos... Enfim, gostaria que permitisses levar Haram comigo.

Jasmine a fitou com espanto e disse:

— Queres que eu abandone meu filho para que vivas o teu "sonho de maternidade"? — Júlia engoliu em seco e tornou:

— Não precisamos de subterfúgios, Jasmine. Haram é filho de meu marido e, portanto, ele ficará com o pai, se ele assim o desejar, e poderá lhe dar a melhor educação possível... — Jasmine se ergueu e falou:

— Não deves esquecer que a vida de Marcus depende de mim, e ele não retornará enquanto Diocleciano assim o desejar... E não voltarás a ver Marcus se eu desobedecer ao imperador...

— Sim, Jasmine, reconheço a tua influência sobre os homens, mas não se trata disso neste momento. Juro-lhe que cuidarei de teu filho como se fosse meu... Amo Haram, não permitirei que nada lhe aconteça. Tu me conheces, fomos amigas e sabes que amarei Haram independentemente das condições que o trouxeram ao mundo... Essa criança não tem culpa alguma, apenas necessita de um lar!

Jasmine ficou pensativa. Se desejasse mesmo fugir do palácio, Haram seria um empecilho difícil de carregar. Amava o filho à sua maneira, pois já não era uma mãe dedicada como em Antioquia. Envolvera-se em um outro mundo, buscava outra vida; uma criança naquele momento não iria tornar as coisas mais fáceis. Após dar alguns passos, Jasmine voltou-se e disse para Júlia:

— Acho que tens razão, infelizmente. A única pessoa a quem eu confiaria o meu filho, Júlia, seria tu! Sei que o amas e cuidarás dele como se fosse teu... Ademais, o teu desejo de ser mãe te faz colocar em segundo plano a origem de Haram.

Confio em ti, mas deves prometer-me que, se algum dia eu puder vê-lo, não o afastarás de mim... — Penalizada com a escolha de Jasmine, que, apesar de tudo, era mãe, Júlia assentiu:

— Sim, Jasmine, tens a minha palavra!

Logo que Júlia se retirou, Jasmine sentou-se sobre os finos lençóis de seu leito e chorou profundamente. O que poderia fazer diante de um futuro incerto qual o dela? Conseguiria sair do palácio? Sabia que não haveria possibilidade de retornar a Antioquia, para a casa que fora sua e de Narin.

Renunciara ao próprio filho para ficar livre e reencontrar Marcus! Certamente, o futuro de Haram estaria assegurado ficando sob a tutela de Júlia. Além disso, era filho de Marcus, e Júlia nada faria para o magoar.

Marcus! Onde estaria naquele momento? Lembrar-se-ia dela? Ou tudo não passara de um engano, uma aventura para ele?

O que não conseguia esquecer era que ele fora o responsável por todas as suas quedas; perdera tudo em nome do amor que sentia por Marcus.

Sim! Quando o encontrasse, teria contas a acertar!

Enquanto isso, em Niceia, Marcus lia incrédulo sobre os últimos acontecimentos que haviam ocorrido depois de sua partida, narrados por Septimus.

Vez por outra, largava a correspondência sobre a mesa, para poder concatenar as ideias. A morte dos cristãos denunciados por Jasmine, como consequência da sua ausência no encontro combinado por ambos, o havia desagradado.

Não que sentisse a menor simpatia pelos seguidores de Jesus, mas por se tratar mesmo de uma injustiça. Como Jasmine pudera culpar inocentes para se livrar da ira de Diocleciano e tentar protegê-lo?

Os acontecimentos se precipitavam, a cada dia surgia mais um problema, e ele se via pressionado por todos os lados. A inconformidade com os impostos, o crescente número de cristãos afrontando os deuses de Roma, as questões jurídicas intrincadas que precisava resolver, o mau humor de Diocleciano... Marcus desejava retornar para a sua casa em Antioquia, ter um pouco de paz!

Sentia-se, ainda, apaixonado por Jasmine, apesar de lutar com todas as suas forças para se livrar daquela mulher. As insinuações que ouvira sobre o motivo pelo qual Diocleciano a protegia o haviam enlouquecido; as testemunhas de Flávia, narrando-lhe sobre a liberdade de Jasmine em adentrar os aposentos do imperador...

As afabilidades, a distinção que Jasmine recebia no palácio não lhe deixaram dúvidas. Teria, no entanto, Jasmine o traído daquela forma apenas para angariar a proteção do imperador? Teria chegado ela a esse ponto?

Marcus prosseguia a leitura da carta, quando, em determinado momento, soube da intenção de Jasmine em fugir do palácio para ir ao seu encontro. Além disso, Septimus lhe comunicava que Haram e Júlia iriam partir para Éfeso com a permissão de Jasmine. Isso dava um fim à combinação de ambos de Septimus raptar Haram; quanto a Júlia, havia gostado da ideia de que ela se afastaria da Nicomédia. Sabia, no entanto, que, se Jasmine saísse do palácio, sua vida correria risco. Por que ela arriscaria a sua vida e a dela própria dessa maneira?

Preocupado, Marcus respondeu a Septimus que seria imprudente qualquer tentame que afastasse Jasmine do palácio, não apenas por arriscar sua vida, mas também a de Jasmine.

Que ele a desejava viva para poder acertar as suas contas pessoalmente e que, no futuro, buscaria Júlia e seu filho, Haram, para viver em alguma província distante.

Marcus não havia percebido que emitia uma sentença de morte para si mesmo, revelando àquele que considerava seu amigo os seus propósitos mais íntimos. Alguns dias mais tarde, quando Septimus recebeu a resposta, ao ler as intenções de Marcus, o seu cenho se fechou. Pensativo, analisava contrariado as perspectivas que antevia diante de si. Marcus se encontraria com Júlia e Haram em Éfeso e a família teria um final feliz...

Não era definitivamente o que desejava. Queria que Marcus saísse de uma vez por todas de seu caminho!

A certa altura, sob má influência, lembrou-se de Jasmine. Como ela poderia ser útil aos seus desejos?

"Uma mulher traída, enciumada, vale por uma centúria", refletiu sorrindo. "No íntimo, Jasmine ainda pensa em se encontrar com Marcus e recomeçar uma vida feliz", continuava elucubrando. "Se ela souber que Marcus deseja ficar ao lado de Júlia, se sentirá traída e verá que o seu 'sacrifício' pela vida de Marcus não valerá a pena..." Por outro lado, tinha posse de um segredo de Marcus: o de que ele havia entregue os nomes de Hashab e Narin como cristãos! De qual se valeria ele para atingir o seu objetivo?

"No momento oportuno, saberei...", pensou, e, com essas ideias, Septimus se levantou e foi em busca de Jasmine. Após atravessar os amplos salões — decorados com afrescos nas paredes, dando um aspecto bucólico ao ambiente —, entrou por uma porta que se ligava ao grande pátio interno.

Ao vê-lo, Jasmine caminhou em sua direção e, surpresa, sentiu a mão vigorosa de Septimus conduzindo-a para um local mais afastado, enquanto falava:

— Lamento, mas as notícias não são boas para os nossos interesses... — Demonstrando curiosidade no olhar, Jasmine perguntou:

— O que aconteceu? Do que se trata? Marcus está bem?

— Recebi uma correspondência de Marcus e lamento dizer-te que ele tem outros planos em relação a ti... — Impaciente, Jasmine falou:

— Dize-me, sem rodeios, o que desejas falar, Septimus!

O rapaz procurou atingir a moça de forma inequívoca, dizendo propositalmente:

— Marcus deseja se encontrar com Júlia em Éfeso para reencontrar a felicidade, pois lamenta ter desfeito o seu lar por uma aventura inconsequente...

Os olhos de Jasmine se encheram de lágrimas, mas, a custo, engoliu em seco e, conseguindo dominar as suas emoções, disse:

— Mostra-me essa correspondência, Septimus. Preciso ver com meus próprios olhos... — Ele retirou de baixo da armadura algumas folhas que falavam apenas sobre o assunto em questão. Jasmine leu e releu as páginas como se não acreditasse no que lia.

— Vamos ao que nos interessa: agora que sabes onde está Marcus, tu vais me levar a esse local o mais breve possível... Se Diocleciano chegar antes, tudo estará resolvido, o que me ajudará, de certa maneira...

A frieza de Jasmine impressionou Septimus, porém este considerou:

— Será muito arriscado se te acompanhar, Jasmine. A ira de Diocleciano se voltará contra nós; sugiro que partas sozinha, enquanto aguardo as novas ordens de Diocleciano.

Jasmine o fitou desconfiada e disse:

— Queres que eu me aventure pelas estradas, sozinha, para ir tratar de um assunto de *nosso* interesse? Achas que sou tola? — Septimus riu da atitude de Jasmine e tornou:

— Por Júpiter, não te inspiro confiança nenhuma! Minha querida, não se trata disso. Partirás com alguns escravos e alguns homens de minha confiança. Ficarás em uma casa que providenciarei, bem ao teu gosto. Já planejei tudo, Jasmine...

— Farias isso apenas para afastar Marcus de teu caminho? — Ele respondeu prontamente:

— Já deveria ter feito! Marcus roubou a mulher a quem amei por toda a vida...

Perguntou Jasmine desconfiada:

— E a amizade entre ambos, será esquecida? Deves a ele a posição que desfrutas hoje... pelo menos indiretamente.

Septimus, demonstrando irritação, disse:

— Precisei me afastar e buscar nas armas o esquecimento de que necessitava, mas devo ao meu esforço a confiança que o imperador deposita em mim.

— Marcus nunca desconfiou dos teus sentimentos por Júlia?

— Não sei ao certo... Intimamente, acredito que sabia e fingiu ignorar para tê-la para si... Eu a amava em silêncio e tinha como certo o nosso enlace. Acabaste de satisfazer a tua curiosidade? — Jasmine considerou com indiferença:

— Creio que Marcus de nada sabia, mas, se acreditas no contrário... O que dirás quando eu partir? — Septimus deu uma gargalhada e tornou:

— A quem interessaria uma punição a ti? — Jasmine o fitou e respondeu:

— Aos cristãos!

A seguir, cada um se dirigiu para direções diferentes, com pensamentos influenciados pelo mal a que se propunham fazer, ignorando que a vingança nos imanta àqueles que desejamos nos vingar. Enquanto Septimus tomava as providências práticas para a partida de Jasmine, a moça enredava-se em sentimentos de ódio, rancor e vingança.

Como Marcus a "dispensava" depois de tudo o que perdera na vida por ter aceito o seu amor? E o filho que ambos tinham, não significava nada? Desejaria ele que Júlia criasse o seu filho com ela, tirando-lhe o direito de cuidar do fruto do amor de ambos? Intimamente, idealizava que, ao reencontrar Marcus, o amor que ele lhe dedicava reviveria após ela lhe explicar tudo o que havia acontecido.

Ela aceitara a proposta de Júlia de levar Haram porque idealizava ficar ao lado de Marcus, mas, ao saber que os planos dele eram com Júlia, tudo se modificava.

Precisamos reconhecer que Jasmine possuía inúmeras dificuldades, mas o que mais sobressaía naquela época era o orgulho. Sofrera profundamente quando perdera os pais e quanto à posição social, tendo que viver com Hashab no meio da pobreza em Antioquia.

Sua vida mudara muito e aprendera a apreciar tudo o que o dinheiro podia oferecer. Isso influenciara na sua mudança de comportamento, a princípio como mulher de Narin e, a seguir, junto à corte romana e Marcus, vindo finalmente residir no palácio do imperador.

Até aquele momento, esquivara-se do assédio de alguns admiradores, evitando o que considerava uma traição a Marcus. Agora, a mágoa e o despeito que sentia em função da escolha dele a cegavam de raiva, e desejava devolver-lhe na mesma moeda.

Durante a refeição noturna, ao vê-la, Septimus retirou duas taças de uma bandeja conduzida por um escravo. Ofereceu-lhe e Jasmine a segurou entre os dedos, levando-a imediatamente aos lábios. Septimus saudou-a dizendo:

— Queres competir com Afrodite? Lamento, mas nesta noite estás mais linda do que a deusa... A não ser que pretendas fazer uma nova vítima dos teus encantos!

Jasmine, hesitante, disse, após tomar mais um gole de vinho:

— Talvez... Sinto-me próxima de realizar o meu desejo de rever Marcus e vingar-me... Não deveria estar feliz? — Septimus a observou com interesse e tornou:

— Estás feliz pela partida ou por estar próxima de uma vingança? — Jasmine riu e falou:

— Já não sei se me apraz a ideia de partir. — Ao que Septimus redarguiu:

— Podemos ser felizes sem nos vingar... Poderias permanecer aqui.

— Tu me dizes isso? — tornou a moça. — Estás a te vingar tanto quanto eu!

Septimus considerou:

— É verdade, mas tenho planos para o futuro e desejo ser feliz ao lado da mulher amada. Tenho algo ainda para te falar antes que partas...

Jasmine arqueou as sobrancelhas, aguardando o que o rapaz diria, quando ele fez uso da revelação mais cruel que poderia fazer para o atormentado coração de Jasmine:

— Não quis te trazer mais sofrimento — mentiu Septimus —, mas podes confirmar com Diocleciano o que te direi a seguir... — Curiosa, Jasmine pediu:

— Diz do que se trata, Septimus! — Ele tomou um gole de vinho e falou:

— Quando Marcus chegou a Antioquia, entregou alguns nomes para Diocleciano com a acusação de pertencerem à seita do Nazareno.

— Qual seria o meu interesse nesses nomes? — Ele a fitou e disse com falsa indignação:

— Têm muito a ver contigo, Jasmine! Trata-se de Hashab e Narin!

A inesperada revelação fez com que o coração da moça batesse descompassado e, com o sistema nervoso abalado, tonteou e perdeu os sentidos, deixando cair a taça que segurava, atraindo, evidentemente, a atenção dos convivas. Septimus a amparou, erguendo-a em seus braços, enquanto um soldado da guarda pessoal de Diocleciano se aproximava.

— O imperador deseja que leve a moça para a câmara contígua ao salão — disse o soldado.

Septimus ergueu Jasmine e se encaminhou para um pequeno aposento junto ao salão. A algazarra foi grande, e os comensais se misturavam aos que haviam sido convidados especialmente para a ocasião. Diocleciano chamou Septimus para se inteirar dos acontecimentos:

— O que houve com Jasmine? Está doente?

— Não sei exatamente, Vossa Majestade imperial. Comentei que ela estava particularmente bela no dia de hoje... E, que se não amasse profundamente outra mulher, seria um pretendente ao seu amor.

Contendo a irritação, Diocleciano tornou:

— Vejo que tens bom senso, Septimus! — Dizendo isso, ergueu-se e se dirigiu ao aposento onde Jasmine se encontrava, já com um médico da corte.

Quando Diocleciano entrou, mandou que todos os presentes se retirassem. Jasmine já havia recuperado os sentidos e, chorando muito, ao ver Diocleciano, disse:

— É verdade, senhor? Marcus entregou Hashab e Narin como cristãos? — Diante da pergunta, Diocleciano percebeu que Septimus mentira e havia revelado a delação de Marcus.

Com a frieza habitual, entendeu que as coisas corriam melhor do que esperava, pois Septimus, e não ele, magoara

Jasmine; dessa maneira, havia evitado que ele, Diocleciano, a decepcionasse com uma atitude que lhe atestasse um caráter duvidável. Sentando-se ao lado de Jasmine, falou:

— Sim, isso foi há algum tempo. Não usaria desse artifício para afastá-la de... Bem, sabes a quem me refiro.

As lágrimas corriam pelo rosto de Jasmine e, expressando a grande dor moral que sentia, atirou-se nos braços de Diocleciano, dizendo:

— Nada mais me detém aqui, senhor, apenas a vossa vontade... Prometo-vos que voltarei, mas antes permitis que eu vá e faça o que apenas eu devo fazer para vingar-me de Marcus!

Existem momentos singulares em nosso destino em que traçamos o porvir, descuidados de que assumimos grandes compromissos espirituais, que só serão resgatados a custo de muitas lágrimas e infinitos pesares.

Impulsiva, Jasmine não dimensionou o que representaria para ela ampliar os laços com personalidade tão complexa, cujos sentimentos egoístas visavam sempre permanecer em situação confortável diante do mundo e que, indiferente aos clamores da própria consciência, tisnaria o seu caminho com o sangue de milhares de vítimas.

Percebendo a fragilidade da moça, ele a abraçou e tentou beijá-la, mas Jasmine recuou. Desapontado, fosse pelo orgulho ferido, ou por desejar conquistar a confiança da moça, não insistiu e a afastou delicadamente. Desalentada, Jasmine o fitou e disse:

— Vós também não me amais? — Com um sorriso melancólico, ele tornou:

— Não sabes o que dizes! Não quero uma mulher desesperada por estar ferida por outro homem! Não a quero para atingir Marcus! Se realmente o queres morto, mandarei imediatamente a minha guarda pessoal e tudo estará resolvido.

Com a voz entrecortada pelo choro, Jasmine falou:

— Peço-vos a vossa confiança, senhor! Sabeis tudo o que aconteceu em minha vida por ter acreditado em Marcus! Perdi tudo o que possuía por ter me apaixonado por um homem que nada merece além do meu desprezo. Permiti que eu faça justiça com as minhas próprias mãos!

Diocleciano pensou por alguns minutos e respondeu:

— Não nego o teu direito de vingar-te, Jasmine! Isso, no entanto, te colocaria em perigo e, provavelmente, serias a vítima. Resolverei o assunto sem que necessites colocar em risco a tua vida, que me é tão preciosa... — Compreendendo que não mudaria a decisão de Diocleciano, Jasmine, por fim, falou:

— Não desejo mais partir; ficarei aqui para sempre, se me permitires...

O tom de abandono e a desilusão na voz da moça o sensibilizaram, e ele tornou:

— Desde que aqui chegaste, a vejo sofrer por um homem que a despreza e traiu a tua confiança de várias formas, nunca te dando o amor que mereces... Uma mulher como tu, Jasmine, deveria ter tudo o que os deuses podem dar a um mortal! Por que insistes nesse infortúnio que chamas amor, sem valorizar quem te dedica um verdadeiro afeto e que está ao teu alcance? — Jasmine o fitou surpresa e respondeu confusa:

— Nunca ninguém me falou desta maneira antes... — Ele se aproximou e, percebendo que alcançaria o que almejava, prosseguiu:

— Se ficares, não serás mais minha hóspede... É a minha condição. Por ora, estás sob a emoção do momento diante da revelação de Septimus. Quero que penses sobre o assunto e, quando decidires, sabes o que fazer.

Jasmine retornou para os seus aposentos e, exausta pelas comoções pelas quais havia passado naquela noite, adormeceu quase imediatamente.

Ao acordar, pela manhã, tinha a sensação de que sua vida se transformara em um grande vazio. O que poderia fazer agora? O seu desejo de vingar-se de Marcus permanecia, mas teria que sair do palácio sem que Diocleciano soubesse, pois tentaria impedi-la de exercer a sua desforra. Poderia o imperador realmente compreender o que lhe ia na alma?

Diante dos últimos acontecimentos, decidira que retornaria ao palácio logo que Marcus pagasse o que lhe devia, ou seja, com a sua vida! Assim, Jasmine preparou-se naquela noite com todos os recursos de sedução que ela bem conhecia para selar o seu futuro na Nicomédia.

Após algumas horas de cuidadoso preparo, considerou que estava pronta para o que, equivocadamente, acreditava ser a sua "vingança".

No final do dia, evitando pensar no que se propunha fazer, dirigiu-se ao salão onde eram servidas as refeições e acomodou-se em um confortável leito, muito parecido com as *chaises longues* atuais. Os criados iam e vinham, servindo iguarias exóticas, que agradavam sobremaneira os romanos. No centro do salão, as apresentações habituais para distrair os membros da corte e homenagear o imperador.

Durante o jantar, Jasmine encantou a todos com a sua jovialidade e beleza, exagerando, todavia, nas taças de vinho, como o fazia ultimamente. Algo sugeria que a Jasmine sofredora e melancólica deixara de existir, para dar lugar a uma mulher despreocupada e feliz.

Naquela noite, Jasmine permaneceu ao lado de Septimus, demonstrando haver se recuperado do golpe sofrido na noite anterior. O jovem general, curioso com o motivo que a levara a recobrar as forças, ouviu a resposta da moça, aturdido:

— Meu caro Septimus, acreditas no destino? Que os deuses brincam com as nossas vidas, ora nos aproximando, ora nos afastando das pessoas? — Ele pensou rapidamente e respondeu:

— Acho que criamos o nosso destino, talhando-o de acordo com a nossa perspicácia e inteligência. O que te leva a filosofar nesta noite?

Jasmine riu e respondeu enigmática:

— É que talvez só agora eu tenha compreendido por que vim morar neste palácio. Sempre me revoltei com a ideia, mas talvez estivesse enganada!

Septimus, sem compreender, atribuiu ao vinho as palavras de Jasmine. No final do jantar, alguns se recolheram aos seus aposentos, porém Jasmine permaneceu no amplo salão por mais algum tempo. Alguém, no entanto, em outro plano lhe segredava que naquela noite ela assumiria compromissos de grande repercussão em seu futuro espiritual.

Alguns dias mais tarde, recordava as últimas palavras que trocara com Diocleciano, quando ele a advertira para não partir a fim de executar a sua vingança. Insistindo no seu intento, ainda jurara que retornaria, ao que ele dissera:

— Jasmine! Jasmine! Não prometas o que não está em tuas mãos cumprir!

Havia pensado em replicar, mas tinha desistido. Ele, por sua vez, a seguira com o olhar e permanecera parado por algum tempo, como se quisesse gravar em sua lembrança a imagem da jovem que conhecera em Antioquia e que, por desígnios insondáveis do destino, viera não apenas morar em seu palácio, mas também fazer parte de sua vida. Acabaria por esquecê-la, disso não duvidava, como já tinha acontecido anteriormente.

Septimus, por sua vez, levou a efeito os preparativos para a saída da jovem do palácio. Ao cruzar com Jasmine no amplo átrio, a questionou:

— Jasmine, há dias não te vejo! Pensei que a encontraria desolada e infeliz em algum canto do palácio... — Ao que Jasmine, desejando demonstrar a posição que ocupava no palácio, tornou:

— Septimus, não te devo satisfação dos meus atos! Por que o espanto por não me ver sofrendo por Marcus? — Admirando a frieza da moça, Septimus considerou:

— Cheguei a pensar que fosses diferente das mulheres da nossa corte. O que me causa estranheza é logo agora, quando os preparativos para a tua saída do palácio se encaminham, te ver quase feliz. O que desejas realmente com tudo isso? — Jasmine deu um longo suspiro e, sem confiar de modo absoluto no jovem general, respondeu:

— Nada mudou, Septimus. Tenho direito de me vingar! Se quisesse, ficaria e teria uma vida que jamais sonhei, no entanto preciso enfrentar Marcus, acabar com isso...

— Concordo com o teu direito, mas vais te expor a um grande perigo... — Jasmine, com expressão séria, disse:

— Apressa os preparativos, Septimus. Agora vai, podem desconfiar de que planejamos a minha saída do palácio.

— Sim, estou colocando a minha cabeça em risco. Pelos meus cálculos, daqui a dois dias poderás partir... Até lá, será mais prudente não nos falarmos.

Jasmine fez um sinal com a cabeça e se afastou. Precisava se apressar para evitar que Diocleciano se antecipasse e mandasse eliminar Marcus antes da sua chegada.

26

OS BOATOS SE ALASTRAM

Distante dos acontecimentos da Nicomédia, Hashab e Lea, após se casarem em Antioquia, com discrição e a presença dos amigos da Nicomédia, haviam fixado residência na Massília, onde as perseguições ocorriam em menor intensidade e os romanos governavam de forma tranquila, sem preocupar-se demasiadamente com a questão dos cristãos.

O irmão de Jasmine, logo ao chegar, buscou a comunidade cristã, integrando-se ao movimento local. Com as economias que havia feito, fruto do seu trabalho com Narin, abriu pequeno comércio de especiarias, frutas e verduras que colhia de sua pequena chácara.

Aos poucos, adaptado à nova vida, junto à mulher que amava, Hashab conseguiu se estabelecer e foi adquirindo o respeito e a simpatia dos irmãos de crença.

A sua experiência em Antioquia abrira-lhe caminho, pois, sendo a comunidade muito respeitada por todos os demais grupos cristãos, seguidamente, Hashab era convidado a expor sobre as abençoadas presenças de Paulo de Tarso, Bartolomeu, Tito e outros luminares que por ali haviam passado alguns séculos antes, mas que ficaram registradas com o próprio sangue do sacrifício deles na história da cristandade.

Um dia, ao final da preleção de Hashab sobre as cartas aos gálatas, que eram de seu amplo conhecimento, todos se congratulavam com as bênçãos que fluíam do Alto de forma perceptível a alguns dos presentes quando ocorreu um fato que desagradou profundamente ao rapaz.

Ciprianus Claudius, cidadão romano nascido na Hispânia, mais precisamente em Malaca, trazia as últimas notícias da Nicomédia. Trabalhando junto aos cobradores de impostos na averiguação dos valores devidos — que no reinado de Diocleciano passaram a ser exorbitantes —, Claudius se referia ao episódio da morte dos cristãos da Nicomédia.

Ignorando a participação de Jasmine no ocorrido, Hashab empalideceu ao perceber que a irmã poderia estar envolvida em fato de tão tristes recordações. Lea, percebendo o mal-estar do marido, convidou-o a se retirar.

A noite clara, iluminada por raios prateados de um luar esplêndido, cujo céu repleto de estrelas convidava os nossos amigos a retornarem para o ninho doméstico a pé, os levou a trocarem impressões sobre Jasmine. Inicialmente, a mudez de Hashab fez com que Lea, com a ternura própria dos que amam, abordasse o assunto:

— Hashab, meu amor, não deves te martirizar tanto por acontecimentos que fugiram ao teu controle... Tenho certeza de que nosso Senhor Jesus abençoou nossos irmãos que partiram de maneira tão drástica, mas também não esquecerá de Jasmine, que, a seu tempo, encontrará no Cordeiro de Deus a imensa consolação e compreensão da vida que temos agora...

Hashab fitou as estrelas distantes e disse:

— Não vejo no horizonte desta vida nenhuma esperança para Jasmine. Minha irmã teve a oportunidade de salvar nossos irmãos e, não obstante, foi covarde e não quis enfrentar a ira de Diocleciano. Creio que mentiu para salvar a própria pele, pois sendo cristãos, não teriam um comportamento desabonador. Assim, ela se manteve no conforto do palácio, sabe-se lá a que preço! — Lea falou de maneira incisiva:

— Não deves julgar Jasmine de forma tão dura. Tua irmã, enquanto estive no palácio, nunca conspurcou a sua condição de mulher, apesar de ter sido importunada várias vezes. Deves lembrar também que ela foi praticamente retirada do lar sob ameaça de chantagem para não destruir duas famílias: a dela e a de Marcus.

Hashab sacudia a cabeça enquanto dizia:

— Nunca pensei que um dia teria vergonha de Jasmine... Não sei se a reencontrarei ainda... Não a reconheço mais!

— Meu amado, percebes o que estás a dizer? E o perdão que nosso Mestre nos ensinou? Jesus é o nosso modelo e sempre exemplificou aquilo que ensinava. Quem somos nós para atirar a primeira pedra? Tens certeza de que estamos isentos de pecados?

Neste momento, Hashab se lembrou do episódio quando ambos haviam conhecido Narin. Jasmine tinha se jogado aos pés do rico comerciante, pedindo-lhe misericórdia para ele, Hashab, porque havia cometido um delito. Sim, Jasmine tinha se sacrificado, casando-se para o salvar de um castigo que bem poderia ter sido as galés... Após alguns minutos de silêncio, olhou para os olhos límpidos de Lea e disse:

— Sim, é verdade. Jasmine não teve escolha ao se casar com Narin por minha causa. Se ela tivesse tido a oportunidade de seguir a escolha de seu coração, tudo poderia ter sido diferente. Tens razão, Lea, não estou em condições de julgá-la... Perdoa-me!

Lea sorriu e falou, enquanto se aproximavam da chácara onde residiam:

— Ora, meu querido, não tenho nada a te perdoar! Deves perdoar Jasmine e pedir a Jesus que um dia ela o encontre para ter paz...

Hashab fitou aquela figura frágil de mulher sob a luz do luar e sentiu-se diante de uma grande alma, disposta aos maiores sacrifícios por amor ao Nazareno. Emocionado, segurou o seu rosto em suas mãos e disse:

— Tu és a bênção da minha vida! Bendita a hora em que Jesus te colocou em meu caminho!

Lea sorriu e, antes de entrar no pequeno portão que os separava do pátio, beijaram-se apaixonadamente.

Aqueles dias eram de relativa tranquilidade para os cristãos, com algumas exceções, como já relatamos. De tal modo, Hashab e Lea prosseguiram com as suas vidas, sem imaginar a trama em que Jasmine se envolveria não muito distante dali.

Ocorre que Marcus recebera mais uma correspondência de Septimus, que mentia ao dizer-lhe que evitaria a ida de Jasmine a Niceia, pois colocaria a sua vida em risco; que convenceria o imperador de sua utilidade em Éfeso, ao lado de Júlia.

A notícia trouxe um certo alívio para Marcus, mas, ao mesmo tempo, uma sensação desagradável ao pensar em Jasmine. O tempo havia sufocado a decepção ao se sentir traído, e agora as lembranças do tempo em que a considerara a mulher ideal persistiam em sua atribulada mente como um sonho distante.

Haviam se arriscado e traído pessoas por quem ambos nutriam sincero afeto, Júlia e Narin. Ao conjeturar sobre o envolvimento de Jasmine com outro homem, era-lhe inadmissível perdoá-la, mesmo que ela não tivesse tido opção, por meio de constrangimentos.

Quando a ideia crescia em sua mente, sentia vontade de matar Jasmine! Quanto ele pensara em renunciar para tê-la ao seu lado! Afastar-se-ia de Júlia, abandonaria seus interesses, sua família, para ficar ao lado daquela mulher ingrata! "Pelos deuses!", pensava. "Como pude ter me enganado de tal forma?"

Assim, Marcus procurava se distrair no trabalho, buscando as termas ou revendo pessoas de seu convívio, como em jantares e encontros informais. A casa de Plínio era uma das que Marcus frequentava com assiduidade. Tratava-se de um casal por volta dos quarenta anos que possuía apenas uma filha, Helena, já casada e morando em Roma.

Fosse pela solidão de Marcus ou do casal amigo, começaram a se reunir e, entre a música, a homenagem aos grandes poetas do passado e a troca de informações de outras regiões do império, os encontros passaram a ser esperados por todos que dele participavam.

A esposa de Plínio, digna dama criada nos mais austeros princípios da família romana, não se cansava de pedir a Marcus que trouxesse a sua esposa, Júlia, para que participasse do grupo.

Marcus não havia revelado os motivos que o tinham levado àquela região. Era-lhe difícil falar sobre toda a trama em que se envolvera por causa de Jasmine. Assim, falava de forma evasiva, prometendo, assim que fosse possível, trazer a esposa para conhecer os novos amigos.

Sem nenhum acaso ou coincidência, pela ação das circunstâncias, com o intuito de reunir alguns destinos com determinado fim, naquele dia, Maximus, o centurião da guarda do imperador, amigo de Septimus e Marcus, estando presente, trouxe uma revelação chocante para todos com exceção de Marcus.

Após a refeição, quando eles se refrescavam do calor do dia, pois o sol castigava a região, próximos a grande lago artificial, Maximus comentou, lisonjeado pelo convite:

— Agradeço a tua amabilidade, meu caro Plínio. Poucas casas em Roma ou fora dela recebem seus convidados com tanta elegância e bom gosto!

— Agradeço-te, meu amigo, por tuas palavras. Sempre nos faz bem ao coração fazer felizes as pessoas em nossa casa.

Maximus, com o intuito de trazer novidades, após um breve momento de pausa nas conversações, falou aparentemente distraído:

— O maior exemplo que temos é o de nosso imperador, pois recebe em seu palácio um número de hóspedes considerável. Além das instalações para os militares, possui inúmeros convidados, parentes, enfim... Isso sem comentar o grande número de cristãos que lá residem.

Marcus o interrompeu, dizendo:

— Não compreendo essa atitude de Diocleciano! Como abriga cristãos se sabemos quanto os detesta? — Maximus sorriu e tornou:

— Na verdade, quem realmente os detesta é Galério, tu o sabes... — Plínio, pouco à vontade, considerou:

— Diocleciano é um homem inteligente e astuto, e deve estar ciente do número crescente de cristãos. Não os considero um incômodo, possuímos vários servos cristãos que nos são absolutamente leais. Têm uma conduta discreta e me parecem satisfeitos com a sua crença em um novo "reino", que advirá após a morte. — Cecília, sua esposa, completou:

— Esse rabino, Jesus, deu novas esperanças a essas pessoas. Não compreendo o porquê de tantas perseguições. Cada povo que conquistamos traz consigo as suas crenças, sempre foi assim... O Cristianismo parece que amedronta os nossos governantes! — Plínio olhou com severidade para a esposa e disse:

— Por favor, senhores, desconsiderem a opinião da minha Cecília. Ela não o faz por mal, apenas tem algumas ideias um pouco extravagantes. Apreciamos nossos governantes e a eles devemos a relativa tranquilidade em nossas vidas.

Maximus falou com maldosas intenções:

— Entendo o que a nobre senhora quis dizer e devo afirmar que discordo de tua opinião. O Cristianismo tem um efeito nocivo sobre as massas. Vivemos essa realidade na Nicomédia no dia a dia... Essas pessoas não sacrificam aos deuses e, portanto, não consideram a pessoa do imperador na sua justa divindade... São incapazes de curvar-se às nossas leis, porque acreditam em uma lei maior, de um deus invisível... Onde está este Deus? Por que não salva os seus adeptos? Por que os deixa morrer nas mais terríveis torturas?

O assunto se tornava desagradável a todos. Marcus resolveu interferir:

— Não entendo... Por que não são deliberadas novas perseguições? Aqui em Niceia, vejo mais vinganças pessoais, com denúncias sem procedência, que logo são verificadas, não tendo maiores consequências... Apesar de o governador os detestar!

Maximus se levantou e caminhou por entre o grupo como se organizasse as ideias; por fim, disse:

— Esta calmaria, na verdade, é aparente. Creio que não desconhecem os últimos fatos na Nicomédia. Diocleciano, apesar de saber que não haveria abjuração, convocou uma cerimônia na qual quatro cristãos deveriam sacrificar e negar a sua fé: três homens e uma mulher, sendo um deles um cidadão romano cujo filho já havia sido morto pela ação do imperador, apesar de ser indiretamente responsável... Quem garante que os outros seguidores não irão se vingar? — Cecília, com o olhar lúcido, retrucou:

— A vingança não faz parte dos ensinamentos do profeta nazareno! — Maximus a fitou e tornou:

— Vejo que a nobre Cecília, nossa distinta anfitriã, tem um grande conhecimento dessa crença. É preciso ter cuidado!

Plínio, preocupado, considerou:

— Minha esposa dá muitos ouvidos aos servos. Espero que desconsidere as suas opiniões; é muito ingênua e não sabe quão grave é este assunto.

— Não se preocupe, caro amigo. Entendo; as mulheres parecem mais afeitas às ideias cristãs. Com algumas exceções, evidentemente...

Marcus, atento, solicitou:

— Por favor, explica-te!

Maximus, então, chegou ao ponto desejado:

— Os cristãos a que me referi anteriormente foram denunciados por alguém do palácio, na verdade, uma mulher.

Cecília, chocada, perguntou:

— Quem é essa mulher?

— Trata-se de uma linda mulher que é protegida pelo imperador. Consta que, após haver sumido do palácio por quase seis horas, diante da fúria inexplicável do imperador, ela os acusou de a terem mantido entre eles, sem poder retornar ao palácio. Ouvi dizer que aconteceu justamente o contrário: que os cristãos a haviam levado de volta...

— Pelos deuses! — disse Plínio.

— Sim, meu amigo. Jasmine vive agora confinada no palácio, porque, se se afastar de novo, tanto ela quanto os seus familiares correm perigo.

Cecília se compadeceu de Jasmine e falou:

— Pobre moça! Deve sofrer muito, pelo que dizes...

Marcus, extremamente pálido, objetou:

— Se ela está nesta posição é porque não soube manter-se com a dignidade que se espera de uma dama! — Maximus olhou Marcus de soslaio e completou:

— Acho que a nobre Cecília tem razão. Jasmine está em uma situação difícil, pois está prestes a perder a proteção do imperador.

Marcus sentia-se explodir de ódio, raiva e ciúmes. Sabia que Jasmine não resistiria ao conforto da corte, às joias, à riqueza. Para surpresa geral, entornou um cálice de vinho e, visivelmente perturbado, despediu-se dos anfitriões e de Maximus. Precisava sair daquele local, andar. Perambulou pelas ruelas da cidade até que, exausto, decidiu ir para sua casa.

Sim, ela o traíra e se esquecera de tudo, inclusive do filho que ambos haviam tido! Com pensamentos sombrios, elucubrando vinganças terríveis, desejava destruir Jasmine de qualquer maneira. Por fim, adormeceu quando o dia já raiava.

Extenuado, sem forças para cumprir com seus deveres, passou o dia envolto em vibrações negativas, desesperado de cólera e ciúmes.

Sentindo-se impotente diante do suposto rival, que era na época o homem mais poderoso do mundo, apesar de não ter nenhuma prova nem ouvir as explicações de Jasmine, voltou a beber e se entregou ao vinho por vários dias, até conseguir concatenar as ideias.

Os preparativos para a saída de Jasmine do palácio estavam a contento, e Septimus lhe dava as últimas orientações. Não comunicaria nada a Marcus, porque isso o colocaria de sobreaviso e tudo o que planejara cairia por terra.

Ciente de todos os pormenores do intento, Jasmine não via a hora de partir. Não saberia definir a vaga tristeza que lhe toldava o coração; algo inexplicável ocorria em seu íntimo.

Analisava, um a um, os anos em que passara naquele local e, apesar de tudo, não o detestava tanto quanto imaginara a princípio. Diocleciano a mantinha por seus interesses egoístas ou por um capricho? Ela não saberia dizer...

Não o odiava, absolutamente. Na realidade, sentia um misto de medo e gratidão. A determinação em se vingar de Marcus lhe falava mais alto, não apenas por ter denunciado Hashab e Narin como cristãos, mas também por dispensá-la daquela forma depois de arruinar-lhe a vida.

Na noite anterior a sua partida, vagava pelo jardim, apreensiva, perdida em suas lembranças. Sairia às escondidas porque desejava acabar com a vida de Marcus com as próprias mãos. Não permitiria que ele se juntasse a Júlia para serem felizes criando o seu filho! Depois de realizar a sua vingança, para onde iria?

Lembrando o passado, a maneira como havia chegado à Nicomédia, sendo chantageada por Flávia, humilhada pelas amizades desta, assediada por Marcellus, a mão que a protegera fora a de Diocleciano. Agora, precisava fugir dessa proteção para acabar com a vida de Marcus, confrontá-lo, falar tudo o que guardara por anos sobre o seu egoísmo, as mentiras nas quais a havia feito acreditar, e depois, aí sim, o mataria. Após realizar a sua vingança, por que não voltar?

Na sua tela mental, recordou-se de uma das vezes em que falara com o imperador, considerando que ficava muito tempo ausente em função das batalhas das quais participava, quando ele lhe perguntara:

— Não és feliz aqui? O que te falta? Não querias os teus filhos? Mandei buscá-los, apesar de ter vindo apenas um deles. Marcellus te importunava? Afastei-o daqui... O que mais posso fazer para vê-la feliz?

Jasmine se lembrava de ter ficado em silêncio. Como poderia lhe dizer que desejava estar junto a Marcus?

O olhar frio e a objetividade de Diocleciano a tinham preocupado. Ele continuara:

— Sabes que não sou descendente de Júpiter como fizemos o povo acreditar... Precisava de uma imagem forte, poderosa e respeitada para que minhas ações tivessem crédito. Sou tão humano como qualquer servo deste palácio... Posso, no entanto, te oferecer tudo o que desejares e o que o meu poder e riqueza puderem comprar...

Temerosa pelo interesse invulgar que ele demonstrava, respondera de modo vago:

— Tenho profunda gratidão por tudo o que recebi de vossas mãos.

— De minha parte, considero que possuo para contigo uma dívida. Mandei Marcellus para a Dalmácia, não apenas pelas suas atitudes para contigo, mas também pelo que fez a tua família.

— Como podeis ser um homem tão odiado, um tirano, e ao mesmo tempo ter compaixão?

Um leve sorriso surgira no rosto de Diocleciano, e ele tornara:

— Também desconheço estes sentimentos... Creio que me inspiras a isso... Tu me consideras, mesmo, um tirano? — Jasmine tornara:

— Assim vos consideram aqueles que governais, o povo.

— Não temes que eu te repreenda por isso? — perguntara, enaltecido em sua vaidade.

Lembrava-se de haver dito que não o temia, apesar do seu poder, o que o fizera rir pela sua coragem. Poucos se aventuravam a dizer o que realmente pensavam na sua presença.

Certamente, todo o ódio que Diocleciano conquistara para si próprio, com os seus atos impiedosos e cruéis, afastado da lei maior, um dia retornaria a sua origem.

Ludibriados na sua rota evolutiva pelas ilusões da matéria perecível, aqueles espíritos necessitariam das lutas dos milênios, ao longo dos quais as dores acerbas modificariam as suas disposições para a Verdade e o Bem, deixando para trás as algemas dos enganos criadas pelo egoísmo, pelo orgulho e pela vaidade.

Contrariando as disposições de seu protetor, muito antes que o dia raiasse, Jasmine reuniu pequena bagagem e partiu com dois homens de confiança de Septimus, Lucius e Arrius.

Precisaria ter uma boa vantagem, pois quando Diocleciano descobrisse o seu desaparecimento poderia pôr tudo a perder, se antecipando no seu acerto de contas com Marcus.

Em Niceia, Septimus havia alugado uma residência onde ela ficaria instalada e poderia ver a melhor oportunidade de reencontrar Marcus.

A sua ausência foi verificada apenas no final da manhã, pois, a despeito de ser a moça vigiada por alguns soldados designados para este fim, Jasmine possuía independência para andar em todos os recantos do palácio.

Ao saber, Diocleciano irritou-se com a desobediência da moça, pois dera ordens para que deixasse em suas mãos a decisão sobre a vida de Marcus. A dúvida quanto às reais intenções de Jasmine, no entanto, falou mais alto e ordenou que fossem feitas buscas pelas estradas que levavam a Niceia. As informações surgiam desencontradas, cada informante trazendo pistas falsas no intuito de ganhar alguma recompensa. As horas se passavam, e Septimus aguardava o momento de lançar a calúnia que, certamente, teria um solo fértil na mente influenciável do imperador.

O dia caía quando Septimus se dirigiu ao grande salão e, aproximando-se de Diocleciano, após saudá-lo como se fazia necessário, disse:

— Filho de Júpiter, Vossa Majestade imperial! Acabo de retornar ao palácio e soube do ocorrido com Jasmine. Coloco-me a vosso serviço para descobrir o que houve com a jovem senhora... — Diocleciano o fitou desconfiado e disse:

— É do meu conhecimento a tua amizade com Jasmine. Diga-me a verdade: ela te confidenciou algo que desconheço?

Septimus respondeu com firmeza:

— Absolutamente nada, senhor. Além do mais, Jasmine não me colocava na posição de amigo ou confidente; sempre foi muito discreta e nunca me permitiu tocar em assuntos particulares.

Septimus percebia o desgosto do seu interlocutor e, procurando conquistar-lhe a confiança, disse:

— Não acredito que tenha se afastado de propósito. Sempre vos defendeu com veemência e vos considerava um benfeitor. — Impotente diante dos acontecimentos, Diocleciano, exausto, falou:

— Jasmine não saiu do palácio sem a ajuda de alguém. Sei que tinha a intenção de matar Marcus por ter denunciado o irmão e o marido. Quem a ajudou a colocou em perigo e, por isso, visto que negas a tua participação nesta ideia absurda, ficarás responsável pelas buscas e pela apuração dos fatos, como ocorreram e, se os deuses permitirem, por trazê-la de volta ao palácio! Desejo, porém, que sejas discreto... Não quero ver o meu nome envolvido diretamente neste assunto.

Septimus fez um gesto afirmativo e com nova saudação se retirou. Afinal, havia compreendido que Diocleciano tinha conhecimento das intenções de Jasmine. Por que ela lhe contaria o que desejava fazer, contrariando a sua vontade? O que desejaria realmente aquela mulher que enganava de maneira tão abominável a todos?

Septimus se sentia enganado por Jasmine, ludibriado, e, além disso, fora humilhado por uma mulher sem escrúpulos diante do imperador, pois ela o havia usado para sair do palácio.

Alguns dias se passaram e, estando reunido a Galério e Maximiano, Diocleciano mandou chamar Septimus, quando discutiam a respeito de assuntos militares, visto que se tornava necessário aumentar o número de soldados nas fronteiras, sempre à mercê de invasões, especialmente na região do Reno.

Septimus prontamente se apresentou e se colocou à disposição dos dois imperadores, Diocleciano e Maximiano; o último, imperador do Ocidente.

Quem iniciou, todavia, o assunto foi Galério, que, a propósito, se encontrava muito feliz na ocasião. Diocleciano acertava os detalhes do casamento de Galério com sua filha Valéria dali a algum tempo. Assim, o futuro genro de Diocleciano se pronunciou eufórico:

— Caro Septimus! Soube da tua incumbência de encontrar a moça de Antioquia... Sabemos que não deverá estar tão distante... Lembro que por ocasião da cerimônia de abjuração dos quatro cristãos, que ela sabiamente denunciou, eu estava presente e a admirei por sua coragem... — Septimus concordou e retorquiu:

— Sim, é verdade, mas o que isso tem a ver com as buscas? — Galério deu uma gargalhada e tornou:

— Septimus! Se devemos encontrar culpados, não teremos muita dificuldade em achá-los entre os que foram atingidos por Jasmine... Refiro-me aos cristãos, certamente...

Diocleciano permanecia em silêncio, apenas observando o diálogo. Septimus concordou e respondeu:

— Sim, é verdade, já havia pensado nisso. Seria uma boa oportunidade de mostrar a nossa intolerância com qualquer ato de desrespeito à autoridade romana, coisa que vemos os cristãos praticarem a cada dia.

Maximiano, mais preocupado com as fronteiras do que com os cristãos, comentou:

— Perdemos muito tempo com os cristãos! Devemos nos lembrar de que estamos constantemente no campo de batalha para conter as invasões, que dia a dia nos colocam a necessidade de aumentarmos o exército... Nossas legiões precisam ser multiplicadas; perdemos muitos soldados a cada batalha. — Galério, contrariado, tornou:

— Não se mantém um império apenas com um exército; é preciso destruir as forças que o corroem por dentro. O Cristianismo é uma delas, no nosso caso. Sugiro que Septimus apresente alguns cristãos como responsáveis pelo desaparecimento da moça... Isso servirá de exemplo para que não tentem qualquer coisa contra nós, visto que se proliferam inexplicavelmente.

Diocleciano permanecia pensativo, até que, em determinado momento, se dirigiu a Septimus:

— Crês que os cristãos têm algo a ver com o desaparecimento de Jasmine? — Septimus compreendeu que, apesar de Diocleciano ter conhecimento de que a moça saíra do palácio por livre e espontânea vontade, fingia não o saber, para evitar a humilhação por ela o ter desobedecido. Temendo uma punição, que ele sabia ser exemplar, aproveitou a ocasião e disse:

— Não tenho dúvidas, meu senhor. Quem mais poderia estar envolvido nesse caso, desrespeitando a vossa autoridade ao sequestrar uma de vossas hóspedes? — Diocleciano, por fim, tornou:

— Galério tem razão, os cristãos são tão nefastos quanto os bárbaros ou os persas, opinião que divido com Sosiano. Investigar a culpa no desaparecimento de Jasmine poderia ter um efeito positivo na mente popular, demonstrando quanto são perigosos — e, olhando para Septimus ordenou: — Vai trazer a minha presença dois supostos denunciantes que saberás coagir a denunciar algum cristão... Tomarei as decisões cabíveis, mas ordeno-te que prossigas nas buscas!

Diante da expressão facial de Diocleciano, que revelava o tumulto que lhe ia no íntimo, e à frente das sérias decisões que deveria tomar em breve, todos se calaram. Septimus assentiu, colocando-se às ordens do imperador, e se retirou, preocupado porque havia compreendido que deveria trazer Jasmine a qualquer custo de volta ao palácio.

Naquele dia, na parte da tarde, Septimus mandou alguns subordinados de sua confiança trazerem a sua presença dois homens da localidade. Com o tilintar de alguns sestércios, concordaram em fazer a denúncia formalmente para o imperador. No dia aprazado, eis que eles se pronunciaram diante de um número reduzido de conselheiros, o chefe da guarda imperial e algumas autoridades locais e de Antioquia, pois somente a altos funcionários era permitida a presença a essas audiências. Um dos conselheiros próximos a Diocleciano perguntou, segundo o protocolo imperial, sobre os fatos que envolviam o desaparecimento de Jasmine do palácio. Um dos denunciantes se curvou e, sem olhar diretamente para Diocleciano, começou a falar:

— Soubemos que alguns cristãos estavam planejando alguma coisa contra a pobre moça... Queriam vingar-se pela morte dos outros... Pelo que sabemos, a levaram para o Oriente, talvez para vendê-la como escrava...

Depois de ser efetivada a encenação para atribuir a culpa aos cristãos, Septimus entregou duas pequenas bolsas com algumas moedas e fez sinal para que se retirassem. Após aguardar alguns minutos, falou:

— Senhor, se for a vossa vontade, eu mesmo irei à procura de Jasmine. Reconheço que houve uma afronta a vossa autoridade e me coloco a vossa disposição.

Diocleciano fitou Septimus, porém parecia não o ver. Seu cérebro elucubrava alguma coisa perversa, cruel contra os verdadeiros culpados por terem ajudado Jasmine a sair do palácio. Septimus permanecia em silêncio, sem saber ao certo se fora ouvido. O tempo passava e já se inquietava, quando Diocleciano dispensou os demais conselheiros com um gesto. A seguir, disse:

— Sabes muito bem que o assunto não está resolvido! Quero que investigues quem ajudou Jasmine a sair do palácio, apesar de toda a vigilância. Em vista disso, ordeno que permaneças aqui por enquanto. Tua presença me é útil, pois, além disso, tenho algo em mente contra esses cristãos... É de meu interesse que esse assunto seja tratado com muito cuidado, a partir de um édito que atinja a todos, sem exceção!

Septimus franziu a testa e contrapôs:

— Perdoai-me, senhor, mas não podemos esquecer que no palácio temos muitos cristãos. Isso sem citar a nobre Prisca, vossa filha Valéria... A família do imperador seria a primeira a ser atingida... Um édito imperial é muito amplo e tem força de lei...

Diocleciano tornou impaciente:

— Nada me deterá, Septimus! Porei a salvo a minha família, mas te asseguro que não pouparei esforços para deter esses feiticeiros!

Septimus, temendo alguma atitude que pudesse prejudicar tudo o que havia delineado para o seu futuro, disse:

— Senhor, tenho absoluta confiança nos deuses de que não será necessário que a busqueis, pois retornará por livre vontade. Sugiro aguardarmos notícias dos vossos enviados para tomardes alguma decisão. Vosso governo é reconhecido pelo equilíbrio e pela serenidade com que tratais as questões mais difíceis... Confiemos nos deuses!

As palavras de Septimus tiveram o êxito que esperava, pois a vaidade de Diocleciano não deixaria de assinalar os elogios ao seu procedimento; além disso, tinha outras questões importantes para resolver, e isso lhe daria o tempo necessário para verificar se Jasmine tinha mentido.

Assim, o imperador concordou com os alvitres do general e retirou-se para os seus aposentos. Estava extenuado e lamentava o rumo que os acontecimentos haviam tomado, porque teria que agir com o peso de sua autoridade, e isso significava que nem mesmo Jasmine seria poupada.

27

LAÇOS DE AMOR E ÓDIO

Àquelas alturas, Jasmine já se encontrava longe da Nicomédia e próxima de seu destino. Sabia que a sua fuga irritaria o imperador, mas necessitava ter um acerto de contas com Marcus. Depois procuraria ver Haram ainda uma vez e, então, voltaria para o palácio.

Logo ao chegar, se dirigiu à pequena vila que Septimus havia alugado para ela. De aspecto agradável, embora simples, a vivenda agradou Jasmine, considerando que não demoraria naquele local. Estava muito aquém de seus aposentos no palácio, mas o momento exigia discrição.

Os novos servos se apresentaram e cada um foi cuidar dos seus afazeres. Jasmine procurou se recuperar da viagem e, por alguns dias, tentou esquecer os verdadeiros objetivos da sua ida a Niceia.

Buscava, ao cair da tarde, dar alguns passeios de liteira, quando observava a residência de Marcus, cujo local Septimus lhe havia fornecido. Depois de algum tempo, sentiu que era chegado o momento e começou a se preparar para o fatídico dia.

Acostumada a destacar a sua beleza quando se fazia necessário, não foi difícil se preparar para o encontro com Marcus.

Ao finalizar, adornou-se com um riquíssimo colar com o qual Diocleciano a presenteara e colocou dois magníficos braceletes egípcios em ambos os braços.

Prendeu os cabelos da mesma forma que o fizera no dia em que conhecera Marcus; por fim, levava embaixo de uma faixa, que lhe acentuava a cintura, pequeno punhal para ser usado em momento propício.

Chamou os homens que Septimus lhe colocara à disposição para que tudo fosse executado conforme o combinado. Com o coração aos saltos, se dirigiu à residência de Marcus. A liteira andou por alguns minutos e parou diante da residência indicada por Jasmine. Desceu e se encaminhou para a suntuosa entrada, quando foi impedida de continuar por dois sentinelas.

Já antevendo o acontecido, Septimus lhe havia dado um documento com o selo da família de Marcus. A jovem seguiu, acompanhada de sua, agora, guarda pessoal.

Inesperadamente, naquele dia, Plínio Licinius e Cecília, amigos de Marcus, lá se encontravam. Por mais que desejasse, seria impossível prever se Marcus se encontraria sozinho, assim, quando ele a viu, empalideceu visivelmente.

Jasmine, com elegância, dispensou a sua "guarda", não sem antes dar um olhar significativo para que os homens permanecessem vigilantes para qualquer eventualidade.

O comportamento de Marcus sugeriu aos amigos que algo constrangedor lhe acontecera. Cecília deu um passo à frente e disse com simpatia:

— Então, Marcus, não nos apresentas esta encantadora moça que acaba de chegar? — Marcus desculpou-se e disse:

— Perdoa-me, cara senhora... Trata-se de Jasmine, uma amiga que eu e Júlia conhecemos em Antioquia... — As palavras de Marcus atingiram Jasmine visivelmente, e ela falou com elegância e respeito:

— Que os deuses te bendigam, senhora! Realmente, estou de passagem pela Bitínia e quis rever Marcus e a esposa. — A seguir, Jasmine fingiu não saber que Júlia não se encontrava e, olhando ao redor, perguntou:

— E nossa querida Júlia, onde está?

— Júlia está em Éfeso, Jasmine, pensei que já tinhas ciência disso — respondeu Marcus a contragosto.

O ambiente se tornava cada vez mais tenso entre ambos, o que era percebido pelo gentil casal. Após, Marcus continuou com a provocação e perguntou:

— Dize-me, Jasmine, como está o nosso imperador? Creio eu que vens da Nicomédia, não é verdade?

Leve rubor coloriu o rosto de Jasmine, e ela, procurando manter a polidez, tornou:

— Nosso imperador, graças aos deuses, está muito bem! Por certo, viverá muito tempo, para nossa alegria!

Marcus chamou uma serva que aguardava a um canto e ofereceu sua taça para que a enchesse, indicando que fizesse o mesmo para Jasmine. Plínio, depois de apresentar-se, perguntou:

— Nasceste na Nicomédia? — Ao que Jasmine respondeu, solícita:

— Não, senhor, estou de passagem, apenas. Nasci em Antioquia...

Plínio abriu um sorriso e, voltando-se para Cecília, falou:

— É uma das mais agradáves cidades que conheço... Grandes homens passaram por Antioquia! — Preocupada com a presença de Jasmine, Cecília sorriu e disse:

— Já é hora de nos retirarmos... Minha jovem, creio que já ouvi o teu nome... Serias, por acaso, hóspede de nosso imperador?

Jasmine respondeu, intrigada, por não saber que o seu nome havia sido mencionado por Maximus alguns dias atrás:

— Sim, mas estou regressando ao lar, pois tenho dois filhos que me aguardam o retorno. — Cecília falou com visível tristeza na voz:

— Desejo que sejas feliz, minha filha!

Sem compreender, Jasmine fez um gesto com a cabeça, agradecendo.

Após a saída de ambos, Marcus dispensou a serva, modificando o seu comportamento completamente e, com expressiva ironia, inquiriu a moça:

— O que significa isso? O que queres aqui, Jasmine? — Jasmine abandonou o sorriso e tornou:

— O que quero? Como ousas fazer-me esta pergunta? Por que me abandonaste, Marcus? Por que me deixaste naquela tarde te esperando, pensando que ia te reencontrar?

Marcus riu com sarcasmo e disse:

— Pelo que soube, já tinhas me substituído... — Com as lágrimas a lhe rolarem pelo rosto, Jasmine objetou:

— Por que acreditaste em calúnias antes de falares comigo? Por acaso eu não merecia essa consideração? Estava te esperando para falar do meu amor e das dificuldades por que passava para evitar o assédio de teu irmão, as mentiras de Flávia, a inveja de outras tantas... Marcus, por que me traíste, denunciando Hashab e Narin?

Marcus ficou em silêncio. A seguir, justificando o seu desprezo, argumentou:

— Lamento, Jasmine, mas me pareceu a coisa certa a fazer. Foi Diocleciano quem te contou? — Ela respondeu prontamente:

— Não, ele jamais tocou neste assunto. Não importa quem me revelou... Foi uma decepção muito grande, Marcus!

Incendiado pelos ciúmes, ele tornou:

— Sim, mas isso não tem mais importância. A realidade é que me traías, vi os olhares que trocavam no palácio... Era comentário de todos a tua relação com o imperador.

Jasmine, sufocada pelas lágrimas, disse:

— Não é verdade! Eu me sujeitei a ser caluniada, pois acreditava no teu amor, precisava te esperar! Jamais pensei que tu também me julgarias dessa maneira; de ti não esperava essa decepção!

Ao vê-la aos prantos, o coração de Marcus capitulou. Aproximou-se dela e a abraçou, beijando-a como antigamente. Confusa, Jasmine correspondeu, na esperança de ter se enganado; acreditou que ele a amava e que ficaria ao seu lado finalmente. Tudo não passara de um pesadelo e ela acordava novamente nos braços de Marcus!

Em um átimo, pensou em esquecer o plano de Septimus de eliminar Marcus e de retornar ao palácio. Ainda seria feliz com Marcus! Inconsequente e esquecendo a promessa a Diocleciano, falou:

— Abandonemos o passado! Vamos embora para outro lugar onde ninguém nos conheça... — Marcus, porém, se afastou dizendo:

— Isso não é mais possível, Jasmine! Pedirei a Diocleciano que me situe em Éfeso, vou voltar para Júlia... — Sem entender, quase sufocada pelas lágrimas, ela disse:

— Por que me deixas assim, Marcus? Tu me querias apenas como tua amante? Perdi tudo, marido, filhos, minha casa, por tua causa! Sujeitei-me a ficar no palácio à mercê de Diocleciano para salvar a tua vida! Deixaste de me amar? — Ela caiu ao chão, aos pés de Marcus. Comovido, ele a segurou pelos braços e disse:

— Não teremos paz, Jasmine! Ainda a amo, mas não podemos levar isso adiante... Seremos perseguidos até o fim da vida... Quero ter paz, e tu não me darás isso!

— Te darei o meu amor, a minha vida, uma família, tudo o que tenho para te dar!

— Não, Jasmine! Volta para o palácio; me esquece, por favor!

Enlouquecida pela dor e vendo a realidade que se desenhava a sua frente, Jasmine tirou o punhal das dobras da faixa que usava na cintura e falou:

— Sabes que, se voltar, não passarei de uma concubina... Não tenho escolha, enquanto durar esse capricho de Diocleciano! Agora, não posso voltar! Digo-te, por minha vez, que cumprirei a minha vingança por todo o mal que me fizeste!

A luta que se seguiu, movida pelo ódio que as circunstâncias despertaram, levou à tragédia que já se fazia anunciar.

Jasmine se ergueu e avançou contra Marcus com o punhal, que, ao se defender, machucou uma das mãos. Uma disputa se estabeleceu entre ambos, e Marcus, com facilidade, tomou a arma das mãos de Jasmine e a feriu na altura do tórax; ainda tentando tirar o punhal das mãos de Marcus, Jasmine prendeu-se ao seu pescoço; antes, porém, de desfalecer, seus braços se soltaram e Marcus a atingiu, por sua vez, em pleno rosto, ferindo-a. Jasmine soltou um grito, percebido pela sua guarda pessoal, que estava a postos, e caiu.

Os dois homens entraram e, ao verem Jasmine caída, avançaram contra Marcus e um deles o atingiu mortalmente com a espada. Ele deu um gemido e golfadas de sangue surgiram-lhe da boca. Olhou ainda para Jasmine, acreditando tê-la matado, e expirou.

A cena representava o fim trágico de dois espíritos que, ao se reencontrarem, haviam deixado de lado os compromissos assumidos, criando liames de sofrimento e dor ao seu redor. Na busca pela própria felicidade, tinham se esquecido de que não ferimos os nossos semelhantes sem colhermos os frutos da desdita e da desventura que semeamos.

Imediatamente, a guarda que fazia a segurança da casa de Marcus acudiu ao ouvirem os sons vindos do interior da residência. Ao verem os dois jovens caídos em poças de sangue, avançaram em direção aos homens que protegiam Jasmine. Travou-se uma pequena batalha em que os mais velhos, amigos de Septimus, levaram vantagem e, carregando a jovem, saíram da residência de Marcus.

Logo ao chegarem à residência de Jasmine em Niceia, os criados vieram solícitos ao comando de Lucius, os conduzindo até os aposentos de Jasmine.

— O que faremos agora? — perguntou Arrius, aflito.

Tita, uma serva com idade mais avançada, lamentava enquanto limpava o rosto ensanguentado de Jasmine:

— Pobre senhora! A mais linda que já tive... Por que não lhe pouparam o rosto?

Lucius a fitou e disse:

— Deixa de lamúrias, mulher! Manda vir o melhor médico deste lugar imediatamente!

Tita concordou e saiu diligente procurando seu filho, para trazer Demétrio, um grego com grandes conhecimentos médicos que morava na região. Enquanto aguardavam, Lucius fitou Arrius e falou em tom significativo:

— Precisaremos nos separar para não levantar suspeitas, por isso, é melhor que retornes à Nicomédia e informes o que aconteceu a Septimus.

Arrius concordou e sugeriu:

— Partirei esta noite, assim ganharei tempo. A notícia deve se espalhar amanhã. Para dizer a verdade, este Marcus tinha muitos inimigos, veja bem, o próprio imperador não o estimava... Septimus também não, enfim, nem a pobre senhora o queria vivo!

Lucius concordou, mas fez a ressalva:

— Esse assunto não é da nossa conta, Arrius. Somos pagos para fazer o que nos mandam. É de lamentar, no entanto, que essa jovem mulher fique desfigurada por causa desse desprezível Marcus! Agora, vai e procura ser discreto...

Arrius saiu enquanto Tita limpava o corpo inerte de Jasmine, fazendo-lhe compressas no rosto para que desinchasse. Uma hora mais tarde, um homem alto, magro, de cabelos brancos e sobrancelhas escuras, entrou no aposento. Tratava-se de Demétrio, que se dirigiu de imediato ao leito de Jasmine. O homem, com uns presumíveis sessenta anos, fitou demoradamente a moça e, olhando em torno, perguntou:

— O senhor pertence à família desta jovem senhora? — Ao que Lucius respondeu prontamente:

— Fui contratado por ela para acompanhá-la nesta viagem. A família reside em Antioquia. — Demétrio observou os ferimentos e com um rápido exame disse:

— O caso é muito grave e temo que não possa fazer muito, infelizmente! Se me for concedido o dom de curá-la, o farei apenas com o corpo, mas o que está realmente doente é o seu espírito.

Após pedir algumas faixas de pano e água quente, limpou a ferida do tórax, auscultou o pulmão de Jasmine e com as faixas estancou a hemorragia externa. A seguir, falou:

— Ela foi atingida no pulmão, o instrumento não perfurou uma grande área; se não houver grande hemorragia interna, haverá alguma esperança... Vamos confiar no auxílio da divindade.

Demétrio se concentrou e retirou pequeno pote de uma sacola de couro; com um instrumento parecido com uma espátula, passou uma grossa camada no rosto de Jasmine. Naquela noite e nos dias seguintes, o médico permaneceu junto ao leito da moça, revezando-se com Tita e o seu filho. Lucius, vez por outra, vinha saber sobre o estado da moça.

Por longos dias, Jasmine ficou entre a vida e a morte, e delirante; várias vezes, mencionou os nomes de Marcus, Diocleciano, Júlia, Marcellus e Septimus.

Lucius, que havia presenciado os delírios em algumas ocasiões, solicitou ao médico que mantivesse sigilo, visto que eram assuntos que comprometeriam ainda mais a vida da moça.

Demétrio sorriu e disse que não se lembrava de ter ouvido a jovem falar, e que o seu desejo era apenas para que se restabelecesse o mais prontamente possível.

Assim, se encerrava a existência de enganos de Jasmine com as vaidades e facilidades da Terra, porquanto uma nova etapa se iniciava e, presumivelmente, repleta de dor e lágrimas.

O tempo agia favoravelmente a Jasmine, pois, à medida que passava, o seu corpo se recuperava, embora lentamente.

Quando retornou à consciência, por alguns dias, teve um lapso de memória em função dos eventos trágicos que havia vivido. Certo dia, sentiu dor e, colocando a mão no rosto, verificou que havia uma substância desconhecida; ao tocá-la, percebeu que surgira uma cicatriz no lado direito da face. Imediatamente, mandou Tita lhe trazer um espelho e, ao ver que a boa mulher havia ficado indecisa, tentou se levantar, mas não conseguiu em virtude da dor no outro ferimento.

Sem poder se conter, Jasmine gritou, exigiu, até que a pobre Tita lhe entregasse o objeto solicitado. Ao ver o seu rosto no espelho, Jasmine deu um grito de desespero e caiu em pranto. Demétrio, que chegava naquele momento, ao ver o desalento da moça, falou paternalmente:

— Senhora, é lamentável que isso tenha acontecido, mas o mais importante é que a tua vida foi preservada!

Jasmine o fitou perplexa e disse:

— O senhor não entende... O que posso esperar da vida agora? Preferia ter morrido; não poderei viver assim, desprezada por todos, ignorada, humilhada... — Demétrio a fitou com piedade e considerou:

— Tudo na vida tem uma razão de ser, um propósito; não existe acaso... A tua situação se modificou, mas isso não significa que não poderás mais ser feliz. Talvez as atenções a que estavas acostumada não ocorram mais, mas quem sabe se não chegou a hora de viver outras experiências?

Jasmine o ouvia como se não compreendesse, como se Demétrio falasse em outro idioma. Entendendo que a moça não tinha condições de mais amplo entendimento naquela ocasião, o dedicado médico resolveu esperar. Mais tarde, porém, Jasmine teve outra crise nervosa, pois a sua memória retornou de forma integral. Pensativa, buscava os acontecimentos daquela trágica noite quando, de repente, exclamou:

— Marcus! Marcus tentou me matar! Foi ele quem me apunhalou e... — Começou a chorar desesperadamente. Tita correu para lhe dar uma tisana calmante, mas Jasmine falou por entre os soluços: — Marcus me feriu o rosto também... Não se satisfez em me ferir mortalmente... — e abraçou-se a Tita, como se buscasse um refúgio diante de tanto sofrimento.

A certa altura, Jasmine fitou Tita e perguntou:

— Onde está Marcus? Vou vingar-me de todo o mal que me fez! Ele destruiu a minha vida! — e continuou a chorar.

Quando Demétrio chegou e viu o estado da moça, balançou a cabeça com tristeza e disse:

— Minha jovem senhora, para que te recuperes, é preciso esquecer o mal e, principalmente, tirar do teu coração o desejo de vingança! Vejo que alimentas esse monstro devorador de vidas e a primeira vítima, não tenhas dúvidas, será tu mesma!

Jasmine não se rendia em meio às lágrimas e ao desejo de atingir Marcus. Seu estado geral piorava, não se alimentava, e foi com alegria que Tita, após breves batidas, ao atender à porta, reconheceu Septimus. Tão logo se despojou da indumentária de que se revestia, ele perguntou:

— Como ela está? — Ao que Tita se lamentou, dizendo:

— Piora a cada dia, senhor... Os ferimentos demoram para se curar, especialmente o do rosto; Lucius deve ter lhe contado, continua inchado pelo muito que ela tem chorado.

Septimus franziu o cenho e entrou no quarto onde Jasmine se encontrava. Deitada em alvos lençóis, adormecida, o ferimento coberto por fino tecido deixava ver a cicatriz que seria sua companheira dali por diante.

Apesar da frieza, Septimus se condoeu do destino da moça. A beleza de Jasmine se fora... O belo rosto da jovem ficara marcado para sempre! Com cuidado, sentou-se na borda do leito, aguardando que ela despertasse. Passados longos minutos, finalmente ela acordou. Ao vê-lo, instintivamente, Jasmine cobriu o rosto. Septimus baixou o olhar e disse:

— Os deuses não nos abandonaram, Jasmine. Já foste vingada!

Sem compreender, ela o fitou e ele tornou:

— Marcus está morto! Convenci Diocleciano de que seria melhor eu tratar pessoalmente deste assunto em virtude de minha amizade com o falecido... Na verdade, desejava vê-la.

Jasmine repetiu:

— Marcus, morto?! Quem o matou, Septimus? Fui ferida por ele e não vi mais nada... — Septimus, temendo alguma reação negativa de Jasmine, por ser excessivamente passional, omitiu:

— O que importa isso agora? Não era o nosso objetivo? Sei apenas que, após feri-la, houve uma disputa entre Lucius, Arrius e a guarda pessoal, além do próprio Marcus, e ele foi ferido mortalmente. Já providenciei as questões funerárias; ficará em Niceia para as despedidas da família. Júlia já está a caminho.

Jasmine ficou em silêncio, sem dizer uma única palavra. Septimus, sentindo desagradável mal-estar, questionou:

— Estás arrependida? — Ao que a moça respondeu:

— Não. Marcus me traiu de duas formas, como mulher e atingindo os que me são caros. Não suportaria saber que ele viveria feliz ao lado de Júlia e de meu filho.

Observando aquela mulher que despertara tantas paixões e, ao mesmo tempo, tanto ódio, pensou nas consequências dos fatos que haviam ocorrido. A certa altura, indagou:

— Dize-me uma coisa, Jasmine... Alguém, além da guarda, a viu na residência de Marcus?

A moça fez um sinal negativo, quando de repente se lembrou dos amigos de Marcus, Plínio e Cecília. Ao mencioná-los, Septimus expressou vivamente o seu desagrado:

— Pelos deuses! Não vigiaste a casa antes de ir até lá? Ou tinhas outros intentos ao rever Marcus? — Jasmine o fitou com visível desprezo e falou:

— Fiz o que sugeriste, Septimus! Por vários dias, observei a casa e não havia ninguém; foi a má sorte que me fez ir justamente naquele dia...

Septimus se levantou e perguntou:

— Sabes ao menos quem eram? O que faziam lá?

— Eram amigos de Marcus, pessoas educadas e gentis... Pensaram que eu era Júlia. O que pretendes fazer? — perguntou Jasmine, receosa. Septimus, dissimulado, respondeu:

— Apenas desejava saber se alguém mais a havia visto naquela noite. Diocleciano deseja descobrir quem a ajudou a sair do palácio; desconfia de mim, pois sabe que nos tornamos amigos, apesar de ter negado. Receio que, sendo Marcus pertencente a uma família tradicional, seja pressionado a punir os responsáveis pela sua morte e ligue os fatos... Devemos ter cuidado, Jasmine!

A jovem respondeu com um suspiro:

— Já me encontro morta, Septimus. O que farei da minha vida agora? Para onde ir deformada como estou? Prometi a Diocleciano retornar, mas não poderei regressar ao palácio!

— Septimus, surpreso, a fitou e tornou:

— Tu retornares, Jasmine? Esquece o palácio! Deves te afastar daqui, pois a tua presença nesta cidade te condena. Aconselho-te a procurar algum parente... Teu irmão...

Com lágrimas nos olhos, Jasmine disse:

— Agora que alcançaste os teus objetivos, me desprezas! Desejas ver-me fora do teu caminho... Já não sou mais bela, não tenho mais serventia, sou um empecilho...

Septimus balançou a cabeça e contrapôs:

— Estás sendo ingrata, Jasmine! Estou aqui para ver o que posso fazer em teu favor. Poderia mandar matá-la se o quisesse e jamais saberiam. Tu és a única que podes me incriminar pela morte de Marcus!

— Sabes que não o faria! O que ganharia com isso? Promete-me, apenas, cuidar de meu filho quando te aproximares de Júlia. Pela nossa amizade, pelo nosso malfadado plano... Cuida de Haram! — pediu Jasmine, súplice.

— Eu o prometo! Cuidarei de teu filho como se fosse meu. Vou providenciar tudo de que precisares para te afastares daqui, seja para onde for. Não quero nada que nos ligue à morte de Marcus.

Jasmine concordou e disse:

— Peço ainda que jures que não contarás a Diocleciano sobre o meu rosto! Diz que resolvi não retornar, mas não contes a causa... Por favor, Septimus, jure!

Intrigado, Septimus concordou:

— Sim, eu juro. Apenas me causa estranheza os teus cuidados... Pensei que amavas Marcus!

— Não esquecerei a proteção de Diocleciano, o seu interesse pela minha felicidade. Sou grata por tudo. Com todo o seu poder, em momento algum se valeu disso para me obrigar a qualquer coisa, mesmo podendo fazê-lo, dada a minha condição. Desejo, antes de partir para outro lugar em definitivo, ir até Antioquia para rever meu filho Shadi, pois sei que não o verei mais nesta vida! — Septimus concordou, dizendo:

— Faz como quiseres, Jasmine! Tens esse direito, afinal... Direi a Lucius para te acompanhar, não poderás viajar sozinha por essas estradas.

— Não temes que ele nos denuncie? — perguntou a moça apreensiva, ao que Septimus respondeu:

— Ele não o fará, pois está envolvido nessa história. Além do mais, tinha motivos para desejar ver Marcus morto.

As últimas palavras calaram fundo no coração de Jasmine. Não conseguia compreender os seus sentimentos! Desejara até a última gota do seu sangue acabar com a vida de Marcus, mas ao mesmo tempo sentia um imenso vazio no coração com a notícia de sua morte.

Assim, os dois comparsas se despediram, reconhecendo que o crime que haviam acabado de realizar não os tornara mais felizes.

Septimus, no entanto, ainda prosseguiria praticando o mal, contrapondo-se às leis divinas, levando a cabo mais alguns crimes.

Três dias se passaram, quando Jasmine se encontrava na pequena área da residência simples, engolfada em tristes pensamentos. "O que farei agora? Como encontrarei Hashab?", perguntava-se. Como de costume, Demétrio veio ao seu encontro com um sorriso sereno, sua característica particular.

Ao ver Jasmine, falou, procurando animá-la:

— Que dia encantador, Jasmine! Observa o canto dos pássaros! Vê a felicidade dos seres pequeninos que parecem tecer uma sinfonia em homenagem ao Criador!

Jasmine pareceu sair de um lugar distante, por onde andavam seus pensamentos. A seguir, disse com amargura:

— Não sei do que falas, Demétrio... Não vejo nada disso, apenas um bando de pássaros a me perturbar com o seu alarido... — Demétrio não se deu por vencido e tornou:

— Não desdenhes da natureza, minha filha. Ela mostra a perfeição de nosso Criador, revela a Sua grandeza. Escuta, Jasmine: a vida devolverá o que deres a ela... O que tens feito até agora? Qual o objetivo da tua vida?

Jasmine permaneceu em silêncio por alguns momentos e respondeu entre lágrimas:

— Apenas desejei ser feliz, Demétrio! Só queria ter alguém que eu amasse verdadeiramente para ter um lar, ser feliz... — O seu interlocutor balançou a cabeça e falou:

— Era apenas isso que buscavas no palácio do imperador? O ouro, as riquezas não tocaram o teu coração? — Ela disse hesitante:

— Sim... Quem não gostaria de ter uma vida sem preocupações, com tudo o que a fortuna pode oferecer? Não posso dizer que dispenso as facilidades que o dinheiro proporciona... — Demétrio prosseguiu:

— No entanto, o que te faz sofrer é a vaidade, a humilhação, em resumo, o teu orgulho... Estás sem rumo, desorientada, porque não tens mais a beleza de outrora... — Ao ouvir as últimas palavras, Jasmine começou a chorar sentidamente. Quando conseguiu falar, considerou:

— Oh, Demétrio! Por que ele me fez isso? Por que Marcus me desfigurou dessa maneira? O que me resta agora?

Demétrio pensou alguns instantes e tornou:

— Quem sabe se o destino não te proporcionou a oportunidade de valorizar outras coisas? Já pensaste na infinidade de mulheres que vivem felizes, são úteis à sociedade, cumprem com as suas tarefas na Terra, sem preocupações com a vaidade?

Jasmine tornou, demonstrando quanto o seu espírito precisaria ainda aprender com as lições da vida:

— Não, não sou dessas mulheres! Sempre tive a atenção de todos em razão da minha beleza... Não suporto viver assim, com essa cicatriz em meu rosto!

Preocupado, Demétrio questionou:

— Tens notícias do teu irmão? Poderias encontrar nele o apoio de que necessitas.

— Ele desejava me levar com ele quando partiu da Nicomédia, mas isso estava fora de cogitação. Acho que falou que iria começar uma vida nova na Massília ou na Hispânia, não me lembro... Disse-me que lá as perseguições aos cristãos são mais brandas.

Demétrio sorriu e disse:

— Então o teu irmão é cristão, Jasmine! Isso nos ajudará a encontrá-lo... Disseste que desejas ir a Antioquia antes de procurá-lo; pois te asseguro que na comunidade cristã lá existente poderás saber sobre o paradeiro de teu irmão...

O olhar de Jasmine se iluminou, e ela falou com uma nota de esperança na voz:

— Acreditas que Hashab diria onde se instalaria definitivamente?

— Sim, afianço-te que isso deve ter ocorrido. As comunidades cristãs estão estreitamente ligadas, sendo que umas ajudam as outras. Normalmente, enviamos notícias, trocamos correspondências e buscamos nos manter inteirados sobre o que acontece aos nossos irmãos...

— Queres dizer que também és cristão, Demétrio? É por isso que te dedicaste tanto ao meu restabelecimento!

Ele sorriu e tornou:

— É verdade, Jasmine. Sinto-me gratificado em saber que tens os cristãos em tão alto conceito, mas faço-o porque percebi o teu sofrimento. Jesus, nosso Mestre, nos ensinou a importância de fazer o bem, praticar a caridade, como uma forma de nos libertarmos do egoísmo e do orgulho...

— Não entendo os preceitos cristãos, Demétrio! Segundo eles, eu não deveria ter buscado vingar-me de Marcus... — Demétrio a fitou com uma expressão séria e respondeu:

— E é provável que não estarias nesta situação. Poderias decidir a tua vida alicerçada em outros fundamentos, mas isso agora não vem ao caso, visto que tua decisão foi outra...

— Se queres saber, não me arrependo! Fiz o que devia ser feito... Vou partir dentro de uma semana para Antioquia e tentarei localizar Hashab.

Neste momento, Tita surgiu e, com expressão aflita, disse:

— Senhora, ouvi as tuas últimas palavras e peço-te por tudo o que prezas na vida: não te demores em partir, vai o quanto antes... — Ensimesmada, Jasmine perguntou:

— Por que me dizes isso, Tita? O que achas que pode me acontecer se ninguém sabe que me encontro aqui?

Tita baixou o tom da voz e falou:

— O senhor Septimus comentou que Lucius te acompanhará até Antioquia. Tenho um mau pressentimento... Receio que ele irá te matar, para que jamais saibam de tudo o que aconteceu. Perdoa-me, mas precisava falar-te...

Jasmine olhou para Tita e disse:

— Estás enganada, Tita! Septimus é meu amigo e está me ajudando, veio para providenciar que nada me faltasse. Estás delirando!

Tita prosseguiu, enquanto Demétrio ouvia a conversa com visível preocupação:

— Senhora, se algo te acontecer, ninguém ficará sabendo, visto que estás desaparecida; ao mesmo tempo, o senhor Septimus se livrará de alguém que teria motivos para denunciá-lo.

Jasmine ia retrucar quando o filho de Tita chegou visivelmente perturbado. Tita foi ao seu encontro preocupada e perguntou o que havia ocorrido, ao que o rapaz respondeu:

— Mãe, o senhor Plínio Licinius e a senhora Cecília foram encontrados mortos há alguns dias!

Jasmine empalideceu profundamente ao lembrar que havia dito a Septimus que as únicas pessoas que a tinham visto naquela noite eram as mencionadas pelo filho de Tita. Demétrio, que presenciara a cena calado, voltou-se para Jasmine e disse:

— Tita tem razão. Deves partir o quanto antes, Jasmine! Não te detenhas, pois a tua vida corre perigo! Posso acompanhar-te até Antioquia, visto que a ausência de Tita e do filho levantaria suspeitas em Septimus. Arruma os teus pertences e partiremos antes do nascer do dia!

Atônita, Jasmine fez um sinal positivo, embora ainda duvidasse de que Septimus fosse tão cruel e inescrupuloso.

Assim, Jasmine se preparava para, mais uma vez, fugir. Partia agora para o desconhecido, sem saber o que o futuro lhe reservava.

Como havia sido combinado e com a ajuda de Tita, os poucos pertences que possuía foram reunidos em pequena bagagem. Para não chamar atenção, a boa mulher havia emprestado uma túnica singela e um manto que cobria a cabeça de Jasmine. Por sugestão de Tita, Jasmine usaria um pequeno lenço preso ao manto para lhe tapar o ferimento no rosto, que começava a cicatrizar, graças aos unguentos de Demétrio.

O sol surgia no horizonte em um dia frio quando Jasmine entrou no veículo simples, puxado por dois cavalos, que Demétrio possuía.

Sendo a distância regular que deveriam percorrer, até o porto da cidade, a dupla de animais não precisaria ser substituída, o que possibilitaria que fossem deixadas pistas sobre a passagem de Jasmine pelo local.

Apesar da demora do transporte marítimo, muitas vezes ele era necessário e providencial, pois evitava o cansaço tanto dos viajantes quanto dos animais, além de ser mais efetivo para despistar possíveis rastros. Procurando ser discreto, Demétrio apresentou Jasmine como sua filha ao responsável pela embarcação, dizendo que se dirigia a Antioquia para cuidar de uma irmã doente.

A viagem era longa e, apesar de atracarem em mais de um porto, os dias se passaram longos e monótonos, e, quando Demétrio e Jasmine chegaram a Antioquia, a jovem realmente estava precisando de cuidados, pois a sua saúde declinava.

O ferimento do tórax demorava para cicatrizar, e as constantes crises emocionais da moça a deixavam suscetível a ter complicações, o que poderia ser fatal.

Assim que aportaram na grande metrópole, Demétrio decidiu procurar a comunidade cristã, pois lá poderia ter notícias de Hashab, além de receber algum auxílio.

Ao entrarem na construção simples, porém ampla e bem cuidada, Jasmine, trêmula, precisou de um apoio e, se não fossem os braços ainda fortes de Demétrio, teria ido ao chão.

Ao tocar Jasmine, verificou que ela estava febril. Carregando-a em seus braços, levou-a até o que se poderia considerar um hospital e, com a indicação de um homem de idade avançada, colocou-a em um dos leitos.

Só então Malaquias cumprimentou Demétrio. Ambos já se conheciam e foi com alegria que o primeiro disse:

— Meu bom amigo Demétrio! O que tens feito desde a última vez que nos vimos? Continuas no labor de curar não apenas os corpos, mas os corações humanos à luz do Evangelho?

Demétrio sorriu com humildade e respondeu:

— Exageras, meu amigo. Apenas faço com o amor que Jesus nos ensinou o ofício que aprendi com meu progenitor. A alegria é grande em revê-lo, mas devo te dizer que o que me trouxe até aqui é de caráter sigiloso e preciso contar com a tua discrição...

Atento, Malaquias procurava abrir mais os olhos, que já se encontravam quase fechados pelas pálpebras caídas. A seguir, disse:

— Não te preocupes, Demétrio, não comentarei nada... Do que se trata? — Após olhar ao redor, Demétrio falou:

— Esta moça está ferida, não sei exatamente como isso aconteceu. Observe o rosto... Foi desfigurada, o que a faz sofrer muito! O que posso te afirmar com muita certeza é que está sendo perseguida, pois pessoas importantes desejam eliminá-la!

— Entendo... Deixa-me ver... Vamos examiná-la, pois, se a infecção já se manifestou, teremos dias difíceis pela frente... Só a bondade de Deus poderá salvá-la!

— Sim, Malaquias, tens razão. A febre se instalou hoje, espero que seja fruto do cansaço da viagem. Pobre Jasmine! Viveu aqui há algum tempo, mas acabou partindo contra a vontade. Os desígnios divinos são insondáveis! Eis que retorna nessas condições em busca do irmão... — Malaquias o interpelou:

— Como se chama o rapaz?

— O nome dele é Hashab. Não sei o sobrenome... — Malaquias o fixou com uma sombra no olhar. Demétrio, ao perceber, perguntou:

— Tu o conheces? Por que este nome te causou essa impressão, que percebo ser penosa? — Malaquias disse com tranquilidade:

— Hashab foi um dos mais dedicados irmãos desta comunidade. Sua palavra sempre foi conciliadora e amiga. Só temos motivos de alegria ao lembrar o seu nome. Esta moça, no entanto, já levou alguns de nossos irmãos à morte... Tivemos que ajudar Hashab a superar a sua decepção quando soube o que fizera a irmã... — Demétrio prontamente disse:

— Não posso pedir que a abriguem agora, não tenho esse direito!

— No que depender de mim, ela ficará e cuidaremos dela com todos os recursos que possuímos. Ocorre que estamos tendo algumas notícias alarmantes e sentimos que não irá longe esta relativa paz em que temos vivido nos últimos anos. Portanto, preciso confirmar com o nosso superior e alguns irmãos que trabalham na condução desta casa.

— Sim, sem dúvida. Aguardarei a decisão!

Assim, Malaquias e Demétrio proporcionaram os primeiros cuidados a Jasmine, enquanto aguardavam a presença dos demais membros da comunidade.

Algumas horas mais tarde, depois da apresentação do tema da noite nos comentários evangélicos, Malaquias convidou algumas pessoas para se aproximarem e as colocou a par dos acontecimentos. Achavam-se reunidos Jonas, Laércio, Elias e um casal de romanos que, vindos da Judeia, passaram a frequentar as reuniões com entusiasmo e contagiante fé.

Caius Fabius e Virgília, o casal a que nos referimos, trouxeram enriquecedoras notícias sobre o Cristianismo na região onde Jesus havia nascido, e a sua presença propiciara o atendimento de um maior número de necessitados, visto que as contribuições deles eram muito generosas.

Neste ponto, Malaquias havia feito seu relato, e Jonas, muito nervoso, disse:

— Acho perigoso deixar esta moça aqui... E se ela fizer o que fez com os demais irmãos da Nicomédia? Não podemos confiar nela... — Ao que Laércio considerou:

— Além disso, ela vai atrair a atenção dos romanos sobre nós. Eles virão aqui à procura de Hashab na certeza de que a encontrarão... — Malaquias ponderou:

— Não podemos esquecer que Jesus nos ensinou a perdoar! O que estamos fazendo? Atirando pedras, julgando esta pobre mulher que perdeu tudo o que possuía! — Os demais se calaram, e Elias completou:

— Ela já prejudicou muitos; a minha irmã, Lea, a conheceu bem, o marido também a repudiou... Narin tem nos ajudado, mas não a aceitará de volta!

A certa altura, Virgília disse de forma judiciosa:

— Malaquias tem razão quando nos lembra da palavra de nosso Mestre Jesus! O que faria ele? Julgaria, condenaria, atiraria esta jovem na rua? Já não estará ela pagando nesta vida o mal que fez?

Todos permaneceram em silêncio. A lembrança do Mestre tocava as fibras mais íntimas daqueles corações.

— Mas como poderemos ajudar se sabemos que a procurarão entre nós? — perguntou Jonas.

— Ela ficará conosco! — disse Virgília de maneira decidida.

Todos a fitaram, e ela prosseguiu:

— Em nossa casa ela não despertará a atenção das autoridades e ficaremos felizes em poder ajudar — e, se voltando para Caius, confirmou: — Não concordas, meu querido? — Ao que Caius assentiu:

— Perfeitamente. Receberemos essa moça com alegria em nossa casa!

Assim ficou decidido que, mais tarde, levariam Jasmine para a casa de Caius Fabius e Virgília. Demétrio ficaria na comunidade cristã e prestaria cuidados a Jasmine por alguns dias, até que ela demonstrasse sinais de melhora.

Malaquias, diligente, enviou um mensageiro à Massília com notícias sobre Jasmine para Hashab, relatando brevemente o estado em que a jovem chegara a Antioquia.

Longos dias se passaram até que Demétrio considerasse, finalmente, a enferma fora de perigo, transferindo-a para a residência do casal romano. A persistente amargura de Jasmine e a sua falta de ânimo preocupavam Demétrio e os anfitriões que a haviam recebido com grandes demonstrações de apreço e consideração. Certo dia, antes de se despedir, Demétrio se aproximou e, ao vê-la ensimesmada em seus pensamentos, disse:

— Precisas, agora, curar tua alma, minha filha! Lembra-te de que já havia te falado sobre isso, logo depois do teu acidente... — Jasmine o fitou e falou:

— Por que não me deixaste morrer? Por que prosseguir nesta vida desta forma? O teu Deus tem essas respostas?

Balançando a cabeça, Demétrio respondeu:

— Aquele que chamas de "teu Deus" é o nosso Criador, um pai misericordioso que ama todos os seus filhos, mas dá a cada um segundo as suas obras. Não estou falando de apenas uma vida, mas de nossas ações contra as Suas leis no decorrer de várias existências, Jasmine. Teu caminho tem sido envolto em sombras causadas por ti própria... Não percebes que estás colhendo a tua má semeadura?

Jasmine se calou e grossas lágrimas lhe caíram dos olhos enquanto dizia:

— Oh, Demétrio! Se eu soubesse que isso poderia me acontecer... jamais teria saído da Nicomédia... Agora não poderei retornar, não tenho para onde ir, a não ser me tornar um peso para Hashab... — Demétrio, comovido, tornou:

— Não te preocupes com isso neste momento. Estás protegida por Caius e Virgília e terás um bom tempo para resolver o que fazer... Procura te restabelecer fisicamente, perdeste muito sangue; o teu ferimento poderia ser fatal, só a vontade de Deus pode te salvar. Digo-te, porém, que, se não mudares a maneira de pensar, nunca te restabelecerás. A Jasmine do passado, do mundo, das festas e dos palácios, deixou de existir, é preciso que compreendas isso... Surge um novo tempo para o teu espírito; é hora de nascer para uma nova existência. Deixa as coisas da Terra e te dedica às do céu, minha filha!

— Não posso deixar de odiar os que me traíram, destruíram a minha vida! Não entendo essa capacidade de perdoar e sofrer os danos dos que nos maltratam e ferem... Se pudesse, ainda me vingaria de Septimus, Flávia, Marcus...

— Esquece essas pessoas que não merecem o teu desprezo... Ergue a fronte e segue por um novo caminho, Jasmine. Tens Jesus a te amparar, ele que foi o mais puro dos seres que caminhou sobre a Terra e, no entanto, foi traído, ferido... E perdoou todos aqueles que o maltrataram, injuriaram, espezinharam... Ele é o nosso modelo, nossa esperança de felicidade em um outro reino que não é deste mundo... — Mais refeita, Jasmine falou com amargura:

— Não posso aceitar o que não compreendo, Demétrio! Devo admitir que, ao contrário de algum tempo atrás, não desprezo mais os cristãos, mas não tenho condições de seguir Jesus...

Neste momento, com uma nova entonação na voz e relevando grande inspiração, Demétrio disse:

— Minha filha, depois de tantas quedas, renuncias a esta porta que se abre em teu destino? Lembras a profecia feita quando nasceste? Tua mãe a havia levado ao templo e a inspiração da sacerdotisa tinha revelado o teu destino!

"Andarias sobre a Terra cercada pelo ouro e serias admirada por todos, mas teu coração permaneceria vazio, pois nem os palácios nem o fascínio que exercerias preencheriam a tua alma! A tudo perderias e dependeria da tua vontade encontrar a felicidade nos caminhos da dor e da luta, aprendendo com as experiências reparadoras a encontrar a paz de tua alma!

"Recobra o ânimo e enfrenta a tempestade que se abateu sobre a tua vida; recolhe os ensinamentos de que careces para que ocorra em ti a renovação de teu espírito!

"Venho hoje, como o fiz há vinte e cinco anos, para instruir-te: vence o teu orgulho e a tua vaidade, o teu egoísmo e a tua indiferença, e trilha um caminho que, embora te fira os pés, poderá te libertar de inúmeras vidas de sofrimento no futuro, se hoje decidires caminhar junto às pegadas de nosso Mestre Jesus. Se prosseguires como tens feito até agora, lastimar-te-ei, Jasmine, porque andarás mais uma vez longe dos passos daquele que é todo amor e te espera, paciente, há muito tempo..."

Demétrio silenciou e seus olhos se inundaram de pranto, enquanto Jasmine o fitava assustada. Depois de algum tempo, perguntou:

— Como sabias dessa predição do templo? Apenas os meus familiares sabiam... — Demétrio sorriu, após se recompor, e tornou:

— São as vozes do céu, Jasmine. Algumas vezes servimos de instrumento para que seres mais sábios falem por nossa boca. Verás isso com frequência quando começares a frequentar a comunidade.

Jasmine permaneceu em silêncio. Não se sentia à vontade para participar das reuniões que Caius e Virgília assistiam; sentia-se ainda doente e as evitava, sempre que podia, se isolando e buscando a solidão.

Sentimentos desencontrados a envolviam, e Jasmine começava a ouvir uma voz, que sempre estivera calada mas que agora começava a se pronunciar: a sua consciência.

28

NO RASTRO DE JASMINE

Não muito distante de Antioquia, em Niceia, os restos mortais de Marcus Severus haviam sido cremados, para que as suas cinzas retornassem a Roma, visto que a distância tornava impossível levar o cadáver de volta à grande cidade.

Roma há muito havia perdido a sua magnificência e importância, acontecimento para o qual Diocleciano havia contribuído decisivamente. Ao nomear várias capitais no império, deslocava o poder para outras cidades, deixando, como era de prever, Nicomédia em primeiro lugar, pelo simples fato de ele lá estar.

Alguns nobres de cidades vizinhas haviam se deslocado para a cidade onde Marcus fora assassinado e encontravam-se chocados, por ser a vítima tida em alta consideração por todos; não se ouvia nada além de lamentações.

Passados alguns dias, quando Júlia, Septimus, Flávia, Marcellus e os familiares de Marcus chegaram, encontraram para recepcioná-los prepostos de Diocleciano, que retornava de uma batalha. Foram recebidos em uma cerimônia pomposa, de acordo com a posição social do falecido.

Flávia, com os olhos vermelhos, fisionomia abatida, se aproximou de Marcellus e ambos se afastaram dos demais.

Sentando-se em alvos bancos de mármore, no espaçoso átrio da residência de Marcus, Flávia pensou por algum tempo e disse:

— Não achas inconcebível a morte de teu irmão? — Marcellus permaneceu sério e tornou ironizando:

— O que queres insinuar, Flávia? Achas que mandei matá-lo?

Flávia fingiu não ouvir a provocação e tornou:

— Estou falando sério, Marcellus! Jamais pensaria isso, apesar de saber do relacionamento difícil de vocês...

Ele a fitou e falou de forma incisiva:

— Pois eu não confio em ti! Se Marcus resolveu voltar para Júlia, isso significa que o havias perdido novamente. Quem poderia afirmar que não preferirias vê-lo morto a voltar a ser feliz com Júlia? — Flávia, entre lágrimas, respondeu:

— Juro-te que cheguei a pensar nisso, mas acabei desistindo. De nada adiantaria e... — a moça deu um suspiro — acabei cansando de perseguir um amor não correspondido, uma paixão que não existia mais da parte dele... Marcus nunca havia me amado na realidade, fui apenas uma distração na sua mocidade. Eu demorei para entender isso... O que não significa que não o ame ainda, mas agora... tudo está terminado! — As lágrimas voltaram a cair de seus olhos.

Marcellus, com a intenção de interromper o choro de Flávia, perguntou:

— O que quiseste insinuar quanto à morte de meu irmão? — A moça devolveu a pergunta:

— Quem desejaria vê-lo morto? Penso que Marcus não possuía inimigos, era nobre, justo, cordial com todos...

— Sim, isso é verdade! Nem parecia um romano! — Um sorriso amargo se estampou no rosto de Marcellus.

Flávia pensou por mais alguns minutos e tornou:

— Soubeste do desaparecimento de Jasmine do palácio?

— Sim... O que fez Diocleciano? Eu estava em Roma quando soube, bem mais tarde; o estranho é que não se passaram muitos dias até a morte de Marcus... — ponderou Marcellus.

— Ainda te interessas por aquela mulher? — questionou Flávia, ao que ele respondeu incisivo:

— Jasmine acabou com a minha vida, me fez cair em desgraça com o imperador! Odeio-a com todas as forças de minha alma! — Flávia, mais tranquila, disse:

— Tenho tido uma ideia ou suposição... Acredito que Jasmine tenha algo a ver com a morte de Marcus. Não sei como ainda, mas ela deve ter vindo para cá e de algum modo se aproximou dele...

— Isso são suposições, Flávia, não temos como provar. Não me respondeste... O que fez Diocleciano?

— Soube por Septimus que uma testemunha acusou os cristãos de terem raptado Jasmine, como forma de se vingarem pela denúncia que ela fez, mas não acredito nessa história.

— Por que achas que não é verdadeira? Tu sempre odiaste Jasmine; não seria de duvidar que atribuirias a ela o assassinato de Marcus.

Flávia, nervosa, tornou:

— Não se trata disso, Marcellus! Sinto que tem algo errado, não sei ainda o que é... Já procurei Septimus para falar sobre isso, mas ele não levou em consideração as minhas suspeitas.

Marcellus, movido pelo ódio que sentia por Jasmine, prometeu pensar no assunto e voltar a falar com Flávia oportunamente. Ao se aproximarem dos familiares que se encontravam reunidos a alguns passos, ele ainda disse:

— Tu te lembras da nossa aposta, feita há muito tempo? — Flávia concordou, ao que Marcellus respondeu:

— Não houve ganhadores... Ambos perdemos!

O sentimento era de profundo pesar por parte de todos os presentes, desde escravos até familiares e amigos.

Flávia havia permanecido sentada, quando de repente uma mulher jovem ainda, trajando belíssima túnica, acompanhada por um rapaz com uma túnica branca e púrpura, se aproximou de Flávia e disse com a voz embargada:

— Desculpe importunar, mas gostaria de te falar — disse Helena, filha de Plínio Licinius e Cecília, amigos de Marcus. Flávia se recompôs e os cumprimentou. A seguir, o marido de Helena falou:

— Minha mulher tem andado com algumas ideias que gostaria que escutassem.

Flávia, demonstrando desinteresse, disse:

— Do que se trata? Hoje está sendo um dia muito difícil para todos nós! — Helena tornou com firmeza:

— Pelos deuses! Temos tido dias dificílimos! Ocorre que meus pais eram muito próximos de Marcus, viam-se quase diariamente. Marcus apreciava muito a presença de meus pequenos... Mas o que gostaria de falar é que meus pais foram assassinados no dia seguinte à morte de Marcus!

Interessada, Flávia perguntou:

— Teus pais, nobres romanos, também foram assassinados?

Extremamente pálida, Helena continuou:

— Sim, sem nenhum motivo! Meus pais sempre foram pessoas boas, tratavam bem a todos! Marcus era particularmente querido por eles, pois havíamos perdido meu irmão há algum tempo... Por que matariam pessoas que eram benquistas por todos?

O cérebro de Flávia fervilhava. Deveria ter alguma coisa em comum nesses assassinatos, mas o que seria? O que uniria Marcus àquelas pessoas para serem mortas no dia imediato ao seu assassinato?

A seguir, Flávia comentou em tom baixo:

— Sinto muito pela tua perda, que os deuses façam a memória dos teus pais se prolongar nas tradições de tua família! Concordo contigo, Helena, mas esse assunto deve ser tratado com cuidado; não sabemos quem está envolvido... Se existe alguma ligação, vamos descobrir! Prometo fazer todos os esforços para que a verdade seja desvendada.

Helena, chorosa, agradeceu e se afastou com o marido. Flávia ali permaneceu e deixou que a sua dor se externasse em forma de um choro convulsivo. Após algum tempo, sentiu que se acalmava diante da ideia de provar que Jasmine estava ligada à morte de Marcus.

Os dias se passavam, e a mãe de Marcus, com o coração partido, lamentava a morte do primogênito. Septimus permanecia ao lado de Júlia, que se sentia incomodada com as atenções dele. Flávia, pensativa, desejava falar a Diocleciano as suas desconfianças, ignorando que ele estivesse perfeitamente ciente dos acontecimentos. Após a refeição, dirigiram-se para a área interna da residência, quando Marcellus, mudando de ideia, se aproximou de Flávia e falou:

— Estive pensando no que me disseste e concordo, deve ter algo que desconhecemos e que liga Jasmine à morte do meu irmão. Aquela mulher é uma víbora, que envenena todos os que cruzam o seu caminho.

Flávia sorriu com amargura e disse:

— Tenho novidades, meu amigo. No dia seguinte à morte de Marcus, um casal de nobres romanos amigos dele, deves conhecer, Plínio Licinius e Cecília, foram assassinados também! Pessoas conhecidas pela sua probidade e caráter ilibado.

Marcellus a ouviu com atenção e tornou:

— Isso não foi por acaso, tenho certeza! Talvez Plínio e Cecília soubessem de alguma coisa e foram eliminados!

Os olhos de Flávia brilharam, pois sabia que a sua intuição não estava errada. A seguir, disse:

— Precisamos saber quem estava na casa de Marcus no dia de sua morte e quem frequentava a casa de Plínio...

Assim, decidiram que, antes de partir, ambos iriam falar com algumas pessoas, na tentativa de desvendar o mistério da morte de Marcus. Intimamente, sabiam que poderiam descobrir algo que impossibilitaria qualquer ação, mas era preciso tentar. Além disso, era intrigante a falta de interesse de Diocleciano em investigar o assunto.

Partiriam dali a dois dias para a Nicomédia e recompensariam os servos da casa de Marcus e de Plínio Licinius caso alguém pudesse esclarecer os acontecimentos.

Algumas horas mais tarde, Flávia se dirigia para os aposentos dos servos quando inesperadamente se encontrou com Septimus. O general a cumprimentou e, intrigado com a presença de Flávia naquele setor da residência, a inquiriu:

— Flávia Pompília! O que poderia uma das mulheres mais elegantes de Roma fazer nas dependências dos servos desta casa? — Flávia, com a sua sagacidade, respondeu com um sorriso:

— O bravo general com os seus galanteios! Por Júpiter, Septimus, andas a me vigiar? — Ao que Septimus, com um sorriso não menos falso, respondeu:

— Não, minha cara. Estou aqui em auxílio a Júlia com as questões administrativas desta casa. São inúmeros os escravos e servos que deverão seguir para Roma e ficar a serviço dela...

— Ah, querido! Então te adiantaste? Pois pensava em auxiliar Júlia e a minha tia nessa questão... Se desejas ficar com esta incumbência, não me oponho...

Septimus, na realidade, desejaria sair o mais rápido possível daquele lugar, pois não estava à vontade na casa do amigo que, como mentor do plano, fizera assassinar.

Obstinado em manter a proximidade a Júlia, retomando a velha amizade e tornando-se indispensável nesse momento difícil, desviara sua atenção para a reconquista da mulher amada. Ademais, ao ver a displicência com que Diocleciano tratara o assunto, entendeu que não deveria se preocupar mais com os detalhes da morte de Marcus e que, se Flávia desejasse se envolver nos assuntos administrativos, evitaria a sua retenção em Niceia. Após alguns segundos, disse:

— Vou ser franco contigo mais uma vez, Flávia. Desejaria partir com Júlia para a Nicomédia e acompanhá-la até Roma, onde fixará residência. Essas questões administrativas deveriam ser vistas por Júlia, mas ela não se encontra em condições de tomar conta disso... Se o fizeres, poderei partir com ela hoje mesmo. — Flávia sorriu e afirmou com convicção:

— Entendo, Septimus, e concordo que deves ficar ao lado de Júlia neste momento! Tenha a certeza de que cuidarei desse assunto como se tratasse da minha vida, afinal de contas, devo isso a Marcus. Logo que esteja resolvido, irei encontrá-los na Nicomédia.

A firmeza de Flávia desanuviou o pensamento de Septimus, que viu nela uma colaboradora oportuna naquela ocasião. Flávia sorriu e continuou o seu caminho. Ao chegar à área reservada aos servos, pediu que todos se reunissem a ela e disse:

— Meu primo Marcus Tulius Severus foi cruelmente assassinado nesta casa! Soube que a residência foi invadida e, além de Marcus, sua guarda particular foi igualmente assassinada! Desejo saber quem estava nesta casa naquele dia... Afianço que aqueles que colaborarem e desejarem servir a esposa de Marcus ficarão sob a nossa tutela e poderão nos acompanhar a Roma...

Houve um murmúrio entre os presentes e, falando ao mesmo tempo, cada um afirmava que não havia trabalhado naquela noite. Flávia pediu silêncio e, novamente, perguntou, desta vez solicitando que falassem um por vez.

Novamente, as respostas foram negativas. Flávia já desistia, quando uma das servas disse:

— Senhora, não trabalhei naquela noite, mas conheço uma pessoa que estava aqui... — Flávia voltou-se e ordenou:

— Pelos deuses! Dize-me de quem se trata!

— Lamento, senhora, mas Felícia não trabalha mais nesta casa... — Flávia, demonstrando sua irritação, falou:

— Sabes onde mora? Leva-me a sua casa!

A serva relutou e tornou, amedrontada:

— Felícia me disse que desejava partir de Niceia... Disse que desejava tentar a sorte longe daqui... — A impaciência crescente de Flávia assustava cada vez mais os servos, até que um homem de meia-idade se adiantou e disse:

— O que ganharemos com isso? Que garantias temos de que manterão nosso trabalho? — Com as têmporas dilatadas, Flávia disse:

— Daqui a dois dias irei para a Nicomédia e ficarei hospedada no palácio do imperador... Aquele que disser onde encontrar essa serva levarei comigo para que trabalhe no palácio.

Todos se entreolharam; mesmo aqueles que não desejavam sair de Niceia sabiam que seria uma grande recompensa trabalhar no palácio. Odoacro, o servo que havia confrontado Flávia, afirmou:

— Se me permitires, senhora, sairei agora e buscarei Felícia em todos os cantos desta cidade... Se não a encontrar, descobrirei com meus camaradas para onde foi.

Mais calma, Flávia se recompôs e disse:

— Está acertado que, se a encontrares, tu irás conosco para a Nicomédia. Os demais que desejarem ir para Roma organizem os seus pertences e poderão partir o quanto antes.

Diante dos fatos, nada mais restava para Flávia e Marcellus a não ser esperar.

A ida para a Nicomédia se transformou em um novo suplício para Júlia. A viagem era curta, mas o estado de alma da jovem mulher se resumia a uma dor avassaladora. Durante a viagem, várias vezes, levava um delicado lenço aos olhos para limpar as lágrimas que caíam ininterruptamente.

Não podia compreender o porquê do assassinato de Marcus. Aos seus olhos, ele sempre lhe parecera amável e cordial com todos; jamais ouvira falar de algum inimigo ou alguém que odiasse o marido.

Septimus, prestimoso, obsequiava-lhe com pequenos cuidados, ora evitando que o sol incidisse em seu rosto, ora mandando os servos abaná-la para afastar o calor.

Alheia a tudo, Júlia registrava a insistência do jovem general mas fingia não perceber, para evitar alguma palavra que o ofendesse. Tinha o coração talhado na dor de um amor não correspondido, porquanto sabia o que era amar e não ser amada. Reconhecia que no passado, quando tinha Septimus por amigo, escolhera Marcus, afundando as esperanças mais caras do outro pretendente.

Havia sido por sua causa que ele se retirara da vida civil e se alistara no exército, no entanto, também fora em função disso que ele tinha conquistado o respeito de todos, inclusive de Diocleciano.

Era um dos homens de confiança do imperador e lutara com ele em algumas batalhas. Naquele momento, porém, gostaria de estar só, para dar a dimensão verdadeira da sua dor. Como poderia, no entanto, dispensar Septimus sem que o magoasse? Lembrava-se dos ensinamentos do Nazareno sobre um reino distante, onde seria feliz... Poderia encontrar Marcus nesse reino? E, se lá o encontrasse, ele poderia amá-la? Ou estaria infeliz, à procura de Jasmine? Esses pensamentos perturbavam Júlia, que só encontrava algum alento ao pensar em Haram, o filho de Marcus e Jasmine.

O que teria acontecido com Jasmine? Não acreditava em uma vingança dos cristãos, isso era absurdo e proveniente de mentes que desconheciam totalmente os ensinamentos de Jesus!, raciocinava.

Como Diocleciano havia dado crédito a esses boatos, conhecedor que era de inúmeros cristãos? Esgotada pelo sofrimento e pelas agruras da viagem, ao chegar à Nicomédia, Júlia foi acolhida por Prisca, que, a pedido da própria Júlia, providenciou os mesmos aposentos que ocupara antes de partir para Éfeso.

As lembranças lhe eram dolorosas, mas ao mesmo tempo, doces, pois ali Marcus lhe prometera desistir de Jasmine, jurando-lhe ficar ao seu lado quando regressasse de Niceia.

Septimus havia se aborrecido com o comportamento de Júlia, mas achava compreensível que a viuvez recente lhe exigisse muita paciência para reconquistá-la.

Júlia era o tipo de mulher das classes elevadas, requintada, fiel aos valores da família, aos laços profundos e permanentes, e sofreria de forma estoica, em silêncio, enclausurando a dor em seu íntimo.

Septimus entendeu que precisaria de tempo para poder levar adiante o desejo de unir o seu destino ao daquela mulher.

Enquanto isso, em Niceia, os acontecimentos se desenrolavam de maneira rápida, como se, por um ditame divino, a justiça fosse feita sem delongas.

Estando no átrio da residência, Flávia e Marcellus dividiam as suas inquietações mutuamente. A primeira acreditava que o tempo agia contra os seus intentos, pois Odoacro não teria muitas facilidades em sua tarefa.

Sendo originário da Dácia, região conquistada pelos romanos, viera como tantos outros buscar ocupação como servo, visto ter deixado a sua tribo em busca de melhores oportunidades, ou talvez movido pela ambição de enriquecer.

Homem grotesco, sem cultura e de má índole, não era de trato fácil, causando aversão em Flávia, que percebia o seu olhar lascivo ao fitá-la. Desejaria não o ver jamais e a custo suportava-lhe a presença; Marcellus, no entanto, acostumado a conviver com povos considerados inferiores aos romanos em suas campanhas militares, era indiferente ao seu desleixo e arrogância.

Ao anoitecer, já perdiam a esperança, visto que partiriam no outro dia pela manhã, quando foram surpreendidos com o anúncio, por um dos servos, de ninguém mais que Odoacro, acompanhado de uma jovem mulher. Satisfeito, vociferou, assustando Flávia:

— Não acreditaram em mim, nobres romanos? Não disse que vasculharia a cidade à procura da mulher? Eis aqui Felícia! — falou, dando uma gargalhada e mostrando dentes em estado lamentável ao indicar a moça.

Marcellus o fitou com arrogância e perguntou:

— O que trazes que possa nos interessar? Esta mulher sabe de alguma coisa? — Odoacro assumiu uma expressão assustadora e tornou:

— Cumpri a minha parte! Agora, o senhor faça o que lhe aprouver. Só ficarei aqui para garantir o meu dinheiro e a vossa promessa.

Apesar da repulsa que Odoacro lhe causava, Flávia disse:

— Está bem, tens razão. Vou antecipar alguns sestércios e, dependendo do valor das informações, posso te dar mais... — Odoacro sorriu e falou:

— A dama romana sabe negociar com Odoacro... Poderia ser uma rainha em minha tribo... — Flávia fingiu não ouvir e pediu que a mulher se aproximasse. A seguir, perguntou:

— Estavas nesta casa no dia da morte de teu senhor?

A moça começou a chorar e respondeu:

— Senhora, não posso falar... Recebi uma boa quantia de um romano que, ao poupar-me a vida, pediu-me segredo! Se falar agora, serei morta como o casal de amigos do senhor Marcus.

Atenta e olhando rapidamente para Marcellus, Flávia prosseguiu:

— Felícia, é este o teu nome, não é mesmo? Prometo que te darei o dobro, não, o triplo que o romano te deu e poderás ir embora com a tua família para qualquer lugar... Não serás encontrada, porque não sabem que estás aqui ainda... Não queres tentar a vida no Oriente? Ou na Tessalônica? Não te encontrarão, te garanto! — Felícia olhou ao redor e falou assustada:

— Falarei somente a vós e ao senhor romano! — Marcellus pediu que Odoacro se retirasse, o que ele fez esbravejando. Marcellus compreendeu quanto seria perigoso para Felícia a presença do dácio. A seguir, se aproximou dela e disse:

— Preciso de tua ajuda, Felícia. Marcus era meu irmão e desejo apenas fazer justiça!

Os olhos de Felícia se encheram de lágrimas, e ela falou:

— O senhor Marcus foi o melhor senhor que tive... Naquela noite, tudo acabou... — Antes que a moça desatasse em pranto, Flávia disse:

— Por favor, conta-nos o que aconteceu... — A moça enxugou algumas lágrimas com as mãos e começou:

— O senhor Marcus tinha poucos amigos, um de nome Maximus, que veio aqui uma vez... ou duas. Naquela noite, veio um casal romano, mais velho, o nome dela era Cecília, uma boa mulher... O marido, um senhor muito distinto... — A expectativa era grande, e Flávia continha a respiração, antevendo o que seria dito. Felícia prosseguia: — Já haviam jantado e bebiam satisfeitos o vinho que eu servia quando chegou uma moça acompanhada por dois homens, acho que eram da guarda pessoal dela... — Marcellus se antecipou e perguntou:

— Dize-me, como era essa moça? — Felícia o fitou e respondeu:

— Parecia uma princesa, com longos cabelos negros, uma túnica de um tecido que desconheço... Usava muitas, muitas joias... — Marcellus e Flávia se entreolharam, e Flávia indagou:

— Ouviste o nome dela? Ou algo parecido?

Felícia pensou por alguns instantes, como se tentasse se lembrar de algo, e falou:

— Ela disse ter nascido em Antioquia para os amigos do senhor Marcus... O meu senhor havia perguntado como estava o imperador... Ela não gostou, eu vi, sabe, a gente se acostuma com o jeito das pessoas... O nome, este sim, não ouvi direito.

— E depois, o que aconteceu? — perguntou Flávia, trêmula. Felícia prosseguiu:

— Eu servi o vinho por um bom tempo, até que os amigos do senhor foram embora e me dispensaram. Ficaram o senhor Marcus e a moça, apenas.

Flávia tinha lágrimas nos olhos. Marcellus, satisfeito, entregou avultada bolsa de couro, com muitos sestércios.

Não havia dúvidas sobre a quem Felícia se referia.

Flávia, aliviada, sorriu e deu-se por satisfeita. Marcellus, com os dentes cerrados, decidiu que faria justiça, se fosse preciso, com as próprias mãos, porque a partir daquele momento encontraria Jasmine, custasse o que custasse.

O outono começava e a paisagem se modificava com as árvores se vestindo de novas cores, que iam do ocre aos tons mais escuros, amarronzados, fazendo entrever que em breve seus ramos estariam secos.

Apesar da proximidade da Nicomédia, naquela época qualquer deslocamento por terra dava ensejo ao desconforto, ao cansaço, mesmo nas classes mais nobres. Desse modo, Flávia e Marcellus seguiam em um carro confortável, puxado por quatro cavalos, e Odoacro e alguns escravos e servos seguiam a pé.

Logo ao chegar, para evitar mais sofrimento aos seus familiares, Marcellus resolveu aguardar as homenagens terminarem para, após, falar diretamente com Diocleciano. Flávia, com seu temperamento passional, desejaria falar o mais rápido possível, para que a culpada fosse encontrada o quanto antes. Não sabia, então, dos ferimentos que Marcus havia provocado em Jasmine, fato que Felícia também ignorava.

O cerimonial do palácio era complexo e suntuoso. Com a ascensão de Diocleciano ao poder, as regras religiosas eram ditadas por ele, que, arraigado às crenças romanas, realizava rituais que serviam antes de tudo aos seus interesses políticos, mas que prestavam também tributo a sua vaidade desmedida.

Com vestes luxuosas, era difícil ver o militar, chefe da guarda do imperador, homem acostumado às lides das batalhas por trás de todo aquele aparato.

Dando demonstrações de grande consternação diante do assassinato de Marcus, Diocleciano se comprometeu diante de todos os presentes a envidar todos os esforços para punir os culpados; disse que já tinha tomado algumas providências, enviando Septimus a Niceia para desvendar aquela morte absurda, considerando-se que a vítima era um homem de bem e respeitado por todos.

Descreveu os encargos de Marcus e a extrema retidão no desempenho de suas funções, e, para surpresa de todos, dirigiu-se a Marcellus, outorgando-lhe o seu antigo posto em Antioquia.

Animais foram sacrificados aos deuses, especialmente a Júpiter; incensos, oblações e homenagens dedicadas à memória do morto, além da consternação de todos, marcaram o acontecimento no palácio. Quando todos já se retiravam, Marcellus, com sua mãe, ouvia as palavras de Diocleciano:

— Quando designei Marcus como pretor em Antioquia, o fiz com a convicção de que escolhia um dos homens mais íntegros do império. As questões mais difíceis naquela região, para serem resolvidas, precisariam de competência e fidelidade a Roma, o que já sabia de antemão que encontraria nesse amigo...

A mãe de Marcus, emocionada, agradeceu:

— Agradecemos vossas palavras, Vossa Majestade imperial! Marcus serviu a Roma, engrandecendo o nome de nossos antepassados, fazendo jus à memória de nossos ancestrais...

Após algumas palavras consoladoras à sofrida senhora, o grupo se dispersava quando Marcellus se aproximou e disse ao imperador:

— Senhor, peço permissão para vos falar... — Diocleciano, entendendo que Marcellus desejava demonstrar gratidão pelo retorno a Antioquia, disse:

— Deves voltar para a tua antiga posição. Esqueçamos o passado... — Flávia, que ouvia a conversa junto a Marcellus, suplicou:

— Senhor, temos uma revelação a fazer... O imperador precisa ter conhecimento de alguns fatos! — Diocleciano voltou-se e falou desejando encerrar o assunto:

— Do que se trata? Acabo de retornar... — Marcellus deu um passo à frente e disse:

— É de extrema urgência que tenhais conhecimento do que vamos vos revelar.

Após tanta insistência, contrariado, Diocleciano fez um sinal para que se aproximassem e, sentando-se em suntuosa poltrona, aguardou que expusessem o assunto. Flávia iniciou falando das suas desconfianças em relação à morte de Marcus e, a seguir, acrescentou:

— Tão logo soube do assassinato de Marcus, tive a notícia do desaparecimento de Jasmine... — O semblante de Diocleciano se modificou, e ele a interrompeu com irritação:

— O que queres tu insinuar? Pretendem me obrigar a ouvir teorias insensatas sobre alguém que sei que ambos odeiam? — e, voltando-se para Marcellus, disse: — Tu foste afastado daqui por tentar matá-la, por questões amorosas, Marcellus! É essa a revelação que desejam fazer?

— Senhor, imploro que ouçais o que Flávia tem a dizer.

Flávia tomou fôlego e prosseguiu:

— Como havia dito, senti que algo estava errado na morte de Marcus e não percebia do que se tratava. No dia das cerimônias fúnebres em Niceia, soube pela filha de dois nobres romanos, amigos de Marcus, que foram assassinados no dia seguinte a sua morte, algo que não era apenas coincidência. — Diocleciano ouvia aparentemente sem dar importância, mas já se articulava para o que estaria por vir. — Resolvemos interrogar os escravos e servos que estavam na residência de Marcus naquela malfadada noite e, por meio de um dos servos, chegamos a uma moça que nos afirmou que Marcus não estava sozinho!

O olhar de Diocleciano fixou Flávia e, atento, verificava se poderia refutar qualquer suspeita sobre a verdade. Vago temor se apoderou dele ao perceber que Flávia e Marcellus poderiam ter descoberto que Jasmine, conforme lhe prometera, acabara com a vida de Marcus. Com voz autoritária, disse:

— Prossegue!

Marcellus terminou de contar os últimos detalhes:

— Senhor, esta moça nos afirmou que um casal de amigos visitou Marcus, os mesmos que foram mortos no dia seguinte... E que uma mulher, jovem e muito bonita, chegou um pouco mais tarde... — Irritado, dissimulando seus verdadeiros sentimentos, Diocleciano vociferou:

— O que querem me dizer? Que Jasmine matou Marcus?! Devem estar loucos!

— Senhor, em nome de Júpiter, ao qual representais! Essa mulher tinha uma escolta que acabou matando a guarda pessoal de Marcus! No dia seguinte, um homem procurou a serva e lhe deu uma soma considerável em dinheiro para que desaparecesse... Precisamos saber quem é esse homem, se conhece alguém no palácio... Se o encontrarmos, saberemos como Jasmine saiu daqui!

Diocleciano empalidecera, pois começava a desconfiar das intenções de Jasmine ao partir para "vingar-se" de Marcus. Com a voz carregada pelo ódio, precipitou-se ao dizer:

— Descobrirei quem me traiu e, se ambos dizem a verdade, me encarregarei de punir todos os traidores com a morte! Falarei com Septimus amanhã sobre a sua versão para o desaparecimento de Jasmine. Dele cuidarei eu, porque ninguém ludibria o imperador sem arcar com as consequências!

Flávia e Marcellus, a princípio, não compreenderam a ligação de Septimus com o caso, porém Diocleciano demonstrava tanta irritação, que preferiram se calar. Dando um suspiro de alívio por terem denunciado Jasmine, Flávia concluiu que a proteção de Diocleciano em relação a ela acabava ali; Marcellus, agradecido, perfilou-se, e ambos curvaram a cabeça e saíram.

Finalmente, poderiam se vingar de Jasmine! No desejo de fazer o que consideravam justiça e coroando uma vingança, as ações que se sucederiam desencadeariam acontecimentos desastrosos para todos os envolvidos.

Ao ficar só, Diocleciano sentou-se em sua poltrona e, com pensamentos tumultuados, procurava entender o que se passara. Não restavam muitas dúvidas; se Jasmine não retornasse, se asseguraria de que ela arquitetara um plano para sair do palácio. Talvez, tentando mais uma vez aproximar-se de Marcus, ela poderia ter mentido para ele, dizendo que desejava matar o amante. Dessa forma, com pensamentos contraditórios, começava a concluir que havia sido traído duplamente, por Jasmine — o que lamentava profundamente — e por Septimus, homem em quem colocava toda a sua confiança.

Dificilmente algum dos homens a serviço de Septimus o entregaria, mas havia uma maneira de conseguir o que desejava. Levantou-se e deu ordem para um dos homens da sua guarda chamar Septimus imediatamente.

Em alguns minutos, o jovem general se encontrava à sua frente, curvando-se diante do trono. Diocleciano teve ímpetos de mandar prender-lhe e torturá-lo até que revelasse toda a trama da morte de Marcus, porém, como era do seu feitio, conteve-se e, com serenidade aparente, dispensou as formalidades ao falar:

— Caro Septimus, lembro que possuis soldados de tua extrema confiança e desejaria contratar um deles para um serviço de ordem pessoal. Preciso de alguém em quem possa confiar. Amanhã, pela manhã, desejo falar-te; o assunto demanda rapidez!

Septimus, que se via às voltas com as tentativas frustradas de aproximar-se de Júlia, não percebeu a argúcia dissimulada de Diocleciano e respondeu de pronto:

— Amanhã, pela manhã, mandarei Lucius vos falar, Majestade! Vou localizá-lo ainda hoje e logo estará a vossa disposição. — O imperador fez um meio-sorriso e falou:

— Tens certeza de que podes confiar nesse homem?

— Absoluta, senhor. Lucius me é fiel há muitos anos e deposito total confiança nele.

— Comprovarei isso, tenha certeza. Quanto ao teu retorno à frente de batalha, quando pretendes fazê-lo? Não posso dispensar um dos meus melhores generais!

Surpreso, Septimus tornou reticente:

— Na verdade, pensava em me afastar das frentes de batalha, senhor. Há muitos anos estou fora de Roma e gostaria de retornar ao seio de minha família por algum tempo.

Diocleciano sorriu e falou com segundas intenções:

— Júlia, bonita como é, terá muitos pretendentes estando viúva. Seria uma maneira de mostrar tua lealdade à memória de Marcus, amparando-lhe a esposa.

A conversa começava a causar estranheza a Septimus, que respondeu:

— Seria um homem abençoado pelos deuses se Júlia me aceitasse por marido, mas a morte de Marcus ainda é muito recente. Talvez um dia...

— Sim, é melhor esperar. Quanto a tua licença, ainda não posso liberar-te; estamos sendo atacados por todos os lados... Verei onde poderás ser útil ao teu imperador, Septimus. Amanhã falaremos.

Septimus se perfilou e saiu com uma ruga na testa, preocupado com o tom da conversa que tivera com o imperador. A princípio, seria impossível Diocleciano desconfiar de alguma coisa.

Logo que se aproximou do átrio, viu Júlia com Haram no colo, e a visão da mulher amada o fez esquecer qualquer sensação de perigo.

29

O PERDÃO DE NARIN

O tempo passava, e a dor e o sofrimento começaram a dar os seus primeiros frutos, despertando a consciência adormecida de Jasmine, indicando-lhe que era tempo de mudar.

Aos poucos, percebia com exatidão o fracasso de sua vida por deixar-se levar pelas paixões da Terra, pelo egoísmo e pela vaidade, esquecendo-se de valores que aprendera junto aos pais, mas que, ao andar pelas sendas do mundo, havia abandonado, partindo ao encontro de experiências difíceis e perturbadoras.

O retomar da consciência adormecida se revelava pelos longos dias em quietude, buscando na solidão o encontro consigo mesma. Isso não significava, no entanto, que Jasmine mudaria radicalmente as suas atitudes, que deveriam ser provadas no decurso dos séculos vindouros.

Era o primeiro despertar para uma outra realidade que o sofrimento lhe infligia. Já não relutava em ficar em Antioquia por mais algum tempo, mas desejava ardentemente encontrar Hashab para lhe falar das suas novas disposições, e que agora podia compreendê-lo melhor.

Neste sentido, lembrava-se das últimas recomendações de Demétrio antes de partir:

— Minha filha, tens a oportunidade de recomeçar uma nova vida! Quando puderes, vai ao encontro de Hashab e recomeça a existência com humildade e o sincero desejo de acertar... Jesus não te abandonará, basta seguires os seus passos!

Como gostaria de revê-lo! Quando Hashab a procurara, convidando-a a partir, ainda na Nicomédia, não soubera aquilatar a preciosidade daquele momento. Quantas dores poderiam ter sido evitadas se tivesse lhe dado ouvidos!

Apesar do seu desejo, Caius Fabius, seu gentil anfitrião, procurava levá-la a ponderar com palavras ditadas pelo bom senso:

— Jasmine, neste momento não estás em condições de realizar esta empreitada. Teu estado de saúde inspira cuidados e terás uma grande chance de insucesso se empreenderes viagem tão longa. Ademais, mesmo que conseguisses chegar à Massília, colocaria Hashab em perigo, pois estás sendo procurada por Septimus, conforme tu mesma o disseste... — Jasmine, em lágrimas, dissera:

— O que farei, então? Não posso ficar indefinidamente aqui. Preciso encontrar Hashab para recomeçar! — Virgília, esposa de Caius, interveio:

— Jasmine, não te damos tudo de que necessitas? Acaso estamos falhando em alguma coisa? — O olhar límpido de Virgília fez com que Jasmine se envergonhasse.

— Lamento pela minha ingratidão! Não deveria perturbá-los com essa situação... Na verdade, não deveria agir desta forma, mas não sei o que fazer!

Virgília, revelando a bondade de seu coração, disse:

— Para mim, és uma irmã, que necessita do meu apoio neste momento. Enquanto te recuperas, vem assistir conosco as preleções da comunidade à qual o teu irmão pertencia... Isso te aproximará dele, porque ambos estarão ligados a Nosso Senhor Jesus Cristo, que os aproximará no momento oportuno!

Jasmine a fitou com tristeza e tornou:

— Não sabes o meu passado, Virgília! Não posso seguir Jesus, nunca pude aceitá-lo. Pratiquei atos que me afastam totalmente dos seus ensinamentos!

Com grande piedade, Virgília a confortou:

— Sei o quanto basta, todavia não conheces Jesus, Jasmine! Ele veio à Terra como um cordeiro para ser imolado e nos mostrar o caminho. Fala-nos de um reino que não pertence a este mundo, mas é para onde iremos após a morte. O mais importante, porém, é que ele veio resgatar os filhos perdidos do regaço divino, veio trazer a consolação aos desiludidos do mundo, aos que se acham sem esperança... Veio resgatar as ovelhas perdidas do aprisco divino! Jesus envolve em seu halo de amor essas ovelhas desgarradas, e todas as dores se extinguem! A sua mensagem é o caminho e a verdade e os seus ensinamentos de amor e perdão é que nos libertarão...

Pela primeira vez, Jasmine ouvia os ensinamentos de Jesus sem considerá-los tolices, ensinamentos inalcançáveis ao seu entendimento. Parecia-lhe que um calor desconhecido a envolvia enquanto Virgília falava do Mestre. Começava a sentir-se diferente ao ver que a palavra de Jesus a tocava de uma nova maneira... Ainda chorando, disse a Caius e à esposa:

— Nunca quis ouvir os ensinamentos de Jesus! Hashab tentou, mas sentia-me como se tivesse uma couraça que não me permitia ver com clareza o significado dessas palavras... Agora sinto necessidade de algo que me console e renove as energias, para que a dor e o remorso não me aniquilem totalmente!

Caius se aproximou e falou:

— Todos vivemos esse momento em que desfalecemos e caímos por terra, reféns dos nossos erros; e, como o ladrão que foi crucificado com nosso Mestre Jesus, pedimos, arrependidos, para entrar no reino de Deus. E, tal como fez com o pobre ladrão, Jesus nos aceita de braços abertos! Jasmine, hoje tu ouves Jesus porque o sofrimento abriu as portas do teu coração e pudeste receber a verdade resplandecente do seu Evangelho!

Jasmine o fitou e perguntou com sinceridade:

— Por onde começar? Como poderei viver com as culpas que trago de uma vida na qual nada fiz que me enalteça aos olhos de Jesus? — Virgília sorriu e falou com ternura:

— Jasmine, hoje tu começas um novo caminho em tua existência! Permanece conosco e vamos te mostrar a grandeza do Evangelho; ouvirás nossos irmãos da comunidade e, aos poucos, irás receber esse bálsamo que a todos consola, alivia e ergue das quedas do passado!

Virgília abraçou Jasmine, demonstrando a sinceridade da sua alma. Jasmine vivia uma experiência absolutamente nova e se surpreendia ao ver que nada lhe era pedido em troca.

Durante toda a sua vida, sentia-se desejada, amada, mas por um sentimento tisnado pelas paixões inferiores, que cobravam-lhe um alto preço, o que a afastava, enregelando o seu coração.

Mas, agora, percebia que o Mestre Nazareno pedia apenas que amasse, que perdoasse, que fizesse o bem! Seu rosto agora disforme não chamaria atenção pela beleza, mas sentia em seu íntimo que se tornaria mais feliz do que jamais fora, pois chegara a hora de embelezar o seu espírito!

Com esses pensamentos, Jasmine se recolheu ao leito, mas havia tanto em que pensar... Teria que abandonar tudo o que fora até então, para que uma nova Jasmine surgisse em meio às cinzas do seu passado... Teria condições de mudar dessa forma?

As horas passaram e, apesar da noite sem dormir, Jasmine sentia-se mais leve, mais forte; aquele torpor que a dominava parecia ter sido abandonado.

O dia raiava, e Jasmine pensava, pensava.

Após certificar-se de que as suas atitudes não trariam mal a ninguém a não ser a ela própria, tomou uma resolução que colocaria em prática logo que fosse possível.

Precisava reencontrar Shadi e falar-lhe que o amava, que desejaria vê-lo crescer, tornar-se um homem digno como seu pai, Narin. Falaria com ele, pediria o seu perdão, diria que se arrependia de todo o mal que lhe fizera... Vestiu-se de maneira simples e, após tomar uma refeição leve, foi ter com Virgília e Caius.

Ao vê-la, ambos se surpreenderam e, preocupados, aguardaram que ela falasse. Jasmine se aproximou e disse:

— Meus amigos, pensei muito durante a noite e decidi que ambos têm razão, não devo colocar Hashab em perigo. Creio que devo ir ao encontro de alguém a quem prejudiquei muito... Irei a sua casa agora, antes que me falte a coragem... — Virgília falou, aflita:

— Queres que eu te acompanhe? Ou preferes Caius? — Jasmine balançou a cabeça e tornou:

— Não, prefiro ir só. Agradeço a boa vontade de ambos, mas é algo que ficou pendente em minha vida e preciso encerrar de algum modo.

Caminhando em direção à porta, Jasmine acrescentou:

— Não temam, meus amigos. Não farei nada que desaprovem e tenho certeza de que nada de mau me acontecerá.

Assim, alguns minutos mais tarde, um veículo elegante se deslocava lentamente pelas ruas de Antioquia, e o coração de Jasmine batia descompassado. Em seu pensamento, conjeturava o que poderia lhe suceder dali por diante. E se Narin a denunciasse? Se a entregasse a Septimus, para se vingar do mal que lhe fizera?

Eram tantas incertezas... Estaria agindo acertadamente? Narin ainda teria algum sentimento em relação a ela?, perguntava-se.

Se tivesse, poderia se aproximar de seu filho? Oh, seu primogênito deveria estar com cinco anos! A idade do filho de Caius e Virgília. As lágrimas correram de seus olhos cansados pela noite maldormida... Ah! Se pudesse se aproximar por alguns minutos de seu filho... Seria uma demonstração de que Narin a havia perdoado...

Envolta nesses pensamentos, Jasmine não se deu conta de que chegara ao seu destino, percebendo apenas quando o condutor a avisou. Jasmine voltou a si e, olhando ao redor, verificou que estavam diante da casa onde residira por algum tempo.

Quantos acontecimentos haviam se sucedido em sua vida desde que saíra daquele lugar! Assustada com a chantagem de Flávia, com medo das consequências de seus atos, não conseguira evitar a situação insólita que vivera, sendo afastada de sua casa, dos filhos, de tudo... Odiara a fraqueza de Marcus, que não quisera assumir o amor que tinham vivido, mas a vida lhe ensinara de forma dura que tanto ela quanto Marcus haviam pensado apenas na própria felicidade, sem se lembrarem dos compromissos assumidos com Júlia, Narin, os filhos...

Recordou os primeiros tempos na Nicomédia, com Flávia e Marcellus no seu encalço, ameaçando-a, constrangendo-a, até chegar ao ponto de pedir auxílio a Diocleciano. Colocara-se em posição difícil e, envolvida nas intrigas do palácio, esquecera seus princípios e praticara atos de que se envergonharia pelo resto dos seus dias.

Reconhecia que magoara Narin profundamente, e chegara a hora de enfrentá-lo. Saiu do veículo e se postou diante dos muros da casa da qual um dia fora a "senhora".

Logo ao chegar, um homem alto, vestido com a indumentária local, se aproximou e, ao vê-la, Jasmine fez leve sinal, pedindo-lhe silêncio; após reconhecê-la, ele lhe abriu passagem. Quando se colocou diante da porta principal, Jasmine hesitou. Ainda poderia se afastar, porém ouviu uma voz conhecida perguntar-lhe:

— O que desejas, senhora?

Jasmine sentiu o coração disparar e se voltou, vendo Narin diante dela, seguido por uma jovem mulher, que Jasmine reconheceu tratar-se de Rania. Ao vê-la, Narin, revelando uma mágoa contida por muito tempo, disse:

— Perdoa-me, estou enganado, não se trata de uma senhora! Não costumo receber em minha casa mulheres como tu... Por favor, retira-te!

Os olhos de Jasmine se encheram de lágrimas ao perceber o mal que havia feito àquele homem, que um dia lhe dera um lar, salvara Hashab das galés, quando havia sido despojada de tudo. Aproximando-se, falou com sinceridade:

— Narin, desejo te falar em particular... Só peço que me ouças... Não tomarei muito do teu tempo!

A presença de Jasmine despertava sentimentos contraditórios em Narin. Havia amado profundamente aquela mulher que, apesar de tudo, era a mãe de um dos seus filhos.

Vendo-a ali a sua frente, não resistiu à curiosidade de ouvir o que ela poderia lhe falar. Para não demonstrar fraqueza, disse:

— Não tenho muito tempo... Diz logo o que desejas. — Após, fez um leve sinal para Rania deixá-los a sós.

Jasmine olhou para dentro da residência e tornou:

— Não podemos entrar? Creio que aqui não seria adequado... — Narin respondeu prontamente:

— Lamento, mas costumo escolher as pessoas que entram em minha casa. Tu não és uma das que seriam bem-vindas... — Jasmine sentiu mais uma vez a mágoa de Narin e tornou:

— No entanto, nem sempre foi assim! Pelo filho que temos, Narin, peço-te que não me trates dessa maneira...

— Agora lembras-te do teu filho? Quando partiste e te entregaste aos prazeres do palácio, onde estava Shadi? Teu filho jamais saberá quem foi a mãe dele... Como deveria te tratar, ingrata? — Por fim, Jasmine cedeu:

— Está bem, se preferes assim! Vim aqui porque desejava falar-te que estou morando em Antioquia, na casa de Caius Fabius; deves ter ouvido falar dele.

— Sim, já o vi algumas vezes. Irá substituir Marcus, que foi assassinado... Deves saber disso, certamente.

Jasmine empalideceu e disse:

— Sim, sei o que aconteceu. Não sei quanto tempo ficarei aqui, porque fui ferida na viagem e não tenho condições de ir ao encontro de Hashab, com quem desejo terminar os meus dias.

Surpreso, Narin falou com visível irritação:

— O quê? A bela e desejada Jasmine terminar os seus dias com o irmão em algum canto do mundo? E os teus amantes? E o imperador? Ele te dispensou?

Jasmine o fitou desconcertada e respondeu:

— Estás louco, Narin? Como podes me acusar desta forma, tu também? Diocleciano me protegia de Flávia, com as suas intrigas, e de Marcellus, que tentou me matar por não ceder aos seus desejos! Apesar do mal que te fiz, estás sendo injusto!

Narin passou a mão na testa, como se desejasse limpar a sua mente dos pensamentos que lhe vinham; após, falou:

— Mentes! Hadid esteve na Nicomédia e viu com os seus próprios olhos a tua felicidade naquele palácio! Disse-me que parecia pertencer-te, tal a alegria que demonstravas naquele lugar. Só uma mulher apaixonada se portaria daquela maneira!

— Acreditas que estava apaixonada por Diocleciano? Narin, de onde tiraste essa ideia?!

— Flávia me relatou sobre as tuas proezas na corte do imperador. Desrespeitaste inclusive a mulher e a filha, que eram tuas amigas... — Ao falar em Flávia, Jasmine compreendeu tudo o que havia acontecido. Percebendo que nada do que dissesse mudaria a situação que se criara, desalentada, falou:

— Vejo que não acreditas em minhas palavras. Não desejo nada a não ser ver nosso filho, quando permitires. Sei o quanto te magoei e, quanto a isso, não posso mudar o que foi feito. Acredito, no entanto, que no futuro poderei ser uma pessoa melhor.

Narin parecia estar vendo outra pessoa no lugar de Jasmine. Pensativo, perguntou em tom mais conciliador:

— Queres dizer que Flávia mentiu? E quanto a Marcus? Pensei que estivesses sofrendo a sua perda. Não te entendo, Jasmine! — Jasmine deu um sorriso triste e disse:

— Os últimos tempos foram muito difíceis para mim. Quando puder, me afastarei daqui e não pretendo retornar.

Evidenciando ainda sentir algo pela moça, Narin falou:

— Não vais te casar novamente? Nunca deixarás de exercer o teu fascínio sobre os homens...

Jasmine se aproximou e, estando bem perto, ele pôde verificar que os seus olhos estavam rasos d'água. A moça tirou o lenço — muito usado no Oriente — que lhe tapava parte do rosto e mostrou:

— Veja com teus próprios olhos o que me fizeram! A Jasmine que conheceste não existe mais!

Narin não pôde deixar de sentir compaixão por aquela mulher que um dia amara tanto e que se apresentava com o rosto desfigurado diante dele, com uma grande cicatriz.

Inesperadamente, o ódio que julgava sentir desapareceu, dando lugar a um sentimento de piedade, que Jasmine percebeu. Revelando o orgulho que ainda carregava consigo, disse:

— Não te preocupes, tenho encontrado forças em algumas ideias que só agora posso entender. Não posso me considerar uma seguidora de Jesus, estou longe disso... Relutei muito até chegar aqui hoje; sabes que não é da minha índole me humilhar. A bondade dos cristãos, a sua dedicação comigo me fizeram reconsiderar e ver os meus erros... Devo dizer, no entanto, que foi Jesus quem me trouxe aqui para te pedir perdão!

Desconcertado e cedendo a sua índole bondosa, Narin perguntou:

— Quem te fez isso, Jasmine? Lamento, sinceramente! Faz algum tempo que disponho alguns recursos para essa comunidade. Tenho a minha religião, que é a mesma de meus ancestrais, mas sei quanto os cristãos beneficiam os que sofrem. Não sei se poderei te perdoar, me feriste muito, me enganaste enquanto vivias sob este teto que te acolheu no momento do teu infortúnio. Preciso preservar o meu nome, a minha honra... —Jasmine concordou e disse:

— Entendo, sei que isso não será fácil, mas, como vês, a justiça se fez, independentemente do Deus que adoramos. A vida me castigou duramente!

— Talvez um dia, Jasmine, possa te perdoar...

A jovem o fitou com sincero pesar e, colocando o pequeno véu sobre o rosto, ainda olhou mais uma vez para a residência e se retirou chorando. Ao chegar à casa de Caius, foi direto aos seus aposentos, sem falar com ninguém. Virgília a viu chegar e deduziu o que havia acontecido, achando melhor esperar que Jasmine desse vazão a sua dor.

Sabiamente, ela entendia que na vida há momentos em que a melhor conselheira para as nossas dores é a solidão.

Quando Jasmine viajou para a Nicomédia, Rania, a serva que sempre amara Narin, viu a oportunidade de se aproximar novamente de seu amo, mas este a havia repudiado, afirmando que permaneceria fiel à esposa. Durante aquele período, Rania tinha sofrido desesperadamente, desejando a cada minuto que Jasmine não retornasse, o que na realidade aconteceu.

Acreditando que Jasmine saíra da vida de Narin, considerava a possibilidade de se tornar a futura esposa de seu amo, visto que a própria Jasmine também fora alçada a esta condição, mesmo sendo uma mulher sem posses nem títulos.

Naquela tarde, para sua infelicidade, Jasmine retornava como uma sombra em sua vida. No íntimo, sabia que Narin ainda sofria pelo afastamento da mulher, porém agora lutaria com todas as suas forças para recuperar o seu lugar na existência de Narin. "Não recuarei dando lugar para a adúltera!", pensava.

Sabendo que tinha em Zaíra — antiga escrava que fora libertada — uma grande cúmplice, pois esta nunca gostara da segunda esposa de seu amo, havia prometido a si mesma que haveria de tirar Jasmine de uma vez por todas de suas vidas.

Alguns dias se passaram aparentemente sem nenhum acontecimento extraordinário, até que, em uma bonita manhã, quando os pássaros traziam as suas inocentes melodias aos ouvidos humanos, um mensageiro se apresentou a Narin em caráter confidencial, vindo da parte de Flávia.

Narin o recebeu e, após dispensá-lo, lembrou-se de que deveria ser a resposta sobre o que realmente sucedera a Jasmine no palácio, por ocasião da morte dos cristãos e do seu suposto sequestro.

Flávia relatava como os fatos haviam se dado e adiantava que ela e Marcellus tinham desconfiado do desaparecimento de Jasmine, tendo descoberto que tudo não passara de uma farsa. Relatava ainda que Jasmine estava envolvida na morte de Marcus e que Diocleciano já estava a par de tudo; desta vez, ela dizia, não tomaria nenhuma atitude para protegê-la, deixando a seu encargo qualquer medida para fazer justiça, e que eles tomariam as medidas necessárias para punir Jasmine. Ao ler as últimas palavras, uma ruga surgiu na testa de Narin, pois sabia o que significava cair em desgraça com o imperador.

Um sentimento de desforra timidamente se avolumou em seu íntimo, mas, ao mesmo tempo, ao relembrar a Jasmine que vira há alguns dias, sentiu verdadeira piedade das escolhas que ela fizera e, talvez por ainda amá-la, chamou Zaíra, que se tornara ama das crianças, ordenando:

— Zaíra, apronta Shadi... Vou levá-lo para um passeio.

Zaíra ficou surpresa, mas se apressou em atender ao pedido de seu amo. Rania a interpelou sobre o motivo da saída de Narin com a criança, e a outra respondeu:

— Lamento, minha filha, mas creio que vai levar o menino para ver a mãe... — O rosto de Rania se contraiu. A seguir, disse:

— Peça a um dos serviçais para segui-lo...

Zaíra concordou e, antes de levar a criança a Narin, foi ao encalço de um escravo, ordenando-lhe seguir seu amo. Ao trazer o menino, Narin o observou satisfeito e falou:

— Meu filho, hoje vou te levar para ver uma pessoa que te ama muito... — A criança sorriu e perguntou:

— Ela vai me dar doces? — Narin olhou para o filho e respondeu com tristeza:

— Talvez... Mas é uma moça muito bonita e que te ama muito... Vais comportar-te, não é mesmo?

A criança respondeu com vivacidade, fazendo um movimento com a linda cabeça de cabelos encaracolados, negros como os de sua mãe. Narin saiu com o menino e se dirigiu à residência de Caius. Ao chegar, anunciou o seu nome e um escravo se apressou em correr para o interior da residência, repetindo diante de Caius, Virgília e Jasmine:

— O senhor Narin El Shafir deseja vos ver senhora Jasmine!

Jasmine empalideceu e disse:

— Não creio que Narin viesse até aqui... Tens certeza de que o nome é este? — perguntou a moça, atordoada.

— Sim, senhora. Está acompanhado por uma criança... — Ao ouvir as últimas palavras, Jasmine, com a voz trêmula, falou:

— É meu filho! Faz com que entre logo, por favor!

Dentro de instantes, Narin adentrava a ampla sala, acompanhado de Shadi. Jasmine se conteve, enquanto Narin dizia:

— Que os deuses os protejam! Preciso falar contigo com urgência, Jasmine... É um assunto da maior gravidade! — e, voltando-se para Shadi, disse: — Esta é a moça de quem te falei, meu filho. Agora, dá um beijo nela...

A criança, que não se lembrava da mãe, caminhou timidamente, se aproximando de Jasmine, que o aguardava abaixada junto ao chão.

Depois de abraçar Shadi, contendo o choro para não o assustar, Jasmine voltou-se para Caius e Virgília e disse:

— Meus amigos, este é o meu... — Jasmine titubeou e Narin completou:

— Fui casado com Jasmine há algum tempo... Este é o nosso filho, Shadi!

As palavras de Narin atingiram Jasmine, pois, na verdade, nunca havia deixado de ser mulher de Narin. Para ele, contudo ela representava apenas o passado. Assim, ao reerguer-se, limpando os olhos, perguntou:

— O que tens para tratar comigo, Narin?

— O assunto é delicado... Preciso falar a sós contigo. Sei que confias em teus amigos, mas é assunto do teu interesse.

Jasmine compreendeu que seria melhor buscar um lugar mais reservado. Virgília se prontificou em levar Shadi para brincar com o seu primogênito. Após se acomodarem em local mais afastado, Jasmine questionou:

— Do que se trata, Narin? Por que esse mistério?

Narin a fitou e com emoção falou:

— Vim avisar-te que Flávia e Marcellus, assim como uma guarda destacada para esse fim, estão a tua procura!

Jasmine não compreendia o que Flávia e Marcellus teriam a ver com ela naquele momento. Sem entender, disse:

— Narin! Eles me odeiam e sempre me perseguirão, procurando acabar com a minha vida, principalmente agora... — Narin foi mais direto:

— Ambos desconfiaram da morte de Marcus e chegaram a ti, delatando-te junto ao imperador, que lançou suspeitas também sobre o general romano, Septimus.

Jasmine sentiu que as pernas fraquejavam e precisou se apoiar em Narin. Sabia que Diocleciano já compreendera que não retornaria e que esse, e não a morte de Marcus, era o motivo de seu ódio. Devia considerá-la uma odiosa hipócrita que havia mentido para sair do palácio! Um misto de dor e medo se apoderou da moça, que, sem conter as lágrimas, abraçou-se a Narin. Ele a abraçou e não pôde evitar sentir uma emoção esquecida nos refolhos do seu coração, porém, reagindo, falou:

— Como pudeste te envolver nessa trama, Jasmine? Participaste da morte de Marcus?

Jasmine, tentando evitar uma decepção total a seu respeito, omitiu a realidade dos fatos:

— Fui envolvida nessa trama por Septimus! Desejava sair do palácio, mas Diocleciano me mantinha presa por um obstinado capricho. Desejava fugir daquele local e esse foi o único meio, compreendes? Ocorre que, antes de sair do palácio, descobri que Marcus havia denunciado a ti e Hashab para

Diocleciano como cristãos. Fiquei transtornada e fui até Marcus para saber a verdade, e então essa tragédia aconteceu...

Narin repetiu as últimas palavras:

— Quiseste vingar a mim e Hashab? Colocaria a tua vida em perigo ainda por mim? — Jasmine respondeu prontamente:

— Ainda eras o meu marido e nunca deixaste de ter um lugar somente teu em meu coração, Narin! — Com surpresa, mas visivelmente magoado, ele prosseguiu:

— Não me admira, Marcus nos enganou a todos! Destruiu um lar sem a menor consideração por nenhum de nós! Agora, o importante é que precisas sair daqui o mais rápido possível!

— Tu me perdoaste? — Sem conter o afeto que ainda sentia pela moça, ele tornou:

— Sim, não pensei que o conseguiria, mas cheguei à conclusão de que não posso te abandonar agora. Eu te amei muito, menti quanto a tua origem para que pudesses ser minha mulher, dei-te tudo o que possuía, quis que tivesses orgulho da posição que ocupavas... Mas tu me traíste da forma mais cruel possível! Tu me fizeste dar um nome a um filho que não me pertencia... No entanto, agora que vejo a tua posição, não farei nada que te prejudique, tranquiliza-te...

À medida que Narin falava, Jasmine chorava. Como pudera fazer tanto mal aos que a amavam? Todos acabavam a odiando... Marcus, Marcellus, Diocleciano — todos desejavam a sua ruína!

Diocleciano! Não apenas a mataria, mas a faria sofrer muito com suas torturas. E, se soubesse que agora simpatizava com os cristãos, o castigo seria ainda pior!

Teria ele a amado?, se perguntava. "Não, certamente fui apenas mais uma extravagância do imperador." Com um nó na garganta, falou:

— Farei o que disseres, Narin. Sou eternamente grata por tudo, especialmente por permitir que eu revisse Shadi...

— Talvez não o vejas mais, precisas estar consciente disso. A partir de agora, não poderemos nos aproximar de ti para não despertarmos suspeitas...

Jasmine riu com amargura e disse:

— Vê como termina a minha história! Ninguém pode se aproximar de mim, pois todos temem perder a vida! Nem Hashab, nem meus filhos, nem Caius e Virgília, nem tu podem se aproximar; devo viver doravante sozinha para sofrer pelo mal que fiz!

— Tiveste muitas oportunidades, Jasmine. Sempre escolheste o caminho mais fácil, mas também o mais perigoso. As potestades divinas se cansaram e decidiram que é hora de sentir em tua pele o que fizeste os outros sofrerem.

Jasmine o fitou e perguntou:

— Ainda me amas, Narin? — Ele, por sua vez, respondeu:

— Eu te amei muito, desesperadamente. A tua partida para a Nicomédia era inexplicável para mim, mas entendia que estavas cansada das lides do lar, com as crianças, e precisavas distrair-te. Eras jovem, formosa, talvez um tempo fora convivendo com outras pessoas te devolvesse o teu interesse pela tua família. Mas estava enganado; desejavas te afastar de mim. Essa, talvez, tenha sido a maior dor que senti. Saber que não me querias mais, nem aos teus filhos!

"Podes imaginar quantas noites e dias passei a lamentar tua ausência, com duas crianças a chamar pela mãe que brilhava na corte do imperador, descuidada de seus deveres maternais?

"Devo dizer-te que quase enlouqueci! Eu me afastei dos meus interesses materiais, perdi uma boa parte da minha fortuna por abandonar os negócios. Teu irmão veio me procurar cobrando a minha atitude por não ir buscar-te, pois não sabia que eu já tinha providenciado a ida de Hadid...

"Também Hashab sofreu e resolveu tentar, ainda mais uma vez, trazer-te para perto dele, a fim de evitar a tragédia que se tornou a tua vida, Jasmine.

"Perguntas se te amo? Respondo-te: sim! Amo-te, mas não como um dia te amei. Aquele sentimento se arrefeceu, a desilusão abrandou a paixão que sentia e hoje sinto pesar por não ter percebido que não me amavas mais, se é que um dia me amou..."

Dolorosamente surpresa, Jasmine respondeu:

— Sim, eu te amei, Narin! Foste como um sol na minha vida em um momento de tempestade... Reconheço que não soube avaliar o teu sentimento e busquei em uma ilusão aquilo que já possuía junto a ti! De agora em diante, viverei apenas para pagar o mal que fiz, carregando esse fardo em minha consciência. Se puder compensar o mal que fiz, serei grata, já que nada espero para mim. — Narin a abraçou comovido e disse:

— Vai e fica com teu filho um pouco. Precisas sair desta casa amanhã!

Jasmine se afastou caminhando lentamente, com a certeza em seu coração de que não veria mais Narin.

Ao retornar para o interior da residência, Jasmine se aproximou de Shadi e abraçou a criança com ternura. O pequeno, talvez porque identificasse intimamente a presença da mãe, não lhe negou afagos.

Embevecida pela presença do filho, Jasmine esqueceu-se do tempo e, sem que se apercebesse, viu Narin convidando Shadi para retornarem ao lar. Uma grande tristeza se apossou da moça, que, com o olhar súplice, rogou para que ele permanecesse mais algum tempo. Narin a fitou com gravidade e disse:

— Sabes que não é possível. Ademais, a minha presença aqui pode nos colocar a todos em perigo... — Caius se aproximou de Narin e questionou:

— Por favor, temos o direito de saber o que está acontecendo! — Narin respondeu com cordialidade:

— Sim, devem saber, para que possam tomar as medidas necessárias... — Jasmine percebeu que teria de revelar alguns fatos sobre os quais gostaria de evitar falar naquele momento. Sabendo, porém, que tinha chegado a hora de enfrentar a verdade, assumindo as consequências, disse:

— Sim, vou revelar tudo, mas peço que fiques aqui, Narin!

Ele a fitou surpreso e fez um sinal com a cabeça, indicando que ficaria. Jasmine olhou para Caius e Virgília e, dando um suspiro, começou:

— Meus amigos, vocês nunca me cobraram a verdade a respeito de eu estar nessa situação, apesar de ser do direito de ambos. A verdade, no entanto, é bem cruel, e prova disso é que o imperador e algumas pessoas ligadas a ele desejam a minha morte. — Virgília, preocupada, se antecipou e disse:

— Nós a protegeremos, Jasmine. O pai de Caius tem bom relacionamento na corte e poderá nos ser útil nesse momento... — Jasmine sorriu e prosseguiu:

— Infelizmente, eu ofendi pessoalmente algumas pessoas muito importantes, entre elas, o próprio imperador. Todos conhecem o peso de sua mão quando se abate sobre aqueles que caem em desgraça... — Caius pediu que Jasmine prosseguisse, ao que ela deu continuidade: — Quando saí do palácio na Nicomédia, Septimus havia planejado todos os detalhes, porém, diante da fúria de Diocleciano, acusou os cristãos... — Narin a interrompeu, dizendo:

— Infelizmente, não podemos mudar o que já passou. O importante é que o plano de Septimus foi descoberto por Marcellus e Flávia, irmão e prima de Marcus. Resumindo, Jasmine está sendo procurada para que a justiça seja feita em nome de Marcus Tulius.

Jasmine agradeceu com o olhar por Narin a ter poupado de revelar toda a extensão de seus atos, que naquele momento lhe pareciam de extrema gravidade.

Virgília se aproximou de Jasmine e falou:

— Não estou aqui para te julgar, Jasmine, apesar de lamentar esses fatos. Nosso Mestre Jesus nos ensina que não devemos atirar pedras em nossos semelhantes, porque todos cometemos erros... Como podemos te ajudar? — Jasmine ia dizer que não havia o que fazer, que mais cedo ou mais tarde seria encontrada, quando Narin considerou:

— Jasmine não poderá ficar entre os cristãos porque será o primeiro lugar onde será procurada, pelo fato de Hashab ser cristão. — Caius pensou por algum tempo e sugeriu:

— Tenho uma herdade em Apameia, próximo daqui. É uma residência pequena, mas aprazível; poderás permanecer nela o tempo que quiseres, Jasmine. Acredito que não a procurarão, visto ser uma residência simples, que não despertará a atenção.

Narin concordou:

— Sim, é uma boa providência. Poderemos abastecer Jasmine do necessário, de tempos em tempos, para não despertar suspeitas. Tenho conhecimento das vinganças pessoais de Diocleciano e do sentimento anticristão de seus conselheiros diretos.

Assim, ficou acertado que no dia seguinte Jasmine partiria, mais uma vez, procurando fugir das consequências dolorosas dos seus atos. O que ela não podia evitar era o que a sua consciência lhe cobrava, a todo instante, em relação ao seu proceder.

30

A VISITA DE MALAQUIAS

Na noite seguinte, apesar das instâncias de Virgília para que Jasmine fosse ao grupo cristão, a moça não teve coragem.

Envergonhada, Jasmine chorava... Como poderia recomeçar com as lembranças que trazia na alma? Com as marcas que a denunciavam como uma impostora, egoísta, tendo usado as pessoas como quisera para atingir os seus fins?

Não podia esquecer que denunciara os cristãos... Que Plínio e Cecília tinham morrido indiretamente por sua causa. E que tantas outras pessoas haviam tido a vida destruída pelas suas mãos... Como viveria dali em diante?, se perguntava.

As horas se passaram e, de repente, Jasmine ouviu batidas na porta principal. Estranhando o fato de nenhum dos servos atender, foi verificar o que estava acontecendo. Com cuidado, abriu lentamente a porta e verificou que Malaquias, o bondoso ancião de longas barbas brancas, se postava a sua frente. Ao vê-la, perguntou sorridente:

— Como tens passado, minha filha? — Jasmine baixou o olhar e disse:

— Agradeço diariamente por tê-los encontrado, finalmente. Não tive coragem de me despedir, senhor! Preciso prosseguir, mas como? — Malaquias a fitou comovido e tornou:

— O Senhor te mostrará o caminho; confia!

Jasmine o convidou para entrar na residência, mas o ancião a conduziu para fora e disse:

— Aqui estaremos diante da magnificência das estrelas, que serão as testemunhas silenciosas do que vou te falar...

Revelando grande inspiração, fitou-a longamente e disse:

— Minha filha! Benditos somos nós que já conhecemos a mensagem da Verdade e da Vida que nosso Mestre Jesus nos deixou... Nas tempestades da vida, quando a embarcação da existência navega sem rumo por mares tumultuosos, Jesus é a bússola que nos dá a direção; a sua mão nos conduz, fazendo-nos sentir serenidade em plena luta redentora!

"Mesmo que tenhamos palmilhado os caminhos da descrença e da impiedade, Jesus sempre esteve nos aguardando para que, no momento da provação e da dor, pudéssemos ouvi-lo, visto que nossos ouvidos estavam fechados aos seus ensinamentos!

"Ele sempre esteve e estará conosco! O seu convite para segui-lo ecoava em nossas almas há muito tempo, mas não conseguíamos perceber a sua dulcíssima voz, nem o ver através da nossa cegueira espiritual! Até chegar o dia abençoado em que o cinzel da dor nos despertaria por meio do providencial sofrimento.

"O que seria de nossas vidas sem a esperança de, um dia, termos nossos erros perdoados? O remorso nos levaria ao desespero e o inferno se instalaria em nossas almas...

"O Senhor nos descortinou a Verdade, nos revelando que somos filhos de um Criador cuja bondade nos permite reviver para aprendermos as lições necessárias ao nosso burilamento espiritual... E enviou o seu filho amado, nosso Mestre Jesus, para nos inteirar do roteiro de luz que nos cabe percorrer para atingirmos a nossa libertação!

"O trabalho de recuperação das almas desviadas, perdidas, é imenso, mas todos podemos semear as luzes do Evangelho no solo dos corações, trazendo o esclarecimento e despertando a fé, que possibilitará a reunião das forças necessárias para as grandes provações que se apresentarão no caminho comum. Portanto, jamais poderemos dizer que nossos erros não têm remissão, Jasmine! Temos um grande trabalho pela frente, o da evangelização da humanidade futura!

"Voltaremos à Terra em outras vidas e o que não pudermos fazer agora certamente o faremos em outra existência! Voltemos o nosso olhar para o radioso porvir que nos aguarda, para a felicidade plena que nos está reservada, quando tivermos cumprido com os nossos deveres, de existência em existência!

"Caminhemos, com coragem e destemor, deixando que a justiça imperfeita da Terra se cumpra, porque uma perfeita nos aguarda onde os justos encontrarão a paz e a recompensa dos seus labores."

Jasmine deixara-se cair de joelhos diante do bondoso ancião. Sereno, ele a ajudou a reerguer-se e disse:

— Minha filha, tens o roteiro para retomar as rédeas de tua existência! Afirmo-te que não será fácil segui-lo, tua luta será imensa, teu esforço deverá ser constante, o perigo te rondará dia e noite, a tentação fará parte dos teus dias, mas, em um tempo que te parecerá eterno, encontrarás o nosso Mestre!

"Tens andado longe dos seus passos, tu e o grupo de espíritos a que te afeiçoas... Levará muito tempo para a redenção; voltarão à Terra inúmeras vezes, mas serão redimidos dos enganos praticados em futuro distante.

"Guarda essas palavras nos refolhos do teu espírito. Procura manter-te nos caminhos do Bem, permanece fiel a Jesus, tem firmeza e vencerás!"

Algum tempo mais tarde, quando Caius e Virgília retornaram para casa, encontraram Jasmine ainda chorando em um banco situado no átrio. Sem saber ao certo o que havia ocorrido, ela considerou que deveria guardar para si aquele momento único em sua vida.

Sentia que, se mudasse, se procurasse seguir as palavras de Malaquias, poderia ter algum consolo ainda nesta existência. Já não se importava com o rosto deformado, com a perda da riqueza; desejava apenas viver sem aquelas lembranças.

A palavra de Malaquias ecoaria ao longo dos milênios em seu espírito.

Enquanto Jasmine se instalava na residência oferecida pela bondade de Caius e sua esposa em Apameia, novos acontecimentos desencadeavam os derradeiros eventos de nossa história.

Na Nicomédia, Diocleciano, certo de que Jasmine não retornaria e que, possivelmente, Septimus soubesse de seu paradeiro, visto que a tinha ajudado a sair do palácio, direcionava todo o seu ódio e amargura ao antes prestigiado militar.

Questionado sobre os acontecimentos, Lucius, para se livrar da ira de Diocleciano, afirmou que nada sabia acerca do assunto e que Septimus nunca falara com ele a respeito de Jasmine; que sempre ouvira no palácio que a moça era sua protegida e que não ousaria ajudá-la a fugir.

Quando Septimus foi novamente chamado, acabou revelando que Jasmine o enganara, dizendo que desejava sair do palácio e prometendo vingar-se de Marcus. Assim, ele a apresentara a Arrius, que se encarregara de tirá-la do palácio.

Furioso por ter sido enganado por Septimus, que representara um papel deplorável em toda a questão, Diocleciano usou de seus artifícios para puni-lo pela traição de que se julgava vítima, convocando-o para lutar contra os persas, antigos inimigos de Roma.

Ciente da punição que recebera, Septimus precisaria estar alerta diante de uma vingança pessoal do imperador. Antes de partir, ele foi ao encontro de Júlia, tentar mais uma vez seduzir o coração enlutado da moça. Surpresa ao saber das suas intenções, devido ao período curto transcorrido desde a morte de Marcus, Júlia o fez perceber que seria um equívoco da parte de ambos.

Septimus insistia e, aproximando-se de Júlia, disse:

— Peço-te que reconsideres, Júlia! Amo-te desde a época em que te apresentei Marcus, a quem considerava o meu melhor amigo... — Júlia o fitou e disse com estranheza:

— Consideravas? Marcus sempre dedicou uma amizade leal e verdadeira para contigo! O que estás insinuando, Septimus?

Desconcertado, mas ao mesmo tempo tomado de profunda revolta, o jovem general disse:

— Marcus sabia do meu amor por ti, Júlia! Não obstante, te seduziu e casou-se contigo, deixando de lado os meus sentimentos. Nunca o perdoei por isso...

A cada palavra de Septimus, Júlia sentia que se criava um abismo entre ela e o general. Tomada por um secreto receio, ousou perguntar:

— Por que retornaste, Septimus? Estavas em campanha na Britânia, coberto de glórias...

— Quando retornei, pedi ao imperador que me liberasse por uns tempos da frente de batalha. — Observando o olhar assustado de Júlia, ele completou: — Soube que tu estavas com problemas matrimoniais com Marcus... A falta de um filho logo deveria dar um fim ao teu casamento.

Com o rosto pálido, Júlia o confrontou:

— Queres dizer que voltaste acreditando que eu e Marcus nos separaríamos? Quem te falou isso?

— Essa história não vem ao caso, mas posso te contar, se quiseres ouvir sobre a minha ida a Niceia. — Júlia aquiesceu, e Septimus narrou o encontro com Marcus em Niceia, quando o marido de Júlia solicitou que raptasse o filho que tivera com Jasmine. A moça mal podia acreditar no que ouvia. Certa de que Marcus desejava reconquistar Jasmine, disse:

— Marcus mentiu e, decerto, desejava viver com Jasmine e o filho em Niceia... — Ao que Septimus tornou:

— Não deveria te falar o que vou dizer, mas tens o direito de saber a verdade. Os acontecimentos não se deram dessa forma, pois Marcus desejava se vingar de Jasmine, por acreditar que ela o tivesse traído com Diocleciano... — Com o olhar marejado, Júlia perguntou com tristeza:

— Ficaria comigo para se vingar de Jasmine? Teria me mentido ainda na Nicomédia, antes de partir abruptamente para Niceia? — Septimus, procurando valer-se da mágoa de Júlia, considerou sem convicção:

— É possível... Nunca compreendi a ligação de Marcus e Jasmine, pois era uma relação de amor e ódio.

Septimus omitiu que ele revelara a Jasmine, ao lhe mostrar uma carta, o desejo de Marcus permanecer com Júlia, o que desencadeara o ódio de Jasmine. Para Júlia, o tempo em que permanecera na Nicomédia servira para lhe mostrar a rede de intrigas que existia no palácio. Os fatos que chegavam ao seu conhecimento justificavam as escolhas que fizera para a sua vida: tornara-se cristã e cuidaria do filho de Jasmine e Marcus até o fim dos seus dias. Em determinado momento, perguntou:

— E quanto a Jasmine? Tens notícias dela?

Septimus mentiu como lhe convinha:

— Além de fugir do palácio, está envolvida na morte de Marcus... — Júlia colocou as mãos no rosto, horrorizada, pois não concebia Jasmine capaz de tal gesto. Diante da passividade de Septimus, tornou:

— Sabias disso e não tentaste evitar? Permitiste que ela matasse o teu melhor amigo?

— Ouve, Júlia, por favor! Jasmine também me enganou! Está sendo procurada por homens de minha confiança, e é uma questão de tempo para que a justiça seja feita. Por isso considero um dever te amparar agora que meu amigo está morto. Sei que Marcus compreenderia e aceitaria de bom grado se me desposasses antes que eu parta, pois Diocleciano me puniu ao me designar para a frente de batalha contra a Pérsia... Covarde!

Júlia sabia que Septimus a amava. Sentia, no entanto, que nunca o amaria como ele esperava e, após aquelas revelações, e sabendo do desagrado dele em relação aos cristãos, logo a impediria de cultivar a nova fé.

As palavras de Jesus desde há muito a consolavam, trazendo alegrias renovadas ao seu coração. Sentia que a cada dia tornava-se mais serena e confiante no futuro e, mesmo sabendo das dificuldades que encontraria na própria família, com a sua nova crença, estava disposta a enfrentar o que a sua fé colocaria em seu caminho. Embora não revelasse as suas convicções a Septimus, delicadamente disse a ele antes da sua partida:

— Acredita, Septimus, sinto-me lisonjeada com o teu amor, mas não pretendo contrair um novo matrimônio. Marcus me deixou o fruto do seu amor por outra mulher, mas é nesta criança que coloco toda a minha dedicação, por ainda amá-lo incondicionalmente. Tenho cuidado de Haram como se fosse meu filho e, após tudo o que me revelaste, devo dizer-te que ainda acredito no amor de Marcus, pois, se realmente desejasse se unir a Jasmine, poderia tê-lo feito há muito tempo...

Aturdido, Septimus perguntou:

— E a traição de Marcus? E Jasmine, a quem consideravas tua amiga? — Júlia sorriu e respondeu:

— Sofri muito, intensamente. A minha incapacidade para gerar os filhos do homem a quem amava me fez uma sombra... Quase desisti da vida! Agora, ao saber da situação de Jasmine, penalizo-me pela triste vida que ela deve estar tendo... Se ela pudesse saber quanto amo Haram, creio que se sentiria menos infeliz! — Septimus, antes de sair, ainda falou:

— Quando retornar dessa campanha, se me permitires, virei ver-te... — Júlia assentiu com a cabeça, dizendo:

— Sempre serás um amigo e serás bem-vindo na casa de minha família.

Na via pública, porém, Septimus considerou:

— Não te livrarás de mim, Júlia Severa!

Septimus Antonius jamais retornou a Roma, pois foi morto em combate dois anos mais tarde. Inesperadamente, Septimus foi atacado por um de seus comandados, caindo por terra, vencido.

De maneira quase idêntica à morte de seu melhor "amigo", deixava a existência de forma violenta, por meio de uma traição e com grandes débitos a considerar em sua trajetória espiritual.

31

A DESPEDIDA DE HASHAB

Depois de buscar por Jasmine na comunidade cristã, deixando a todos preocupados em função da violência que a sua guarda demonstrara, Marcellus resolveu aguardar.

Já havia se passado quase um ano da morte de Marcus e ainda não haviam encontrado a moça. Convencera-se de que nenhum cristão a delataria, mas também tinha certeza de que Hashab, o irmão, deveria procurá-la tão logo fosse oportuno.

Dessa forma, colocou uma guarda próximo à comunidade, na expectativa de, em algum momento, seguir o rastro de Hashab. E, tal como previra, o fato se deu depois de muita persistência por parte de Marcellus. Em um dia como tantos outros, no ano de 295, Hashab enfim chegou a Antioquia, dirigindo-se ao grupo cristão que tanto amava.

Logo foi recebido por Malaquias e pelos demais irmãos, que narraram tudo o que acontecera a Jasmine enquanto ele permanecera na Massília. Hashab, apesar de ter noção do perigo que a irmã enfrentava, sentiu-se feliz por saber que ela conhecera o Cristianismo.

Contou resumidamente as suas atribuições na igreja da Massília e, como era o hábito, trouxe cartas e recomendações aos irmãos da comunidade antioquena. Ao saber da atitude de Narin ao ajudar Jasmine, Hashab se emocionou por ver no cunhado um comportamento genuinamente cristão. Narin já possuía uma conduta cristã, apesar de não professar a doutrina de Jesus.

Não muito distante de Antioquia, Jasmine acomodara-se junto a Sara, viúva de Hadid, o homem de confiança de Narin que algum tempo antes fora até a Nicomédia a pedido de seu amo. Sozinha e sem filhos que lhe adornassem a idade madura com os netos, a boa mulher sabia que Jasmine era a esposa adúltera, pois Hadid havia lhe contado a respeito em seu retorno da Nicomédia. A princípio, não compreendeu a atitude de Narin ao proteger Jasmine, mas a fragilidade da moça — sua saúde ficara prejudicada definitivamente — após o ferimento que Marcus lhe infligira cativou Sara. Ao mesmo tempo, o rosto desfigurado de Jasmine, a sua triste história, faziam com que Sara lastimasse o destino da moça em vez de julgá-la.

Ficou acertado que, de tempos em tempos, seriam levadas provisões às duas mulheres, embora a residência possuísse pequena horta e algumas aves, que permitiriam a manutenção de ambas. Hashab, sabendo onde a irmã se encontrava, sugeriu que ele se encarregaria de levar as cestas de alimentos, vestindo-se com outros trajes, pois assim correria menos riscos de ser seguido.

Sem comunicar o fato a Jasmine, ficou combinado que dali a três dias levaria os primeiros suprimentos. Usando vestes no estilo judaico, fez-se passar por um praticante judeu em passagem pela cidade. A guarda romana que vigiava os movimentos na comunidade não deu atenção quando um veículo dirigido por um homem judeu se afastou com aparente normalidade.

A localidade, embora fosse próxima a Antioquia, demandava alguns dias pelas estradas poeirentas da região.

Antes de partir, Hashab procurou Narin para lhe agradecer a bondade com que tratara Jasmine. O ex-marido da moça o recebeu para uma farta refeição e, enquanto degustava com prazer uma taça de vinho, disse:

— Devo dizer-te, meu caro, que não foi uma decisão fácil... Relutei muito e cheguei a pensar em entregar tua irmã aos seus perseguidores... — Aceitando a sinceridade de Narin, o seu interlocutor perguntou:

— E por que não o fizeste? — Narin o fitou e respondeu:

— Tua irmã não é mais a mulher que conhecemos... É uma sombra do que foi um dia!

— Na realidade, tu também quiseste matá-la! Pobre Jasmine, apenas semeou o sofrimento e o ódio por onde passou! Conseguiste perdoá-la? — perguntou Hashab, esperançoso. Narin deu um suspiro e considerou:

— Jasmine desrespeitou profundamente a minha condição de marido. Quando a desposei, não questionei a sua origem, se era nobre ou não; agi movido pelo impulso do meu coração. Se isso significa um perdão, posso ajudá-la a se manter viva.

Hashab compreendeu que Narin estava fazendo o que podia em relação a sua irmã.

Com a consciência tranquila por ter cumprido o dever com a mãe de seu filho, Narin foi buscar a criança para ficar por algum tempo próxima ao tio. Hashab sentiu que as lágrimas corriam de seus olhos ao ver, no sobrinho, os belos traços da irmã.

Após trocarem algumas impressões sobre a situação de Jasmine e como deveriam agir, ambos se despediram, e Hashab agradeceu com sinceridade por tudo o que Narin havia feito em seu favor e de Jasmine.

O dia transcorreu tranquilo, até que, ao cair da tarde, Hashab saiu em um carro puxado por dois cavalos.

Enquanto distanciava-se, Hashab olhava as estrelas na abóbada celeste, refletindo sobre a razão de os destinos humanos serem cercados de tanta dor, uma vez que a mensagem de amor de Jesus já estava presente na Terra...

Uma voz muito suave lhe respondeu: "Porque os homens ainda insistem em andar afastados da lei de amor... Vê estas estrelas no alto! Elas nos trazem a mensagem da grandeza de Nosso Pai Celestial a nos velar os caminhos com a sua Bondade Infinita... Na Terra, os milênios passarão e ainda veremos a dor e o sofrimento como os instrumentos de resgate da humanidade recalcitrante...

"Aqueles que hoje vês sobre os tronos da ignomínia e do poder terrestres, aqueles que hoje perseguem, passarão pelas mesmas aflições... Tua irmã, hoje, resgata uma parcela das dores que gerou, mas, no futuro, tu deverás ajudá-la a resgatar o mal que ela semeou pelo caminho... Isso não se dará por agora, mas previno-te que passará muito tempo até que Jasmine possa se desvencilhar das ilusões da Terra!"

O percurso percorrido por Hashab já ia adiantado, quando resolveu parar e descansar um pouco em pequeno refúgio. Pensativo e solitário, Hashab pegou a bilha de água e tomou uns goles, servindo-a aos dois preciosos cavalos. Inadvertidamente, verificou que um conhecido seu do movimento cristão vinha em sentido contrário, retornando de Jerusalém. Após as saudações amistosas, Hashab perguntou interessado:

— Então, meu amigo, que notícias nos trazes dos irmãos distantes? Como segue o nosso movimento na Palestina?

O companheiro de fé sorriu com tristeza e tornou:

— Digo-te, Hashab, que precisamos nos unir, evitando as dissensões e a perigosa aceitação de interferências no Evangelho redentor de nosso Mestre. — Hashab, curioso, questionou:

— A que se deve isso, meu amigo? O que sabes, que não percebo o sentido de tuas palavras? — O outro respondeu atencioso:

— Muitos dos nossos companheiros, a exemplo de outros contemporâneos a Nosso Senhor, se apegam ainda à letra, desprezando o espírito dos ensinos do Mestre. Percebo que começa a existir uma disputa por posições da Terra em nosso meio... As mesmas questões que víamos nos povos pagãos! O poder temporal começa a atiçar a ambição de alguns dos nossos... — e Ariel balançou a cabeça negativamente.

Hashab ouvia espantado as observações do amigo. Jamais poderia pensar em um Cristianismo impregnado de rituais e disputas entre os cristãos. Ainda procurava compreender o significado das palavras de Ariel, quando o seu interlocutor disse:

— As vozes do céu têm se manifestado e nos conclamado a levar notícias aos demais companheiros... Por isso, aqui estou! Estou indo a Antioquia para alertar sobre acontecimentos nefastos que nos aguardam, Hashab! Dentro de alguns anos teremos mais uma perseguição do imperador e seus comparsas, inclusive em Antioquia... Desta vez, morreremos aos milhares... Não haverá piedade, nem misericórdia!

— Sim, há muito temos recebido esses avisos! Apesar disso, salvo algumas exceções, Diocleciano tem se mostrado complacente com os cristãos. — Ariel o ouviu em silêncio e disse:

— Também é verdade que entre os conselheiros de Diocleciano muitos detestam o Cristianismo. Galério, como deves saber, tem uma influência deveras negativa nas atitudes do imperador, bem como o governador desta região. Além disso, nossos irmãos da Nicomédia nos confidenciaram que o imperador está cada vez mais intransigente com a nossa causa. Nosso temor é de que esses fatos acabem levando Diocleciano à assinatura de um novo édito.

— Sim, o que dizes é certo. Confio na Providência Divina para que não se concretize uma nova perseguição. Devemos, sim, como disseste, nos unir e fortalecer a nossa fé! Que o imperador seja inspirado pelos prepostos de Jesus!

— Sim, devemos confiar... E nos preparar para o testemunho, se preciso for... — Hashab se preparava para montar no veículo e, ao se despedir, falou:

— Encontraremo-nos em Antioquia, meu amigo! Logo retornarei, após cumprir um dever cristão... — Ariel acenou e tornou:

— Sim, que Jesus o abençoe em sua tarefa!

Dessa forma, cada um seguiu o seu destino, embora não possamos dizer que Hashab estivesse absolutamente tranquilo. Esperando que fosse apenas um mau pressentimento, enfim parou diante do singelo portão que levava à residência de Jasmine. Observou se ninguém o seguira, largou o veículo próximo e entrou carregado com alguns sacos de grãos, azeite e outros mantimentos. Na entrada da residência, bateu na porta singela e Sara apareceu, aparentemente tranquila:

— O que o senhor deseja? — Hashab tirou o manto que lhe cobria a cabeça e disse:

— Diz a Jasmine que Hashab deseja vê-la. — Desconfiada, Sara retornou para o interior da casa. A seguir, Hashab ouviu o grito de Jasmine ao saber da sua chegada repentina.

Ao ver a irmã que tantas vezes buscara alertar para os enganos da Terra sem que ela quisesse ouvi-lo, Hashab sentiu as lágrimas correrem de seus olhos. Jasmine mudara muito! O rosto coberto parcialmente denunciava o que lhe havia ocorrido. Ambos se abraçaram e choraram juntos. Quanto tempo tinham ficado sem se ver?

O único afeto que restara para Jasmine era Hashab. Com ele começara a viver sem os pais e com ele terminava em uma condição dolorosa, a seu ver. Depois de algum tempo, Hashab assumiu o controle de suas emoções e, fitando-a, falou:

— Jasmine! O que te aconteceu? — Hashab observava a magreza e fragilidade de Jasmine. A moça sorriu com tristeza e disse:

— Vamos entrar, Hashab!

Após se sentarem em um modesto ambiente, Hashab observava o rosto da irmã quando ela tirou o niqab, véu que lhe cobria uma parte do rosto, e Hashab viu espantado a cicatriz que desfigurava o rosto da irmã. Jasmine, compreendendo a atitude do irmão, disse:

— Queres saber a quem atribuir isso? Vou te revelar, mas, antes, deves ouvir toda a história...

Jasmine, mais uma vez, contou ao irmão tudo o que se sucedera após a saída do palácio. Falou da participação de Septimus e de todos os fatos que haviam ocorrido.

— Depois de tudo o que te narrei — disse Jasmine —, Septimus queria me ver morta, assim como Marcellus e Flávia... — Hashab, preocupado, continuou:

— ... e Diocleciano! Ah, minha irmã, que forças geraste que agora se voltam contra ti?

— Sinceramente, não creio que o imperador se envolva nessa questão... Eu, na realidade, não sabia o que estava fazendo! Sentia-me forte, poderosa e capaz de agir sem me preocupar com as consequências...

O rapaz questionou:

— Narin me disse que passaste a simpatizar com o Cristianismo... É verdade? — Jasmine respondeu com sinceridade:

— Como não? Agora, o único consolo que tenho na vida são as palavras de Jesus! Ele me traz esperança e, quem sabe, com o tempo, poderei consertar o que fiz na minha inconsequência... Devo confessar-te, porém, que ainda me sinto apegada às coisas da Terra! E estou longe de perdoar aos que me fizeram isso, Hashab! Sofro intensamente por esta deformidade no meu rosto... — Lágrimas rolaram pelo rosto de Jasmine. Hashab a abraçou e falou:

— Isso passará, minha irmã! O que importa é que já ouviste o chamado de Jesus! Confiemos no futuro e nas promessas de um reino de amor e paz! Por ora, na Terra, não veremos a justiça e a misericórdia... Tua situação me preocupa! Podes ser perseguida por uma vingança pessoal. Ofendeste pessoas que não te perdoarão, Jasmine! — Ela baixou a cabeça e disse:

— Sim, e não terão piedade de mim! Sinto remorsos por tantas coisas... Narin, Júlia e tantos a quem prejudiquei no meu egoísmo! Quisera poder voltar atrás e refazer o meu caminho!

— Isso é certo que o farás, Jasmine; deves começar agora, mas terás outras vidas... Sabes que voltamos à Terra após a nossa morte?

— Sim, já havia ouvido falar na reencarnação, mas confesso que nunca acreditei, pensava ser uma crendice, não estava preparada para ser feliz mais adiante... Achava que deveria conquistar a felicidade a todo custo no presente.

— A maioria dos seres humanos pensa desta forma e creio que por muito tempo será assim... Quanto a ti, minha irmã, deves procurar refazer o teu caminho pela prática do bem, tentando ser útil e evitando chamar atenção. Magoaste muitos corações que não conhecem o significado desta palavra, o perdão... — Jasmine percebeu que muitos ainda poderiam sofrer em função dos atos que praticara. Sabia que, para chegar até ela, pessoas que amava seriam perseguidas para denunciarem o seu paradeiro. Convicta de que tomava a decisão mais acertada, disse:

— Hashab, sabes quanto te amo, meu irmão, mas peço-te que não venhas mais aqui... Retorna à comunidade cristã e comunica que retornarás à Massília. Se fores interpelado por alguma autoridade, diz que não me encontrou e que me consideras morta... O que não deixa de ser verdade... — Hashab, com lágrimas nos olhos, abraçou Jasmine. Depois de algum tempo, falou:

— Encontrarei uma maneira de te enviar notícias, Jasmine. Sugiro-te não confiar em ninguém, a não ser nos cristãos. — Jasmine tornou com amargura:

— Os que mais prejudiquei agora são os únicos a me acolherem! Com exceção de Narin que apesar de não ser cristão, age como tal. Talvez pelo fato de ser mãe de seu filho, ainda tenha alguma piedade!

— Deves ser grata ao pai de teu filho! Tenho certeza de que ainda te ama... — Jasmine se afastou e disse:

— Narin não me quer mais como esposa depois de tudo o que aconteceu. Auxilia-me por piedade!

Hashab permaneceu pensativo por algum tempo e ainda perguntou:

— Dize-me, Jasmine, a quem realmente amaste? Vejo que sempre procuraste o amor... — A moça o fitou com um brilho no olhar e respondeu:

— Sim, tens razão! Eu o procurei de forma errada e só cometi enganos... Não saberia te responder, Hashab!

O tempo passara e, quando ambos olharam para a pequena janela que dava para um singelo jardim, Hashab falou:

— Anoitece e preciso retornar. Ficarei mais alguns dias em Antioquia... Logo que puder, te envio notícias!

Mais uma vez, os dois irmãos se abraçaram e permaneceram assim por algum tempo.

Definitivamente, carregavam em seus corações a certeza de que estavam se despedindo pela última vez.

32

A DESCOBERTA DE LUCIUS

Apesar de as atividades administrativas tomarem largo tempo nas ocupações de Diocleciano, no período a que nos reportamos, havia retornado ativamente às batalhas na defesa das fronteiras imperiais. Intimamente, encerrava os últimos episódios, voltando-se ao que julgava ser o rigorismo das tradições familiares e religiosas.

As notícias, porém, que tinham chegado aos seus ouvidos, de que Jasmine passara a simpatizar com os cristãos — por meio de boatos em seu palácio —, superaram sua cota de indignação.

Como não bastassem as intrigas de seus assessores e Galério com os cristãos, permanentemente o incitando contra os seguidores de Jesus, aquela que parecera lhe merecer alguma atenção, pelo fato de não ter nenhuma simpatia pela seita detestável, surgia agora como uma de suas últimas "vítimas".

Aquela humildade pregada pelo Nazareno lhe causava revolta, pois não compreendia uma religião que tornava os homens fracos. "Quantos soldados preferiram o martírio e a tortura para não renegar a fé cristã?", analisava. "Indignos de defender Roma!", pensava.

Saber que Jasmine poderia se deixar supliciar pelo Mestre judeu, abstendo-se de sacrificar aos deuses enérgicos e orgulhosos de Roma, criava um obstáculo intransponível aos seus olhos, encerrando o assunto definitivamente.

Por este período, quando retornava de uma das batalhas, resolveu permanecer em Antioquia, onde ele mandara construir um palácio para usufruir da cidade que realmente apreciava. Essa atração por Antioquia era peculiar aos imperadores romanos, que viam o local como uma "segunda Roma" e, assim como eles, Diocleciano ali permanecia por longos períodos entre uma campanha e outra.

Próximo da cidade, as legiões se organizavam para novas batalhas, se abasteciam, e planos eram traçados para uma nova investida. Entre as que provinham das fronteiras, encontrava-se alguém já conhecido nosso, Lucius, um ambicioso soldado a serviço de Septimus. Após cansativos dias em viagem regular, a sede e o cansaço se faziam sentir; era urgente a necessidade de parar para restabelecer as forças, a fim de prosseguir por mais algumas milhas até Antioquia.

Por se encontrar em aprazível localização na estrada que conduzia até a cidade, rodeada por palmeiras que propiciavam alívio em virtude do sol causticante, seguidamente os viajantes vinham se dessedentar na casa onde Sara e Jasmine se encontravam.

Naquela tarde quente de verão, Jasmine havia ido buscar água no poço que ficava na frente da propriedade e percebeu, pelo galopar dos cavalos, que se tratava de um número maior de cavalariços. Precavendo-se para não ser vista, pegou a bilha de água e voltou para dentro da casa. Lucius, que vinha mais à frente, percebeu o vulto feminino que entrara na residência. Logo ao descer da montaria, ao deparar com Sara, solícita, falou com a arrogância natural de um romano:

— Mulher, precisamos dessedentar os animais e a nós mesmos! Traz água sem demora, desejo chegar o mais rápido possível a nosso destino.

Sara curvou-se e foi até o poço encher as bilhas com água. Nervosa diante da guarda romana, deixou cair uma das jarras, o que irritou Lucius. Impaciente e com um olhar ameaçador, bradou:

— O que tens, mulher? O que te assusta dessa maneira? Não consegues servir água para os cavalos? O que temes?

Sara, trêmula, respondeu:

— Nada, senhor, apenas gostaria de bem vos servir... — Lucius voltou-se e, olhando para a casa, falou:

— Por que não mandas tua filha te ajudar? Vi quando entrou na casa, aliás, muito apressadamente. — Sara sentiu um frio lhe percorrer a espinha e tornou:

— Minha pobre filha é doente, senhor. Tem o corpo tomado de feridas, por isso ela prefere se esconder.

Intrigado, Lucius ordenou:

— Traze-a aqui, para que eu possa vê-la. Apesar de ser doente, percebi que possui belos cabelos... — Ouviu-se uma risada geral do grupo de soldados. Sara tentou ainda:

— Temo que seja contagiosa esta peste. Alguns viajantes nos trouxeram esta desgraça! Ela não fala mais desde que isso aconteceu... Seu rosto está deformado... — Nervosa, Sara caiu em pranto, mais pelo desespero de ver que Jasmine estava em perigo. Irredutível, mas receoso, pois naquela época a lepra era uma doença comum e muito temida, disse:

— Dize para tua filha caminhar até a varanda da casa...

Sem saber o que fazer, Sara entrou e, desesperada, abraçou-se a Jasmine, que ouvira toda a conversa. A jovem já havia colocado algumas faixas de panos nas mãos e, com um véu na cabeça, saiu para a varanda. Sem se aproximar muito, Lucius a observou e teve a certeza de que se tratava de uma jovem leprosa. Fitou rapidamente a moça e exclamou:

— Não te aproximes! Volta para dentro de tua casa e estás proibida de servir água para os romanos... Deverias estar em algum vale, longe de todos! Agora, vai, some da minha frente!

Jasmine se curvou levemente e retornou para dentro da casa. Após serem devidamente abastecidos com a água fresca da propriedade, o grupo se retirou, deixando uma nuvem de poeira atrás com o galopar dos cavalos.

Ao se encontrarem sozinhas, Sara e Jasmine se abraçaram, aliviadas. Haviam passado por um grande perigo.

— Conheço esse soldado... Tivemos sorte por Lucius não tomar a atitude própria dos soldados romanos! Quando morava com meus pais em Antioquia, os soldados invadiram nossa casa, destruíram e saquearam tudo o que possuíamos... além de os assassinarem!

Sara ouviu compadecida e disse, passando a mão calejada sobre os cabelos de Jasmine:

— Pobre filha! Já sofreste bastante... Não atribuas à sorte a proteção dos deuses, Jasmine. Eles nos protegem por serem misericordiosos, querida. Devemos, contudo, nos precaver, pois poderão retornar...

— Lucius saiu apavorado — disse Jasmine, esboçando um sorriso.

— Como o conheceste? — Jasmine baixou a cabeça e explicou:

— Partilhei com ele uma ideia infeliz, que me conduziu até aqui... — Sara, assustada, falou:

— Pelos deuses! Estás realmente em perigo, devemos avisar o senhor Narin... — Jasmine fez um sinal negativo e retrucou:

— Proíbo-te de avisar Narin! Se ele souber, estará também em perigo, poderão matá-lo, e não desejo ter mais esse remorso em minha consciência...

Sara concordou, pois não faria nada que colocasse a vida de Narin em risco.

Haviam se passado por volta de duas horas e Lucius seguia ensimesmado no caminho até Antioquia. Algo o incomodava, sem saber exatamente do que se tratava. Após pensar no que deixara passar despercebido, lembrou-se da cena que vivera poucas horas antes, quando parara para dessedentar os cavalos. Veio-lhe, então, à mente o vulto de uma mulher carregando uma bilha de água... Com o rosto coberto, cabelos negros soltos, uma silhueta que lhe era conhecida... Podia estar enganado, mas... aquela mulher podia ser Jasmine!

Lembrou-se do nervosismo da mulher mais velha... A mulher tremia, e ele precisara insistir para ver a "filha" leprosa...

"Posso estar enganado, mas poderia jurar que aquela mulher era Jasmine!" Teria Jasmine o cinismo de se passar por leprosa? Mais uma vez ela o enganava, assumindo um disfarce!, pensou.

Em nenhum momento — lembrava-se — ela o fitara nos olhos. Baixara o olhar como se tivesse vergonha, o que lhe parecera natural em uma mulher pobre e doente.

Sim! Não tinha mais dúvidas, havia encontrado Jasmine! Poderia matá-la como havia prometido a Septimus, mas agora parecia-lhe mais interessante negociar com quem lhe desse mais. Com a mente febricitante, Lucius pensava, influenciado, certamente, pelas mentes que vibravam no mesmo diapasão mental: "Quem haverá de me dar maior recompensa do que o imperador?" Sabia do orgulho de Diocleciano e da ilusão de ter controle sobre tudo. Deixara Jasmine escapar de suas mãos, saindo do palácio praticamente sob suas vistas... Sorrindo, satisfeito, Lucius decidiu que faria uma proposta a Diocleciano; antes, porém, era preciso retornar à casa da estrada para se certificar de que encontrara Jasmine.

Imediatamente, Lucius falou alguma coisa com um dos oficiais que o acompanhavam e, dando meia-volta, retornou a galope para o local onde supunha estar a moça.

A princípio, Sara, surpresa, tentou impedir sua entrada inesperada, mas ele a empurrou e, procurando pelos aposentos da casa, veio a encontrar Jasmine na varanda dos fundos em uma atividade doméstica.

Com o rosto parcialmente coberto, o olhar que Lucius tão bem conhecia a denunciou. Jasmine ia sair rapidamente, mas Lucius a segurou pelo braço:

— Tenho um assunto de teu interesse para tratar... Será melhor que ouças. — Percebendo que não havia outro recurso, a moça se sentou e indagou:

— Como me achaste? E Septimus? Ainda me persegue? Pensei que tinhas te convencido ainda há pouco... — Lucius deu um sorriso irônico e afirmou:

— Septimus morreu em batalha de maneira "estranha". Sim, realmente me havias convencido. Ocorre que me lembrei de ter visto teu vulto ao longe, e os deuses me disseram que era tu!

Atenta, Jasminc o ouvia; ele prosseguiu:

— Teu maior inimigo, se assim podemos nominar um, afinal de contas, tu conquistaste tantos, não é mais Septimus. Soube que Marcellus almeja colocar as mãos em ti, para uma vingança pessoal, depois de ter acumulado ódio por muito tempo. Deseja te matar, não sem antes vingar-se de ti impiedosamente! — Jasmine, fixando seu interlocutor, perguntou:

— Vais me entregar a ele? Por que não o trouxeste?

— Não desejo isso, Jasmine. Penso que poderia lucrar alguma coisa com a preciosa informação do teu paradeiro. A mim agradaria muito falar com Diocleciano a teu respeito... — Jasmine se levantou assustada e questionou:

— Diocleciano? Estás louco? O que desejas ganhar com isso?

— Calma, Jasmine! Ouve o que tenho para te propor. Contarei sobre Septimus e como te convenceu a vingar-te de Marcus para ele poder ficar com Júlia. Egoísta como era, sei que se envolveu nesta trama visando à própria felicidade. Direi a Diocleciano que desejavas voltar para a Nicomédia, mas a cicatriz em teu rosto te impediu de retornar... Sabes que o imperador é um homem vaidoso, não será difícil fazê-lo acreditar na mudança dos teus sentimentos.

Preocupada, Jasmine perguntou:

— Achas que ele irá acreditar, Lucius? — O rapaz sorriu e tornou:

— Não me enganei quando percebi o afeto que te consagra... — Nervosa, a moça falou:

— Temo pela decisão que ele tomará a meu respeito...

— Deves saber, Diocleciano jamais revela seus sentimentos. Com certeza tentará me fazer acreditar que seu interesse está na batalha contra os persas, para depois dizer o que realmente deseja fazer...

A resposta não era a que Jasmine desejava ouvir. Com lágrimas nos olhos, reclamou:

— Não suporto viver assim, fugindo, me escondendo. Além disso, minha saúde ficou prejudicada quando Marcus me atingiu, não poderei fazer uma viagem longa agora. Ainda assim, prefiro as torturas de Diocleciano a encontrar Marcellus.

Lucius ponderou por alguns minutos e falou:

— Não te deixarei à mercê de Marcellus; precisas sair daqui, logo ele te encontrará!

Após breve silêncio, Jasmine pediu:

— Façamos assim: vai até Diocleciano e o convence de que, se ele permitir, irei embora para sempre, mas antes desejo lhe falar... — Surpreso, Lucius arguiu:

— Terias coragem de te colocar em perigo desta forma para falar-lhe?

— Não se trata disso, Lucius! Tenho uma dívida com o imperador, pois dei a minha palavra e, independentemente dos crimes que cometeu, e alguns dos quais fiz parte, não sou desleal. Depois, poderei partir para sempre!

Lucius pensou e respondeu:

— Farei o que me pedes, mas levarei uma mensagem tua por escrito, para que ele se certifique de que te encontrei. Não sei se ele confiará na minha palavra, apesar de já ter dado provas da minha lealdade.

Jasmine concordou e, após colocar alguns rolos de papiro em cima de uma mesa, começou a escrever. Dessa maneira, Lucius se dirigiu a Antioquia levando a carta de Jasmine. Logo ao chegar, encontrou-se com Arrius, Marcellus e Maximus nas proximidades do palácio.

Velhos companheiros de antigas batalhas, foi com alegria que os antigos legionários se cumprimentaram e se dirigiram a uma taberna, onde imediatamente mandaram encher as taças de vinho. Os assuntos eram inúmeros, sendo um dos mais lamentados a morte de Septimus. Lucius falou com a seriedade que o momento exigia:

— Os deuses abandonaram nosso dedicado general desde o momento em que se envolveu com aquela cobra em forma de mulher! — Marcellus deu uma gargalhada e tornou:

— A quem te referes? Não há de ser à linda e casta Júlia, minha cunhada, por certo... — Lucius retrucou:

— Sabes que não é a ela que me refiro. Aliás, aquela a que me refiro também te levou à Hispânia...

O grupo riu à vontade. Percebendo a alusão de Lucius a Jasmine, Marcellus, irritado, mentiu, aumentando o seu encargo no caso:

— Sei de quem falas, mas talvez não saibas... Estou autorizado por Diocleciano a capturá-la e matá-la com minhas próprias mãos se o desejar... — e, tomando um gole de vinho, prosseguiu: — E é claro que o desejo! Aliás, é o que mais desejo na vida!

As risadas, os remoques, se multiplicavam. Maximus, que permanecera em silêncio, recordou:

— Lembro-me de quando praticamente apresentei Jasmine a Septimus! Não poderia imaginar que as coisas seguiriam o curso que tomaram. O que me reconforta é que agora é o próprio imperador que deseja vingar-se de suas mentiras. Chego a sentir um pouco de pena; receio que não haverá piedade no caso dela. Afinal de contas, foi ela quem assassinou Marcus!

Lucius e Arrius se entreolharam significativamente, pois sabiam toda a verdade! Jasmine ferira Marcus, mas Arrius havia desferido o golpe fatal... Estavam diante do irmão da vítima e era preciso alijar de seus ombros qualquer suspeita. Procurando incriminar Jasmine, Arrius afirmou:

— Jasmine não é mais aquela mulher que conheceram. Antes de morrer, Marcus a feriu em pleno rosto, ficando ela deformada... Isso a deve ter levado a matá-lo! Ao menos foi o que Septimus me confidenciou... — Arrius percebeu que havia revelado mais do que seria necessário. Marcellus o questionou, sopitando a raiva:

— Como Septimus poderia saber desses detalhes? Só se os tivesse presenciado... — Arrius se apressou e falou:

— Contei o que sei, Marcellus! Isso poderá ajudar nas tuas buscas por Jasmine. Fica sabendo que ela é uma sombra do que foi um dia, pois cobre o rosto, inclusive. Foi o que Septimus me relatou, entre outras coisas...

O semblante de Marcellus, demonstrando curiosidade, o incentivou a prosseguir, porém, com o intuito de mudar o rumo da conversa, ele revelou:

— Deves saber também que Jasmine pretendia voltar para o palácio. Não o fez por ter perdido a antiga beleza, com medo de ser desprezada... — Marcellus, que sabia da aversão que Jasmine sentia em relação a ele, tomado pelos ciúmes, tornou:

— Sempre soube que Jasmine não valia nada! Pobre de meu irmão, que se envolveu com essa mulher! No final das contas, teve o fim que se esperava: acabou assassinado por ela!

Lucius, que não via a hora de aquela conversa terminar, finalizou:

— Esse assunto não nos diz respeito, na verdade. A moça está desaparecida e talvez nunca a encontremos...

Marcellus, por sua vez, asseverou, ameaçador:

— Se a encontrar, acertarei velhas contas; ela terá o que merece!

Percebendo que afastara qualquer suspeita sobre a sua participação na morte de Marcus, Arrius deu-se por satisfeito e se retirou.

O grupo continuou bebendo até altas horas, quando se recolheu aos seus aposentos. Alguém, no entanto, não conseguiu conciliar o sono, apesar do cansaço — Lucius, que, preocupado, percebeu que a sua empreitada seria mais difícil do que imaginara.

No dia seguinte, Diocleciano seguia em conversa com seus generais sobre os movimentos das legiões, enquanto Lucius aguardava uma oportunidade para se aproximar. Sabia que o protocolo estabelecido por Diocleciano era rígido e precisava de uma oportunidade, pois não pertencia ao seu restrito círculo de convivência.

Quando todos se retiravam, com uma exagerada deferência — tão ao gosto de seu interlocutor —, o soldado solicitou uma breve entrevista, apesar do risco que corria com tal atitude. Diocleciano conhecia Lucius por ele lhe ter prestado um pequeno serviço no palácio e, impaciente, fez um sinal assertivo e aguardou. Lucius começou a falar:

— Vossa Majestade imperial, tenho notícias que talvez possam vos interessar. — Diocleciano o observava, desconfiado das suas intenções, pois sabia que Lucius era muito próximo de Septimus.

— Dize logo o que desejas, meu tempo é precioso...

Lucius se apressou em falar, dissimulando suas intenções:

— Soube que a mulher responsável pelo assassinato do jovem patrício Marcus Tulius está sendo procurada... Ontem, por acaso, ouvi o irmão de Marcus, Marcellus, se referir à jovem com intenções cruéis. Revelou-se ele frustrado por não ter conseguido fazer-se amar pela moça, sendo homem de tantas conquistas... — Diocleciano fulminava Lucius com o olhar. A certa altura, perguntou:

— O que desejas realmente? Não sei até que ponto também tu estás envolvido nessa história. Não vou me interpor nesse caso familiar; já autorizei que prendam os culpados. Infelizmente, Septimus sucumbiu em batalha... Foi uma decisão dos deuses! — Lucius, perspicaz, prosseguiu:

— Nada tenho a ver com a fuga de Jasmine. Isso foi um acordo entre ela e Septimus. Refiro-me ao ciúme que Marcellus demonstrou ao saber que a jovem, vamos dizer, vos estimava muito...

O imperador arqueou as sobrancelhas, revelando interesse. Lucius o observou e continuou a exposição dos fatos:

— Prometeu diante de outros camaradas matar a moça, não sem antes humilhá-la de todas as formas possíveis. Digo-vos, senhor, que o ódio que Marcellus diz sentir está longe de ser verdade. Ele a ama e se sente despeitado por ela não lhe ter correspondido. — Diocleciano o ouviu em silêncio. Após o término do relato, perguntou:

— O que eu poderia fazer, se essa mulher desapareceu da face da Terra?

— Senhor, é por isso que estou aqui. Eu a encontrei e vos afirmo que ela está vivendo próximo, diria a algumas poucas léguas daqui!

Ao saber que Jasmine se achava por perto, Diocleciano desejava confrontá-la, puni-la de alguma maneira. Não obstante, considerava essa uma prerrogativa sua; não podia permitir que Marcellus a maltratasse, principalmente ferindo-a em sua dignidade feminina, o que certamente aconteceria. Procurando obter mais alguma informação, disse:

— Disseste que ela tinha estima por mim, mas a verdade é que essa mulher, a tal Jasmine, se afastou de minha proteção e, portanto, nada poderei fazer por ela. Ela buscou a situação que está vivendo... — Lucius, sentindo que perdia a "recompensa" que imaginara ganhar, rapidamente contestou:

— Senhor, devo vos contar a verdade sobre os fatos. Septimus a convenceu a sair do palácio para matar Marcus, assim ele se casaria com a nobre Júlia. Jasmine desejava voltar para a Nicomédia e só não o fez por ter sido deformada no rosto pelo próprio Marcus antes de morrer!

— Como poderei saber se dizes a verdade? — perguntou Diocleciano, recalcitrante.

— Trouxe uma carta de próprio punho de Jasmine para comprovar o que estou dizendo... — arriscou Lucius.

A versão contada por Lucius mudava significativamente os fatos conhecidos daquela história. Jasmine passava de algoz a vítima e merecia algum crédito, com direito a contar a sua versão dos acontecimentos.

"Não posso deixá-la nas mãos de Marcellus", pensou Diocleciano. Também não poderia se envolver naquele assunto, pois, ao contrário de seus antecessores, detestava aquele tipo de escândalo.

Teria que confiar no — nada confiável — Lucius e ver como poderia, mais uma vez, interferir por Jasmine. Após pensar por algum tempo, definiu:

— Perdemos uma batalha de grande importância para o futuro do império. Não me envolverei nesse assunto. Dar-te-ei uma avultada soma, para que a leve embora desta região. — Lucius, vendo as últimas esperanças em uma valiosa recompensa caírem por terra, ainda tentou:

— Senhor, Jasmine disse que partirá, mas deseja, ainda uma vez, vos falar... — Diocleciano, surpreso, tornou:

— Entrega-me a carta, verei o que Jasmine tem a me dizer e tomarei uma decisão.

Satisfeito, Lucius entregou a correspondência de Jasmine. De uma coisa tinha certeza: o desfecho desta história ainda era imprevisível...

33

O CIÚME DE RANIA

Enquanto isso, na casa de Narin, a reaproximação de Narin e Jasmine desesperava Rania de ciúmes. A liberdade que Narin havia dado à jovem fizera com que tomasse providências em relação a pequenos detalhes da vida do homem que amava.

Convém ressaltar que o amor de Rania era um amor possessivo, egoísta. Possuía um amor que sufocava, sendo ela a primeira vítima, pois vivia torturada por tais sentimentos.

Anoitecia e no céu as primeiras estrelas surgiam fagueiras, convidando os seres humanos às mais profundas reflexões sobre a existência. Perdido em seus pensamentos, Narin se surpreendeu ao ouvir o nome de Marcellus Severus ser anunciado por um servo. Com um sinal, deu permissão à sua entrada.

Vendo que Rania lhe trazia vinho e frutas, indicou uma mesa para que a jovem depositasse ali a refeição. Marcellus, ao vê-la passar em direção ao interior da residência, comentou com malícia:

— Vejo que esqueceste rápido de Jasmine! É uma mulher atraente... — Narin permaneceu sério e perguntou:

— A que devo a honra, centurião? — Marcellus pegou uma maçã da bandeja e, mordendo-a, afirmou:

— São as melhores frutas do império, garanto... Deves saber que tua mulher está sendo procurada pelo imperador. Está sendo acusada de matar o meu irmão!

Narin fez um sinal, concordando, e afirmou:

— Jasmine não é mais minha mulher. Soube que ela está envolvida nesse assunto. Jasmine destruiu a própria vida de uma maneira incompreensível! — Marcellus se levantou e comentou:

— Deves odiá-la pelo que te fez passar! Além do mais, trouxe a vergonha para a tua casa. Todos sabem que ela foi amante não apenas de Marcus, mas do próprio imperador! Eu também... — Narin o interrompeu, indagando:

— O que desejas, Marcellus? Que tenha mais ódio de Jasmine? Isso seria impossível! — mentiu Narin.

— O que desejo? Que me digas onde ela está se o sabes! Não creio que vás escondê-la da justiça, mas sabe como são essas coisas do amor... — disse Marcellus, novamente acomodado com displicência sobre uma cadeira.

— Lamento, mas não tenho nada a te dizer. Soube que ela esteve em Antioquia, mas que iria para outro lugar, talvez junto ao irmão, que ignoro onde esteja.

O centurião ficou sério e arrematou:

— Sei que não está com o irmão; ele esteve há pouco na cidade... Deve tê-la visto, esses miseráveis cristãos a estão ajudando... E dizer que ela os denunciou, entregando-os a Diocleciano! Pobres coitados sem honra nem amor-próprio!

Desejando encerrar a conversa, Narin falou:

— Ficarei atento e, se souber de alguma coisa, avisarei. Jasmine, como deves ter percebido, é passado. De agora em diante, desejo ter paz e criar meus filhos! — Marcellus riu e tornou:

— Faz bem, meu amigo... Agora sei que estás em boa companhia! — e se retirou a passos largos.

Narin, por sua vez, levantou-se e caminhou pelo ambiente, para pensar no que fazer a fim de evitar que Marcellus obtivesse êxito em seu intento. Esquecia, porém, que aninhava sob o seu teto alguém que odiava Jasmine tanto quanto Marcellus: Rania, que estudava uma forma de fazer justamente o contrário, ou seja, entregar Jasmine a Marcellus.

Sendo Zaíra a sua confidente, Rania expôs a ela o que tencionava fazer. Preocupada, Zaíra retrucou:

— Entendo os teus sentimentos, Rania, mas deves lembrar que nosso amo poderá ser prejudicado se for descoberto que protege Jasmine. Não entendo como um homem como ele ainda pode sentir alguma coisa por aquela mulher... — Rania a fitou irritada e lhe disse:

— Narin sente piedade de Jasmine, Zaíra! Não é amor, mas piedade! A questão é que, se não agirmos com rapidez, poderemos perder a oportunidade. Ela é mãe de Shadi, e isso sempre será um vínculo entre os dois, Narin e a detestável Jasmine!

Zaíra pensou e afirmou:

— Precisas avisar o romano do paradeiro de Jasmine sem, porém, dar a conhecer que és tu quem a denuncia... Isso porque, se Narin descobrir, poderá te matar! — Rania concordou e considerou:

— Para permanecer incógnita, terei que fazer anonimamente, por uma carta. Tu te lembras do escravo grego, Aquiles, que se diz apaixonado por mim? Ele sabe ler e escrever e, se eu lhe der alguma esperança, talvez concorde em nos ajudar...

— Sim, pode ser uma boa ideia! Deverás te prevenir, pois quando descobrir que está sendo usado poderá se vingar de ti...

Rania riu alto.

— Não te preocupes, Zaíra. Saberei afastá-lo no momento certo!

Assim, Rania saiu à procura de Aquiles, dando início a uma sequência de atos que seriam desastrosos para todos os envolvidos.

Alguns dias mais tarde no palácio, distraído, Lucius não percebeu que estava sendo observado cuidadosamente.

Era Marcellus, que, desde o dia em que estavam reunidos na taberna, havia se intrigado com o seu silêncio e visível nervosismo. Outrossim, as viagens repentinas de Lucius, quando ficava dias afastado, a conversa em particular com Diocleciano, tudo lhe reportava que algo estranho acontecia.

"O que um reles soldado terá a tratar com o imperador?", perguntava-se. "O que poderá ser de interesse comum?" — e prosseguia respondendo a si próprio: "Algo ou alguém de quem os dois possam ganhar alguma coisa!"

Assim, naquele fim de tarde, quando exausto pelas viagens seguidas Lucius chegou ao palácio, Marcellus o aguardava próximo à sala principal, onde o imperador se encontrava. Sem meias-palavras, o interpelou:

— Meu caro Lucius, andas atarefado, pelo que tenho observado. Posso ajudar em alguma coisa? Não me satisfaz ver um amigo nestas condições... — Lucius, surpreso e com o rosto suado, respondeu:

— Nada que possa te preocupar, Marcellus! Estás, no entanto, certo; o imperador me deu uma tarefa que me honra e faço questão de cumpri-la a contento. — Marcellus se aproximou e comentou com ironia:

— Fico pensando no que poderia ser essa "tarefa"... Ou talvez uma missão de interesse particular do imperador? Não contarias isso a teu superior e amigo de tantas campanhas? Lembras? Antes de te associares a Septimus, como nos divertíamos em nossas noitadas em Roma! — Impaciente, Lucius respondeu:

— Sim, lembro, sem dúvida! Quanto ao assunto a ser tratado com o imperador, não tenho permissão para revelá-lo. Compreendes que não poderia trair a confiança de Diocleciano.

Marcellus, por sua vez, irritado, exclamou:

— Sei que escondes algo, Lucius! Septimus não agiu sozinho quando tirou Jasmine do palácio. Deve ter tido cúmplices, e aposto tudo o que tenho que um deles era tu!

Uma sensação desagradável atingiu o estômago de Lucius. Ele retrucou:

— Achas que Septimus se serviria de um soldado como eu para raptar a mulher que Diocleciano protegia? — Lucius riu nervosamente e contrapôs: — Acreditas que eu correria esse perigo? Nem a minha fidelidade a Septimus me levaria a isso.

Naquele momento, um dos homens da guarda pessoal de Diocleciano apareceu na porta e, levantando pesado reposteiro, perguntou:

— O que está acontecendo? O imperador está sendo importunado por esse falatório!

Lucius aproveitou a interrupção da conversa e completou:

— O imperador deseja falar-me... — Ao que o soldado lhe deu passagem.

Assim, Lucius entrou e viu Diocleciano de pé, diante de uma mesa onde se encontravam diversos documentos. Sempre voltado para os seus interesses, mantendo-se afastado dos acontecimentos com uma frieza calculada, o assunto em questão modificava suas disposições. Mesmo assim, a simples ideia de que tivesse sido traído pela moça, de que ela houvesse mentido para sair do palácio, atingia de maneira inquestionável o seu orgulho.

Ah, o orgulho, a quantos tem feito se perderem ao longo das existências! Falsa ilusão de sermos infalíveis e superiores aos outros, há quanto tempo tem sido nosso companheiro inseparável, nos levando de queda em queda, até compreendermos a lição da humildade de nosso mestre Jesus?

Sentindo que Jasmine já o havia usado inúmeras vezes para beneficiar-se, dominado pelo orgulho ferido, ao perceber a presença de Lucius, asseverou:

— Não costumo rever minhas decisões e nesse caso considerei algumas circunstâncias. Fiz o possível para ajudar Jasmine enquanto ela esteve em meu palácio, porém, desde o dia em que ela ultrapassou aqueles muros, nada mais posso fazer... Ela escolheu o seu caminho, não depende mais de mim a sua sorte!

Desesperado, Lucius ainda tentou:

— Ela não retornou à Nicomédia por causa do ferimento no rosto, senhor! — Revelando sentimentos contraditórios, relutante, Diocleciano perguntou:

— O seu rosto, como ficou? — Lucius compreendeu que ele queria saber se ela perdera a beleza que havia impressionado a tantos, mas que também fora a causa de suas quedas. Com discrição, informou:

— Jasmine cobre parcialmente o rosto como as orientais, senhor. Pude reconhecê-la pelo olhar, que ainda é o mesmo!

Apesar da curiosidade em vê-la, Diocleciano entendeu que ela desejava apenas a sua proteção, visto que estava sozinha, abandonada por todos, e precisava do amparo de alguém. Voltando-se para Lucius, sentenciou:

— Esta é minha última palavra sobre este assunto, que considero encerrado!

— Vossa Majestade imperial, se me permite... Jasmine está doente, não sei se sobreviverá a qualquer viagem... Não desejarias, augusto imperador, falar-lhe apenas para mostrar a vossa magnanimidade? Sempre fostes justo em todas as vossas decisões; não caberia em vosso coração o perdão?

Pensativo, Diocleciano caminhava de um lado a outro. A seguir, comentou:

— Estarei na frente de batalha por algum tempo, não sei quando retornarei. Se então ela ainda quiser falar-me, poderei pensar no assunto. Não insista, pois não a verei neste momento!

Reconhecendo que não poderia mais levar adiante o assunto, Lucius se retirou. Quando conhecera Jasmine, no auge de sua beleza, nas festas que aconteciam na Nicomédia, ainda em companhia de Septimus, jamais poderia imaginar que terminaria naquelas condições. "Ah, os deuses foram cruéis com a pobre moça!", pensou.

O oficial saiu com o passo apressado para fora da sala, indo direto para suas acomodações junto à soldadesca. Decepcionado com a frieza do imperador, pensava em como levaria a resposta de Diocleciano a Jasmine.

Na casa de Narin, após conversar demoradamente com Aquiles, o escravo grego, em seus aposentos, Rania disse:

— Tu não a conheceste, mas o nosso amo Narin foi casado com uma mulher que o abandonou, deixando-o com os três filhos. Tenho muita pena dele; é lamentável como uma mulher pode ser tão má!

Aquiles a observava atento e perguntou:

— Ela era a mãe das três crianças? Como poderia fazer isso? — Rania aproveitou o interesse do rapaz e esclareceu:

— Não, apenas dos meninos, a primeira filha é do casamento anterior, mas a mãe da menina morreu. A vida de nosso amo é uma tragédia!

O rapaz, ingenuamente, concordou, dizendo:

— Uma mulher que não ama os filhos não merece nada... Nem as feras rejeitam a cria! — Animada, Rania disse:

— Que bom que pensas assim, Aquiles! Também concordo... Além do mais, nosso amo corre perigo!

— Como assim, Rania? — perguntou o rapaz, interessado.

— Outro dia, um centurião romano esteve aqui e fez ameaças a Narin, dizendo que essa mulher, Jasmine, cometeu um crime e está sendo procurada... Acham que nosso amo está envolvido no desaparecimento dessa mulher. Que absurdo! — Influenciado pelo amor que sentia por Rania, Aquiles se ofereceu:

— Se eu pudesse, ajudaria em alguma coisa, mas sou apenas um escravo! — Os olhos de Rania brilhavam quando ela completou:

— Talvez possas ajudá-lo! Deixa-me pensar... Se eu descobrir onde essa mulher se encontra, poderei escrever uma mensagem anônima, denunciando para os romanos o seu paradeiro. Assim, esse assunto estará resolvido! Certamente, não quero te prejudicar... Mas estaríamos fazendo justiça, dando-lhe o que merece!

Aquiles, enciumado, falou:

— Ouvi comentários de que és próxima de Narin. É verdade? — Rania baixou os olhos e explicou:

— Sabes que não tenho escolha. Tenho evitado ao máximo ficar na presença dele, para que não se lembre de mim.

— Entendo a tua situação, Rania, e não te condeno. Tenho irmãs e sei que estão passando pela mesma humilhação.

— Ao menos ele não nos maltrata! Um dia, comprarei a minha liberdade e poderei sair daqui e encontrar alguém que me queira verdadeiramente... — disse a moça, com o olhar lacrimoso.

Aquiles se aproximou e declarou:

— Sabes o que sinto por ti, Rania! Se o teu coração está disponível, poderás encontrar no meu todo o amor do mundo!

Rania, sorrindo, o envolveu em um olhar promissor e comentou:

— Adoraria entregar o meu coração a ti, Aquiles. Tens todos os atributos que aprecio em um homem... — O rapaz, embevecido, a segurou pelos ombros e a beijou.

Rania tentou se desvencilhar, mas cedeu, propositadamente. Aquiles precisava acreditar que ela o aceitaria. Sem pensar nas consequências de seus atos, a moça iludia um coração bondoso e inexperiente, que lhe cobraria com juros no futuro a sementeira de ilusão que acabava de plantar.

Dessa forma, os planos de Rania seguiam conforme desejava, pois Aquiles prontamente redigiu um bilhete anônimo dirigido a Marcellus, no qual dizia que encontraria Jasmine no fórum de Antioquia em torno de dez dias.

Temerosa de que Narin pudesse desconfiar de alguma coisa, Rania pediu a Aquiles que entregasse a Marcellus o bilhete em Palmira, cidade próxima de Antioquia, onde algumas legiões permaneciam acampadas aguardando as ordens imperiais.

Aquiles prontamente se dispôs ao tentame, acreditando cativar ainda mais o coração de Rania. Com a desculpa de que uma tia se achava adoentada em local distante, Rania pediu a Narin para se ausentar. Na realidade, iria a Apameia depois de solicitar a uma das sentinelas fiéis a Narin para interrogar, com inequívoca crueldade, o escravo que fazia a entrega de mantimentos para Jasmine e Sara.

Tudo deveria ocorrer da maneira que delineara, para que pudesse garantir que Jasmine não voltaria para destruir o que julgava ser a sua felicidade.

Sabia que o coração de Narin, inclinado ao bem, poderia sucumbir diante de Jasmine pelos laços afetivos que os ligavam. Na realidade, ainda poderiam voltar a ser uma família, uma vez que o tempo passasse e Narin perdoasse a infidelidade de sua mulher.

"Apesar dos riscos, preciso lutar pela minha felicidade!", considerava a moça. "Narin é bondoso demais, acabará perdoando a infidelidade de Jasmine!"

Sem que Narin soubesse a verdadeira razão, Rania pediu que o mesmo escravo que levava os mantimentos a acompanhasse para ver sua "tia". Como não desconfiava de nada, Narin consentiu, dizendo-lhe que levasse alguns alimentos, caso sua tia necessitasse.

Pelas distâncias a serem percorridas, Aquiles partiria imediatamente para Palmira com o fim de entregar a mensagem a Marcellus; Rania sairia na semana seguinte em direção a Apameia, com a intenção de livrar-se de uma vez por todas de Jasmine.

Neste ínterim, em Palmira, Lucius aguardava impaciente o desenrolar dos fatos. Sentia o olhar felino de Marcellus fixo em seus mínimos atos e sabia que não poderia ludibriar por muito tempo o centurião.

Com essas impressões, Lucius juntou-se a outros soldados que se divertiam com piadas, ridicularizando seus inimigos.

Precisava demonstrar-se descontraído, para que Marcellus o deixasse em paz.

Quando percebesse que a situação estava sob controle, retornaria a Apameia para levar a decisão final de Diocleciano para a moça.

A ida de Rania em busca de Jasmine revelou-se cansativa e sujeita a grandes perigos na estrada. Rania pensou em desistir, e foi preciso muita persistência e o ardente desejo de terminar com a vida de Jasmine para que ela finalizasse a empreitada.

Era noite quando o escravo parou diante da pequena casa onde Jasmine residia. Rania não acreditava que a orgulhosa e arrogante Jasmine — segundo a julgava — morasse naquele lugar.

Após bater na porta sem que ninguém a atendesse, Rania chamou o nome de Jasmine e Sara. Depois de alguns minutos, Sara abriu uma fresta de uma janela lateral e, após reconhecer a moça, abriu a porta principal.

Rania havia preparado um roteiro teatral no qual deveria representar a gravidade da situação que a levara até aquele local. Logo após entrar na casa simples, aparentemente chorando, disse a Sara e Jasmine:

— Graças aos deuses consegui encontrá-las! Jasmine, Narin pediu que viesse te buscar, pois Shadi está muito doente! Nosso menino, com a tua permissão para tratá-lo assim, está com uma febre maligna e chama por ti sem cessar! — Jasmine a acolheu e, segurando as mãos de Rania, exclamou, com o olhar marejado de pranto:

— Rania, conta-me como isso aconteceu! Por que não me avisaram antes? — Rania prosseguia, representando grande sofrimento:

— Pensávamos que ele se recuperaria... Pelos deuses! Narin chamou o melhor médico de Antioquia! — Rania observava

Jasmine enquanto falava. — O menino chama pela senhora! Tentei acalmá-lo, mas não adiantou; ele chora pela mãe! — Jasmine olhou para Sara e exclamou:

— Vou até Antioquia, me ajuda a arrumar algumas coisas... — Sara, preocupada, interpôs:

— Sei que não posso te impedir, minha querida, deves fazer o que o teu coração manda... Porém, tem cuidado, Jasmine! Tua vida corre perigo!

— Sim, mas quem sabe não chegou a minha hora? Devo ir ver o meu filho! Sabes o remorso que tenho por tê-lo abandonado... Se ele me chama, é porque não se esqueceu de mim! — Sara concordou e foi ajudar Jasmine a separar algumas roupas.

Rania, vez por outra, olhava ao redor, com desprezo devido à simplicidade do ambiente. "Quem diria?", pensava. "A bela Jasmine terminar assim?" A seguir, esfregou os olhos, tornando-os mais vermelhos, para impressionar. A certa altura, Sara falou:

— Devem estar cansados! Vou servir uma refeição e procurem descansar um pouco... Antes de o dia raiar, poderão partir... — Jasmine não queria perder tempo, desejava partir o quanto antes, porém Rania disse, para ganhar tempo:

— Sara tem razão, Jasmine. O menino está junto ao pai e com todos os recursos. Viajar a estas horas será extremamente perigoso... Vamos fazer o que Sara aconselhou.

Jasmine, trêmula, concordou, mesmo sabendo que não descansaria até poder estar junto a Shadi. Assim, todos se recolheram com os corações opressos, tomados por um estranho sentimento de que uma tragédia estava prestes a se abater sobre suas existências.

34

UM AJUSTE DE CONTAS

Em Antioquia, aproximadamente às quatro horas da madrugada, Virgília, mulher de Caius, deu um grito e acordou em prantos. O esposo a abraçou imediatamente e exclamou, confortando-a:

— Minha querida! Tiveste um pesadelo! Acalma-te, tudo não passou de um sonho... — Virgília, no entanto, rompeu em choro convulsivo:

— Não, Caius! Jasmine corre perigo! Eu tenho certeza do que vi e ela será morta! — Virgília não conseguiu prosseguir devido à emoção. Caius sabia que a mulher tinha sonhos premonitórios e, para tranquilizá-la, garantiu:

— Logo que raiar o dia irei à procura de Narin. Ele deve saber de alguma coisa... Agora tem calma, vamos orar pedindo auxílio para nossa amiga.

Assim que as primeiras claridades do dia surgiram no horizonte, Caius se dirigiu à casa do ex-marido de Jasmine.

Surpreso ao ouvir o nome de Caius ser anunciado por um escravo, Narin o fez entrar rapidamente. Caius narrou então o sonho de Virgília e a apreensão em que eles se encontravam. Preocupado, Narin coçava a barba, procurando pensar no que fazer. Lembrou-se de que, estranhamente, Rania estava ausente, assim como Aquiles. A moça nunca havia se afastado de sua casa em todos os anos em que ali permanecera. Por outro lado, o escravo que levava costumeiramente os mantimentos para Jasmine e Sara também não se encontrava! "Por certo", pensou, "não existe relação entre esses fatos... Seria impossível!"

Para tranquilizar Caius, disse-lhe que iria pessoalmente à casa de Jasmine, para se certificar de que tudo estava bem.

A viagem levava em torno de dois dias, e Narin avisou a Zaíra que demoraria por volta de cinco dias para retornar, considerando algum imprevisto. A mulher, nervosa, concordou, sem esconder sua preocupação com o retorno de Rania. Sem perceber, Narin se despediu dos filhos e saiu com um mau pressentimento.

No acampamento militar, Lucius, ensimesmado com a ausência de Marcellus, se preparava para partir em direção a Apameia. Depois de muito pensar, lembrou-se de que, algumas horas antes da partida de Marcellus, havia visto um jovem desconhecido, provavelmente de origem grega, que entabulara uma rápida conversa com o centurião após lhe entregar alguma coisa, talvez uma carta.

Intrigado e tendo em vista que as tropas aguardavam as ordens de Diocleciano, resolveu partir sem delongas. A essas alturas, Jasmine já havia saído de Apameia com Rania. A viagem seguia tranquila, sem percalços, quando Rania resolveu perguntar:

— Perdoa-me a curiosidade, Jasmine, mas é verdade o que dizem sobre a tua vida no palácio do imperador? Que vivias coberta de joias, vestida com os tecidos mais finos do Oriente? — Indignada, Jasmine respondeu:

— Rania! Meu filho está doente, não sei como o encontrarei! Guarda tua curiosidade sobre esses boatos que nada têm a ver com a realidade! — Rania, porém, insistiu:

— Se te preocupas tanto com teus filhos, por que partiste? Eu e Zaíra ficamos em teu lugar, cuidando, educando, zelando pelas pobres crianças... — Jasmine não se conteve e contrapôs:

— Pelo que pude observar, também dispensaste cuidados ao meu marido... — Rania enrubesceu e tornou:

— Sim, tive que dar a Narin o amor que tu negaste, escolhendo um romano para colocar em seu lugar! Nunca te arrependeste do que fizeste? — Jasmine procurava manter a calma, lembrava-se das lições da comunidade cristã, mas como suportar a afronta daquela serva da casa que fora sua?

Mantendo ainda a altivez que a caracterizava, afirmou:

— Sim, arrependo-me, se isso te conforta. Deves saber, entretanto, que Narin me perdoou e não me afastou de Shadi, como seria de esperar.

Rania a fitou de modo enigmático e, com um sorriso irônico, permaneceu em silêncio. Incomodada, Jasmine começou a raciocinar. Se Shadi realmente estivesse doente a ponto de Narin mandar buscá-la, por que Rania aceitaria pernoitar em Apameia? Por que não tinham prosseguido com a viagem de retorno a Antioquia imediatamente?

Um mal-estar se apoderou da moça, e ela pressentiu que algo estava errado. Um vazio no estômago indicava que se colocara nas mãos de Rania sem desconfiar das suas intenções; quem poderia ajudá-la naquele momento? Narin, Hashab, Diocleciano, todos os que a haviam auxiliado durante sua vida estavam distantes!

Lembrou-se da fé de Hashab! Reconhecia que não conseguia viver o Evangelho de Jesus, faltava-lhe maturidade espiritual, mas tinha a certeza de que ele não a abandonaria, apesar de todos os seus erros. Os crimes que tinha praticado contra os cristãos a haviam afastado do seu amor, mas ela enfim compreendera que ele buscava justamente as ovelhas perdidas!

Sim, sabia que era uma pecadora! Havia enganado, mentido, ludibriado a tantos... Vivera em função dos seus caprichos, dos seus desejos, sem levar em conta os sentimentos dos outros. Não fizera questão de voltar para o seu marido, que tudo lhe dera, porque desejava viver um amor impossível, uma aventura com Marcus. Quando vira que isso não aconteceria, resolvera participar de um plano para matá-lo!

Depois, com Marcellus — que lhe era detestável, pois não passava de um assassino devasso —, zombara, ridicularizara os seus sentimentos, sentindo-se forte com a proteção de Diocleciano. Soubera, também, com o último, obter o que desejava, induzindo-o a livrá-la de Marcellus e de Flávia... Lembrou-se de Júlia, que a considerava uma amiga e a quem traíra, tornando-se amante de seu marido; Prisca e Valéria também se haviam afastado, pois não fora leal e não se preocupara com o escândalo de que fora objeto. Tinha sempre envolvido as pessoas para obter, com os seus propósitos egoístas, vantagens, por menores que fossem... Poderia Jesus ajudá-la diante de tantos erros?

A quem realmente dedicara amor? Conseguira amar verdadeiramente alguém além de si própria? Abandonara os próprios filhos!

As lágrimas corriam pelo seu rosto e, intimamente, Jasmine sentia-se arrependida de suas atitudes até aquele momento. A viagem se aproximava do seu final e já podia ver, ao longe, os muros da cidade.

Após algum tempo, o veículo alcançou as largas avenidas, quando inopinadamente percebeu que ele havia parado. Curiosa, voltou-se para Rania para saber o que acontecera, visto que não tinham chegado à casa de Narin.

— Aqui termina a minha parte. A tua prosseguirá conforme o teu merecimento, Jasmine! Nunca mais irás me atormentar, tirando de meus braços o homem a quem amo! — disse Rania, enquanto descia do veículo. Jasmine, por sua vez, não compreendia as palavras de Rania, quando percebeu que o carro havia parado diante do fórum.

Um homem de porte alto, com trajes militares, se adiantou e, entrando no veículo, falou com inaudito prazer:

— Finalmente nos encontramos, Jasmine! Não poderás mais fugir de mim! Procurei-te por todo o império, mas agora tenho-te ao meu alcance!

Jasmine olhou para ele horrorizada e, devido ao choque, desmaiou. Marcellus, radiante, colocava as mãos naquela pela qual o ódio, ou talvez o amor, o havia consumido por tantos anos. A seguir, o centurião mandou que o condutor se dirigisse à casa que fora de Marcus e que agora era sua residência na cidade. Após colocar Jasmine sobre um leito, mandou buscar uma essência para a moça cheirar a fim de recobrar os sentidos. Jasmine abriu os olhos e olhou ao redor, demorando para reconhecer a casa de Marcus e Júlia. Marcellus falou com ar vitorioso:

— Estás em minha casa, Jasmine! A casa que foi de meu irmão, que ajudaste a matar... — Assustada, Jasmine ergueu-se e sussurrou:

— O que queres, Marcellus? Não basta ver em que me tornei? Sou uma mulher do povo, sem beleza, riqueza, nada...

Marcellus sentou-se em uma cadeira em frente a Jasmine e bradou, irônico:

— O que quero? Deves saber, visto que me negaste sempre! Quero dispor da tua vida, como fizeste com a minha!

— Como me encontraste? — perguntou a moça, humilhada. Marcellus mostrou o bilhete escrito por Aquiles, no qual ela aceitava se entregar, dizendo-se cansada de fugir, mas teria que ser para ele, Marcellus, e completava afirmando que o aguardaria próximo ao fórum.

Jasmine, então, compreendeu que Rania havia planejado tudo! Shadi não estava doente, fora um pretexto para tirá-la de sua residência-esconderijo.

Em íntimo desespero, pediu auxílio a quem pudesse lhe valer. Lembrou-se de Jesus, e implorou que o seu amor infinito a protegesse naquele momento. Sabia que não merecia misericórdia, por todo o mal que havia feito, mas pedia clemência diante de um inimigo sem piedade.

Marcellus tomou várias taças de vinho e, ao se aproximar, ela se afastou. Ele passou a mão pelos seus cabelos e a seguir tirou o lenço que lhe tapava o nariz e a boca, e exclamou:

— Então, não me deixas tocá-la? Não estás arrependida de ter me rejeitado por todos esses anos? — Jasmine falou com a voz trêmula:

— Por favor, Marcellus! Estou doente, não viverei por muito tempo... — Ele retrucou com ironia:

— Vejam só! A bela Jasmine! Quem teria feito tal coisa a um rosto tão perfeito? — Jasmine respondeu prontamente:

— Foi o teu irmão, que não se satisfez em desgraçar a minha vida!

Marcellus se aproximou mais e afirmou:

— Então Marcus começou a minha vingança! — e deu uma risada estridente, perturbado pelo vinho. A seguir, ficando sério, tornou: — Se aceitares o meu amor, ainda te amaria nessas condições, Jasmine! Nunca pude esquecer o dia em que a vi pela primeira vez... Perdi a razão, mulher nenhuma me fez sentir o que, possivelmente, chamam de amor...

Aflita, a moça considerou que mudara, não era mais a mulher de outrora, e, quase implorando, lhe disse:

— Marcellus, lamento por tudo o que te fiz sofrer! Se pudesse, mudaria o passado! Como vês, estou com o rosto deformado, doente, só desejo viver em paz pelo tempo que me resta... — Ele a fitou e, segurando-lhe o rosto, exclamou:

— Quero que me ames! Que fiques aqui comigo! Ninguém precisará saber, seremos apenas nós, Jasmine! Viverás para mim!

Com o rosto lavado de lágrimas, Jasmine suplicou:

— Por favor, Marcellus! Deixa-me partir, me esquece! Não posso fingir te amar, não posso! — Colérico, ele a inquiriu:

— O que te impede? Por que te causo repulsa, se dezenas de mulheres me desejam por marido? Por que me negas o amor que deste até mesmo ao imperador?

Ela o fitou e, por um instante, pensou em fingir que poderia amá-lo, ludibriá-lo, até conseguir pôr-se a salvo. Naquele segundo, espaço de tempo que lhe pareceu eterno, contudo, lembrou-se de Jesus e da coragem dos cristãos que havia denunciado. Estando ainda longe de possuir essas virtudes, completou:

— Mentes sobre Diocleciano, isso não é verdade! E tu esqueceste que mataste os meus pais? Destruíste um lar feliz... A minha vida teria sido outra se não tivesses te interposto em nossas existências!

— Não os matei pessoalmente, foram os meus subordinados que o fizeram... Também obedecia a ordens! Sabes que não te faria nenhum mal se soubesse que existias, se tivesse te visto naquele local, Jasmine! Passei a te amar desesperadamente e seria outro homem se tivesses me dado uma oportunidade. Sempre me desprezaste e por tua causa a soldadesca me humilha, sou motivo de riso dos meus subordinados! Por tua causa, Diocleciano me enviou para uma terra distante, praticamente me exilou... Como pudeste te vender a ele por um punhado de ouro? — Jasmine, humilhada e vencida pelo ódio que ainda sentia pelo centurião, respondeu sem hesitar:

— Não me vendi, Marcellus; acreditei que ele me amava! — Rindo sarcasticamente, Marcellus desferiu:

— Amar-te?! Não me parecias tão tola, Jasmine! Como pudeste acreditar nisso? Como achas que um filho de escravos chegou a imperador, se não fosse pela astúcia com que cercou aqueles que pretendia envolver em seus ardis?

Sentindo-se ludibriada em seus sentimentos mais íntimos, Jasmine não conteve as lágrimas, pois a última esperança de ser amada verdadeiramente se perdia. Ao ver a reação da moça, confuso, Marcellus gritou:

— Choras? Lamentas? Pois a partir de hoje eu te odiarei, miserável! — e se atirou contra Jasmine, colocando as mãos em seu pescoço, e apertou, apertou... Ela debateu-se por alguns minutos na débil tentativa de se agarrar à vida. Naquele instante supremo, ao fixar o rosto de Marcellus, Jasmine viu ao mesmo tempo o semblante de Marcus próximo ao centurião.

Num átimo, caído sobre o leito jazia o corpo inerte de Jasmine, de cujos olhos ainda verteram duas lágrimas. Arquejando, atônito, Marcellus se afastou do corpo sem vida e, ainda sob o impacto das últimas palavras de Jasmine, quedou-se, com o olhar perdido no vazio, à feição de alguém que perdera a razão, ali ficando até o dia amanhecer.

Quando um dos servos, julgando estar em uma das suas bebedeiras habituais, veio lhe falar, verificou o que havia ocorrido e resolveu aguardar as ordens de seu senhor. Tomado de compaixão pela moça, que conhecia por frequentar a casa de seus amos Marcus e Júlia, cobriu-lhe o corpo respeitosamente.

Por uma triste coincidência, Narin deixara Antioquia para proteger Jasmine alguns dias antes de a moça ser assassinada por Marcellus, muito próximo de sua casa.

Os dias cheios de aflição da viagem foram coroados pela tristeza de verificar que chegara tarde. Quando foi recebido por Sara, esta lhe perguntou, angustiada:

— Senhor Narin, como está o menino? — e, após olhar ao redor: — Jasmine não veio com o senhor? — Narin a fitou sem entender:

— O que estás dizendo, Sara? Onde está Jasmine?

A pobre mulher, entre soluços, revelou o que acontecera. Que Rania viera buscar Jasmine dizendo que Shadi passava mal... De imediato, Narin percebeu que se tratava de uma armadilha. Enfurecido por ter sido traído por alguém de sua casa, retornou imediatamente.

Horas mais tarde, ao despertar, Marcellus percebeu o que havia feito, visto que, bêbado, não agira sem os efeitos do álcool. Próximo ao corpo da moça, curvou-se e, segurando as mãos frias de Jasmine, chorou por algum tempo.

A seguir, mandou preparar um carro e, após acomodar o corpo sobre uma toga romana, dirigiu-se à casa de Narin.

Com grande consternação, entre os escravos e servos, acomodou os restos de Jasmine em precioso leito, próximo ao salão principal, e se retirou. Não precisaria dar explicações a Narin, pois ele compreenderia que tudo estava terminado.

Após, retornou ao palácio e foi ao encontro de Diocleciano. Inquieto, este último, concentrado em notícias de um mensageiro que lhe trazia relatos dos últimos movimentos das tropas, ao ser anunciado o nome de Marcellus, voltou-se.

— Salve, magnânimo imperador! Sempre fui leal a Vossa Majestade e aqui me encontro para vos dizer e provar que jamais deixei de cumprir as vossas ordens!

Marcellus calou-se propositadamente e exclamou, dando ênfase às suas palavras:

— A justiça dos deuses se realizou, imperador de todos os exércitos! A morte de Marcus foi vingada e Jasmine não se encontra mais entre os vivos! Em cumprimento aos vossos desígnios, eu a matei com as minhas próprias mãos!

Diocleciano fingiu não ouvir e o inquiriu:

— O que fizeste, Marcellus? Ordenei-te procurar os culpados pela morte de Marcus, não matá-los! Eram meras suposições; como tiveste a certeza de que Jasmine estava envolvida? — Marcellus respondeu com ironia:

— Apesar de ter vários protetores, consegui chegar até Jasmine por uma armadilha bem arquitetada. Por tudo o que fez a minha família, já tinha motivos suficientes para matá-la, sem mencionar o que fez a mim, particularmente.

Fitando-o de uma forma particular e conhecida, Diocleciano completou:

— Se é apenas isso o que tens para me falar, estás dispensado! — Contrariado por não ver nenhum sentimento de pesar no cenho do imperador, Marcellus se retirou, desorientado.

Sozinho, Diocleciano ficou por algum tempo imóvel, os pensamentos impenetráveis se revolvendo em seu cérebro diante da realidade. Jasmine estava morta, nada mais restava fazer, saberia enterrá-la em seu passado.

Quando Rania retornou à casa de Narin, soube por Zaíra que seu senhor havia ido à procura de Jasmine. A moça empalideceu, pois sabia que Narin descobriria que ela estava envolvida na trama da morte da jovem. Para a sua surpresa, verificou que Marcellus tinha mandado entregar na residência de Narin os restos mortais da moça.

A criadagem silenciosa observava o corpo de Jasmine finamente vestido, coberto por um manto púrpura e colocado em um leito próximo à sala principal.

A palidez marmórea contrastava com o espesso cabelo negro. Marcas violáceas tingiam o seu pescoço, revelando o que lhe causara a morte.

Aquiles, em sua ingenuidade, insistiu para que fugissem, ele e Rania, pois Jasmine não iria mais perturbar a paz de Narin. Nervosa, tentando concatenar os pensamentos, Rania pensava em uma saída. A certa altura, Aquiles falou:

— Não te entendo, Rania. Tínhamos combinado de fugir assim que tirássemos a desnaturada Jasmine do caminho. O que te prende agora? — Rania, assustada e com medo, respondeu:

— Deixa-me pensar, Aquiles! Preciso encontrar uma saída; Narin já deve saber que estamos envolvidos na morte de Jasmine... Por certo irá nos matar!

— Diremos que ela não o amava e que desejava voltar a ser sua esposa para o trair novamente; que visava apenas à sua fortuna.

Rania olhou para Aquiles e perguntou:

— Acreditas que ele nos dará crédito? Narin amava Jasmine, com o tempo a aceitaria de volta... — Ao dizer isso, Rania acabava de confessar o real motivo que a levara a engendrar o fim de Jasmine.

Aquiles percebeu, então, que fora usado pela serva e, enfurecido, se acercou de Rania e gritou:

— Tu me fizeste participar deste plano para tirar uma inocente do teu caminho? Foi para isso que fingiste me amar?

Rania, assustada, tentou remediar:

— Não, meu querido, não se trata disso! Queria proteger nosso amo, afastá-lo de uma mulher que apenas o fez sofrer... — e, se aproximando, colocou a mão sobre o pescoço de Aquiles e prosseguiu: — É a ti quem amo! Narin me tem por ser sua serva, apenas...

O rapaz olhou para Rania e, percebendo que mentia, convidou:

— Se isso é verdade — e ele sabia que não era —, vamos fugir agora, pois ainda temos tempo!

Rania se afastou.

— Preciso acertar algumas coisas, juntar os meus pertences; peço-te apenas mais um dia!

Narin havia antecipado a sua chegada, castigando a montaria, para se certificar do que havia ocorrido com Jasmine. Ao chegar em sua casa estava exausto, preocupado com o destino de Jasmine, ao mesmo tempo que jurava vingança a Rania e Aquiles. Logo ao entrar, ao ver o semblante desolado dos seus servos e escravos, pressentiu que o pior havia acontecido.

Sem esperar pelos relatos dos serviçais, dirigiu-se ao aposento indicado por um deles e deparou, sobre um leito, com o corpo de Jasmine. Caminhou em sua direção e, abraçando o cadáver, beijou-a sentidamente, acariciando ainda uma vez seus longos cabelos. Após o momento de intenso sofrimento, voltou-se e cobrou a presença de Rania e Aquiles no grande salão de sua casa.

Para sua surpresa, Aquiles trouxe Rania agarrando-a pelo braço e, ao ser inquirido, narrou em detalhes, desde o princípio, as mentiras de Rania e sua participação em toda a trama.

Narin teve o ímpeto de matar Rania naquele momento, porém, pensou em algo mais cruel e de acordo com o mal praticado por ela.

— Eu deixei que partilhasses do meu sofrimento, aceitei o teu carinho, e tu me devolves destruindo o que eu mais amava na vida! — disse Narin, sufocado pela dor, ao que Rania respondeu:

— Fiz isso porque te amava, e tu me deixarias a qualquer momento por ela! Não aceitaria te perder, queria que ficasses comigo, Narin!

— Serpente traidora, eu te odeio! Irás para a autoridade romana!

Rania, aos gritos, pedia clemência, mas Narin, com o desejo de que ela fosse entregue à justiça romana por traição ao seu senhor, sabia que seria condenada à pena capital. Quanto a Aquiles, reconhecia o seu papel na morte de Jasmine, mas sabia ser ele um escravo fiel e que fora ludibriado pela astúcia de Rania; deliberou, então, mantê-lo a seu serviço.

Foram tomadas as providências para o sepultamento de Jasmine. Deu ordens para que as servas a vestissem com as suas melhores vestes, das quais nunca se desfizera.

Os funerais de Jasmine seguiram os rituais pagãos, com a maior discrição possível, evitando, assim, os comentários maldosos da sociedade local.

Profundamente infeliz, desorientado, Narin afastou Zaíra de sua casa, colocando Sara em seu lugar.

Jasmine estava morta e nada que fizesse mudaria essa terrível verdade.

EPÍLOGO

A notícia da morte de Jasmine se espalhou, chegando à comunidade cristã e, consequentemente, a Hashab, que teve em Lea o lenitivo para o seu sofrimento. O irmão de Lea, Elias, morreria alguns anos mais tarde, quando a perseguição recrudesceu em Antioquia, assim como vários integrantes da comunidade; Malaquias, nessa época, já havia retornado à pátria espiritual.

Lucius soube por Sara que Jasmine partira em direção a Antioquia e, quando retornou ao palácio, a notícia de sua morte já tinha se espalhado. Pensou em matar Marcellus, mas foi convencido por Arrius a esquecer esse episódio de sua vida. Assim, Lucius partiu para suas batalhas, sem nunca mais falar sobre o assunto.

Quanto a Marcellus, sua vingança acabou por lhe destruir a vida. O fato de ter matado a única pessoa que havia amado, de não a ter mais sob seu poder, aliado ao vício do álcool, acabou por levá-lo ao suicídio.

Flávia levou a notícia da morte de Jasmine para Júlia, e esta, sinceramente penalizada, lamentou que o pequeno Haram não viesse a conhecer sua mãe. Orou comovidamente, rogando a Jesus que tivesse piedade de sua alma, perdoando os enganos que cometera e a auxiliando na compreensão de que a vida é perene e contínua, e que caberia a ela, Jasmine, recomeçar.

Nos anos seguintes, as perseguições aos cristãos recrudesceram e, em 303, houve a última e maior perseguição. O édito proclamado por Diocleciano foi a culminância de anos de intrigas e difamações acerca dos cristãos.

Além de sua índole beligerante e orgulhosa, Diocleciano estava cercado por aqueles que combatiam o Cristo.

As forças das sombras agiam, evidentemente, nos dois planos da vida e pressionavam para que o Cristianismo não se estabelecesse na Terra.

Cansado e doente, após renunciar, Diocleciano permaneceu solitário em seu palácio, vivendo entre a revolta e as atrozes lembranças das faltas que cometera contra as leis eternas, sendo perseguido pelas vítimas da sua crueldade de forma implacável.

Com o coração tomado de angústia pelos erros que o acompanharam em sua jornada, pelas perdas dos afetos que lhe marcaram a vida, como Prisca e Valéria, também mortas nas perseguições, e percebendo que aquilo ao qual dedicara sua vida — o império — cairia em algum tempo, Diocleciano expirou em 311, absolutamente só.

A última página das vidas de nossos amigos fora virada e, apesar de viverem nos primórdios do Cristianismo, quando a mensagem evangélica ainda se encontrava com sua original pureza, não souberam aproveitar — assim como nós outros — aquele momento ímpar em suas existências como espíritos.

Poderiam ter seguido as pegadas de Jesus, libertando-se dos grilhões do orgulho e das paixões a que se achavam jungidos...

Pelos séculos afora, andariam ainda longe dos passos do Cristo, deixando um rastro de quedas dolorosas e profundas dores por onde passavam.

Jesus, no entanto, das esferas do infinito, aguardaria o dia em que a semente do Evangelho brotaria em seus corações.

Sua palavra sempre foi e será o norte, a bússola que nos conduz nas íngremes estradas que devemos percorrer, facultando nossa libertação espiritual; entretanto, para seguir os seus passos, precisamos encontrá-lo em nossos atribulados caminhos...

Conscientes de nossas imperfeições e enganos, falhas e ainda persistentes ilusões, esperamos que este despretensioso relato tenha, na medida do possível, atendido aos propósitos da espiritualidade.

E, com o propósito maior de nossa existência como espíritos imortais, confiamos que o despertar da consciência surgirá, no horizonte da humanidade, como bendita alvorada, destino inexorável ao qual todos estamos profundamente vinculados na esteira do tempo.